财政部规划教材
中央财经大学“双一流”建设精品教材

劳动关系理论与实务

（第三版）

刘　钧　编著

中国财经出版传媒集团
中国财政经济出版社
·北京·

图书在版编目（CIP）数据

劳动关系理论与实务 / 刘钧编著. -- 北京 : 中国财政经济出版社, 2025. 3. -- (财政部规划教材) (中央财经大学"双一流"建设精品教材). -- ISBN 978-7-5223-3606-0

Ⅰ. F246

中国国家版本馆CIP数据核字第202531DQ31号

责任编辑：苏小珺　　　　责任校对：张　凡

封面设计：兰卡绘世　　　　责任印制：党　辉

劳动关系理论与实务（第三版）

LAODONG GUANXI LILUN YU SHIWU（DISANBAN）

中国财政经济出版社 出版

URL：http：//www.cfeph.cn

E - mail：cfeph@cfeph.cn

社址：北京市海淀区阜成路甲 28 号　邮政编码：100142

营销中心电话：010 - 88191522

天猫网店：中国财政经济出版社旗舰店

网址：https：//zgczjjcbs.tmall.com

涿州汇美亿浓印刷有限公司印刷　各地新华书店经销

成品尺寸：185mm × 260mm　16 开　20.75 印张　406 000 字

2025 年 3 月第 1 版　2025 年 3 月河北第 1 次印刷

定价：78.00 元

ISBN 978 - 7 - 5223 - 3606 - 0

（图书出现印装问题，本社负责调换，电话：010 - 88190548）

本社质量投诉电话：010 - 88190744

打击盗版举报热线：010 - 88191661　QQ：2242791300

前言 Foreword

随着经济体制改革的深化，我国用人单位的所有制形式趋于多样化，用人单位不仅有国有企业、非国有企业、个体经济组织，而且还有行政单位、事业单位和企业化管理的事业单位等。在经济体制改革的同时，我国的劳动用工制度、用工方式也进行了比较大的改革，用人单位拥有了劳动用工的自主权，劳动者拥有了选择用人单位的自主决策权。在这种情况下，劳动者和用人单位建立的劳动关系需要依靠法律、法规的力量加以规范。

建立完善的劳动关系立法体系，可以规范劳动者和用人单位的行为；建立明确的劳动规章制度，可以依法组织和管理劳动者，提高劳动生产率；建立富有效率的劳动人事争议处理机制，可以依法及时处理劳动争议案件，保护劳动者或者用人单位的合法权益；建立常规的劳动监督制度，可以约束用人单位的劳动用工行为，提高用人单位遵纪守法的自觉性。只有如此，才能建立和谐、稳定的劳动关系。

本书的编写适应了我国劳动关系立法改革、完善的需要，适应了劳动者维权的需要，适应了用人单位规范化管理劳动关系的需要。

本书详细地介绍了劳动关系的概念、表现形式、管理模式、劳动关系立法、劳动合同管理、劳动争议处理和劳动监督制度等方面的内容，以期帮助读者了解劳动关系的基本理论。本书将公务员同机关单位、事业单位工作人员同事业单位建立的关系，也纳入劳动关系予以讲解，这是本书的创新之处。

本书的特点是，在讲述劳动关系基本理论的同时，结合我国劳动法律、法规和部门规章等相关制度的建设，力争实现基本理论和具体实践的有机结合。本书附有案例和复习思考题，可以帮助读者学习、思考。

本书第一版由清华大学出版社出版，第二版由人民邮电出版社出版，此次出版为本书第三版，希望本书越修订质量越高。本书中如有不妥之处，愿与专家、学者共同探讨和学习！

刘　钧

于中央财经大学

2024 年 12 月

目录
Contents

第一章　劳动关系概述

劳动关系是指劳动者和用人单位在劳动过程中建立的社会经济关系。劳动关系的稳定、和谐，可以激励劳动者积极努力地工作，可以提高用人单位的工作效率，可以促进经济的发展和社会的稳定。本章主要介绍劳动关系的概念、特征、表现形式、劳动关系和劳务关系的区别和联系等方面的内容，这些内容是学习劳动关系理论必须掌握的基础知识。

第一节

劳动关系的概念和特征

一、劳动关系的概念

劳动关系是指劳动者与用人单位在劳动过程中建立的社会经济关系。从广义上讲，生活在城市和农村的任何劳动者与任何性质的用人单位之间因从事劳动而结成的社会关系都属于劳动关系的范畴。从狭义上讲，劳动关系是指依照劳动法律、法规和部门规章建立的劳动法律关系，是政府出台的法律、法规和部门规章规定的合格主体之间建立的社会经济关系，即双方当事人是受到劳动法律、法规和部门规章所规范的特殊主体。劳动关系是同劳动的权利和义务联系在一起的，其权利和义务的实现是依靠劳动立法的强制力或者劳动合同的约定来保证的。本书介绍的劳动关系是狭义的劳动关系，对于狭义劳动关系的概念可以从以下五个方面理解。

（一）劳动关系主体具有特定性

劳动关系是合法的用人单位同合法的劳动者因劳动而建立的社会经济关系。用人单位合法是指用人单位是依法注册的单位，未经有关管理部门注册的单位不属于合法的主体。劳动者合法是指具有劳动权利能力和劳动行为能力的本国公民、外籍人员和无国籍人员，二者缺一不可。

（二）劳动关系是由劳动活动而产生的社会经济关系

劳动关系是发生在劳动过程中的社会经济关系，劳动关系的一方当事人——劳动者必须加入用人单位，成为用人单位的一名成员，并参加用人单位组织的生产经营活动，遵守用人单位的劳动规章制度和劳动纪律。劳动关系的另一方当事人——用人单位必须提供安全卫生的生产、工作条件、工作场所、安全防护设施等，以确保劳动者的财产和生命安全。因此，劳动关系属于管理学的范围，是以介绍与劳动活动有关的管理问题为核心内容的学科。

（三）劳动关系是由劳动者和用人单位的经济利益引起的

劳动关系的劳动者向用人单位提供相应的劳动，用人单位必须按照劳动者提供劳动的数量或者质量给付劳动报酬，提供员工福利和相关的社会保险待遇等，劳动关系的建立是由双方的经济利益引起的。

（四）劳动关系的“劳动”具有特定性

劳动关系中的劳动专指为谋生而从事的有组织、岗位相对固定、有报酬的劳动。对于劳动关系中“劳动”的概念可以从以下两个方面理解。

1. 依法确立劳动关系是劳动者从事劳动活动的前提条件

劳动关系以外，劳动者所从事的劳动活动，不属于劳动关系中“劳动”的范畴。例如，服现役义务兵的劳动，罪犯、劳教人员和战俘从事的劳动，家务劳动者从事的劳动等，不属于劳动关系中规定的“劳动”的范畴。

2. 劳动是劳动者谋生的手段，劳动的目的是获得劳动报酬

社会义务劳动、其他无偿劳动以及有一定报酬或者物质补偿的劳动，由于其目的不是谋生，不属于劳动关系中“劳动”的范畴。例如，职工以公民身份从事社区的义务劳动，在校学生从事的实习活动，志愿者从事的劳动等，不属于劳动关系中规定的“劳动”的范畴。

（五）劳动关系会受社会政治制度和文化传统的影响

劳动关系还会受社会经济、技术、法律法规、政治制度和文化传统的影响。例如，我国国家公务员与用人单位建立的劳动关系，就不受《中华人民共和国劳动法》和《中华人民共和国劳动合同法》的调整，而是由专门的《中华人民共和国公务员法》来规范，这与我国现行的社会制度有关。从这个角度来看，劳动关系不仅表现为社会经济关系，而且还表现为社会政治文化关系。

二、劳动关系的称谓

由于社会法律制度、文化传统、公民法律意识等方面的不同，世界各国对劳动关系的称谓也不尽相同，劳动关系在世界各国的称谓大致还可以归纳为以下四种。

（一）劳资关系

劳资关系是指资本所有者与劳动者之间建立的劳动关系。在资本主义工业化发展初期，资本所有者同经营者并没有发生分离，用资本就可以代表资本所有者的称谓，这一时期劳资关系的主体同劳动关系的主体是一致的，劳资关系就是劳动关系。但是，随着资本主义经济的发展，资本的所有者同经营者发生了分离，劳资关系和劳动关系强调的侧重点发生了转移。劳资关系强调劳动者和资本所有者之间的关系，劳动关系则强调劳动者和用人单位之间建立的社会经济关系。

（二）雇佣关系

雇佣关系是指雇员在从事雇佣活动中同雇主之间形成的权利和义务关系，雇佣关系是比劳动关系更广泛的概念，不仅包括政府出台的法律、法规规定的劳动关系，而且还包括劳动法律、法规未作出规定的劳务关系。

（三）劳工关系

劳工关系是指劳动者和工作之间的关系，其更强调劳动关系中一方当事人劳动者及其所从事的工作，而对于另一方当事人则不予以突出。目前，劳工关系这一概念仍在诸多国家被广泛使用，是劳动关系的另一种称谓。

（四）劳使关系

劳使关系的称谓起源于日本，是指雇主和雇员之间具有的劳动和使用劳动的关系，主要强调的是劳动力和劳动力使用者之间的关系。

三、劳动关系的主体

劳动关系的主体是指依照劳动法律、法规的规定，享有权利、承担义务的单位或者个人。狭义劳动关系主体的一方当事人是劳动者，另一方当事人是用人单位；广义劳动关系主体除了包括劳动者和用人单位外，还包括工会、雇主协会和政府。本书介绍的劳动关系主体是广义的劳动关系主体。

（一）劳动者

1. 劳动者的概念

劳动者是指具备劳动权利能力和劳动行为能力，参与劳动并以劳动收入为主要生活来源的个人，其主要包括工人、服务行业从业者、医务人员、公务人员、教师、警察、社会工作者等。

2. 劳动者主体必须具备的资格条件

作为劳动关系主体的劳动者必须具备法律、法规和部门规章规定的主体资格，必须具备劳动权利能力和劳动行为能力，由此劳动者才能成为合格的劳动关系的主体。

（1）劳动权利能力。劳动权利能力是指公民依法享有劳动权利和承担劳动义务的资格。年龄在法定就业年龄以上至法定退休年龄以下的本国公民和外国人，才具有劳动权利能力。在我国，具备劳动权利的公民是指年满16周岁以上（包括16周岁）至法定退休年龄之间的公民。16周岁以下的公民或者法定退休年龄以上的公民和外国人，以及不具有国家法律法规赋予劳动权利能力的公民不属于劳动者和外国人，不纳入狭义劳动者的范畴。

（2）劳动行为能力。劳动行为能力是指劳动者必须具有持续完成一定劳动技术和技能的能力，不具有劳动行为能力的公民不能成为劳动者。例如，20岁的精神病患者具有劳动权利能力，但如果不能持续地完成一项劳动，就不具有劳动行为能力，不能成为劳动者。

（3）劳动者必须同时具备劳动权利能力和劳动行为能力。劳动关系中的劳动者必须同时具备劳动权利能力和劳动行为能力，二者缺一不可，否则，不能成为劳动关系的合格主体。例如，14 岁的童工虽具有劳动行为能力，能够完成一定的劳动，但不具有劳动权利能力，不能成为合格的劳动者。又如，我国政府于 2018 年修订的《中华人民共和国公务员法》规定，公务员应当具有下列条件：①具有中华人民共和国国籍；②年满 18 周岁；③拥护中华人民共和国宪法，拥护中国共产党的领导和社会主义制度；④具有良好的政治素质和道德品行；⑤具有正常履行职责的身体条件和心理素质；⑥具有符合职位要求的文化程度和工作能力；⑦法律规定的其他条件。根据我国政府于 2018 年修订的《中华人民共和国公务员法》，17 岁的公民不具有成为公务员的劳动权利能力。

（二）用人单位

1. 用人单位的概念

用人单位是指法律、法规和部门规章认可的可以雇佣劳动者的单位，用人单位主要包括企业、机关、事业单位、社会团体、依法注册的个体经济组织等。用人单位既可以是营利性质的单位，也可以是非营利性质的单位。按照单位性质划分可以分为：

（1）企业（也称为公司）。企业主要包括国有企业、外资企业、合资企业、私营企业（又称民营企业）等。

（2）事业单位。事业单位主要包括医院、学校等公益性单位。

（3）国家行政机关。国家行政机关主要包括人民政府、财政局、税务局、民政局、环保局等。①

2. 用人单位主体必须具备的资格条件

作为劳动关系主体的用人单位必须具备法律、法规和部门规章规定的主体资格，必须具备用工权利能力和用工行为能力。

（1）用工权利能力。用工权利能力是指用人单位依法享有用工权利和承担用工义务的资格，其表明用人单位依法享有哪些用工的权利、承担哪些用工的义务。用人单位有合法的用人单位和非法的用人单位两种。

合法的用人单位是指在政府管理部门依法注册、登记的单位或者组织；非法的用人单位是指未在政府管理部门依法注册、登记的单位或者组织。合法的用人单位具有用工权利能力，非法的用人单位不具有使用劳动力的权利能力。非法的用人单位依然雇佣劳动者工作，就是非法用工，非法用工单位同劳动者建立的关系不是劳动关系，而是劳务关系。

---

① 参见：https：//www. baidu. com/s? word = % E5% 8D% 95% E4% BD% 8D% E5% 88% 86% E4% B8% BA% E6% 9C% BA% E5% 85% B3% E4% BA% 8B% E4% B8% 9A% E5% 8D% 95% E4% BD% 8D% E4% BC% 81% E4% B8% 9A&tn = site888_2_pg&ch = 3&lm = -1&ssl_s = 2&ssl_c = ssl1_18aa85e865d&ie = utf -8。

（2）用工行为能力。用人行为能力是指用人单位能够以自己的行为行使用工权利和履行用工义务的资格，其表明用人单位只有具备了这样的资格，才能使用劳动力。用工行为能力可以分为合法用工行为能力和违法用工行为能力两种。合法用工行为能力是指实施合法用工行为并承担其法律后果的能力；违法用工行为能力是指实施违法用工行为并对其行为承担法律责任的能力。用人单位的用工行为能力也需要法律、法规和部门规章的认可。用人单位只有具备一定的物质、技术和组织条件，能够按照法律、法规和部门规章的要求为劳动者提供一定的工作场所、劳动安全条件，并保障劳动者的合法权益时，才能被确认为具有用工行为能力。例如，如果用人单位让劳动者到容易引发职业病的环境工作，又不提供必需的防护设施的话，用人单位就不具备用工行为能力。

用人单位的用工行为能力主要受到以下三个方面因素的制约：①财产因素。用人单位只有具备一定的归自己独立支配的财产，才能够使用劳动力，并维持劳动力的再生产。其中，作为生产资料和购置生产资料的资金最为重要。只有成为生产资料的占有者，才有资格成为用人单位。②技术因素。用人单位仅有生产资料还不够，还必须与一定的技术因素相结合，才能构成符合法定标准的劳动条件。特别是在劳动安全卫生方面，必须有一定的技术因素作为基础。如果用人单位要求劳动者完成一定的生产任务，也需要以相应的技术因素为基础。③组织因素。用人单位只有形成一定的组织结构，安排工作岗位和工作任务，才能将劳动力资源合理、有效地配置起来，在相互协作的条件下同生产资料相结合。

（三）工会

工会是指由劳动者组成、旨在维护和改善劳动者工作条件、报酬的群众性组织。工会的作用是代表劳动者，依法维护工会成员的合法权益。例如，代表工会成员参加谈判，争取工会会员的利益。工会通过签订集体合同、组织职工代表大会、监督职工代表履行职责、调解劳动争议案件等方式依法维护劳动者的合法权益，维持和谐、稳定的劳动关系。有关工会的性质、法律地位、权利和义务等方面的问题，将在本书以后章节中继续介绍。

（四）雇主协会

雇主协会是指由雇主组成的旨在维护用人单位权力和利益的组织。雇主协会通常以行业或者贸易组织为纽带组成，雇主协会并不直接介入到劳动者和用人单位的劳动关系之中，而是间接地影响劳动者和用人单位之间的关系，其作用主要有以下四个方面。

1. 雇主协会同工会或工会代表进行集体谈判

在集体协商中，雇主协会可以代表雇主同工会协商、谈判，就签订集体合同的事宜达成一致。雇主协会代表用人单位签订的集体合同对其所代表的用人单位均具有法律效力。

2. 提供法律支持

在处理劳动者和用人单位的劳动争议中，雇主协会可以向其成员提供必要的法律支持，以维护雇主的权利和利益。

3. 雇主协会间接地影响劳动关系

雇主协会通过参与同劳动关系有关的政治活动、选举和修订劳动法律、法规等方式，来间接地影响劳动关系。

4. 解决劳动者和用人单位的劳动纠纷

一般来说，雇主协会并不直接参与解决劳动纠纷，只是为用人单位提供咨询或者法律、法规方面的指导，以促使劳动者和用人单位及时解决劳动争议。

案例 1－1

我国的雇主协会

中国企业联合会、中国企业家协会是经中华人民共和国民政部核准注册的全国性社团法人组织，由各种所有制企业，经济、科研、新闻工作单位以及相关企业工作团体组成，是非营利性的社会组织。作为中国雇主组织的代表，中国企业联合会参与政府相关协调劳动关系三方协商机制的建设，参加国际劳工大会、国际劳工组织的各项活动等。

（五）政府

政府是依法介入劳动关系管理的单位，政府在劳动关系中的作用主要有以下五个方面。

1. 政府是劳动关系立法的制定者

政府管理部门通过制定有关劳动关系方面的法律、法规和部门规章来规范、影响劳动关系，平等地保障劳动者、用人单位的合法权益，促进劳动关系的稳定、和谐。

2. 政府是劳动关系的管理者

政府管理部门可以直接介入劳动关系的管理，规范劳动者和用人单位的行为，可以依法维护劳动关系当事人的合法权益。例如，劳动争议仲裁委员会、法院等政府授权的机构可以依法解决劳动者同用人单位之间的劳动纠纷案件。

3. 政府是公共利益的维护者

政府管理部门运用监督、干预等手段，促使劳动关系主体遵守劳动法律、法规和部门规章，促进劳动关系的协调、稳定和健康发展。如果用人单位和劳动者的行为损害社会公共利益，如非法生产违禁品，政府会依法追究刑事责任，依法维护公共利益。

4. 政府是公共管理部门的用人单位

政府的公共管理部门以雇主的身份雇用劳动者，成为劳动关系的一方当事人。笔者认为，政府管理部门同公务员、事业单位同其具有编制的工作人员因雇佣而产生的社会经济关系也是劳动关系，所以，本书设有专章介绍机关、事业单位劳动关系①的运行与管理。

5. 政府是劳动争议的解决者

政府设立的劳动争议仲裁委员会、法院等机构站在中立的立场上依法处理劳动争议案件，依法维护劳动者或者用人单位的合法权益，政府也是劳动争议的解决者。

案例 1－2

“快递小哥”同网络平台的劳动关系如何规范

近年来，以新产业、新业态、新模式为代表的“三新”经济蓬勃发展。国家统计局公布的数据显示，2022 年，全国“三新”经济的增加值为 210084 亿元，占 GDP 的比重为 17.36%，比 2021 年提高了 0.11 个百分点。与此同时，“三新”经济催生了数量庞大的新型就业群体。

伴随数字经济、共享经济等新经济形态的蓬勃兴起，企业组织形式、管理模式、生产经营方式及用工方式也发生了很大的变化，劳动关系的确立与运行、职工权益的维护和保障等面临许多新情况、新问题。

全国政协常委、全国总工会原副主席陈荣书列举了新型就业群体面临的五个劳动权益维护的难题：劳动合同签订率低、超时工作现象普遍存在、收入稳定性差、社会保险覆盖低、劳动法律救济渠道不畅。②

如何规范网络平台同劳动者的关系，需要管理制度的创新，需要依法维护平台就业劳动者的合法权益。

---

① 目前，我国政府将机关同公务员、事业单位同工作人员建立的经济关系界定为人事关系。我希望，随着我国劳动、人事管理的发展和完善，机关同公务员、事业单位同事业单位工作人员建立的人事关系也纳入劳动关系加以管理。

② 参见：《网约车司机、快递小哥等三新劳动者生存现状受关注》，http：//www. 360kuai. com/pc/95383170bf2afa3eb?cota =4&kuai_so =1&tj_url = so_rec&sign =360_57c3bbd1&refer_scene = so_1。

四、劳动关系的特征

（一）劳动关系具有法律规定的平等性

在法律关系上，劳动者和用人单位是平等的劳动关系主体。在劳动力市场上，劳动者和用人单位平等协商、相互选择。劳动者和用人单位就劳动报酬、劳动条件、劳动标准、劳动时间协商一致后，可以以签订劳动合同的方式建立劳动关系。

（二）劳动关系具有现实的不平等性

在劳动活动中，劳动者和用人单位存在着事实上的不平等。用人单位处于领导、管理、支配的地位，而劳动者则处于被领导、被管理、被支配的地位。在劳动关系中，劳动者大多处于弱势地位，当劳动者的合法权益受到侵害时，劳动者往往处于被动接受的地位，难以依法维护自己的合法权益。劳动关系现实的不平等性要求，政府管理部门加强对用人单位的劳动安全保障监察，依法维护劳动者的合法权益。

（三）劳动关系具有隶属性

劳动关系建立后，劳动者会成为用人单位的职工，会接受用人单位的管理，服从用人单位的指挥和领导；用人单位就会成为劳动者的隶属单位，这种隶属性会持续地保持下去，直到劳动者脱离用人单位、与用人单位解除或者终止劳动关系。

（四）劳动关系具有经济利益的性质

劳动者提供的劳动是一种特殊的商品，劳动者以符合用人单位需要的工作能力和技能从事劳动，可以获得相应的劳动报酬。用人单位取得劳动者的劳动成果后，可以实现产品价值的增值，可以获得较高的利润。从这一角度来看，劳动关系具有经济利益的性质。

（五）劳动关系具有社会关系的性质

劳动者和用人单位是基于特定的经济利益目标而结合起来的，是由处于一定社会经济环境下的目标期望、人际关系、行为特征等组成的。劳动者在获得经济利益的同时，还可以从劳动中获得一定的社会地位、荣耀和满足感。因此，劳动关系既是经济关系，又是社会关系。

案例1-3

我国政府对事实劳动关系的界定

1995年8月4日，劳动部颁发的《关于贯彻执行〈中华人民共和国劳动法〉若干问题的意见》（以下简称《意见》）提出了“事实劳动关系”概念。《意见》规定，中国境内的企业、个体经济组织与劳动者之间，没有签订劳动合同，但劳动者本人事实上已成为企业、个体经济组织成员，并为其提供了有偿劳动，亦认定形成劳动关系。2005年5月25日，劳动和社会保障部发布的《劳动和社会保障部关于确定劳动关系有关问题的通知》规定，用人单位招用劳动者未订立书面合同，但同时具备下列情形的，劳动关系成立：(1) 用人单位和劳动者符合法律、法规规定的主体资格；(2) 用人单位依法制定的各项规章制度适用于劳动者，劳动者受用人单位的劳动管理，从事用人单位安排的有报酬的劳动；(3) 劳动者提供的劳动是用人单位业务的组成部分。用人单位未与劳动者签订劳动合同，认定双方存在劳动关系时可以参照下列凭证：(1) 工资支付凭证或记录（职工工资发放花名册）、缴纳各项社会保险费的记录；(2) 用人单位向劳动者发放的《工作证》《服务证》等能够证明身份的证件；(3) 劳动者填写的用人单位招工招聘《登记表》《报名表》等招用记录；(4) 考勤记录；(5) 其他劳动者的证言等。其中，(1)(3)(4) 项的有关凭证由用人单位负举证责任。事实劳动关系的上述规定确定了不依赖书面合同而存在的劳动关系。

第二节

劳动关系的表现形式

劳动关系表现为合作、争议、冲突和力量的总和，这些关系相互交织在一起，形成复杂的劳动关系，构成劳动关系的表现形式。

一、合作

（一）合作的概念

合作是指劳动者和用人单位共同生产产品和提供服务，并在一定程度上遵守既定的规则、制度和约定的行为。一般来说，既定的规则、制度和约定通常是经过劳动关系双方协商一致的，以集体协议或者劳动合同的形式确定，集体协议或者劳动合同通常规定了劳动关系双方的权利和义务。合作是劳动关系的正常表现形式。

（二）合作的原因

劳动者和用人单位合作的原因主要有以下四个方面。

1. 谋生

为了生存，为了获得维持生活的收入来源，劳动者需要同用人单位建立劳动关系。为了获得经营收益，为了维持单位的正常运转，用人单位需要雇佣劳动者，需要获得劳动者的劳动，并愿意为此支付劳动报酬。

2. 获得满足

用人单位的信任、奖励，会使劳动者产生被认同的满足感，也使劳动者愿意同用人单位合作，完成一定的工作任务和工作目标。

3. 法律、法规和部门规章的约束

政府发布的法律、法规和部门规章规范了劳动者和用人单位的行为，并对违反法律、法规和部门和部门规章的行为规定了需要承担的赔偿责任，为维持劳动者同用人单位的合作奠定了立法基础。

4. 复杂而矛盾的心理

劳动者和用人单位合作的心理契约和信任通常是比较脆弱的。如果一方当事人破坏已经建立的信任和心理契约，就会破坏合作的氛围，引起双方的矛盾和冲突。

（三）合作的依据

劳动者和用人单位合作的重要依据之一是劳动合同。劳动合同也称为劳动契约、劳动协议，还可以称为雇用合同、雇用契约，是指劳动者和用人单位共同协商达成的明确双方权利和义务的协议。劳动合同是劳动者与用人单位确定劳动关系的依据，也是劳动关系双方合作的基础。劳动合同的内容比较广泛，包括双方的行为规范、员工的薪酬福利、对劳动者努力程度的要求、对违反各项劳动规章制度行为的惩罚、劳动合同解除和终止的条件、有关劳动争议的解决、违纪处理和晋升提拔等程序性的规定。例如，《中华人民共和国劳动法》规定，劳动合同是劳动者与用人单位确立劳动关系、明确双方权利和义务的协议。建立劳动关系应当订立劳动合同。同时，《中华人民共和国劳动法》规定，劳动合同应当以书面的形式订立，并具备以下条款：（1）劳动合同期限；（2）工作内容；（3）劳动保护和劳动条件；（4）劳动报酬；（5）劳动纪律；（6）劳动合同终止的条件；（7）违反劳动合同的责任。劳动合同除了前款规定的必备条款外，当事人还可以协商约定其他内容。

（四）合作的表现形式

劳动者同用人单位合作的形式，主要包括以下四个方面。

1. 沟通

在劳动关系中，沟通特指用人单位向劳动者、工会组织或劳动者、工会向用人单位顺畅地传达信息的过程。沟通的目的在于，加深劳动者对用人单位生产、经营状况的理解，消除劳动者的一些错误认识。同时，沟通还可以让用人单位了解劳动者的基本情况、能力等。沟通的内容主要包括以下五个方面。

（1）用人单位基本的情况。用人单位向劳动者介绍本单位的基本情况，可以让劳动者对用人单位的历史、发展状况有一个大致的了解，可以了解用人单位的所有制性质、职工人数、经营项目、产品范围、经营效益、劳动报酬、员工福利等信息。如果用人单位在生产中使用有毒有害物品或者危险化学品，应当明确告知劳动者，让劳动者知悉。

（2）日常工作情况。用人单位应当向劳动者介绍日常工作的情况，可以使劳动者尽快地适应工作岗位的要求。例如，向劳动者介绍生产产品的数量、质量、可能遇到的问题、需要解决的问题等，这样可以帮助劳动者尽快适应工作岗位的要求。

（3）用人单位政策调整和人员调整等方面的信息。用人单位有关政策调整、人事安排调整的信息应当及时通知劳动者，这样可以使劳动者感到心中有数，不至于感到无所适从。

（4）用人单位的生产、经营情况等。当用人单位的生产、经营状况发生变化时，应当及时通知劳动者，让劳动者知悉。

（5）劳动者的基本情况信息。用人单位需要了解劳动者的姓名、年龄、工作技能、能力、家庭情况等信息，以便将劳动者安排到适合其发展的工作岗位。

2. 用人单位依法管理

在劳动关系中，用人单位遵守国家法律、法规和部门规章，遵守劳动合同的约定，在权力允许的范围内组织、指挥、领导劳动者参加劳动，同劳动者建立和谐、稳定的劳动关系。

3. 劳动者服从管理

服从管理是指劳动者能够服从用人单位的安排、指挥和领导，能够在工作岗位上尽职尽责，完成用人单位下达的生产任务和工作任务，达到用人单位对劳动数量和质量的要求。

4. 共同协商

共同协商是指用人单位在制定决策之前先征求职工代表或者工会组织的意见或建议，但是不需要征得每一位员工都同意的决策程序。共同协商的组织机构是共同协商委员会，由职工代表和用人单位代表组成，主席由共同协商委员会每年选举产生。共同协商的作用主要有以下四个方面。

（1）共同协商可以使劳动者和用人单位在思想、行动上寻求更大的一致性。通过共同协商来寻求劳动者和用人单位的一致性，可以降低劳动关系双方的矛盾、冲突带来的损失，共同为实现用人单位的生产、经营和发展目标而努力。

（2）共同协商是合作的一种表现形式，也是矛盾、冲突的转化渠道。共同协商可以使潜在的矛盾和冲突及时转化为合作，有助于化解劳动者和用人单位的矛盾和冲突，促进劳动者和用人单位在思想、行动上保持一致。

（3）共同协商能够部分地调整劳动关系。通过共同协商，劳动者和用人单位的劳动关系会变得更加和谐，可以在一定层面上调整劳动关系，促进劳动关系的健康发展。

（4）共同协商的方式具有多样性。在实际工作中，劳动者和用人单位共同协商的方式是多种多样的。例如，谈话、信箱、调查问卷、解决员工的实际问题、召开职工代表大会等都属于共同协商的方式，这些方式有助于劳动者和用人单位建立和谐、稳定的劳动关系。

二、争议

争议是指劳动者同用人单位就某一问题或者某些问题意见不一致或者无法达成一致。争议也是劳动者同用人单位劳动关系的一种表现形式。

劳动者同用人单位争议的原因主要有以下三个方面。

（1）劳动者同用人单位就工作时间、工作条件、工作地点、工资、员工福利待遇、奖惩等方面的意见不一致，引发争议。劳动者同用人单位就这些方面的问题发生争议的情况比较多。例如，用人单位出示的考勤记录未经员工签字确认，就扣发工资。

（2）劳动者同用人单位因劳动规章制度引发的争议。用人单位制定的劳动规章制度必须经过民主程序制定，且经过公示后，才能生效。但是，有些用人单位的劳动规章制度员工并不知道，由此引发劳动争议。有些用人单位的劳动规章制度虽然经过民主程序，公示后生效，但是未明确公示劳动规章制度的相关内容，难以说服劳动者。

（3）就未来企业发展目标的争议。劳动者同用人单位因企业发展目标发生的争议通常通过沟通、协调可以解决，这也是劳动者参与用人单位管理的一种方式。

有些劳动争议通过反复沟通、协商，可以妥善地解决，劳动关系依然处于稳定、和谐的状态。有些劳动争议不能通过沟通、协商解决，如劳动者的利益受到侵害，又无法通过有效的沟通、协商加以解决，需要通过调解、仲裁、诉讼等方式来解决。

三、冲突

（一）冲突的概念

冲突是指劳动者和用人单位在经济利益、预期目标和事件处理等方面发生矛盾，产生激烈的争斗，其是劳动关系异常的表现形式，表现为劳动者同用人单位不能很好地沟通、合作。

（二）冲突的原因

造成劳动者和用人单位冲突的原因主要有以下四个。

1. 经济利益的巨大差异

劳动者和用人单位在经济利益方面存在着比较大的差异。对于用人单位来说，其经营目标是降低劳动成本，获得更多的利润。为了降低劳动成本，用人单位不愿意向劳动者支付更高的工资。对于劳动者来说，其劳动的目的是获得更高的工资。经济利益的巨大差异是造成劳动者和用人单位冲突的根本原因。

2. 广泛的不平等

如果用人单位破坏合作的心理契约，就会加剧劳动者同用人单位的矛盾和冲突。例如，用人单位经常要求劳动者加班，但是又不支付加班工资，就会加深劳动者同用人单位之间的矛盾，甚至引发冲突。又如，用人单位随意更改年终奖发放办法，事先又不同劳动者协商，就会激发劳动者的不满情绪。这种矛盾广泛地存在，引起大多数劳动者不满时，就会演变为劳动者同用人单位之间激烈的冲突。

3. 劳动力市场的状况

劳动者同用人单位的关系，还会受到劳动力市场供求状况的影响。一般来说，劳动力市场处于买方强势地位时，劳动者就会处于卖方弱势地位，劳动者谈判的筹码就会降低，劳动者的工资也会比较低。在这种情况下，即使用人单位侵害劳动者的利益，劳动者也会被迫忍让、服从，劳动者同用人单位产生冲突的情况就会比较少。反之，劳动者同用人单位产生冲突的情况就会比较多，劳动者的权益需要通过冲突来维护。

4. 劳动者的工作属性

劳动者的工作属性，也会影响劳动者同用人单位的关系。一般来说，劳动力市场上紧缺的专业人才通常在劳动关系中处于卖方强势地位，这种专业人才是用人单位在劳动市场上难以寻找到的，用人单位支付的工资、各项福利待遇水平也会比较高，劳动者同用人单位产生矛盾、冲突的情况就会比较少；反之，劳动者同用人单位产生矛盾、冲突的情况就会比较多。

（三）冲突的形式

分析冲突的形式，需要从劳动者和用人单位两方面来讲述。

1. 劳动者

对于劳动者或工会组织来说，冲突的形式主要有罢工、旷工、怠工、不服从等，辞职有时也被认为是劳动关系冲突的一种形式。

（1）罢工。罢工是罢工行动的简称，是劳动者集体停止工作的行为，也是劳动者表达和保护自身权益的一种手段。劳动者罢工的目的是反对用人单位提供的工资、劳动规章制度等。罢工通常能够迅速得到雇主、政府和社会公众的注意，劳动者提出的诉求能够得到较好的满足。罢工在 19 世纪末 20 世纪初起了重要的作用，成功地迫使政府修改劳动政策。

罢工分为工会组织的罢工和自发罢工两种。工会组织的罢工是指以工会为组织者进行的罢工，工会组织的罢工通常是有目的、有计划、有明确诉求的集体行动。自发罢工是指劳动者未借助工会组织的力量进行的罢工，自发组织的罢工通常缺乏计划性。

用人单位明显地破坏规则和心理契约时，就有可能引起罢工。罢工对劳动关系双方来说，会造成一定的经济损失。对于用人单位来说，罢工会使生产、经营中断，造成一定的经济损失；对于劳动者来说，罢工期间会没有收入来源，会造成劳动者收入的损失。一般来说，员工的罢工行为受到法律、法规和部门规章的约束；否则，就会受到严厉的惩罚。罢工是劳动者表达诉求和愿望的途径之一。

案例 1－4

东方航空公司返航事件

2008 年 3 月 31 日，中国东方航空云南分公司从昆明飞往大理、丽江、版纳、芒市、思茅和临沧六地的 14 架航班在抵达目的地上空后，便告知乘客，由于天气的原因，飞机无法降落，航班又全部飞回了昆明，造成大量的旅客滞留在昆明飞机场，许多航班被延误。事后，乘客才得知，飞机返航并不是由于天气原因造成的，而是飞行员“罢飞”造成的。飞行员的“罢飞”行为，引起了社会公众的强烈不满。许多乘客认为，飞行员表达自己对公司的愤懑情绪、维护个人的权益无可厚非，但是不能以损害旅客的利益为筹码。如果以乘客的安危为筹码，损害社会公众的利益，就应当承担相应的损失责任。部分被延误的乘客准备以商业欺诈为由，起诉东方航空公司云南分公司。

案例分析：本案例反映出用人单位同劳动者之间有时会存在激烈的矛盾和冲突。目前，我国法律、法规和部门规章并未对劳动者罢工的条件、程序等作出明确的规定，因此东方航空公司云南分公司飞行员的做法是已经从事用人单位安排的劳动了，没有罢工。但是，却由于某些原因飞机"返航"了。本案例暴露出我国现行劳动法律、法规和部门规章存在的缺陷和不足，以至于劳动者采取了较为尴尬的维权方式。

（2）旷工。旷工是劳动者同用人单位冲突的潜在形式，其进一步发展、激化，就会演变成直接的冲突。旷工是指劳动者在事先不通知用人单位的情况下，故意不参加用人单位安排的劳动。劳动者无故旷工会给用人单位的生产和经营造成一定程度的损失，需要用人单位运用劳动规章制度来加以规范。

（3）怠工、不服从。怠工、不服从也是冲突的潜在形式，是指劳动者虽然在工作岗位上劳动，但是故意造成工作效率低下或者故意不服从用人单位的安排，怠工、不服从也会造成用人单位生产经营的损失。怠工、不服从通常表现为独立的事件，这些独立的事件通常会随着工作条件、工作环境、劳动报酬等方面的变化而变化，受劳动者个人心理变化的影响比较大。

（4）辞职。辞职是指劳动者提出自愿辞去工作进而同用人单位解除劳动关系的行为。依据传统的劳动经济理论，辞职通常是为了获得更高的劳动报酬，而在劳动关系管理的实践中，劳动者辞职的主要原因是不能忍受用人单位管理者的行为而被动辞职的，辞职也是劳动者同用人单位冲突的表现形式之一。辞职需要用人单位重新雇佣适合工作岗位的劳动力，重要工作岗位人才的辞职，会给用人单位带来较大的经济损失。

2. 用人单位

对于用人单位来说，冲突的表现形式有关闭工厂，惩罚、解雇不服从领导或者工作安排的劳动者，其表现形式主要有以下四个方面。

（1）关闭工厂。关闭工厂是指用人单位关闭生产、经营的场所，不允许劳动者进入用人单位的生产、经营场所，关闭工厂是劳动者同用人单位冲突比较激烈的表现形式。关闭工厂不仅会造成用人单位生产、经营的损失，而且会引起劳动者经济利益的损失。例如，某企业关闭工厂，禁止帮助职工解决劳动争议的工会主席进入生产、工作场所，就会造成工会主席丧失劳动收入。

（2）解雇劳动者。劳动者同用人单位的矛盾、冲突达到一定的程度时，用人单位会采取措施解雇劳动者，同劳动者解除劳动合同。为了防止用人单位随意解雇劳动者，同劳动者解除劳动合同，世界各国政府出台的劳动法律、法规和部门规章大多会严格地限制用人单位的解雇行为。

（3）惩罚。惩罚是指用人单位对违反劳动法律、法规、部门规章和劳动合同约定的劳动者给予一定程度的处罚。例如，辞退员工、开除等，都是用人单位惩处劳动者的方式。辞退员工是用人单位同劳动者解除劳动关系；开除是用人单位经过一定的程序开除员工，并记入员工档案。为了防止用人单位随意惩罚劳动者，世界各国政府出台的劳动法律、法规和部门规章大多会严格地限制用人单位的惩罚行为。例如，《中华人民共和国劳动合同法》规定，除了培训、竞业限制条款外，用人单位不得与劳动者约定由劳动者承担违约金。

（4）要求员工赔偿损失。如果劳动者的行为对用人单位的生产、经营造成重大损失，用人单位有权要求劳动者赔偿损失。但是，为了防止用人单位随意要求劳动者赔偿损失，世界各国政府出台的劳动法律、法规和部门规章大多严格地限制用人单位要求劳动者赔偿损失的范围和金额。

四、力量

（一）力量的概念

力量是指劳动者或用人单位影响劳动关系的能力和程度，其表现为用人单位影响劳动者的能力和程度或者劳动者影响用人单位的能力和程度。在用人单位同劳动者的力量对比中，用人单位的力量一般比较强，通常处于主导地位。用人单位不仅支配劳动者从事劳动，而且还通过工资、奖励、员工福利、惩罚等机制影响劳动者的行为。如果劳动者具有特殊的技术和技能，其影响劳动关系的能力就会比较强；反之，其影响劳动关系的能力就会比较弱。

（二）力量的根源

劳动关系中，用人单位处于指挥、领导的地位，其指挥、领导的对象是劳动者；相反，劳动者则处于服从、从属的地位。力量是由于劳动者和用人单位在劳动关系中的相对地位和相互作用不同引起的，是当事人影响劳动关系的能力和影响程度，使用人单位和劳动者之间的利益冲突、目标和期望以一定的方式表现出来。

（三）力量的表现形式

力量通常表现为劳动者力量和用人单位力量，下面分别介绍这两种力量的表现形式。

1. 劳动者力量

劳动者力量是指同用人单位建立劳动关系后，劳动者所具有的影响用人单位行为的能力和程度，劳动者力量反映了劳动力资源的相对稀缺程度。一般来说，劳动者的技能越高，劳动者的力量就越强，劳动者力量显示了劳动者获得一份较好工作的能力，劳动者力量主要表现为以下三种形式：

（1）退出的力量。退出的力量是指劳动者辞职或者调转到其他单位工作，退出用人单位生产经营的过程。劳动者辞职或者调转到其他单位会给用人单位带来许多额外的成本和费用支出，如停工停产的损失、招聘新员工的费用、培训顶替辞职员工的费用等。为了避免劳动者辞职的随意性，世界各国政府出台的法律、法规和部门规章通常对员工辞职的行为作出限制性的规定。例如，《中华人民共和国劳动法》规定，劳动者解除劳动合同应当提前30日以书面的形式通知用人单位。但是，用人单位有下列情形之一的，劳动者可以随时通知用人单位解除劳动合同：①在试用期内的；②用人单位以暴力、威胁或者非法限制人身自由强迫劳动的；③用人单位未按照劳动合同的约定支付劳动报酬或者提供劳动条件的。

（2）罢工的力量。劳动者停止工作、罢工也会给用人单位带来一定的经济损失，罢工的社会影响通常比较大。一般来说，世界各国政府大多对罢工的程序、行为规范作出严格的规定，并对违反规定者予以处罚。各国政府通常规定工会组织罢工的法定程序，未经法定程序组织的罢工是非法的。劳动者参与非法的罢工通常不得领取失业保险金。

（3）岗位的力量。岗位的力量是指劳动者所处的工作岗位对用人单位生产、经营和投资决策等方面的影响。一般来说，具有特殊才能的人力资本具有较强的岗位力量。例如，某劳动者离开工作岗位，就会造成用人单位生产、经营的中断；企业重要技术人员死亡，就会造成用人单位较大的利润损失。又如，核电厂员工的岗位力量就比较强。在核电厂，用新员工替代原有的劳动者需要付出比较高的培训成本，这时员工的岗位力量就比较强。相反，在只需要较低技术水平的服装加工厂，员工的岗位力量就比较弱，因为服装厂工人几乎不需要培训，就很容易被顶替，这时偷懒、怠工的员工就面临着比较大的岗位退出风险。有些员工的岗位力量也会产生负效应。例如，劳动者仍旧在工作岗位上，但是由于主观故意或者疏忽行为会造成用人单位的生产经营损失。员工怠工、缺勤率上升、产品残次率上升等会增加用人单位的生产、经营成本，员工岗位力量会造成用人单位的经济损失。

2. 用人单位力量

用人单位力量是指劳动者同用人单位建立劳动关系后，用人单位影响、控制劳动者行为的能力和程度。用人单位力量反映了职业、人才的相对稀缺程度。一般来说，劳动力供给少、需求量大时，用人单位的力量就弱，劳动者的力量就强；相反，用人单位的力量就强，劳动者的力量就弱。用人单位的力量主要表现为以下三种形式。

（1）退出力量。退出力量是指用人单位要求劳动者退出工作岗位，依法解除劳动合同或者开除劳动者的力量。尽管用人单位具有要求劳动者退出工作岗位方面的优势，但是用人单位的行为也不是随意的，要受到政府发布的法律、法规和部门规章的限制。例如，《中华人民共和国劳动法》规定，劳动者有下列情形之一的，用人单位可以解除劳动合同：①在试用期间被证明不符合录用条件的；②严重违反劳动纪律或者用人单位规章制度的；③严重失职、营私舞弊，对用人单位利益造成重大损害的；④被依法追究刑事责任的。用人单位依据以上情形同劳动者解除劳动合同时，可以不支付经济补偿金。除了《中华人民共和国劳动法》规定的可以解除劳动合同的情形外，用人单位不得随意地解除劳动合同；否则，应当承担违约责任。

（2）停工力量。停工力量是指劳动者对用人单位停工造成损失的承受能力。造成用人单位停工的原因是多方面的，如许多员工被辞退、用人单位经营不善或者破产，都会使劳动者丧失生活来源。用人单位停工造成的损失通常比较大，各国政府大多以立法的形式限制用人单位随意停工、停产或者宣布破产。

（3）岗位力量。岗位力量表现为用人单位具有指挥、安排劳动者的能力和程度，其主要表现为，劳动者按照用人单位对产品质量、数量和工作程序等方面的要求从事劳动活动的主动性和自觉性。例如，用人单位建立了科学的工作岗位绩效考核标准，以督促劳动者努力地工作，此时用人单位的岗位力量就比较强。

第三节

劳动关系和劳务关系

劳务关系是同劳动关系不同的概念。在我国，劳务关系也不同于劳动关系。了解劳动关系和劳务关系的联系和区别，可以依法明确双方当事人之间的法律关系，可以依法保护当事人的合法权益。

一、劳务关系的概念

劳务关系是指劳务供给者与用工者根据劳务合同的约定，由劳务供给者向用工者提供一次性或者特定的劳务服务，用工者依据劳务合同或口头约定向劳务供给者支付报酬的有偿服务关系。例如，家庭雇用保姆、用人单位聘用已经退休的人员、用人单位雇用不满 16 周岁的童工、下岗待岗职工在原单位外工作、劳动者到非法用工单位劳动等情形形成的社会经济关系，属于劳务关系。对于劳务关系的概念，可以从以下几个方面加以了解。

（一）劳务关系订立的基础是劳务合同

劳务合同是劳务关系建立的基础，劳务合同可以口头订立，也可以书面订立。一般来说，劳务合同没有固定的格式，也没有法定的必备条款。

（二）劳务关系双方是平等的民事法律关系

劳务关系的一方为完成某项任务而使用另一方提供的劳务，并为此支付劳务报酬。在此过程中，劳务供给者与用工者之间具有平等的法律地位，双方就劳务的内容、劳务报酬等平等地协商，不存在管理与被管理、支配与被支配的关系，也不存在隶属关系。劳务供给者对用工者造成经济损失时，用工者可以依据《中华人民共和国民法典》的有关规定提起诉讼；用工者对劳务供给者造成经济损失时，劳务供给者也可以依据《中华人民共和国民法典》的有关规定提起诉讼。在我国，劳务关系不受《中华人民共和国劳动法》《中华人民共和国劳动合同法》的调整。

（三）劳务供给者取得报酬的依据是双方的约定

在劳务关系中，劳务供给者取得报酬的依据是双方当事人根据劳务的情况而作出的具体约定。例如，承揽合同、基本建设承包合同、运输合同、保管合同、技术服务合同、委托合同、信托合同和居间合同等，都是双方当事人根据劳务供给的情况而对劳务报酬作出的具体约定。

二、劳动关系和劳务关系的联系和区别

（一）劳动关系和劳务关系的联系

1. 劳动关系和劳务关系都是因工作而形成的社会经济关系

劳动关系和劳务关系都是因工作而产生的社会经济关系，使用劳动者或者劳务供给者的工作成果是建立劳动关系和劳务关系的根本原因。

2. 劳动关系和劳务关系都是经济利益关系

无论是劳动关系中劳动力的用人单位，还是劳务关系中劳务用工者，都会向从事工作

的人员支付报酬，具有经济利益关系是劳动关系和劳务关系的共有特征。

3. 劳动关系和劳务关系都是以契约为基础建立的

无论是劳动关系，还是劳务关系，其建立的基础都是契约，即劳动者或者劳务供给者愿意从事工作，并获得一定的劳动报酬或者劳务报酬。如果劳动者或者劳务供给者不接受对方支付的劳动报酬或者劳务报酬，也就无法建立劳动关系或者劳务关系。

（二）劳动关系和劳务关系的区别

1. 规范劳动关系和劳务关系的法律依据不同

规范劳动关系的法律依据是《中华人民共和国劳动法》，规范劳务关系的法律依据是《中华人民共和国民法典》。由劳动关系引发的争议和纠纷由《中华人民共和国劳动法》来调整，而由劳务关系引发的争议和纠纷则由《中华人民共和国民法典》来调整。

2. 劳动关系和劳务关系涉及的主体不同

劳动关系的一方当事人是符合法律、法规和部门规章规定的用人单位，另一方当事人是自然人，且必须符合法定的劳动年龄，具有劳动行为能力，劳动关系对当事人资格条件的要求比较严格。劳务关系当事人涉及的范围比较宽，可以是两个用工单位，也可以是两个自然人，还可以是用人单位和个人，法律、法规和部门规章对劳务关系主体的要求不如劳动关系对当事人资格条件的要求严格。例如，依法注册的用人单位雇用未满 16 周岁的童工，用人单位与童工之间的关系是劳务关系，因为未满 16 周岁的童工不具有劳动权利能力。又如，某家庭雇用一个保姆照看小孩，雇主与保姆之间的关系就是劳务关系，因为家庭不是我国劳动法律、法规和部门规章规定的合法的用人单位。

3. 劳动关系和劳务关系中当事人之间的隶属关系不同

劳动关系中的劳动者和用人单位存在着隶属关系，劳动者除了提供劳动之外，还要接受用人单位的管理，服从用人单位的领导，遵守用人单位的各项劳动规章制度，这种隶属关系具有较强的稳定性。因此，劳动者只能同一个用人单位建立劳动关系，这是劳动关系的主要特征之一。劳务关系则不同，劳务关系当事人不具有一方当事人隶属于另一方当事人的特征，劳务供给者可以同多个用工单位建立劳务关系。例如，某自由撰稿人为多家报纸、杂志写稿，某自由撰稿人和报社、杂志社之间的关系就是劳务关系。又如，某劳务供给者为多家用工单位均打扫卫生 1 小时，劳务供给者同用工单位的关系是劳务关系。

4. 劳动关系和劳务关系的当事人承担的义务不同

劳动关系中的用人单位必须按照法律、法规和部门规章的规定为劳动者承担相应的义务。例如，帮助的义务、缴纳社会保险费的义务、培训的义务等，这些义务是用人单位的法定义务。又如，《中华人民共和国劳动法》规定，用人单位对劳动者负有进行职业培训的义务，以增强劳动者的职业技能。劳务关系中的一方当事人则不具有为另一方当事人承担相应义务的责任。例如，劳务关系的当事人只接受对方当事人提供的劳务，不具有帮助对方当事人提高劳动技能的义务，不具有缴纳社会保险费的义务，也不具有帮助的义务。

5. 劳动关系和劳务关系的人事管理不同

在劳动关系中，用人单位具有对违反劳动规章制度的劳动者进行处罚、处分的管理权。例如，对于严重违反用人单位劳动纪律的劳动者，用人单位有权依法解除劳动合同，或者给予当事人警告、处分、降职、开除等处罚。在劳务关系中，一方当事人虽然具有不再使用另一方当事人的权利，有依法追究经济损失的责任，但是不具有处罚、处分等方面的管理权。

6. 劳动关系和劳务关系支付报酬的依据不同

在劳动关系中，用人单位对劳动者具有行使工资、奖金、员工福利等方面收入分配的权利。用人单位向劳动者支付工资通常遵循按劳分配、同工同酬的原则，遵守政府出台的相关法律、法规和部门规章的规定，遵守当地最低工资标准的规定。在劳务关系中，一方当事人向另一方当事人支付的劳务报酬是由双方协商确定的，可以以货币、实物或者有价证券等方式支付，当事人得到的劳务报酬是根据权利义务对等、公平的原则约定的。

三、容易同劳动关系混淆的劳务关系

在劳动关系管理的实践中，容易同劳动关系混淆的劳务关系主要有以下四种。

1. 用人单位将某项工程发包给某些人员或者将某项临时性工作交给某些人，这些人员又雇佣了一些人干活，承包方与其雇佣的人员之间订立的是劳务合同，形成劳务关系。这是因为，承包方不是合法的用人单位，从事劳务工作的人员通常是自由职业者，他们通常身兼数职，通过中介机构存放档案，缴纳社会保险费。

2. 用人单位向劳务输出公司或劳务中介公司提供所需人员的条件，由劳务输出公司向用人单位派遣劳动者。用人单位与劳务输出公司派遣的劳动者，形成较为复杂的劳务关系。劳务输出公司与劳动者之间建立的是劳动关系。目前，我国一些用人单位经常到劳务输出公司招人，以规避用人单位应当承担的责任和义务。

3. 用人单位中的一些待岗、下岗、内退、停薪留职人员，在外从事一些临时性、有酬工作，这些人员与用工单位建立劳务关系。这是因为，这些人员与原单位的劳动关系依然存续，他们与新的用工单位只能签订劳务合同，建立劳务关系。只有当这些人员与原单位解除劳动关系后，才能与新的用工单位建立劳动关系。

4. 已经办理退休手续的退休人员，又被本单位或者其他用人单位聘用后，双方签订聘用合同，这种聘用关系实质上也是劳务关系。这是因为，已经办理退休手续的退休人员不具有劳动权利能力，已经不是合法的劳动者，不能建立劳动关系，退休人员与原单位或者其他用人单位建立的关系是劳务关系。

案例 1－5

工伤人员的赔偿金如何计算

2013 年 5 月，某村农民朱文锦到某造纸厂打工。2013 年 6 月 30 日，朱文锦在工作时被头顶上方电线发射的电流击晕后，跌倒在传输带上，被快速旋转的铡草机铡断了双腿和阴囊。朱文锦住院后，造纸厂只支付了 3.7 万元的医疗费。由于造纸厂没有营业执照，没有为朱文锦缴纳工伤保险费，朱文锦无法享受工伤保险待遇。

2014 年 6 月，经劳动能力鉴定委员会鉴定，朱文锦被鉴定为伤残二级，生活不能自理，存在部分医疗依赖。2014 年 8 月，朱文锦就工伤待遇问题向当地劳动争议仲裁委员会申请仲裁。当地劳动争议仲裁委员会认为，朱文锦是在工作中受伤的，应该认定为工伤，确认其应当享受伤残待遇，要求公司支付朱文锦各项损失费用 3.3 万元。

朱文锦认为，当地劳动争议仲裁委员会裁定的赔偿金额太低了，放弃了劳动争议仲裁结论，直接将造纸厂告上了法庭。2014 年 8 月 17 日，朱文锦向当地人民法院提起诉讼，2014 年 10 月 20 日，法院开庭审理了这一案件。

朱文锦诉称，自己被造纸厂的电线击晕，导致铡草机将双腿和阴囊铡断致残，要求造纸厂一次性支付伤残补助金、生活补助费和维护费、精神损失抚慰金等共计 132 万元。某造纸厂则认为，朱文锦受伤是违反操作规程造成的，朱文锦安装假肢的费用高达 55 万元，造纸厂无力一次性支付这么多的赔偿金。

法院认为，朱文锦在打工的过程中受到事故的损害，伤残等级为二级，完全丧失劳动能力，且需要护理依赖，请求享受工伤待遇的理由是正当的，予以支持。但是，对于没有根据的、过高的赔偿请求不予保护。据此，判决造纸厂一次性支付朱文锦工资、伤残补助金、住院医疗费、护理费和安装假肢费等共计 71.5 万元。法院宣判后，双方当事人在法定的上诉期内都没有上诉。但是，判决书生效后，造纸厂并没有履行赔偿义务。

2014 年 11 月 15 日，朱文锦向法院递交了强制执行的申请。法院当日下达了强制执行通知书，要求造纸厂于 2014 年 11 月 19 日前自动履行赔偿义务；否则，强制执行。法院在强制执行的过程中发现，造纸厂欠了很多债，根本无力支付朱文锦 71.5 万元的赔偿金。

案例分析：本案例中，朱文锦与造纸厂之间建立的是劳务关系，造纸厂没有营业执照，不具有雇佣劳动力的用工权利，属于非法用工。劳动争议仲裁委员会能够受理朱文锦受伤一案的主要原因是，《工伤保险条例》于2004年1月1日开始实施以后，我国政府将工伤保险实施的范围扩大到了非法用工单位和受雇人员。

目前，我国工伤保险赔偿与民事侵害赔偿的依据不同，赔偿的差别也比较大。在劳动争议仲裁委员会裁决后，朱文锦采取了向法院提起诉讼的方式依法维护自己的权益。

朱文锦及其家属需要获得的经济补偿起码应该包括以下几项：(1) 朱文锦过去已经支付的医疗费用、未来数年（判决之日至生存期满）所需要的医疗费用折算至判决日的现值之和；(2) 朱文锦已经支付的护理费用、未来数年的护理费用折算至判决日的现值之和；(3) 朱文锦受损失的工资收入，即受害人如果未受伤未来可能获得的工资收入折算至判决日的现值之和；(4) 工伤人员受伤的一次性伤残补助金；(5) 工伤人员未来的康复费用以及安装假肢等费用。依据以上损失评估方法，才能大致地估算出较为合理的赔付金额；否则，估算的赔付金额就会过低，这对于受伤人员及其家属来说是不公平的。

本案例从一个侧面暴露出我国工伤保险赔偿衔接、赔偿水平过低等方面的问题，提高我国工伤保险赔偿标准势在必行。

第四节

劳动关系管理模式

用人单位管理劳动者的方式不同，会形成不同的劳动关系管理模式。目前，世界各国已经形成的劳动关系管理模式主要有以下几种。

一、剥削型劳动关系管理模式

剥削型管理模式又称独裁型管理模式，其主要表现是，用人单位不关心劳动者的实际需要，用人单位的发展目标是尽可能地降低职工工资，追求经营利润的最大化。为此，用人单位不惜违反劳动法律、法规和部门规章，以较低的工资报酬支付劳动者提供的劳动，造成劳动者的付出同劳动报酬的不匹配；经常要求员工加班加点，却不向劳动者支付加班工资。由于缺乏明确的劳动规章制度与工作规程，剥削型劳动关系管理模式充满了浓厚的主观主义色彩，管理比较简单、随意，其主要具有以下五个方面的特征。

（一）强制性

剥削型劳动关系管理模式的特征之一是采取强制性的管理方式，代表用人单位的管理者不允许员工有迟到、偷懒、缺勤和抵制等行为。一旦发现员工有迟到等方面的问题，就会采用严厉的经济处罚措施，劳动者和管理者之间的关系比较对立，用人单位同劳动者之间的关系紧张。

（二）专断性

剥削劳动关系型管理模式的特征之二是采取专断性的管理方式。管理者可以根据个人的偏好偏爱某些员工，惩罚员工的决定往往在工作现场直接作出，而不经过正式、合法的程序，其行为已经违反了劳动法律、法规和部门规章。

（三）独裁性

管理者对于下属的信任程度比较低，只给予他们有限的管理权，代之以个人独断专行的管理方式。在管理者独断专行的同时，对员工的劳动过程进行严格的监督，员工在管理者的监督下被迫地劳动，缺乏工作的主动性、自觉性和积极性，员工的劳动生产率比较低。

（四）有限的忠诚性

在剥削型劳动关系管理模式下，员工对用人单位的忠诚度普遍比较低。只有那些受到管理者偏爱的员工对用人单位的忠诚度相对较高。这主要是因为，这些员工一旦失去管理者的偏爱，就难以找到合适的工作；相反，得不到管理者偏爱的员工其忠诚度比较低，则会随时寻找机会，时刻准备离开用人单位。

（五）具有强烈的反工会倾向

独断专行的管理者总是想方设法地将工会排除在本单位的组织之外，他们通过规避和违反法律、法规和部门规章的方式组织工会，以促使工会对管理者的意见言听计从，工会的监督作用难以有效地发挥。

二、宽容型劳动关系管理模式

宽容型劳动关系管理模式又称权威型劳动关系管理模式，其主要表现为管理者对劳动者的某些需求具有一定程度的认同，从而能够提供合理的劳动报酬、安全的生产工作条件、维持和谐稳定的劳动关系，其主要具有以下四个方面的特征。

（一）规范化

宽容型劳动关系管理模式主要强调管理职能的规范化，能够设置独立的人事[①]或人力资源管理部门，负责管理劳动关系等方面的工作，主要包括建立员工的劳动标准、职位（或岗位）分类标准、薪酬差别标准；建立员工的晋升、奖惩制度；建立员工处罚的申诉处理制度；建立劳动者和用人单位共同协商的制度等，用人单位的劳动管理制度是在法律、法规和部门规章允许的范围内制定的。

（二）职位阶梯

管理者通过界定职位（或岗位）的功能，设立职位晋升阶梯，发展用人单位的内部劳动市场。新员工可以从较低的职位（或岗位）开始工作，逐步积累工作经验，慢慢地沿着职位阶梯逐步提升。只要在用人单位工作，员工就有获得奖励、晋升的机会。职位阶梯的设立，可以激发员工工作的主动性、自觉性和积极性。

（三）忠诚感

员工对用人单位具有某种程度的忠诚感，这种忠诚感并不源于用人单位劳动规章制度的约束，而是来源于员工对用人单位管理制度的认同。通过制定明确的劳动规章制度、工作程序、岗位（或职位）职责、晋升标准、奖惩办法等，员工和管理者之间的职责范围变得非人格化，管理者按照用人单位已经制定的岗位（或职位）职责行使职权，员工在规定的职责范围内努力工作。

（四）充分发挥工会的作用

宽容型劳动关系管理模式承认工人参加工会组织的合法性，工会对管理者的作用主要有以下三个方面。

1. 监督用人单位依法行使权利

用人单位行使权利应当在法律、法规和部门规章认可的范围内，不能违法或者越权；否则，工会有权提出意见，有权要求用人单位修改不适当的决定。监督用人单位依法行使权利，可以防止管理人员因滥用职权而损害劳动者的合法权益。

---

① 机关事业单位的人力资源管理部门称为人事处或者人事部。

2. 工会是集体谈判的当事人

工会作为劳动者利益的代表者，通过集体谈判的方式，就劳动条件、劳动报酬、员工福利等同用人单位协商，依法维护员工的合法利益。

3. 缓解劳动者同用人单位的矛盾

工会的存在使劳动关系双方当事人的沟通、交流更加顺畅，用人单位内部申诉制度的建立，可以及时解决管理者同员工之间的矛盾，可以维护劳动者的合法权益。在工会的监督或要求下，用人单位建立公平的员工绩效考核制度、员工福利制度，管理者权限等会受到一定程度的限制，有助于进一步强化用人单位的规范化管理。

三、自主型劳动关系管理模式

自主型劳动关系管理模式又称合作型劳动关系管理模式，其主要表现为：管理者充分考虑员工的工资、福利，主动实施各项员工福利计划，以赢得员工对用人单位较高的认同感和忠诚感，培养员工的奉献精神。通过加强与员工的沟通、交流，管理者给予员工更多的自主权，提供富于变化的员工福利计划，其主要具有以下四个方面的特征。

（一）自主性

自主型劳动关系管理模式更加强调员工工作自主性、自觉性和积极性，其管理制度设计、管理方式、工资、福利待遇等更加注重发挥员工工作的主动性、自觉性和积极性，激发员工对用人单位管理的认同感，及其主人翁责任感，员工的工作效率比较高。

（二）人性化

自主型劳动关系管理模式强调管理的人性化，要求管理人员为员工提供方便、可及的服务，鼓励员工在工作中实现自身的价值，强调管理人员同员工建立和谐、稳定的劳动关系，提高员工的劳动生产率。

（三）福利性

用人单位提供的福利待遇更加注重员工的需求，管理人员能够从员工的需要出发，提供多样化的福利待遇，关注员工的需求，关注员工的认同感、责任感。

（四）强烈的忠诚感

员工对用人单位具有强烈的忠诚感，这种感觉通常来自用人单位的鼓励、认同和关心。通过自主性、人性化、福利性的管理，员工同用人单位建立了比较融洽的合作关系。

案例 1－6

员工福利为何无法达到预期的目标①

美世达信公司开展的“2015—2016 年走进福利调研”发布的结果显示，许多用人单位的福利预期和员工的理解严重脱节，导致员工福利方案无法达到用人单位预期的效果。

调查结果显示，当用人单位被问及未来打算投资的福利领域时，员工福利自选占据榜首，占比高达 51%；其次，创新福利，占比为 42%；再次，健康管理，占比为 40%；最后，财务支持，占比为 33%。调查结果显示，许多用人单位的员工福利政策无法达到预期的效果，88% 的员工并不珍惜、重视用人单位提供的员工福利。造成这一状况的原因，主要有以下三个方面。

（1）员工福利缺乏政策的明确引导。大多数雇主心里有明确的目标，但是在制定员工福利规划方案时，往往缺乏明确的引导，导致员工福利管理和预期目标之间不存在明显的关联性。

（2）缺乏明晰的品牌和沟通策略。调查中，有超过 70% 的被调查单位认为，他们对员工福利进行了品牌化管理。但是，随着调查的深入，调查者发现，被调查单位对品牌化存在着误解。占比为 16% 的公司认为，“将全球化的定位运用于地区”代表品牌化。调查显示，如果没有被员工普遍接受的福利品牌，且缺乏良好的沟通策略，员工福利的价值就会降低，就会难以提高员工的满意度和认同性。

（3）缺乏充足的数据分析。调查结果显示，大多数用人单位搜集了员工福利方面的数据，但是却没有使用这些数据进行员工福利规划，或者未通过数据分析得到想要的结果。其中，1/3 的用人单位完全没有衡量员工福利的价值或者投资回报率。当被问及在借助数据分析制定员工福利方案所受到的限制时，占比为 66% 的用人单位表示，缺乏充足的数据是主要原因。

复习思考题

1. 如何理解劳动关系的概念？
2. 劳动关系与劳务关系的联系和区别有哪些？

① 参见：《员工福利为何无法达到预期目标》，《中国劳动保障报》，2016 年 12 月 2 日。

3. 如何理解劳动关系主体的概念?

4. 劳动关系的特征有哪些?

5. 劳动者与用人单位合作的形式有哪些?

6. 劳动者与用人单位冲突的根源有哪些?

7. 劳动关系中，反映劳动者力量的表现形式有哪些?

8. 劳动关系中，反映用人单位力量的表现形式有哪些?

9. 剥削型劳动关系管理模式的特点有哪些?

10. 宽容型劳动关系管理模式的特点有哪些?

11. 自主型劳动关系管理模式的特点有哪些?

第二章 劳动关系立法

劳动关系立法是劳动关系协调稳定运行的制度保证，可以有效地规范用人单位和劳动者的行为，可以为劳动者和用人单位提供依法履行义务和享有权利的行为准则。本章主要介绍劳动关系立法的概念、作用和调整劳动关系立法的原则等。在此基础上，本章介绍了劳动关系立法的产生和发展。本章是学习劳动关系理论必须掌握的重点章节。

第一节 劳动关系立法的概念和作用

一、劳动关系立法的概念

劳动关系立法是指政府授权的立法机关制定、修改或者废止有关劳动者结社、集体谈判、劳动关系管理、劳动安全卫生、工资、工时、雇佣条件等劳动法律、法规的总称。对于劳动关系立法的概念，可以从以下三个方面进行理解。

（一）劳动关系立法是政府授权的立法机关制定的

劳动关系立法是政府授权的立法机关制定、修改和废止的。例如，我国法律的制定机关是全国人民代表大会及其常务委员会。在全国人民代表大会闭会期间，全国人民代表大会常务委员会对全国人民代表大会制定的法律进行部分补充和修改。但是，补充和修改的内容不得同该法律的基本原则相抵触。国务院、地方人民政府具有制定法规的权力；国务院所属的部委、地方行政机关具有制定部门规章的权力。除此之外，其他任何单位、组织和个人制定的有关劳动规章制度都不属于劳动关系立法的范畴。

（二）劳动关系立法的实施具有强制性

政府授权的立法机关颁布的劳动法律、法规、部门规章具有权威性，其实施具有强制性，主要表现为政府管辖范围内的用人单位和劳动者均必须遵守，必须无条件地执行劳动法律、法规和部门规章的规定。

（三）劳动关系立法的内容具有广泛性

劳动关系立法的内容不仅包括劳动合同的订立、变更、终止等方面的内容，而且还包括工资、工时、劳动卫生、劳动安全、社会保险、工会、劳动争议处理、劳动保障监察和劳动监督等方面的内容，劳动关系立法包含的内容比较多，具有广泛性。

二、劳动关系立法的作用

（一）保护当事人的合法权益

劳动关系立法保护劳动关系双方当事人的自愿安排，并以法律、法规和部门规章的形式提供相应的保护。例如，劳动合同、集体劳动合同、劳动争议处理等相关规定，为劳动关系当事人依法维权提供立法保障，可以使当事人在平等、自愿、自主协商的基础上订立劳动合同，建立平等的劳动关系。

（二）解决劳动争议

劳动关系立法不仅赋予劳动者依法享有劳动的权利和获得劳动保障的权利，而且还规定了保障这些权益得以实现的司法机制，这有利于及时解决劳动争议和劳动纠纷，依法维护当事人的合法权益。

（三）确定基本的劳动标准

基本的劳动标准是指劳动关系立法对劳动领域内的重复性事务、概念和行为加以规范，以定性的形式或者定量的形式作出的、统一的、普遍执行的规定。例如，最低工资、最低就业年龄、工作时间、休息休假和劳动安全卫生标准等方面的规定就属于基本的劳动标准，这些劳动标准有助于维护劳动者的合法权益，保护劳动者的身体健康。

三、劳动关系立法的内容

（一）劳动者结社、谈判的立法

法律、法规依法规定劳动者或者用人单位具有结社、组织和选择谈判代表的自由。劳动者对雇用条件、工资、工作时间等具有集体谈判的权利，劳动者建立组织和谈判的权利不受任何用人单位或者组织的干扰。同样地，用人单位也具有自愿成立组织或参加组织的权利。劳动者或者用人单位自愿成立或参加组织的权利是自由开放社会不可缺少的组成部分。①

（二）劳动关系管理的立法

劳动法律、法规和部门规章针对劳动关系管理的立法主要包括以下四个方面。

1. 建立劳动关系的立法

建立劳动关系的立法是指劳动者同用人单位确定劳动关系，明确双方权利和义务的立法，其内容主要包括用人单位招收、聘用劳动者的立法和订立劳动合同的立法等。

2. 履行劳动合同的立法

履行劳动合同的立法是指劳动关系建立后，用人单位与劳动者遵守劳动合同的约定、完成工作任务、承担相应的义务和享有相应权利等方面的立法。

3. 变更劳动合同的立法

变更劳动合同的立法是指劳动关系建立以后，用人单位与劳动者之间因为某种原因对已经确定的权利和义务作出部分变动，其内容主要包括变更劳动合同、变更集体劳动合同、职工岗位调动、工资调整等方面的立法。

4. 终止劳动合同的立法

终止劳动合同的立法是指劳动关系双方当事人因某种原因导致劳动的权利和义务终结，劳动关系终止，其主要内容有劳动合同的解除和终止、职工辞职、用人单位辞退违纪职工、开除、除名等方面的立法。

（三）劳动安全卫生保护的立法

劳动安全卫生保护的立法又称为劳动保护立法，是指政府管理部门为保障劳动者的安全和健康而制定的法律、法规和制度。例如，如果遇有6级以上强风天气的时候，禁止在

---

① 元帅：《国际劳工组织对“劳工权利”的界定问题》，《当代法学》2011年第1期。

露天场所进行起重作业和高空作业。又如，我国政府于1995年1月1日起实施的《未成年工特殊保护规定》规定，用人单位不得安排未成年工从事的劳动范围主要包括以下若干个方面：（1）《生产性粉尘作业危害程度分级》国家标准中第一级以上的接尘作业；（2）《有毒作业分级》国家标准中第一级以上的高处作业；（3）《高处作业分级》国家标准中第二级以上的高处作业；（4）《冷水作业分级》国家标准中第二级以上的冷水作业；（5）《高温作业分级》国家标准中第三级以上的高温作业；（6）《低温作业分级》国家标准中第三级以上的低温作业；（7）《体力劳动强度分级》国家标准中第四级体力劳动强度的作业；（8）矿山井下及矿山地面采石作业；（9）森林业中的伐木、流放及守林作业；（10）工作场所接触放射性物质的作业；（11）有易燃易爆、化学性烧伤和热烧伤等危险性大的作业；（12）地质勘探和资源勘探的野外作业；（13）潜水、涵洞、涵道作业和海拔3000米以上的高原作业（不包括世居高原者）；（14）连续负重每小时在6次以上并每次超过20公斤，间断负重每次超过25公斤的作业；（15）使用凿岩机、捣固机、气镐、气铲、铆钉机、电锤的作业；（16）工作中需要长时间保持低头、弯腰、上举、下蹲等强迫体位和动作频率每分钟大于50次的流水线作业；（17）锅炉司炉。劳动安全卫生保护立法是直接保护劳动者在生产、工作中安全和健康的法律保障。如果用人单位违反劳动安全卫生法律、法规，劳动保障监察部门会依法追究相关责任人员的责任。

（四）基本劳动标准的立法

基本劳动标准立法是指政府管理部门对劳动领域内规律性出现的事物或者行为进行规范，以定量的形式作出的、统一的、普遍执行的规定。例如，劳动工资、工作时间、试用期等方面的立法。基本劳动标准立法主要包括以下三个方面的内容。

1. 劳动工资的立法

劳动工资立法是指政府管理部门在用人单位支付劳动者工资方面的立法。例如，我国政府发布的《工资支付暂行规定》（以下简称《暂行规定》）规定了工资支付的项目、支付水平、支付形式、支付对象、支付时间等。《暂行规定》第五条规定，工资应当以法定货币支付，不得以实物及有价证券替代货币支付。用人单位应当将工资支付给劳动者本人。劳动者本人因故不能领取工资时，可由其亲属或者委托他人代理。用人单位可以委托银行代发工资。用人单位必须书面记录支付劳动者工资的金额、时间、领取者的姓名以及签字，并保存2年以上备查。用人单位在支付工资时应向劳动者提供1份其个人的工资清单。工资必须在用人单位与劳动者约定的日期支付。如遇节假日或休息日，则应当提前在最近的工作日支付。工资至少每月支付一次，实行周、日、小时工资制的单位可以按周、日、小时支付工资。

2. 劳动工时的立法

劳动工时立法是指国家对劳动者参加劳动的时间、必需休息时间的立法。例如，《中华人民共和国劳动法》规定，国家实行劳动者每日工作的时间不超过 8 小时，平均每周工作的时间不超过 40 小时的工时制度。

3. 劳动标准立法

劳动标准立法是指政府管理部门对劳动者参加劳动的工作类型、标准、禁忌等进行的立法。例如，我国政府发布的《女职工禁忌劳动范围的规定》规定，禁止女职工从事国家标准中第四级体力强度①的作业。又如，国家标准 GB3608—2008《高处作业分级》规定，凡在距坠落高度基准面 2 米以上（含 2 米）有可能坠落的高处进行作业都称为高处作业。

（五）劳动保障立法

劳动保障立法是指劳动者在面临年老、疾病、失业、工伤、生育、贫困等风险时由国家或者用人单位提供基本生活保障方面的立法。劳动保障立法可以保障劳动者老有所养、病有所医、劳有所得、伤有所抚、育有所补、贫有所助，可以化解劳动者面临的各种人身风险，可以使劳动者体面、有尊严地安享晚年。例如，《中华人民共和国劳动法》规定，国家发展社会保险，建立社会保险制度，设立社会保险基金，使劳动者在年老、患病、工伤、失业等情况下获得帮助和补偿。《中华人民共和国社会保险法》规定，国家建立基本养老保险、基本医疗保险、工伤保险、失业保险、生育保险等社会保险制度，保障公民在年老、疾病、工伤、失业、生育等情况下依法从国家和社会获得物质帮助的权利。

（六）处理劳动争议立法

处理劳动争议立法是指处理劳动者和用人单位之间因劳动关系产生争议、纠纷的立法。劳动争议立法的作用主要有以下三个方面：（1）完善依法处理劳动争议的机制，维护劳动关系的协调、稳定；（2）通过处理劳动争议，提高劳动者和用人单位履行义务的自觉性，约束劳动者和用人单位的行为；（3）及时处理劳动争议案件，维持正常的生产、经营秩序，维护社会的和谐、稳定。

---

① 一级体力劳动是指 8 小时工作日平均耗能值为 3558.8 千焦耳/人，劳动时间率为 61%，即净劳动时间为 293 分钟，相当于轻劳动；二级体力劳动是指 8 小时工作日平均耗能值为 5560.1 千焦耳/人，劳动时间率为 67%，即净劳动时间为 320 分钟，相当于中等强度劳动；三级体力劳动是指 8 小时工作日平均耗能值为 7310.2 千焦耳/人，劳动时间率为 73%，即净劳动时间为 350 分钟，相当于重强度劳动；四级体力劳动是指 8 小时工作日平均耗能值为 11304.4 千焦耳/人，劳动时间率为 77%，即净劳动时间为 370 分钟，相当于“很重”强度劳动。

（七）劳动监督立法

劳动监督立法是指政府授权的组织机构对劳动用工单位依法维护劳动者权益进行检查、督促和处罚的立法。劳动监督立法的作用主要有以下三个方面：（1）有利于劳动法律、法规的实施，提高用人单位遵守法律、法规的思想意识，提高用人单位守法的自觉性；（2）促进劳动关系立法的完善，有助于保护劳动者的合法权益；（3）有利于维护劳动市场秩序和劳动规章制度，促进劳动市场的稳步发展。

第二节 劳动关系立法的原则

劳动关系立法的原则指导劳动法律、法规和部门规章制度的制定，是调整劳动关系应当体现的总体指导思想和基本原则。

一、劳动关系立法原则的概念

劳动关系立法原则是指集中体现在劳动关系法律、法规和部门规章中起主导作用的本质精神，是调整劳动关系应当遵循的基本准则。劳动关系立法的原则决定着劳动关系的调整方向，贯穿劳动关系运行和调整的全过程。劳动关系立法的原则，对调整劳动关系的每一个环节均具有指导和统帅的作用，是具有普遍约束力的行为规则和行为规范。劳动关系立法的原则是以宪法规定的基本原则为依据确定的。

二、劳动关系立法原则的特点

（一）全面性

劳动关系立法的原则具有全面性，不仅考虑劳动者、用人单位的利益，而且还应当考虑政府或社会公众的利益，以立法的形式平衡劳动关系当事人或关系人的利益诉求。例如，我国政府已于1990年9月7日决定批准《三方协商促进实施国际劳工标准公约》[1] 实

---

① 《三方协商促进实施国际劳工标准公约》是国际劳工组织于1976年通过的。

施。在涉及劳动关系的法律、法规和部门规章方面，已经建立了政府、劳动者（或工会）、用人单位（或雇主协会）的三方协商制度。三方协商机制是指政府、用人单位和劳动者之间就劳动关系立法、社会政策等方面措施进行的所有沟通、交流和活动，三方协商机制的建立有利于处理劳动关系中存在的问题，维持和谐稳定的劳动关系。

（二）权威性

劳动关系立法的原则具有权威性，涉及劳动关系的当事人或各方关系人均必须严格遵守。依法执行有关劳动关系的法律、法规和部门规章，有助于维持劳动关系的和谐和稳定。

（三）稳定性

劳动关系立法的原则具有一定的稳定性，这一特性有助于劳动关系当事人遵守相关法律、法规和部门规章的规定，便于当事人理解、运用相关的法律、法规和部门规章，有助于约束用人单位和劳动者的行为，依法维护用人单位和劳动者的合法权益。

三、劳动关系立法原则的内容

（一）劳动关系主体权利和义务统一的原则

劳动关系是劳动者与用人单位之间在实现劳动过程中的权利义务关系，其主体在实现劳动的过程中既行使权利，又履行义务。劳动关系立法实际上就是运用法律、法规和部门规章的规定对劳动关系主体的权利和义务加以规范。

在劳动关系中，劳动者负有将其劳动力交付用人单位使用的义务，其主要表现是参加用人单位组织的劳动，完成用人单位安排的劳动任务，遵守用人单位制定的劳动规章制度和劳动纪律。另外，劳动者在让渡劳动力使用权的同时，用人单位对劳动者承担着保障劳动力再生产和履行劳动义务以外人身自由的义务，其具体表现是向劳动者支付劳动报酬和其他各项福利待遇，保证劳动者具有充分的休息时间，及其在劳动过程中的人身安全和健康。

（二）劳动力资源合理配置的原则

建立规范、调整劳动关系的法律、法规和部门规章体系，就是要实现劳动力资源的优化配置。在市场经济条件下，判断劳动力资源配置是否合理的依据之一是奉行兼顾效率和公平的双重价值取向。这也就是说，在劳动关系的管理中，既要平等地对待劳动者和用人单位，又不妨碍用人单位的经济效率，以有利于劳动力资源的高效配置。

（三）保护劳动关系主体权益的原则

在劳动关系中，劳动者和用人单位是两个相对独立的权利和利益主体，有着不同的利益取向和追求。政府有关管理部门制定劳动关系立法的目的之一是，保护各方利益主体的权利不受侵犯，从而保证劳动关系得以持续、稳定地运行，以保证生产、劳动的顺利进行。在劳动关系中，实施劳动关系主体权益保护原则的具体要求主要有以下五个方面。

1. 基本保护

基本保护是指对劳动者基本利益的保护。例如，维持劳动力再生产所必需的人身安全、劳动卫生的工作场所、基本生活需要等方面的利益，都属于劳动者的基本利益。保护劳动者的权益，首先应当保护劳动者的基本利益。为此，各国政府出台的法律、法规和部门规章对劳动者的基本利益规定了最低标准，要求用人单位向劳动者支付的利益不得低于这些标准，从而使劳动者的基本利益得以保护。例如，政府制定的工作场所基本安全标准等，就是对劳动者基本利益的保护。

2. 全面保护

全面保护是指法律、法规和部门规章对劳动者和用人单位权益实行全面的保护，任何一方不得随意侵犯对方的权益。无论是法定权益，还是约定权益；无论是财产权益，还是人身权益；无论是在劳动关系缔结中，还是在劳动关系运行中，都应当保护双方当事人的合法权益。

3. 平等保护

平等保护是指所有劳动者和各类用人单位的权益都应当受到平等的保护，主要包括两个方面的含义：

（1）对各类用人单位的权益平等地保护。法律、法规和部门规章通常赋予国有用人单位和各类非国有用人单位同等的用人权利，并对这些单位使用劳动者的权益给予同等的保护。

（2）对各类身份的劳动者平等地保护。对于民族、种族、性别、职业、职务、用工形式等不同的劳动者来说，劳动者的地位平等，劳动的标准和安全卫生条件相同，劳动的福利待遇平等支付，不得有任何形式的歧视。

4. 优先保护

优先保护是指在某些特殊条件下，当对劳动者的权益保护和对用人单位的权益保护出现矛盾、发生冲突时，调整劳动关系应对劳动者实施优先保护。例如，在劳动关系运行的过程中，当劳动者的人身安全同用人单位的组织生产发生冲突时，应当首先保护劳动者的人身安全。

5. 特殊保护

特殊保护是指对某些特殊群体劳动者的权益给予特殊保护。例如，世界各国政府通常出台法律、法规和部门规章对女职工、未成年工[①]、残疾劳动者、军队退役劳动者等给予特殊保护，这些特殊保护措施是对基本保护的必要补充。从一定意义上看，只有对这些特殊群体的劳动者进行特殊保护，才能实现对全体劳动者的平等保护。

（四）促进经济发展和社会进步的原则

劳动关系立法应当保护劳动者和用人单位的合法权益，以维护和发展和谐、稳定的劳动关系。建立稳定的劳动关系和秩序，有利于调动劳动者的工作积极性，为用人单位的生产、管理提出合理化的建议；有助于用人单位组织、安排生产劳动，提高劳动生产率，促进社会生产力的发展，增进社会的稳定。

案例2－1

我国法律、法规和部门规章对女职工特殊保护的规定

我国政府发布的《女职工禁忌劳动范围的规定》规定，女职工禁忌从事的劳动范围主要包括以下五个方面：(1) 矿山井下作业；(2) 森林业伐木、归楞[②]及流放[③]作业；(3)《体力劳动强度分级》国家标准中第四级体力劳动强度的作业；(4) 建筑业脚手架的组装和拆除作业以及电力、电信行业的高处架线作业；(5) 连续负重（指每小时负重次数在6次以上）每次负重超过20公斤，间断负重每次负重超过25公斤的作业。除此之外，女职工还享受劳动法律法规规定的“四期”保护。

(1) 经期保护。《女职工劳动保护规定》规定，女职工在月经期间，不得安排其从事高空、低温、冷水和国家规定的第三级体力劳动强度的劳动。《女职工禁忌劳动范围的规定》规定，女职工在月经期间禁忌从事的劳动范围是：食品冷库内及冷水等低温作业；《体力劳动强度分级》国家标准中第三级劳动强度的作业；《高处作业分级》国家标准中第二级以上作业。

(2) 孕期保护。《女职工禁忌劳动范围的规定》规定，已婚待孕女职工禁忌从事劳动范围是铅、汞、苯、镉等作业场所中属于国家《有毒作业分级》标准中的三级、四级作业。对已经怀孕职工从事的劳动范围是，作业场所空气中铅及其化合物、汞及

---

① 未成年工是指年满16周岁、未满18周岁的劳动者。未成年工获得特殊的保护，是法律、法规和部门规章规定的法定权益，任何用人单位都必须遵守。未成年工的劳动保护是针对未成年工生长发育期的特点以及接受教育的需要，采取的特殊劳动保护措施。

② 归楞是指将木材按规格、尺寸、材质等标准，分类堆放的作业。

③ 流放是指利用河流等水道，将木材顺河流漂送运输的作业。

其化合物、苯、镉、铍、砷、氰化物、氮氧化物、一氧化碳、二氧化碳、氯等有毒物质浓度超过国家标准的作业；制药行业中从事抗癌药物及烯雌酚生产的作业；作业场所放射性物质超过《放射防护规定》中规定剂量的作业；人力进行的土方和石方作业；《体力劳动强度分级》国家标准中第三级体力劳动强度的作业；伴有全身振动的作业；工作中需要频繁弯腰、攀高、下蹲的作业；《高级作业分级》标准中所规定的高处作业。同时，《中华人民共和国劳动法》规定，对怀孕7个月以上的女职工，不得安排其延长工作时间和夜班劳动。

（3）产期保护。《女职工劳动保护规定》规定，女职工产假为90天，包括产前15天和产后75天。难产的增加产假15天。多胞胎生育的，每多生育一个婴儿，增加产假15天。女职工怀孕流产的，其所在单位应该根据医务部门的证明，给予一定时间的产假。女职工产假期间工资照发。

（4）哺乳期保护。《女职工劳动保护规定》规定，有不满1周岁婴儿的女职工，其所在单位应该在每班劳动时间给予两次哺乳（含人工喂养）时间，每次30分钟。多胞胎生育者，每多哺乳1个婴儿，每次哺乳增加30分钟。女职工每班劳动时间内的2次哺乳时间，可以合并使用。哺乳时间和在本单位内哺乳往返途中的时间，算作劳动时间。女职工在哺乳期内，所在单位不得安排其从事国家规定的第三级体力劳动强度的劳动和哺乳期禁忌从事的劳动，不得安排其延长工作时间和夜班劳动。

第三节

劳动关系立法的产生和发展

任何方面立法的产生和发展都具有一定的社会历史条件，资本主义原始积累的发展和劳资双方的矛盾，促进了劳动关系立法的产生。劳动关系立法产生初期，注重维护资本家的利益，注重维持资本主义再生产的顺利进行。随着资本主义经济的进一步发展，经济危机频繁发生，劳动关系立法更加注重维护劳动者的利益。

一、劳动关系立法的产生及其产生的主要原因

（一）劳动关系立法的产生（14世纪—20世纪初）

为了促进资本主义生产的起步，促使资本家可以获得稳定的劳动力资源，在资本原始

积累初期，劳动关系立法调整的原则以加强资本家对劳动者的剥削为主要特征，颁布了一系列的有关劳工的法律、法规。1349 年，英国黑死病的流行造成了劳动力资源短缺。为了强迫被赶出土地的劳动者同资本家建立劳动关系，英皇爱德华三世于 1351 年颁布了第一部《劳工法令》（The Ordinance of Labourers）。① 在 14 世纪到 18 世纪末的 400 多年的时间里，《劳工法令》一再被修改，此时其他国家也颁布了类似的法律、法规，这些国家颁布的劳工方面的法律主要包括以下三个方面的内容。②

1. 强迫劳动者同资本家建立劳动关系

一些国家的法律、法规规定，失去土地的劳动者必须到资本家的工厂做工，同资本家建立劳动关系。英国亨利八世时期颁布的法令规定，对首次失业的流浪者可以施以鞭刑，对再度失业的流浪者可以断肢，对三度失业的流浪者就可以当作重罪犯人予以处死。

2. 规定劳动者最低工作时间

为了保证资本家能够获得稳定的劳动力资源，当时的劳动法律、法规规定了劳动者每日必须工作的最低小时数；如果劳动者工作的时间达不到政府规定的最低小时数，就会受到相应的处罚。

3. 规定最高工资支付限额

当时颁布的法律、法规规定，资本家在法定最高工资限额以上支付劳动者工资的，就要受到相应的处罚，这些措施有效地保护了资本所有者的利益，损害了劳动者的权益。

（二）劳动关系立法产生阶段的特点

1. 劳动关系立法产生初期旨在维护资本家的利益

劳动关系立法产生初期，世界各国的法律、法规大多强制失去土地的劳动者到工厂工作，保证了资本主义生产可以获得稳定的劳动力供给，劳动关系立法维护了资本家的利益。

2. 劳动关系立法适用的范围不广泛

劳动关系立法产生初期，法律、法规适用的范围通常比较狭窄。有些国家的法律、法规仅限于某些行业或者具有一定规模的工厂，劳动关系立法适用的范围并不十分广泛。劳动关系立法保护的对象首先是童工，其次是女工，而后才逐步扩展到了纺织工人。

3. 劳动关系立法不完备

劳动关系立法产生初期，虽然对劳动条件的改善作出了规定，但是大多缺少监督条款

---

① 王超华：《中世纪晚期英格兰劳动力市场中的契约保护原则》，《世界历史》2020 年第 4 期，第 33 页。

② 贾俊玲：《劳动法与社会保障法学》，中国劳动社会保障出版社 2005 年版，第 5 页。

和违规责任条款，缺乏明确的监督检查机构，也缺乏对违法者承担法律责任的具体规定，劳动者的合法权益难以得到有效保护。

（三）劳动关系立法产生的主要原因

1. 劳动关系立法的产生是生产工业化和社会化的客观要求

生产工业化的过程实质上是创造更多物质财富的过程，实际上也是农民、小生产者贫困化的过程。生产工业化使大多数被剥夺了土地的农民、小生产者转化为雇佣工人，转化为依靠工资维持生计的劳动者。资本主义工业化初期，大机器的使用造成了大量劳动人口伤残、死亡；经济危机的反复爆发，造成了大量的劳动者失业。在这种情况下，从劳动立法上对资本家的剥削予以限制，对劳动者的权益予以保护，才能保障劳动力资源的再生产，从而使资本主义大工业生产得以顺利、持续地进行。

2. 劳动关系立法的产生是维护自由、平等和竞争的需要

资本主义经济是平等竞争的经济，而自由竞争必然要求平等的竞争条件，这就要求政府管理部门运用立法手段对资本家的剥削、过度管理进行限制，以维护劳动者的合法权益。

3. 劳动关系立法的产生是劳动者长期斗争的结果

为了维护自身的利益，劳动者自发地组织起来同资本家进行斗争。面对工人运动的风起云涌，各国政府不得不采取措施对劳动关系进行干预。劳动关系立法作为协调劳资矛盾、冲突和稳定社会秩序的有效手段被各国政府普遍地采用。

二、劳动关系立法的初步发展和主要特点

（一）劳动关系立法的初步发展（19 世纪初—20 世纪 50 年代）

19 世纪初，资本主义经济进入了自由竞争的发展阶段，资本主义生产方式已经逐步壮大和成熟起来。此时，仅仅依靠经济关系的力量就可以保证劳动者自愿到资本家的工厂工作，这一时期劳动关系立法调整的原则是强调保护劳动者的权益。1802 年，英国政府颁布的《学徒健康与道德法》规定，纺织厂不能雇用 9 岁以下的学徒工；18 周岁以下的学徒工每天工作的时间不得超过 12 小时，并且限于清晨 6 点至晚上 9 点，禁止学徒工夜间劳动。1804 年，第一部资产阶级民法典——《法国民法典》（《拿破仑法典》）将劳动合同的条款称为“劳动力租赁契约”，并进一步解释为“劳动力的租赁者，谓当事人约定，一方为他方完成一定的工作，他方约定支付劳动报酬的契约”。

此后，各国政府出台的《民法典》都将劳动关系作为一种自由的契约关系加以规定。[①] 1819 年，英国政府发布《棉纺厂和工厂法》（Cotton Mills and Factories Act）规定，禁止纺织工厂使用 9 岁以下的童工，9—16 岁以下的学徒工每天工作的时间不得超过 12 小时。英国政府于 1833 年出台的《工厂法》（Factory Act）规定，9 岁以上 13 岁以下的童工每天工作的时间不得超过 9 小时，13 岁以上 18 岁以下的学徒工每天工作的时间不得超过 12 小时，禁止童工夜班劳动。1824 年，英国政府颁布的《关于雇主与雇员间争议仲裁的统一修正法案》开始建立劳动争议处理的制度。1839 年，德国制定了《普鲁士工厂矿山条例》和限制童工工作时间的法律，保护了劳动者的权益。1842 年，英国政府颁布的《矿工与矿山法》规定，禁止使用女工及 10 岁以下的童工从事矿坑下的劳动。1847 年，英国政府颁布的《10 小时法》（The Hour Act）规定，18 岁以下的童工、女工每天工作的时间原则上不得超过 10 小时。

除了对工作时间和童工的年龄加以限制外，劳动关系立法的适用范围不断扩大，规定的内容更加丰富。例如，英国政府于 1864 年颁布的《工厂法扩展法》规定（Factory Acts Extension Act），工厂必须具备清洁措施、通风措施和危险机器防护措施等。英国政府于 1867 年颁布的《工厂法扩展法和车间管理法》（Factory Acts Extension Act and Workshops Regulation Act）将适用范围扩大到雇用 50 人以上的、所有工厂的童工、少年工和女工。[②] 1867 年，英国政府颁布的《调解委员会法》规定了劳动争议调解委员会的地位、作用和调解程序等。1868 年，英国全国总工会成立。1871 年，英国政府通过了世界上第一部《工会法》，正式承认了工会的合法地位，并承认工会具有代表雇员与雇主谈判，及同雇主签订集体合同的权利。1872 年，英国政府又颁布了《雇主与雇员仲裁法》。1876 年，英国政府又通过了《工会法修正案》，进一步承认了工会为合法的组织。1878 年，英国政府颁布的《关于整合、修订与工厂、作坊相关法律的法案》还把雇用童工、少年工和女工的手工业工场和家庭作坊包括在适用范围内。[③] 除了工厂管理相关立法外，关于工人结社和劳动争议处理的立法也开始出现，并开始承认工人拥有结社权。

1883 年 5 月 31 日，德国宰相俾斯麦主持颁布了世界上第一部《疾病社会保险法》，标志着政府对劳动者权益的保护已经扩展到了医疗保险的领域。1884 年，德国政府颁布的《工伤事故保险法》和 1889 年颁布的《老年和残障保险法》，标志着世界上第一个完整的社会保险体系的建立，也标志着社会保障的权利与义务有了明确的立法保证。1896 年，英国政府通过了《调解法》，废除了以往关于劳动争议处理的一些规定，建立了劳动争议的

① 贾俊玲：《劳动法与社会保障法学》，中国劳动社会保障出版社 2005 年版，第 5 页。

② 鲁庆庚：《英国早期工厂立法背景初探》，《山东师范大学学报》2006 年第 4 期，第 124 页。

③ 关怀：《劳动法学》，法律出版社 1996 年版，第 35 页。

调解制度。1897 年，英国政府通过了《雇员灾害赔偿法》，从此，英国开始建立工伤赔偿制度。1900 年，比利时颁布了世界上第一部《劳动合同法》[①]，明确地规定了劳动合同的订立、履行和终止等方面的内容。1904 年，新西兰政府最早制定了有关集体合同的法规，规定了集体合同订立、履行和终止等方面的内容。

第一次世界大战后，《劳动法》集体合同专章或者单项集体合同法对集体合同的订立和内容作出了明确的规定。1919 年，德国的《魏玛宪法》率先规定了结社自由、就业保障、社会保险、劳动保护及照顾女工、童工等方面的内容，标志着政府对劳动者权益的保护已经上升到了宪法的高度。

（二）劳动关系立法初步发展阶段的特点

1. 劳动关系立法更加注重保护劳动者的权益

为了适应资本主义经济发展的需要，各国政府出台的劳动关系立法更加注重对劳动者权益的保护，以保障劳动力再生产的顺利进行。

2. 劳动关系立法的覆盖范围进一步扩大

如果说，劳动关系立法初期适用的范围比较狭窄的话，那么，随着劳动关系立法的发展，劳动法律法规的覆盖范围逐步扩大，已经扩大到全体劳动者。

3. 劳动关系立法涉及劳动关系的各个方面

这一时期，劳动关系立法不仅涉及劳动工资、劳动时间、童工、社会保险等方面的内容，而且还涉及劳动争议处理机制、就业保障等方面的内容，劳动关系立法已经涉及劳动关系管理的各个方面。

三、劳动关系立法的全面发展和主要特点

（一）劳动关系立法的全面发展（20 世纪 40 年代至今）

随着资本主义经济危机的反复爆发，加强对劳动者权益的保护得到了世界各国政府的高度重视，劳动关系立法进入了全面发展的阶段。1946 年，一些国家的《宪法》规定了劳动权利和义务的基本精神。例如，《法国宪法》《德意志联邦共和国基本法》等就作出了这方面的规定。1947 年 7 月 23 日，美国国会又通过了《塔夫脱——哈特莱法》，代替了《瓦格纳法》，该法案对工会活动、罢工权和集体谈判权作出了限制性的规定。1959

① 杨燕绥：《新劳动法概论》，清华大学出版社 2004 年版，第 138 页。

年，美国国会通过了《兰德勒姆——格里芬法》，该法案对劳动关系委员会的职责范围进行了调整，是美国调整劳动关系的一部基本法律。日本政府于1946年制定了《劳动关系调整法》，预防劳动争议案件的发生，调整劳动关系。1949年6月1日，日本政府发布了《工会法》，丰富了日本劳动关系立法体系。1946年8月，爱尔兰政府制定了《劳动关系法》，劳动关系立法得到了全面的发展。

20世纪70年代以来，由于中东石油危机的爆发，制约了各国经济的发展。亚洲、非洲、欧洲20多个国家相继制定了专门的《劳资关系法》，有些国家如匈牙利、波兰、菲律宾等国家，在其劳动法案中设有专编或者专章规定劳动关系方面的内容。

此时，英国也面临着严重的失业问题，英国政府加大了就业保障立法的力度。1975年，英国政府颁布了《社会保障法》，对英国的社会保障制度进行了修订。1978年又颁布了《就业保障（综合）法》，该法将过去几个有关就业的法律法规进行了修改、整理、合并。自此以后，每隔几年就对该法修订一次。1988年，英国政府颁布了《社会保险法》，提高了失业人员领取失业保险待遇的资格条件。1990年对该法进行了修订。1995年，在社会发展问题首脑大会上，国际劳工组织首先提出"国际劳工标准"的概念，旨在以国际公约的形式确立和保障劳动者的劳动权利。1998年，国际劳工组织第八十六届会议通过的《关于工作中基本原则和权利宣言》将核心标准明确规定为四个方面的权利：结社自由与集体谈判的权利；消除一切形式的强迫劳动；有效废除童工；消除就业歧视。1999年，为了应对全球化给劳动领域带来的挑战，国际劳工组织第一次提出了"体面劳动"的概念，并把它定义为："促进男女在自由、公平、安全和具备人格尊严的条件下获得体面的、生产性的可持续工作机会。"

（二）劳动关系立法全面发展阶段的主要特点

1. 劳动关系立法的国际性更加明显

在劳动关系立法全面发展的同时，国际劳工组织（ILO）[1] 发布的国际劳工公约成为劳动关系立法的重要形式。国际劳工组织发布的国际劳工公约和建议书大多被成员国政府接受，各国政府大多针对本国的具体情况，制定了适合本国经济发展的劳动关系法律、法规和部门规章。

2. 劳动法律法规体系更加完备

如果说，劳动关系立法初期的法律法规体系并不很完备的话，劳动关系立法全面发展

① 国际劳工组织（ILO）于1919年6月10日宣布成立，第二次世界大战期间以独立的组织形式存在下来。1946年，国际劳工组织成为联合国最早建立的专门机构之一。

阶段建立的法律、法规和部门规章体系则更加完备，更加强调法律、法规和部门规章体系的权威性、衔接性、联系性和稳定性，以保障处理劳动争议时能够有法可依。

3. 劳动关系立法体系逐步完整化、系统化

尽管世界各国劳动关系立法的表现形式千差万别，但从内容上看，已经初步形成了完整而系统的劳动关系立法体系。劳动关系立法的内容主要包括劳动管理、劳动就业、劳动关系协调、劳动标准、社会保险、劳动争议处理、劳动保障监察、工会的法律地位等方面的内容。随着经济的发展和劳动用工制度的变化，这些国家的法律、法规和部门规章体系会进一步调整和完善。

4. 劳动基准成为各国劳动关系立法的重要组成部分

为了保护劳动者的基本劳动权利，各国劳动关系立法通常制定了劳动条件的最低标准，即劳动基准。例如，最低劳动年龄、最低工资标准①、最长工时标准、女职工和未成年工劳动禁忌的范围等。劳动基准是劳动关系立法中的强制性规定，用人单位在执行时只能高于劳动基准，不能低于劳动基准。如果劳动合同或者集体合同中约定的劳动条件低于劳动基准，那么，这样的约定不仅无效，而且还要追究相关责任人的法律责任。

5. 劳动关系立法的责任条款得以明确和加强

当前，劳动关系立法中的责任条款大多得到明确，劳动关系立法依据过错责任原则，分别追究劳资双方的法律责任②，以有效地保护劳动关系双方当事人的合法权益。

案例 2－2

劳动关系立法的国际性

1919—2012 年底，国际劳工组织共有成员 187 个，制定了 188 项公约和 199 项建议书，已经形成了完整的国际劳动管理立法体系。国际劳工公约一经会员国批准，即具有与会员国国内立法相同的法律效力。建议书不需要批准，只供会员国在进行本国立法制定或者修改劳动和社会政策时参考。许多国家在较短的时间内批准了较多的国际劳工公约，或者直接将国内立法与国际劳工公约相衔接。国际劳工组织制定的国际劳工公约和建议书，按其内容可分为 14 大类，主要包括基本人权、就业政策与人力资源开发、劳动行政管理与劳动监察、劳资关系的调整、一般就业条件、职业安全与卫生、社会保障、弱势劳工群体保护等。

---

① 最低工资标准一般采取月最低工资标准和小时最低工资标准的形式。月最低工资标准适用于全日制就业劳动者，小时最低工资标准适用于非全日制就业劳动者。

② 贾俊玲：《劳动法与社会保障法学》，中国劳动社会保障出版社 2005 年版，第 11 页。

第四节

我国劳动关系立法的产生和发展

我国有关劳动关系的立法已经有较长的发展历史，以中华人民共和国成立为界线，可以将劳动关系立法分为新中国成立以前的劳动关系立法和新中国成立后的劳动关系立法。

一、新中国成立以前的劳动关系立法

我国劳动关系方面的立法始于广州国民政府时期，在南京国民政府时期得到了发展。与此同时，中国共产党创立的革命根据地也有相关劳动关系方面的立法。

（一）北洋政府时期的劳动关系立法

在工人运动不断发展壮大的情况下，北洋政府农商部于1923年颁布的《暂行工厂规则》（以下简称《规则》）包括的主要内容有：最低劳动年龄、限制最高工时、保护女工和童工、补习教育和工资福利等。尽管《规则》中规定的劳动标准远远低于工人的要求，且并未得到有效的实施，但是《规则》属于我国第一部工厂法。此外，北洋政府还颁布了《矿工待遇规则》《煤矿爆炸预防规则》和《国有铁路职员征缴特别保证金规则》等法规和部门规章，这些法规对于预防矿山事故、保护劳动者的生命和财产安全具有积极的意义。但遗憾的是，这些法规和部门规章并未得到有效的实施。

（二）国民政府时期的劳动关系立法

1. 广州、武汉国民政府时期的劳动关系立法

1914年3月18日，广州民国政府公布的《矿业条例》《矿业条例施行细则》规定，关于保护矿工之规定，是为吾国保护劳动立法之始。1924年1月23日，国民党在《国民党第一次全国代表大会宣言》的政纲中提出，制定劳工法、改良劳动者之生活状况、保障劳工团体扶助其发展等基本主张，这些主张成为这一时期劳动关系立法的基本原则。1924年11月，广州军政府颁布的《工会条例》主要包括以下三个方面的内容：（1）承认工会的合法地位，承认工会对雇主之团体的契约权，承认工会对雇主方面有参与规定工作工

时，及改良工作状况与工场卫生之权；(2) 工会有权要求雇主召开联席会议，仲裁劳动争议案件并可请求主管行政官厅派员调查及仲裁；(3) 工会有权根据多数会员的决议，宣布罢工等。1926 年 1 月，国民党第二次全国代表大会通过的《工人运动决议案》规定，实行 8 小时工作制，规定最低工资标准，保护女工、童工，改善工厂卫生条件，进行工人教育培训等方面的内容。同年，国民政府还颁布了《劳工仲裁条例》《国民政府组织解决雇主雇工争议仲裁条例》等法规。这些法规的颁布对于工人运动的发展和劳工权益的保护起了积极的作用。

2. 南京国民政府的劳动关系立法

1927 年 7 月 9 日，南京国民政府成立了劳动法起草委员会，着手编纂劳动法典，但是这项工作并未完成。后来，立法院决定，改用单行法的形式规范劳动关系。1928 年 7 月，国民政府分别通过的《工会组织暂行条例》和《特种工会组织条例》对建立工会组织的条件、组织系统，工会章程作出了规定。1929 年 10 月 21 日，国民政府立法院通过《工会法》。1930 年 6 月 6 日，国民政府立法院审议通过《工会法施行法》，对工会名称，工会区域，工会之成立、合并、分立、联合、解散等作出规定。1931 年 12 月 20 日，国民政府立法院公布《修正工会法》。1932 年 7 月 27 日，国民政府立法院公布《劳资争议处理法》①，规定了劳资争议处理的规范。到抗日战争爆发时，南京国民政府已经颁布的劳动法律、法规有《工会法》②《工厂法》③《团体协约法》④《劳动契约法》⑤《最低工资法》⑥等 13 项。抗日战争爆发后，国民政府发布的法规和部门规章有《职工福利条例》《职工委员会组织规程》《职工福利社设立办法》《职工福利委员会组织规程》等。1941 年，国民政府还颁布了《非常时期工会管制暂行办法》⑦。

（三）革命根据地的劳动关系立法

1927 年至 1949 年新中国成立前夕，中国共产党及其领导的革命民主政权在其创立的革命根据地颁布了许多劳动关系方面的立法，革命根据地的劳动关系立法可以进一步分为以下三个阶段。

---

① 谢振民：《中华民国立法史》（下），中国政法大学出版社 2000 年版，第 1061—1095 页。
② 《工会法》于 1929 年 10 月 21 日公布，于 1931 年、1932 年、1933 年、1943 年 4 次修订。
③ 《工厂法》于 1929 年 12 月 30 日公布，于 1932 年修订。
④ 《团体协约法》于 1930 年 10 月 28 日公布。
⑤ 《劳动契约法》于 1931 年 12 月 25 日公布。
⑥ 《最低工资法》于 1936 年 2 月 23 日公布。
⑦ 贾俊玲：《劳动法与社会保障法学》，中国劳动社会保障出版社 2005 年版，第 13—15 页。

1. 土地革命时期的劳动关系立法

1930 年 1 月 1 日，中华苏维埃政权颁布了《赤色工会组织法》。1930 年 6 月，颁布了《劳动保护法》。1931 年 12 月 1 日，中央苏区颁布的《中华苏维埃共和国劳动法》规定，劳动者日工作时间不得超过 8 小时，社会保险对所有劳动者均给予保障，劳资纠纷由人民法院的劳动法庭判决或者由劳资双方代表组成的谈判委员会和设在劳动部的仲裁委员会处理。为了对女工、青工和童工实施特殊保护，《中华苏维埃共和国劳动法》规定，16—18 岁青工的日工作时间不得超过 6 小时，14—16 岁童工的日工作时间不得超过 4 小时，工资不得低于劳动部规定的最低额。1931 年 12 月 21 日，颁布了《关于实施劳动法的决议》。1933 年 10 月 15 日，中华苏维埃政府修改了《中华苏维埃共和国劳动法》。

2. 抗日战争时期的劳动关系立法

1941 年，晋冀鲁豫边区发布《晋冀鲁豫边区劳工保护暂行条例》。1942 年，陕甘宁边区发布《陕甘宁边区劳动保护条例（草案）》，这些法规中规定的劳动条件和标准较为合理，适应了当时抗日民族统一战线发展的需要。

3. 解放战争时期的劳动关系立法

解放战争初期，党和政府沿用了抗日战争时期的劳动法规。1948 年 7 月新中国成立前夕，在哈尔滨召开了第六次全国劳动大会，会议通过的《关于中国职工运动当前任务的决议》（以下简称《决议》）规定了以下五个方面的内容：（1）工人日工作时间一般为 8—10 小时，除战争紧急需要外，每日工作包括加班在内不得超过 12 小时，连续加班时间不得超过 4 天，每月不得超过 48 小时；（2）职工最低工资必须能够维持包括本人在内 2 个人的生活；（3）男女同工同酬；（4）劳动须有契约，并尽可能采取集体契约的形式；（5）劳动争议处理程序为调解、仲裁和法院审理。《决议》成为当时劳动立法的总纲领。依据《决议》，各解放区先后颁布了调整劳动关系的法规，这些法规为新中国成立后的劳动关系立法积累了丰富的经验。

二、新中国成立后的劳动关系立法

中华人民共和国成立以后，我国劳动关系立法进入了新的发展时期。依据经济体制的不同，新中国成立以后的劳动关系立法分为改革开放前的劳动关系立法和改革开放后的劳动关系立法两个阶段。

（一）从新中国成立到党的十一届三中全会以前的劳动关系立法

新中国成立前夕，针对当时存在的私营企业和不断发生的劳资纠纷，中华全国总工会制定了“劳资关系三大文件”，即《关于劳资关系暂时处理办法》①《关于私营工商业劳资双方订立集体合同的暂行办法》《关于劳动争议解决程序的暂行规定》。1950 年 5 月 31 日，劳动部发布的《工厂卫生暂行条例（草案）》对工厂卫生条件和劳动保护作出了明确的规定。1950 年 6 月 29 日，中央人民政府颁布的《中华人民共和国工会法》对工会的性质、地位和权利义务作出了明确的规定。1950 年 7 月 1 日，劳动部发布的《救济失业工人的暂行办法》规定了救济失业工人的管理办法。1950 年 9 月 5 日，根据中国人民政治协商会议第一次全体会议通过的《中华人民共和国中央人民政府组织法》的规定，成立中央人民政府人事部。人事部内设一厅三局，即办公厅、干部局、工资福利局和教育局。1950 年 12 月 11 日，内务部发布的《革命军人伤亡抚恤暂行条例》对革命工作人员因公伤亡者实行伤亡褒恤。1951 年 2 月 26 日，政务院发布的《中华人民共和国劳动保险条例》对雇用 100 人以上的工厂、矿场、铁路、航运、邮电等企业单位及其附属单位的劳动保险费的征收和保管、各项劳动保险待遇等工作作出了具体的规定。1951 年 10 月 1 日，政务院发布的《关于改革学制的规定》规定，高等学校毕业生的工作由政府统分，从此，我国开始实施统一分配高等院校毕业生工作的制度。1952 年 8 月 6 日，政务院发布的《关于劳动就业问题的决定》规定，一切公私企业，对于因实行生产改革、合理提高了劳动生产效率而多余出来的职工，均应采取包下来的政策，仍由原企业单位发给原工资（计入企业成本之内），不得解雇，由此我国劳动力就业开始实行统包统配的就业制度。1953 年 1 月 9 日，政务院发布《关于〈中华人民共和国劳动保险条例〉若干修正的决定》规定如下：（1）扩大了劳动保险的实施范围。除了原已施行的铁路、邮电、航运及其职工 100 人以上的工厂、矿场外，现将实施范围扩大到下列各类企业：①工厂、矿场及交通事业的基本建设单位；②国营建筑公司。（2）提高劳动保险待遇，废止停工医疗以 6 个月为限的规定，适当提高职工疾病医疗期间的待遇标准，规定贵重药费的酌情补助，增加养老补助费，放宽养老条件，其他如生育待遇、丧葬费、非因工死亡家属救济费亦酌量增加。1953 年 1 月 26 日，劳动部发布的《关于公布中华人民共和国劳动保险条例实施细则修正草案的决定》对实施范围、工资总额、劳动保险待遇计算标准、工伤待遇、疾病待遇、死亡待遇、养老待遇、生育待遇等作出了明确的规定。1954 年 9 月，根据《中华人民共和国国务院组织法》的规定，国务院不再设置人事部，中央人民政府人事部的部分工作移交给了教育部负责管理。1955 年 4 月 26 日，国务院发布的《关于女工作人员生育假期的通知》对行政机关事业单位女职工的生育假期作出了明确的规定。1955 年，政务院修订的《中华人民共和国劳动保险条例》将劳动保险实施的范围进一步扩大到商业、外贸、粮食、金融、石油、地

① 《关于劳资关系暂时处理办法》于 1949 年 7 月发布。

质、造林等产业和部门，受益职工人数大幅度地增加。1955 年 8 月 31 日，国务院发布的《关于国家机关工作人员全部实行工资制和改行货币工资制的命令》规定如下：（1）改行工资制待遇后，工作人员个人及其家属的一切生活费用，均由个人负担。（2）改行工资制待遇后，工作人员在用公家房屋和使用公家家具、水电者，一律缴租、纳费。（3）全部实行工资制后，工作人员中因多子女而在生活上发生困难者，仍暂按原中央人民政府政务院关于各级人民政府工作人员福利费掌管使用办法的规定予以补助。1955 年 12 月 29 日，国务院发布的《国家机关工作人员退休处理暂行办法》对国家机关工作人员的退休、养老问题作出了具体的规定。1955 年 12 月 29 日，国务院发布的《国家机关工作人员退休处理暂行办法》对国家机关工作人员退休的条件、待遇标准等作出了规定。1955 年 12 月 29 日，国务院发布《国家机关工作人员退职处理暂行办法》规定，国家机关、事业单位工作人员有以下情形，可以按照退职处理：（1）年老或者病弱不能继续工作，又不符合退休条件的；（2）自愿退职的；（3）不适宜现职工作，又不愿意接受其他工作的。1955 年 12 月 29 日，国务院发布的《关于处理国家机关工作人员退职、退休时计算工作年限的暂行规定》规定，工作人员受过开除处分或者刑事处分的，应当从重新参加工作之日起计算工作年限；但是情节较轻，并且经过任免机关批准的，其受处分以前工作的时间，也可以合并计算工作年限。工作人员的工作年限按周年计算。在计算退职金、退休金时，按周年计算后剩余的月数，超过 6 个月的，按一年计算；6 个月和不满 6 个月的，按半年计算。

1956 年 5 月，国务院发布职业安全方面的“三大规程”——《工厂安全卫生规程》《建筑安装工程安全技术规程》和《工人职员伤亡事故报告规程》，这些法规的出台有效地保障了职工的人身安全。1956 年 8 月 2 日，粮食部发布的《关于粮食企业单位实行劳动保险条例的通知》规定，基层企业单位及各级企业机构附属单位等实行劳动保险条例。1956 年，国务院公布了《关于工资改革的决定》《关于工资改革中若干具体问题的规定》，这些法规规定，实行干部职务等级工资制和工人八级工资制，实行计时工资、计件工资等多种工资形式，从而依据按劳分配原则建立起全国统一的工资制度。1956 年后，政府简化了劳动争议处理的程序，各级行政机关设立的劳动争议处理机构相继被撤销，人民法院不再受理劳动争议案件。大量的劳动争议案件无法通过法律途径得到妥善地解决，影响了生产建设和社会安定。1957 年 10 月 26 日，国务院发布的《关于国家行政机关工作人员的奖惩暂行规定》规定了国家行政机关工作人员的奖惩条件、奖惩种类和奖惩权限等方面的内容，规范了行政机关的奖惩制度。1957 年 11 月 16 日，国务院发布的《关于工人、职员退休处理的暂行规定》对工人、职员退休的条件、退休费标准、丧葬费标准等作出了规定。1957 年 11 月 16 日，国务院发布的《关于企业、事业单位和国家机关中普通工和勤杂工的工资待遇的暂行规定》规定，建筑业的普通工和勤杂工的工资标准应该以相当于当地一般中等农业社中劳动力较强的农民的收入加上城乡生活费用的差额为原则予以规定；其他企业、事业单位和国家机关今后新录用的临时普通工的工资标准，应该大体相当于或者略低于当地建筑业普通工的工资标准。具体标准都由省、自治区、直辖市人民委员会规定颁发，在本省、自治区、直辖市范围内统一执行，并报送劳动部备案。

1958 年 2 月 6 日，国务院发布的《关于国营、公私合营、合作社营、个体经营的企业和事业单位的学徒的学习期限和生活补助的暂行规定》对学徒的期限和生活补助作出了明确的规定。1963 年 3 月，国务院颁布了《关于加强企业生产中安全工作的几项规定》。1963 年 9 月，又发布了《防止矽尘危害工作管理办法》，这些法规的颁布保障了劳动者的生命安全和身体健康。1970 年 6 月 22 日，劳动部被撤销，劳动行政管理工作并入国家计划委员会。1975 年 9 月 20 日，国务院决定将劳动管理工作从国家计委分离，成立国家劳动总局。国家劳动总局作为国务院直属机构，其主要工作职责有：劳动计划编制执行、劳动调配、劳动长远规划、工资政策的制订执行、劳动保障和职工生活福利、安全生产、职工保健食品及防护用品制度的制定等。

（二）改革开放后的劳动关系立法

党的十一届三中全会以后，我国进入改革开放的新时期，政府的工作重心逐步转移到了经济建设上来。在进行经济体制改革的同时，对劳动用工制度也逐步进行了一系列的改革。

1. 我国劳动关系立法的改革阶段（1978—1994 年）

1978 年，国务院发布了适用于国有企业、政府机关和事业单位的《国务院关于安置老弱病残干部的暂行办法》《国务院关于工人退休、退职的暂行办法》，对退休、退职工作的开展起到了积极作用。1978 年 5 月 24 日，第五届全国人民代表大会常务委员会第二次会议通过的《国务院关于工人退休、退职的暂行办法》规定，全民所有制企业、事业单位和党政机关、群众团体的工人，符合下列条件之一的，应该退休：（1）男年满 60 周岁，女年满 50 周岁，连续工龄满 10 年；（2）从事井下、高温、高空、特别繁重体力劳动或者其他有害身体健康的工作，男年满 55 周岁、女年满 45 周岁，连续工龄满 10 年；（3）男年满 50 周岁、女年满 45 周岁，连续工龄满 10 年，经医院证明，并经劳动能力鉴定委员会确定，完全丧失劳动能力的。1978 年 5 月 24 日，第五届全国人民代表大会常务委员会第二次会议通过的《国务院关于安置老弱病残干部的暂行办法》规定，党政机关、社会团体、企业、事业单位的干部，符合下列条件之一的，都可以退休：（1）男年满 60 周岁，女年满 55 周岁，参加革命工作年限满 10 年的；（2）男年满 50 周岁，女年满 45 周岁，参加革命工作年限满 10 年，经过医院证明完全丧失工作能力的；（3）因工致残，经过医院证明完全丧失工作能力的。干部退休后，每月按下列标准发给退休费，直到去世为止。符合（1）（2）条、抗日战争时期参加革命工作的，按本人标准工资的 90% 发给。解放战争时期参加革命工作的，按本人标准工资的 80% 发给。中华人民共和国成立以后参加革命工作、工作年限满 20 年的，按本人标准工资的 75% 发给。工作年限满 15 年不满 20 年的，按本人标准工资的 70% 发给。工作年限满 10 年不满 15 年的，按本人标准工资的 60% 发给。截至 1978 年底，全国共有退休人员 314 万人，退休费支出 17.3 亿元。

20 世纪 80 年代以后，我国在劳动关系方面的专门立法有职工招聘、劳动合同和劳动争议处理等方面的内容。1982 年 2 月 2 日，国务院发布的《锅炉压力容器安全监察暂行条例》对监督检查、机构和职权、事故处理等作出了明确的规定，以防止锅炉压力容器事故的发生。1982 年 2 月 13 日，国务院发布的《矿山安全条例》《矿山安全监察条例》对规范矿山的开采、通风防护、监察等作出了明确的规定，以规范矿山企业的行为，防止矿山安全事故的发生。1982 年 2 月 20 日，中共中央印发的《关于建立老干部退休制度的决定》规定，老干部离休退休年龄的界限，考虑到当前干部的实际情况和接替条件，应当规定：担任中央、国家机关部长、副部长，省、市、自治区党委第一书记、书记，省政府省长、副省长，以及省、市、自治区纪律检查委会、法院、检察院主要负责干部的，正职不超过 65 岁，副职一般不超过 60 岁。担任司局长一级的干部，一般不超过 60 岁。老干部离休退休以后，基本政治待遇不变，生活待遇还要略为从优。

1982 年 5 月 4 日，第五届全国人民代表大会常务委员会通过的《关于国务院部委机构改革实施方案的决议》将国家劳动总局、国家人事部、国务院科技干部局和国家编制委员会合并，成立劳动人事部。1983 年，劳动人事部发布《关于积极实行劳动合同制度的通知》，提出全民所有制单位及区、县以上集体所有制单位，在招收普通工种或者技术工种的工人时，都必须与被招用人员签订劳动合同。同年，29 个省、自治区、直辖市均开始实行劳动合同制。1985 年 9 月 24 日，国务院发布的《关于〈工资基金管理暂行办法〉的通知》规定，凡发给职工个人的劳动报酬和按国家规定发放的津贴、补贴等，不论其资金来源如何，属于国家统计局规定的工资总额组成范围的，均应纳入工资基金管理范围。1986 年 9 月 15 日，国务院发布的《全民所有制工业企业职工代表大会条例》规定，职工代表大会是企业实行民主管理的基本形式，是职工行使民主管理权利的机构。企业工会委员会是职工代表大会的工作机构，负责职工代表大会的日常工作。

经过几年的试点和探索后，国务院于 1986 年 7 月发布的《国营企业实行劳动合同制暂行规定》规定，企业在国家劳动工资计划指标内招用常年性工作岗位上的工人，除国家另有规定外，统一实行劳动合同制；国家机关、事业单位和社会团体在常年性岗位招用的工人，应当比照该规定执行。从此，我国新生劳动力依据合同同企业建立劳动关系，改变了原来到国营企业工作就有“铁饭碗”的局面，该法规是我国第一部较为系统地规定劳动合同制度的劳动行政法规。同时，国务院颁布的《国营企业招用工人暂行规定》进一步强调，改革国营企业招工制度，实行“面向社会、公开招收、全面考核、择优录用”的用工制度。1986 年 7 月 12 日，国务院发布的《国营企业职工待业保险暂行规定》首次从制度上明确了对国营企业职工实行待业保险制度的决定，标志着我国失业保险制度的正式建立。1988 年 4 月 12 日，根据第七届全国人民代表大会第一次会议批准的《国务院机构改革方案》，撤销劳动人事部，组建劳动部和人事部。劳动部的主要职责有：研究拟定全国劳动力管理、劳动就业、职工工资、社会保险、职工福利、就业前培训与在职工人技术培训、劳动保护监察等项工作的具体方针、政策和法规，并组织实施和监督检查，部内相应地设立了办公厅、十个职能司局和机关党委。人事部的主要职责有：建立和推行国家公务员制度，综合管理全国专业技术人员，建立有利于人才成长、选拔和合理使用人才的人事管理制度等。这一时期，我国政府开始对传统计划体制及其劳动力资源配置方式进行改革，缓解了 20 世纪 80 年代初严峻的就业形势。

1991 年 6 月 26 日，国务院发布的《关于企业职工养老保险制度改革的决定》提出，建立多层次的养老保险体系，规定基本养老保险实行社会统筹，费用由政府、用人单位和职工负担。1992 年 12 月 13 日，劳动部会同 45 个行业主管部门发布的《中华人民共和国工种分类目录》将全国行业划分为 46 个大类，4700 多个工种，基本覆盖了所有体力劳动者从事的工种，是我国第一部综合性工种目录。1992 年 4 月 3 日，第七届全国人民代表大会第五次会议通过的《中华人民共和国工会法》规定，工会是职工自愿结合的工人阶级的群众组织。在中国境内的企业、事业单位、机关中以工资收入为主要生活来源的体力劳动者和脑力劳动者，不分民族、种族、性别、职业、宗教信仰、教育程度，都有依法参加和组织工会的权利。1992 年 11 月 7 日，第七届全国人民代表大会常务委员会第二十八次会议通过的《中华人民共和国矿山安全法》规定了矿山安全生产的规章和安全卫生的标准。1993 年 6 月 11 日，国务院发布的《中华人民共和国企业劳动争议处理条例》将劳动争议处理的范围扩大到各类企业，进一步完善了处理劳动争议案件的程序和制度。同年，劳动部依据《企业劳动争议处理条例》制定、颁布了一系列配套规章，其主要包括《劳动争议仲裁委员会办案规则》《劳动争议仲裁委员会组织规则》《劳动仲裁员聘任管理办法》以及《企业劳动争议调解委员会组织及工作规则》，这些规定的发布弥补了 1987 年以来我国处理劳动争议的缺陷和不足。1993 年 8 月 14 日，国务院发布的《国家公务员暂行条例》（1993 年 10 月 1 日实施）规定了国家公务员的权利、义务、职位、录用、考核和奖励等，明确规定了国家公务员的权益，使国家公务员履行职责有法可依。1993 年 10 月 31 日，第八届全国人民代表大会常务委员会第四次会议通过的《中华人民共和国教师法》规定了教师的权利和义务。1993 年 11 月 24 日，劳动部发布的《企业最低工资规定》规定，最低工资率的确定实行政府、工会、企业三方代表民主协商的原则。国务院劳动行政主管部门对全国最低工资制度实行统一管理。

2. 我国劳动关系立法的发展阶段（1994—2000 年）

1994 年 7 月 5 日，第八届全国人民代表大会常务委员会第八次会议审议通过的《中华人民共和国劳动法》规定自 1995 年 1 月 1 日起开始实施。《中华人民共和国劳动法》明确规定，建立劳动关系应该订立劳动合同，将劳动关系立法以法律的形式确定下来，标志着我国劳动用人制度从此走上了法治化、规范化的轨道。《中华人民共和国劳动法》对劳动合同的订立原则、订立形式、劳动合同的内容、期限、履行、变更、解除、终止等作出了详细的规定；《中华人民共和国劳动法》将集体合同与劳动合同并列，对集体合同的订立、内容和效力作出了原则性的规定。为了配合《中华人民共和国劳动法》的贯彻实施，劳动部相继发布了一系列配套的法规。1994 年 9 月 5 日，劳动部发布的《劳动部关于〈中华人民共和国劳动法〉若干条文的说明》对《中华人民共和国劳动法》中涉及的相关内容作出了说明。1994 年 12 月 3 日，劳动部发布的《违反和解除劳动合同的经济补偿办法》对违反、解除劳动合同的经济补偿办法作出了规定。1994 年 12 月 6 日，劳动部发布的《工资支付暂行规定》对工资支付的项目、支付水平、支付形式、支付对象、支付时间以及特殊情况下的工资支付作出了规定。1994 年 12 月 9 日，劳动部发布的《就业训练规定》对就业训练的组织与管理、就业训练中心、非劳动部门办就业训练、考核与发证、经费、罚则等作出了明确的规定。1994 年 12 月 9 日，劳动部发布的《未成年工特殊保护规定》对未成年工的合法权益作出了明确的规定，对未成年工不得从事劳动的范围作出了明确的规定。1994 年 12 月 14 日，劳动部颁布的《企业职工生育保险试行办法》规定，用人单位不再承担女职工生育期间的具体责任，需要按规定缴纳不超过工资总额 1% 的生育保险费。《企业职工生育保险试行办法》规范了生育保险制度，是维护女职工合法权益的重要法规。1994 年 12 月 14 日，劳动部发布的《关于企业实行不定时工作制和综合计算工时工作制的审批办法》对企业实行不定时工作制的范围作出了规定，并规定实行不定时工作制的企业可以实行综合计算工时工作制。1995 年 5 月 10 日，劳动部发布的《违反〈劳动法〉有关劳动合同规定的赔偿办法》对违反劳动合同的赔偿办法作出了规定。这些法规的实施，进一步规范了劳动关系立法，使劳动者和用人单位的行为有法可依。1995 年 5 月 12 日，劳动部发布的《关于印发对〈工资支付暂行规定〉有关问题的补充规定的通知》对劳动合同规定的标准、加班加点工资支付、克扣、无故拖欠工资、特殊人员的工资支付等问题作出了规定。1995 年 8 月 17 日，中华全国总工会制定的《工会参加平等协商和签订集体合同试行办法》对工会参加集体合同谈判的各个环节作出了较为具体的规定。1995 年 8 月 4 日，劳动部发布的《劳动部关于贯彻执行〈中华人民共和国劳动法〉若干问题的意见》对《中华人民共和国劳动法》的适用范围、劳动合同和集体合同、工资、工作时间和休假、社会保险、劳动争议、法律责任、适用法律等方面的问题作出了规定。1995 年 12 月 14 日，人事部发布的《事业单位工作人员考核暂行规定》规定，国家行政机关所属事业单位的各级各类职员、专业技术人员和工人实行考核制。1996 年 1 月 22 日，劳动部、公安部、外交部、对外贸易经济合作部联合发布的《外国人在中国就业管理规定》规定，用人单位聘用外国人须为该外国人申请就业许可，经获准并取得《中华人民共和国外国人就业许可证书》后方可聘用。1996 年 3 月 14 日，国家技术监督局批准的《职工工伤与职业病致残程度鉴定》从 1996 年 10 月 1 日开始实施，该标准规定了职工工伤与职业病致残程度鉴定的原则和标准，适用于因工负伤和因职业病致残程度的鉴定。1996 年 5 月 15 日，第八届全国人民代表大会常务委员会第十九次会议通过的《中华人民共和国职业教育法》对各级各类职业学校教育和各种形式的职业培训作出了明确的规定。1996 年 5 月 15 日，第八届全国人民代表大会常务委员会第十九次会议通过的《中华人民共和国律师法》不仅明确规定了律师的权利和义务，而且规范了律师行业的管理。1996 年 8 月 12 日，劳动部颁布的《企业职工工伤保险试行办法》（以下简称《试行办法》）从 1996 年 10 月 1 日开始实施。《试行办法》第一次将工伤保险作为独立的制度确定并加以实施，并对旧的工伤保险制度进行了一次全面的改革，强调工伤保险制度改革的思路是将工伤补偿、工伤预防和工伤康复结合起来。1996 年 9 月 27 日，劳动部发布的《劳动行政处罚听证程序规定》规定，劳动行政部门作出责令停产停业、吊销许可证、较大数额罚款等行政处罚决定之前，应当告知当事人有要求听证的权利；当事人要求听证的，劳动行政部门应当组织听证。1996 年 10 月 31 日，劳动部发布的《关于企业职工流动若干问题的通知》规定，用人单位与掌握商业秘密的职工在劳动合同中约定保守商业秘密有关事项时，可以约定在劳动合同终止前或该职工提出解除劳动合同后的一定时间内（不超过六个月），调整其工作岗位，变更劳动合同中相关内容；用人单位也可规定掌握商业秘密的职工在终止或解除劳动合同后的一定期限内（不超过三年），不得到生产同类产品或经营同类业务且有竞争关系的其他用人单位任职，也不得自己生产与原单位有竞争关系的同类产品或经营同类业务，但用人单位应当给予该职工一定数额的经济补偿。1997 年 7 月 16 日，国务院发布的《国务院关于建立统一的企业职工基本养老保险制度的决定》，标志着我国基本养老保险制度改革进入了全面推进阶段。1998 年 11 月，国务院发布的《关于建立城镇职工基本医疗保险制度的决定》，标志着我国基本医疗保险制度改革进入了全面推进的阶段。1997 年 9 月 15 日，劳动部发布的《劳动部办公厅对〈关于实行劳动合同制度若干问题的请示〉的复函》对临时工订立无固定期限劳动合同、离退休人员的再次聘用、内部退养的职工可否流动等问题作出了具体规定。1998 年 3 月 18 日，在第九届全国人民代表大会第一次会议上通过的《国务院机构改革方案》决定，在劳动部的基础上组建劳动和社会保障部。党中央、国务院对劳动和社会保障部的组建工作非常重视，并赋予其综合管理全国劳动和社会保障工作的职能，主要突出和加强了社会保障职能。其内设机构有：办公厅、法制司、规划财务司、培训就业司、劳动工资司、养老保险司、失业保险司、医疗保险司、农村社会保险司、社会保险基金监督司、国际合作司、人事教育司等十二个职能司（厅）。1999 年 1 月 22 日，国务院颁布的《失业保险条例》标志着我国失业保险制度的进一步发展。1999 年 5 月，劳动和社会保障部、国家质量监督检验检疫总局、国家统计局联合发布的《中华人民共和国职业分类大典》将我国的职业归为 8 个大类，66 个中类，413 个小类，1838 个细类（职业）。

3. 我国劳动关系立法的完善阶段（2001 年至今）

2001 年 1 月 1 日，劳动和社会保障部发布的《失业保险金申领、发放办法》规范了失业保险金申领、发放的管理，防止了失业保险基金的流失。2001 年 3 月 13 日，国家经贸委员会、人事部、劳动和社会保障部联合发布的《关于深化国有企业内部人事劳动分配制度改革的意见》规定，取消企业行政级别。企业不再套用政府机关的行政级别，不再比照国家机关公务员确定管理人员的行政级别。这一举措打破了“干部”和“工人”的界限，变身份管理为岗位管理。在岗位管理工作中的人员即为管理人员。2001 年 10 月 27 日，第九届全国人民代表大会常务委员会第二十四次会议通过的《关于修改〈中华人民共和国工会法〉的决定》规定，维护职工合法权益是工会的基本职责，国家保护工会的合法权益不受侵犯。2001 年 10 月 27 日，第九届全国人民代表大会常务委员会第二十四次会议通过的《中华人民共和国职业病防治法》自 2002 年 1 月 1 日起实施，该法对职业病的预防、防范和管理作出了具体的规定，从立法上强调了保护劳动者身体健康的重要性。2001 年 10 月 27 日，第九届全国人民代表大会常务委员会第二十四次会议通过的《关于修改〈中华人民共和国工会法〉的决定》规定，工会必须遵守和维护宪法，以宪法为根本活动准则，以经济建设为中心，坚持社会主义道路，坚持人民民主专政，坚持中国共产党的领导，坚持马克思列宁主义、毛泽东思想、邓小平理论，坚持改革开放，依照工会章程独立自主地开展工作。2002 年 6 月，全国人大常委会通过的《中华人民共和国安全生产法》自 2002 年 11 月 1 日起开始实施，该法进一步强调安全生产、保护劳动者身体健康的重要性。2001 年 12 月 29 日，第九届全国人民代表大会常务委员会第二十五次会议通过的《关于修改〈中华人民共和国律师法〉的决定》修改了律师法的相关内容。2002 年 4 月 30 日，国务院第 57 次常务会议通过的《使用有毒物品作业场所劳动保护条例》规定，从事使用有毒物品作业的用人单位应当使用符合国家标准的有毒物品，不得在作业场所使用国家明令禁止使用的有毒物品或者使用不符合国家标准的有毒物品。用人单位应当依照本条例和其他有关法律、行政法规的规定，采取有效的预防措施，预防职业中毒事故的发生，依法参加工伤保险，保障劳动者的生命安全和身体健康。2003 年 4 月 16 日，国务院第 5 次常务会议发布的《工伤保险条例》从 2004 年 1 月 1 日起实施，该条例对工伤认定的范围、程序、工伤保险待遇的给付作出了具体的规定。2003 年 8 月 27 日，最高人民法院发布的《关于人民法院审理事业单位人事争议若干问题的规定》规定，事业单位与其工作人员之间因辞职、辞退及履行聘用合同所发生的争议，适用《中华人民共和国劳动法》的规定处理。2003 年 10 月 15 日，人事部发布的《关于进一步加强和完善党政机关考试录用工作的通知》规定，严格坚持考试录用制度，严禁违规进人；进一步规范和改进考试录用工作，提高录用质量；建立有效控制手段，加强对机关进人和考试录用工作的监督管理；加强领导，不断加强和完善党政机关考试录用工作。2003 年 5 月 30 日，劳动和社会保障部发布的《关于非全日制用工若干问题的意见》对非全日制用工的劳动关系、工资支付、社会保险、劳动争议处理、管理与服务等方面的内容作出了明确的规定。2003 年 12 月 30 日，经劳动和社会保障部第七次部务会议通过的《最低工资规定》规定，最低工资标准是指劳动者在法定时间或依签订的劳动合同约定的工作时间内提供了正常劳动①的前提下用人单位依法应支付的最低劳动报酬。最低工资标准一般采取月最低工资标准和小时最低工资标准的形式。月最低工资标准适用于全日制就业劳动者，小时最低工资标准适用于非全日制就业劳动者。2004 年 1 月 20 日，劳动和社会保障部发布的《集体合同规定》对集体协商的内容、集体协商代表、集体协商程序以及集体合同的订立、变更、解除和终止、集体合同审查、集体协商争议的协调处理等作出了明确的规定。2004 年 9 月 10 日，建设部、劳动和社会保障部联合发布的《建设领域农民工工资支付管理暂行办法》规定，企业必须严格按照《中华人民共和国劳动法》《工资支付暂行规定》《最低工资规定》等有关规定支付农民工工资，不得拖欠或者克扣。2004 年 11 月 1 日，国务院发布的《劳动保障监察条例》对劳动监察机构的设立、监察机构的职责和监察事项作出了具体的规定，并规定《劳动保障监察条例》自 2004 年 12 月 1 日起开始实施。2005 年 1 月 16 日，人事部发布的《事业单位公开招聘人员暂行规定》对公开招聘的原则、招聘计划、计划发布、资格审查、招聘范围、招聘条件、招聘程序、招聘人员的考核、聘用、招聘纪律、监督等作出了明确的规定。2005 年 1 月 17 日，人事部、卫生部发布的《关于印发公务员录用体检通用标准（试行）的通知》对公务员身体素质作出了规范化的要求，以确保选择高素质的公务员。2005 年 11 月 16 日，人事部发布的《事业单位公开招聘人员暂行规定》对事业单位招聘人员的范围、条件、程序、计划、审查、考试、考核、聘用、纪律、监督等作出了较明确

① 正常劳动是指劳动者按依法签订的劳动合同约定，在法定工作时间或者劳动合同约定的工作时间内从事的劳动。劳动者依法享受带薪年休假、探亲假、婚丧假、生育（产假）、节育手术假等政府规定的假期间，以及法定工作时间内依法参加社会活动的时间，视为提供正常劳动。

的规定。2005 年 3 月 14 日，民政部发布的《关于国家机关工作人员、人民警察伤亡抚恤有关问题的通知》规定，国家机关工作人员、人民警察因战因公负伤致残，按照现行规定的审批权限和评残办法予以评残，由此，国家机关工作人员的工伤认定、工伤评残等有了明确的法律依据。2005 年 4 月 27 日，第十届全国人民代表大会常务委员会第十五次会议通过的《中华人民共和国公务员法》对公务员的资格条件、权利和义务、职务与级别、录用、考核、职务任免、职务升降、鼓励、惩戒、培训等作出了明确的规定，进一步规范了公务员的管理。2007 年 2 月 14 日，国务院第 169 次常务会议通过的《残疾人就业条例》规定，县级以上人民政府应当将残疾人就业纳入国民经济和社会发展规划，并制定优惠政策和具体扶持保护的措施，为残疾人就业创造条件。2007 年 2 月 25 日，国务院发布的《残疾人就业条例》规定，用人单位应当按照一定比例安排残疾人就业，并为其提供适当的工种、岗位。用人单位安排残疾人就业的比例不得低于本单位在职职工总数的 1.5%，具体比例由省、自治区、直辖市人民政府根据本单位的实际情况规定。2007 年 6 月 29 日，第十届全国人大第二十八次会议通过的《中华人民共和国劳动合同法》对用人单位和劳动者建立劳动关系的情形作出了具体的规定，对《中华人民共和国劳动法》中的内容进行了细化和补充。2007 年 8 月 30 日，第十届全国人民代表大会常务委员会第二十九次会议通过的《中华人民共和国就业促进法》依法确定了劳动者平等就业和自主择业的权利，依法确定了地方各级人民政府和有关部门的职责，将促进就业与经济发展、和谐社会建设联系起来，首次将“就业歧视”的概念引入法律，并规定劳动者遭遇就业歧视的，可以向人民法院提起诉讼。2007 年 10 月 28 日，第十届全国人民代表大会常务委员会第三十次会议通过的修订的《中华人民共和国律师法》进一步规范了律师职业的管理。2007 年 10 月 29 日，第十届全国人民代表大会常务委员会第三十一次会议通过了《中华人民共和国劳动争议调解仲裁法》，该法比《企业劳动争议处理条例》覆盖的范围更加广泛，制定的措施更加完善。

2008 年 1 月 1 日，《中华人民共和国劳动合同法》《中华人民共和国就业促进法》《职工带薪年休假条例》《就业服务与就业管理规定》开始实施。《中华人民共和国劳动合同法》的实施，进一步规范了劳动者和用人单位之间的劳动关系，是对《中华人民共和国劳动法》的补充，丰富了劳动关系立法体系。2008 年 2 月 15 日，《机关事业单位工作人员带薪年休假实施办法》的颁布，进一步规范了机关事业单位工作人员带薪休假的具体办法。2008 年 3 月 11 日，第十一届全国人民代表大会第一次会议审议通过的《国务院机构改革方案》规定，将人事部、劳动和社会保障部的职责整合划入人力资源和社会保障部，组建国家公务员局，由人力资源和社会保障部管理，不再保留人事部、劳动和社会保障部，这是政府转变行政职能的重大举措，有助于劳动关系立法的进一步完善。2008 年 3 月 31 日，人力资源和社会保障部正式成立。2008 年 5 月 1 日，《中华人民共和国劳动争议调解仲裁法》开始实施。2008 年 5 月 14 日，中共中央组织部、人力资源和社会保障部联合发布的《公务员申诉规定（试行）》规定，公务员对涉及本人的人事处理不服的，可以按照本规定申请复核或者提出申诉。2008 年 7 月 17 日，《企业职工带薪年休假实施办法》的出台，进一步规范了企业职工带薪休假的具体管理办法。2008 年 9 月 3 日，国务院第 25 次常务会议通过了《中华人民共和国劳动合同法实施条例》，进一步明确了《中华人民共和国劳动合同法》的相关规定。2009 年 8 月 27 日，第十一届全国人民代表大会常务委员会第十次会议通过了修订的《中华人民共和国劳动法》对促进就业、劳动合同和集体合同、工作时间和休息休假、工资、劳动安全卫生、女职工和未成年工特殊保护等内容作出了比较明确的规定。2009 年 8 月 27 日，全国人民代表大会常务委员会的《关于修改部分法律的决定》对《中华人民共和国工会法》进行了第二次修订。2010 年 2 月 10 日，人力资源和社会保障部、教育部、卫生部联合发布的《关于进一步规范入学和就业体检项目维护乙肝表面抗原携带者入学和就业权利的通知》规定，取消入学、就业体检中的乙肝检测项目；维护乙肝表面抗原携带者入学、就业权利，保护乙肝表面抗原携带者隐私权；加强监督管理，加大执法检查力度。2010 年 3 月 16 日，人力资源和社会保障部发布的《人力资源社会保障行政复议办法》对行政复议范围、行政复议申请、行政复议受理、行政复议审理和决定等作出了具体的规定。2010 年 10 月 23 日，全国人民代表大会常务委员会颁布的《中华人民共和国社会保险法》规定，国家建立基本养老保险、基本医疗保险、工伤保险、失业保险、生育保险等社会保险制度，保障公民在年老、疾病、工伤、失业、生育等情况下依法从国家和社会获得物质帮助的权利。2010 年 11 月 12 日，人力资源和社会保障部发布的《关于废止和修改部分人力资源和社会保障规章的决定》对《外国人在中国就业管理规定》进行了修订。修订的《外国人在中国就业管理规定》规定，获准来中国工作的外国人，应凭许可证书及本国有效护照或能代替护照的证件，到中国驻外使、领馆、处申请 Z 字签证。① 2011 年 4 月 18 日，人力资源和社会保障部、国家发展和改革委员会、财政部、工业和信息化部、国有资产监督管理委员会、国家能源局、中华全国总工会联合发布的《关于做好淘汰落后产能和兼并重组企业职工安置工作的意见》对职工安置的原则作出了如下规定：（1）坚持以人为本，统筹兼顾，协调发展；（2）坚持企业退出与保障职工权益统筹考虑，切实把职工安置工作摆在重要位置；（3）坚持政府和企业共同承担职工安置责任，建立运转有序、信息畅通、工作高效的工作机制；（4）坚持内部转岗转移与社会再就业相结合，多途径、多渠道安置职工；（5）坚持公开、公平、公正，确保安置措施有力，程序规范、方案可行。2011 年 12 月 7 日，中华全国总工会发布的《关于规范召

① Z 字签证是指中华人民共和国发给来中国任职或者就业人员及其随行家属的签证。

开企业职工代表大会的意见》对企业职工代表大会运行的实际情况提出了 28 条建设性的意见。2011 年 12 月 31 日，第十一届全国人民代表大会常务委员会第二十四次会议通过的《关于修改〈中华人民共和国职业病防治法〉的决定》进一步规定，职业病诊断机构不得拒绝劳动者进行职业病诊断的要求。2012 年 2 月 13 日，中共中央纪委、中共中央组织部、国务院国有资产监督管理委员会、监察部、中华全国总工会、中华全国工商联合会联合发布的《企业民主管理规定》规定，职工代表大会是职工行使民主管理权利的机构，是企业民主管理的基本形式。企业应当按照合法、有序、公开、公正的原则，建立以职工代表大会为基本形式的民主管理制度，实行厂务公开，推行民主管理。公司制企业应当依法建立职工董事、职工监事制度。2012 年 6 月 4 日，国务院发布的《对外劳务合作管理条例》对从事对外劳务合作的企业与劳务人员、与对外劳务合作有关的合同、政府的服务和管理等方面的内容作出了规定。2012 年 6 月 29 日，国家安全管理总局、卫生部、人力资源和社会保障部、中华全国总工会联合发布的《防暑降温措施管理办法》对高温作业、高温天气作业的劳动保护作出了规定。2012 年 8 月 22 日，人力资源和社会保障部、监察部发布的《事业单位工作人员处分暂行规定》对处分的种类、适用、权限、程序、解除、复核和申诉作出了明确的规定。2012 年 8 月 31 日，第十一届全国人民代表大会常务委员会第二十八次会议通过的《关于修订〈中华人民共和国民事诉讼法〉的规定》进一步规范了民事诉讼的行为，为劳动关系管理的完善奠定了法律基础。2012 年 12 月 28 日，第十一届全国人民代表大会第三十次会议通过的《全国人民代表大会常务委员会关于修改〈中华人民共和国劳动合同法〉的决定》规定，经营劳务派遣业务应当向劳动保障行政部门依法申请行政许可；经许可的，依法办理相应的公司登记。未经许可，任何单位和个人不得经营劳务派遣业务。这一规定，进一步规范了经营劳务派遣业务的条件和用工形式，有助于保护劳动者的合法权益。2013 年 4 月 16 日，人力资源和社会保障部发布的《关于进一步贯彻落实国务院开展厂办大集体改革工作指导意见的通知》规定，积极开展厂办大集体职工再就业工作，妥善处理厂办大集体职工的劳动关系，切实解决厂办大集体职工的基本养老保险等社会保险问题。2013 年 6 月 20 日，人力资源和社会保障部发布的《劳务派遣行政许可实施办法》规定，经营劳务派遣业务，应当向所在地有许可管辖权的人力资源和社会保障行政部门依法申请行政许可。未经许可，任何单位和个人不得经营劳务派遣业务。2013 年 12 月 20 日，人力资源和社会保障部审议通过的《劳务派遣暂行规定》规定，用工单位应当按照劳动合同的规定，向被派遣劳动者提供与工作岗位相关的福利待遇，不得歧视劳动者。2014 年 5 月 15 日，国务院第 40 次常务会议通过的《事业单位人事管理条例》对事业单位的岗位设置、公开招聘和竞聘上岗、聘用合同、考核和培训、奖励和处分、工资福利和社会保险、人事争议处理、法律责任等作出了明确的规定。[1] 2014 年 6 月 27 日，中共中央组织部、人力资源和社会保障部联合发布的《事业单位工作人员申诉规定》规定，事业单位工作人员对涉及本人的人事处理不服的，可以依照本规定申请复核；对复核结果不服的，可以依照本规定提出申诉、再申诉。申诉的受理单位是同级主管部门；事业单位工作人员对中央垂直管理部门省级以下机关作出的复核决定不服、提出的申诉，由上一级机关管辖；对申诉处理决定不服提出的再申诉，由作出申诉处理决定机关的同级事业单位人事综合管理部门或者上一级机关管辖。2014 年 7 月 3 日，中华全国总工会发布的《关于加强基层工会经费收支管理的通知》对基层工会经费收支管理的原则、经费收入范围、支出范围和严格控制工会经费开支等方面的内容作出了规定。2015 年 1 月 14 日，国务院发布的《关于机关事业单位工作人员养老保险制度改革的决定》规定，从 2014 年 10 月 1 日起对机关事业单位的养老保险制度进行改革。此后，我国养老保险制度结束了城镇企业职工养老保险与机关事业单位养老保险实行两套不同制度的局面，行政事业单位基本养老保险也实行了统账结合的制度。2015 年 11 月 6 日，最高人民法院、最高人民检察院、公安部、国家安全部联合发布的《关于机关事业单位工作人员被采取刑事强制措施和受刑事处罚实行向所在单位告知制度的通知》规定了予以告知和不予告知的情形。2017 年 3 月 3 日，人力资源和社会保障部发布的《关于修改〈外国人在中国就业管理规定〉的决定》规定，在中国就业的外国人应持 Z 字签证入境（有互免签证协议的，按协议办理），入境后取得《外国人就业证》和《外国人居留证》，方可在中国境内就业。未取得居留证件的外国人（即持 F、L、C、G 字签证者）、在中国留学、实习的外国人及持 Z 字签证外国人的随行家属不得在中国就业。2017 年 9 月 1 日，第十二届全国人民代表大会第二十九次会议修订的《中华人民共和国公务员法》规定，国家对行政机关中初次从事行政处罚决定审核、行政复议、行政裁决、法律顾问的公务员实行统一法律职业资格考试制度，由国务院司法行政部门会同有关部门组织实施。2017 年 10 月 13 日，财政部、人力资源社会保障部联合发布的《就业补助资金管理办法》对资金支出的范围、资金分配与下达、资金申请与使用、资金管理与监督等方面的内容作出了规定。2018 年 6 月 29 日，国务院发布的《人力资源市场暂行条例》规定，国家建立统一开放、竞争有序的人力资源市场体系，发挥市场在人力资源配置中的决定性作用，建立人力资源开发机制，激发人力资源创新、创造、创业活力，促进人力资源市场繁荣发展。2018 年 12 月 29 日，第十三届全国人民代表大会第七次会议通过修订的《中华人民共和国公务员法》规定，公务员是指依法履行公职、纳入国家行政编制、由国家财政负担工资福利的工作人员。公务员是干部队伍的重要组成部分，是社会主义事业的中坚力量，是人民

① 《事业单位人事管理条例》自 2014 年 7 月 1 日起施行。

的公仆。公务员的工资、福利、保险以及录用、奖励、培训、辞退等所需经费，列入财政预算，予以保障。2018 年 12 月 29 日，第十三届全国人民代表大会常务委员会第七次会议发布的《关于修改〈中华人民共和国社会保险法〉的决定》对社会保险管理的规定作出了部分调整。2018 年 12 月 29 日，第十三届全国人民代表大会常务委员会第七次会议通过《关于修改〈中华人民共和国劳动法〉的决定》第二次修订了《中华人民共和国劳动法》。2019 年 12 月 30 日，国务院发布的《保障农民工工资支付条例》规定，农民工有按时足额获得工资的权利，任何单位和个人不得拖欠农民工工资。县级以上地方人民政府对本行政区域内保障农民工工资支付工作负责，并纳入对本级人民政府有关部门和下级人民政府进行考核和监督。2020 年 6 月 20 日，第十三届全国人民代表大会常务委员会第十九次会议通过的《中华人民共和国公职人员政务处分法》对机关、事业单位、国有企业等单位公职人员的违法行为的政务处分作出了规定，有助于加强对所有行使公权力的公职人员进行监督。

案例 2 -3

我国《工伤保险条例》适用范围的扩大

李某，某村农民。2009 年 5 月，李某经人介绍到王某承包的工地干活。2010 年 6 月的一天，李某在挖沟的过程中，遇到塌方、窒息死亡。李某的家属是否可以获得赔偿？

案例分析：李某的家属可以获得不低于工伤保险待遇的赔偿。

2003 年 4 月 27 日，国务院发布并于 2004 年 1 月 1 日开始实施的《工伤保险条例》第二条规定，中华人民共和国境内的各类企业的职工和个体工商户的职工，均有依本条例的规定享受工伤保险待遇的权利。《工伤保险条例》第六十二条规定，本条例所称职工，是指与用人单位存在劳动关系（包括事实劳动关系）的各种用工形式、各种用工期限的劳动者。《工伤保险条例》第六十三条规定，无营业执照或者未经依法登记、备案的单位以及被依法吊销营业执照或者撤销登记、备案的单位的职工受到事故伤害或者患职业病的，由该单位向伤残职工或者死亡职工的直系亲属给予一次性赔偿，赔偿标准不得低于本条例规定的工伤保险待遇。

如果说，以往我国工伤保险制度只适用于建立劳动关系的企业职工的话，我国《工伤保险条例》的出台，则进一步扩大了工伤保险制度的适用范围，适用于个体户用工和非法用工单位。

本案例中，李某在工作中遭遇塌方死亡，应该获得不低于工伤保险待遇的赔偿。王某承包的工地，不是经过依法注册登记的法人单位，也并未向社会保险经办机构依法缴纳工伤保险费，王某对李某家属的赔偿可以参照《工伤保险条例》的有关规定确定。

复习思考题

1. 如何理解劳动关系立法的概念?
2. 劳动关系立法的作用有哪些?
3. 劳动关系立法的原则有哪些?
4. 劳动关系立法原则的特征有哪些?
5. 劳动关系立法产生初期为什么保护资本家的利益?
6. 劳动关系立法产生的主要原因有哪些?
7. 劳动关系立法发展阶段的主要特点有哪些?
8. 当代劳动关系新发展的主要特点有哪些?
9. 简述新中国成立以前我国劳动关系立法的产生和发展。
10. 简述新中国成立以后我国劳动关系立法的发展。

第三章　劳动合同

劳动合同制度是市场经济条件下劳动者和用人单位确定劳动关系的用工制度。劳动合同制度从法律、法规上规范劳动者和用人单位的行为，是建立统一、开放、平等的劳动力市场的基础。建立劳动合同制度，有利于保护用人单位和劳动者的合法权益，有利于保障劳动力的合理使用和有序流动，有助于增强用人单位的社会责任感，有利于提高劳动者的职业技能和职业素质，以推进劳动立法建设的进程。本章将重点介绍劳动合同的概念、法律特点、劳动合同的种类、法定条款、约定条款和无效劳动合同，本章是学习劳动关系理论必须掌握的重点章节。

第一节

劳动合同的概念和特点

劳动合同是劳动者同用人单位建立劳动关系的重要依据之一，是维护双方当事人合法权益的法律依据。

一、劳动合同的概念

劳动合同也称劳动契约、劳动协议、雇佣合同、雇佣契约等，是指劳动者同用人单位确定劳动关系依法达成的、明确双方权利和义务的协议。对于劳动合同的概念可以从以下四个方面理解。

（一）劳动合同的主体具有特定性

劳动合同的一方当事人是劳动者，另一方当事人是用人单位，具体范围由政府以法律、法规、部门规章等形式确定的。劳动者是指具有劳动权利能力和劳动行为能力的自然人，主要包括我国境内与用人单位确定劳动关系的本国公民、外国人和无国籍的人。用人单位是指依法注册的企业、个体经济组织，同时也包括与劳动者通过签订劳动合同确定劳动关系的政府机关、事业单位、社会团体和社会组织等。[①]

（二）劳动合同的主体意志具有限制性

劳动合同主体意志的限制性是指劳动合同条款受到政府出台的法律、法规、部门规章、集体协议和劳动合同的约束。劳动合同双方当事人平等协商应当在政府出台的法律、法规和部门规章允许的范围内进行，超越法律、法规和部门规章限制的行为是不受法律、法规和部门规章的保护的。

（三）劳动合同当事人具有从属性

在劳动合同履行的过程中，劳动者通常需要参加到用人单位的组织中，成为用人单位的一员，服从用人单位的领导和指挥。劳动者通过劳动获得劳动报酬，与用人单位建立劳动关系，劳动者同用人单位的关系具有从属性。具体来说，主要包括以下三个方面的含义：（1）同一时期内，劳动者只能同一家用人单位签订劳动合同，建立劳动关系；（2）不允许劳动者在同一时期同其他用人单位建立劳动关系；（3）劳动关系通常针对全日制工作的劳动者，非全日制工作的劳动者除外。

（四）订立劳动合同的目的是实现劳动的过程

劳动合同作为确定劳动关系的证明文件，通常需要实现劳动的过程。只要劳动者从事了劳动，就有享受相应工资、福利待遇的权利。用人单位获得了劳动者提供的劳动，就应当支付相应的劳动报酬。

---

① 笔者认为，机关单位同其雇用的公务员、事业单位同其雇用的工作人员，也属于劳动关系的范畴。但是，我国劳动关系的管理实践中，将机关单位同公务员、事业单位同工作人员因劳动建立的社会经济关系定义为人事关系。笔者认为，随着我国劳动用工制度改革的逐步深入，机关单位同公务员、事业单位同工作人员因劳动建立的社会经济关系将被定义为劳动关系。

二、劳动合同的特点

（一）劳动合同既可以是诺成合同，也可以是实践合同

各国政府对劳动法律、法规的规定不同，劳动合同所属的类型就不同。

1. 劳动合同属于诺成合同

只要双方当事人意思表示一致，劳动合同就可以成立。一些国家的法律、法规和部门规章通常不要求劳动者以提供劳动或者用人单位支付劳动报酬作为劳动合同成立的前提条件，这时劳动合同属于诺成合同。例如，劳动者同用人单位签订劳动合同后，用人单位并未开工，但是在此期间劳动者生病，法律、法规依然要求用人单位承担责任，这时劳动合同属于诺成合同。

2. 实践合同

只有劳动者到用人单位工作或者用人单位支付劳动报酬，劳动合同才成立。

（二）劳动合同是附加合同

在双方当事人就劳动合同内容意思表示一致的过程中，通常表现为劳动者对用人单位提出的劳动合同的主要条款附和或表示同意。只要用人单位提出的劳动合同条款不违反法律、法规和部门规章，这种附和性合意的行为就是法律、法规允许的。

（三）劳动合同是双务合同

劳动者和用人单位都负有义务，并且各方所负的义务是对方应当享有的权利，劳动合同是实现对方相应权利的保证。①

（四）劳动合同是有偿的合同

劳动合同是有偿合同，是以劳动者的劳动换取劳动报酬的协议。依据劳动合同，劳动者向用人单位提供劳动，用人单位向劳动者支付劳动报酬，有偿性是劳动合同的法律特征之一。

---

① 王兴全和管斌：《劳动法学》（第二版），高等教育出版社 2008 年版，第 141 页。

三、劳动合同的作用

（一）劳动合同是确定劳动关系的法律依据

劳动合同是劳动者和用人单位确定劳动关系的法律依据。例如，《中华人民共和国劳动法》规定，建立劳动关系应当订立劳动合同，劳动合同是确定劳动者和用人单位之间关系的法律依据。签订劳动合同，可以规范用人单位和劳动者的行为，可以做到有法可依，可以预防和约束当事人行为的随意性。

（二）劳动合同是确定劳动关系的基本制度

在市场经济条件下，劳动市场的供需经双方自主选择、平等协商，达成一致意见后，签订劳动合同，劳动合同是市场经济条件下确定和形成劳动关系的基本制度。

（三）劳动合同是维护双方合法权益的法律保障

劳动合同是明确劳动力供求双方权利和义务的法律依据，劳动合同一经订立就对双方当事人具有约束力，双方当事人的权利就会受到法律的保护。劳动合同约定的权利和义务不仅约束劳动者的行为，也约束用人单位的行为，是维护双方合法权益的法律保障。

（四）劳动合同是用人单位进行人力资源管理的重要依据

劳动合同明确规定了劳动者和用人单位的权利和义务，是用人单位管理、使用劳动者的重要依据，也是用人单位进行人力资源管理的重要依据。

（五）劳动合同是处理劳动争议的法律依据

如果劳动者同用人单位发生劳动争议，劳动合同就是劳动争议调解委员会、劳动争议仲裁委员会和法院处理劳动争议的重要法律依据。

四、劳动合同的种类

（一）按照劳动合同的期限划分

按照劳动合同的期限划分，可以分为固定期限劳动合同、无固定期限劳动合同和以完成一定工作任务为期限的劳动合同。

1. 固定期限劳动合同

固定期限劳动合同也称为定期劳动合同，是指双方当事人在劳动合同中明确约定合同终止时间的劳动合同。定期劳动合同的期限届满，劳动关系自行终止。但是，如果双方当事人有延续劳动合同的意思表示，固定期限劳动合同可以延长。固定期限劳动合同按照期限划分，可以分为长期劳动合同、中期劳动合同和短期劳动合同。长期劳动合同是指 5—10 年的劳动合同。中期劳动合同是指 1—5 年的劳动合同。短期劳动合同是指 1 年以内或者几个月的劳动合同。

2. 无固定期限劳动合同

无固定期限劳动合同也称为无定期劳动合同，是指双方当事人在劳动合同中没有明确约定合同终止日期的劳动合同。无定期劳动合同在劳动者法定的劳动年龄内和用人单位存在的期限内有效。签订无固定期限劳动合同的用人单位，不得将法定解除劳动合同的条件约定为终止条件，劳动合同一般不能终止。无固定期限的劳动合同对劳动者的职业稳定有利，可以防止用人单位不再使用年龄较大的劳动者。例如，《中华人民共和国劳动法》第二十条规定，劳动者在同一用人单位连续工作满 10 年以上，当事人双方同意延续劳动合同的，如果劳动者提出订立无固定期限的劳动合同，应当订立无固定期限的劳动合同。2001 年 3 月 22 日，最高人民法院审判委员会第 1165 次会议通过的《最高人民法院关于审理劳动争议案件适用法律若干问题的解释》规定，根据《中华人民共和国劳动法》第二十条规定，用人单位应当与劳动者签订无固定期限劳动合同而未签订的，人民法院可以视为双方之间存在无固定期限劳动合同关系，并以原劳动合同确定双方的权利和义务。《中华人民共和国劳动合同法》规定，用人单位与劳动者协商一致，可以订立无固定期限劳动合同。有下列情形之一，劳动者提出或者同意续订、订立劳动合同的，除劳动者提出订立固定期限劳动合同外，应当订立无固定期限劳动合同：（1）劳动者在该用人单位连续工作满 10 年的；（2）用人单位初次实行劳动合同制度或者国有企业改制重新订立劳动合同时，劳动者在该用人单位连续工作满 10 年且距法定退休年龄不足 10 年的；（3）连续订立二次固定期限劳动合同，且劳动者没有违反规章制度、不能胜任工作、医疗期满不能工作的情形，续订劳动合同的。用人单位自用工之日起满 1 年不同劳动者订立书面劳动合同的，视为用人单位与劳动者已订立无固定期限劳动合同。

3. 以完成一定工作任务为期限的劳动合同

以完成一定工作任务为期限的劳动合同是指以完成某项工作或者某项工程的日期作为劳动合同终止日期的劳动合同。该项工作或者工程开始的时间，就是劳动合同履行的起始时间；该项工作或者工程一旦完成，劳动合同随即终止，这是一种特殊的固定期限的劳动合同。以完成一定工作任务为期限的劳动合同，适用于建筑业、交通和水利工程等项目。

（二）按照产生劳动合同的方式划分

按照劳动合同产生的方式划分，可以分为录用合同、聘用合同、借调合同和劳务派遣合同。

1. 录用合同

录用合同是指用人单位通过面向社会公开招收、择优录用等方式签订的劳动合同。录用合同一般适用于在劳动力市场上公开招聘的劳动者。

2. 聘用合同

聘用合同是指用人单位与被聘用劳动者之间签订明确双方责、权、利的劳动合同，聘用合同一般适用于聘请专家、顾问、管理人员和其他专门人才。例如，我国事业单位招聘工作人员通常使用聘用合同。

3. 借调合同

借调合同是指借调单位、被借调单位与借调人员之间，确定借调关系、明确相互间权利和义务的劳动合同。借调合同是用人单位之间调剂余缺、相互协作而签订的劳动合同，适用于工作岗位配置不协调、人力资源缺乏的单位，也适用于工作岗位配置合理、人力资源较丰富的用人单位。

4. 劳务派遣合同

劳务派遣合同是指劳务派遣单位按照用工单位的要求招收劳动者并与之订立的劳动合同。在这种特殊的用工形式下，劳务派遣单位与被派遣劳动者建立劳动关系，但是被派遣劳动者的劳动过程通常由用工单位管理，被派遣劳动者的工资和各项社会保险费待遇由用工单位提供给劳务派遣单位，劳务派遣单位支付被派遣劳动者工资，并为被派遣劳动者办理参加社会保险登记、缴费等方面的事务。劳务派遣的最大特点是劳动力雇佣与劳动力使用相分离，被派遣劳动者不与用工单位签订劳动合同，建立劳动关系，而是与派遣单位建立劳动关系，形成“有关系没劳动，有劳动没关系”的特殊形态。劳务派遣具有用工灵活、转移风险等特点，一般在临时性、辅助性或者替代性的工作岗位上实施。用人单位决定使用被派遣劳动者的辅助性岗位，应当经职工代表大会或者全体职工讨论，提出方案和意见，与工会或者职工代表平等协商确定，并在用工单位公示。例如，《中华人民共和国劳动合同法》规定，劳务派遣协议应当约定岗位、人员数量、派遣期限、劳动报酬、社会保险缴费数额、支付方式和违反协议的责任；用人单位不得将连续用工期限分割为数个短期劳务派遣协议。劳动合同用工是我国企业的基本用工形式，劳务派遣合同是补充用工形式。临时性工作岗位是指存续时间不超过 6 个月的岗位；辅助性工作岗位是指为主营业务岗位提供服务的非主营业务岗位；替代性工作岗位是指用工单位的劳动者因脱产学习、休假等原因无法工作的一定期间内，可以由其他劳动者替代工作的岗位。用人单位应当严格控制劳务派遣用工数量，使用的被派遣劳动者数量不得超过用工总量的10%。[①]

订立劳务派遣协议应当载明下列内容：（1）派遣的工作岗位名称和岗位性质；（2）工作地点；（3）派遣人员数量和派遣期限；（4）按照同工同酬原则确定的劳动报酬数额和支付方式；（5）社会保险费数额和支付方式；（6）工作时间和休息休假事项；（7）被派遣劳动者工伤、生育或者患病期间的相关待遇；（8）劳动安全卫生以及培训事项；（9）经济补偿等费用；（10）劳务派遣协议期限；（11）劳务派遣费的支付方式和标准；（12）受违反劳务派遣协议的责任；（13）法律、法规、规章规定的应当纳入劳务派遣协议的其他事项。

经营劳务派遣业务应当具备下列条件：（1）注册资金不得少于200万元；（2）有与开展业务相适应的固定的经营场所和设施；（3）有符合法律、行政法规规定的劳务派遣管理制度；（4）法律、行政法规规定的其他条件。经营劳务派遣业务，应当向劳动保障行政部门依法申请行政许可：经许可的，依法办理相应的公司登记；未经许可，任何单位和个人不得经营劳务派遣业务。

劳务派遣单位应当与被派遣劳动者订立2年以上的固定期限劳动合同，按月支付劳动报酬；被派遣劳动者在无工作期间，劳务派遣单位应当按照所在地人民政府规定的最低工资标准，向其按月支付报酬。

案例3－1

警惕劳动派遣合同的陷阱

2009年8月，某银行发布文件要求，新招聘的大学生、研究生同某职业介绍所签订劳动派遣合同后，才能到银行工作。一些大学毕业生也觉得，在银行工作比较体面，但是，签订劳动派遣合同不太合理。在没有其他工作单位可以选择的情况下，一些学生只好同职业介绍所签订了劳动派遣合同。在某银行报到、工作后，他们发现，工资是银行支付的，也就不再想这件事了。2010年4月，银行通知1名签订劳动派遣合同的员工，下个月不需要再到银行工作了，该员工在办理终止劳动关系的手续时发现，银行并没有为其缴纳社会保险费，员工的合法权益如何维护，如何防范劳动派遣合同中的损失风险?

案例分析：当时，由于我国法律法规对劳务派遣缺乏明确的规定，造成用人单位为了降低用工成本，逃避责任，任意使用劳务派遣工。一些行业和企业中，劳务派遣

① 用工总量是指用工单位订立劳动合同人数与使用的被派遣劳动者人数之和。

工已经占用工总数的一半以上。即使在一些常年稳定需求的工作岗位，也使用劳务派遣工。如果不对劳务派遣用工加以规范，任其发展下去，劳动关系的基础将受到严重的挑战，劳动者的合法权益将无法得到保护。

劳务派遣中的侵权行为主要有以下五个方面：(1) 劳务派遣公司随意克扣劳务派遣工工资。一些企业转给派遣单位劳动者工资后，劳务派遣公司任意克扣，造成劳动者权益的损失。(2) 劳务派遣工与劳动合同工同工不同酬。在一些企业中，劳动合同工与劳务派遣工从事同样的工作，劳动报酬却相差许多。(3) 劳务派遣工的职位得不到晋升。由于劳务派遣工不是用工单位的合同工，其劳动报酬得不到增加，职位晋升比较困难。(4) 为了降低成本，一些企业同劳动者签订劳务派遣合同。一些单位自己建立劳务派遣机构，并向下属单位派遣劳动者。(5) 工伤等社会保险责任不明确。有些劳务派遣工遭遇工伤事故时，工伤赔偿责任是由劳务派遣公司承担，还是由用工单位承担规定得不明确，容易造成相互推卸责任的问题。

为了防止用工单位侵害劳动者权益，促使用工单位、劳务派遣单位规范用工，我国政府于2012年12月28日修订的《中华人民共和国劳动合同法》对劳务派遣作出了以下明确规定。

(1) 规定劳务派遣单位和用工单位的法定义务。劳务派遣单位和用工单位的法定义务主要包括以下五个方面：①劳务派遣单位应当履行用人单位对劳动者的义务。劳务派遣单位与被派遣劳动者订立的劳动合同，除应当载明《中华人民共和国劳动合同法》第十七条规定①的事项外，还应当载明被派遣劳动者的用工单位以及派遣期限、工作岗位等情况。②劳务派遣单位应当与被派遣劳动者订立2年以上的固定期限劳动合同，按月支付劳动报酬；被派遣劳动者在无工作期间，劳务派遣单位应当按照所在地人民政府规定的最低工资标准，向其按月支付报酬。③劳务派遣单位派遣劳动者应当与接受以劳务派遣形式用工的单位订立劳务派遣协议。劳务派遣协议应当约定派遣岗位和人员数量、派遣期限、劳动报酬和社会保险费的数额与支付方式以及违反协议的责任。用工单位应当根据工作岗位的实际需要与劳务派遣单位确定派遣期限，不得将连续用工期限分割，订立数个短期劳务派遣协议。④劳务派遣单位应当将劳务派遣

① 劳动合同应当具备以下条款：(1) 用人单位的名称、住所和法定代表人或者主要负责人；(2) 劳动者的姓名、住址和居民身份证或者其他有效身份证件号码；(3) 劳动合同期限；(4) 工作内容和工作地点；(5) 工作时间和休息休假；(6) 劳动报酬；(7) 社会保险；(8) 劳动保护、劳动条件和职业危害防护；(9) 法律、法规规定应当纳入劳动合同的其他事项。劳动合同除前款规定的必备条款外，用人单位与劳动者可以约定试用期、培训、保守秘密、补充保险和福利待遇等其他事项。

协议的内容告知被派遣劳动者。劳务派遣单位不得克扣用工单位按照劳务派遣协议支付给被派遣劳动者的劳动报酬。劳务派遣单位和用工单位不得向被派遣劳动者收取费用。⑤劳务派遣单位跨地区派遣劳动者的，被派遣劳动者享有的劳动报酬和劳动条件，按照用工单位所在地的标准执行。

（2）规定用工单位的义务。《中华人民共和国劳动合同法》对用工单位应当履行的义务也作出了明确的规定：①执行国家劳动标准，提供相应的劳动条件和劳动保护；②告知被派遣劳动者的工作要求和劳动报酬；③支付加班费、绩效奖金，提供与工作岗位相关的福利待遇；④对在岗被派遣劳动者进行工作岗位所必需的培训；⑤连续用工的，实行正常的工资调整机制。用工单位不得将被派遣劳动者再派遣到其他用人单位。

（3）规定被派遣劳动者的权利。被派遣劳动者享有与用工单位的劳动者同工同酬的权利。用工单位无同类岗位劳动者的，参照用工单位所在地相同或者相近岗位劳动者的劳动报酬确定。被派遣劳动者有权在劳务派遣单位或者用工单位依法参加或者组织工会，维护自身的合法权益。被派遣劳动者可以依照《中华人民共和国劳动合同法》第三十六条①、第三十八条②的规定与劳务派遣单位解除劳动合同。

（4）规定劳务派遣实施的范围。劳务派遣一般在临时性、辅助性或者替代性的工作岗位实施。用人单位不得设立劳务派遣单位向本单位或者所属单位派遣劳动者。《中华人民共和国劳动合同法》还在第九十二条中规定：用工单位给被派遣劳动者造成损害的，劳务派遣单位与用工单位承担连带赔偿责任。

为了督促用工单位、劳务派遣单位的行为，《中华人民共和国劳动合同法》还规定，用工单位要监督劳务派遣单位依法履行义务。如果劳务派遣单位对被派遣劳动者造成损害的，劳务派遣单位与用工单位承担连带赔偿责任。劳务派遣单位违反本法规定的，由劳动保障行政部门和其他有关主管部门责令改正；情节严重的，以每人一千元以上五千元以下的标准处以罚款，并由工商行政管理部门吊销营业执照；给被派遣劳动者造成损害的，劳务派遣单位与用工单位承担连带赔偿责任。

---

① 用人单位与劳动者协商一致，可以解除劳动合同。

② 用人单位有下列情形之一的，劳动者可以解除劳动合同：（1）未按照劳动合同约定提供劳动保护或者劳动条件的；（2）未及时足额支付劳动报酬的；（3）未依法为劳动者缴纳社会保险费的；（4）用人单位的规章制度违反法律、法规的规定，损害劳动者权益的；（5）因本法第二十六条第一款规定的情形致使劳动合同无效的；（6）法律、行政法规规定劳动者可以解除劳动合同的其他情形。用人单位以暴力、威胁或者非法限制人身自由的手段强迫劳动者劳动的，或者用人单位违章指挥、强令冒险作业危及劳动者人身安全的，劳动者可以立即解除劳动合同，不需事先告知用人单位。

案例 3－2

借调合同带来的麻烦

2012 年 5 月，某合资企业从某电子公司借调工程师王军，双方签订了借调协议，约定电子公司将王军借调给合资企业，借调期为 6 个月，王军的工资由合资企业支付。2012 年 7 月，合资企业召开员工大会，王军在前往会议室的过程中因楼梯突然塌陷被摔到楼下，多处骨折。合资企业为王军支付大量的医疗费后，在医疗终结时，决定将王军退回原单位。合资企业认为，王军受伤不是在生产工作中，而且是借调来的，借调协议只规定了合资企业应当支付工资，并没有规定还要负责工伤保险，因此，不能继续负责王军的伤残待遇。电子公司则认为，王军虽是本单位员工，但是其负伤是在借用单位，应属于工伤，合资企业应当负责给付相应的待遇。王军的工伤待遇应该由哪个单位承担?

案例分析：王军负伤应当属于工伤，应该由合资企业承担。

国务院于 2010 年 12 月 8 日发布的修订的《工伤保险条例》规定，在工作时间和工作场所内，因工作原因受到事故伤害的，应当认定为工伤。

本案例中，王军参加企业员工大会，是受合资企业指派的，属于从事临时指派的工作，王军负伤的直接原因是合资企业对楼梯维修不及时造成的，王军负伤应该认定为工伤。借调人员在借调期间负伤，应该由哪个企业支付费用的问题，借调合同没有明确约定，造成借调单位和被借调单位之间相互推诿责任。

针对这一问题，2007 年 12 月 29 日公布、2008 年 5 月 1 日开始实施的《劳动争议调解仲裁法》规定，劳务派遣单位或者用工单位与劳动者发生劳动争议的，劳务派遣单位和用工单位为共同当事人，进一步规范了劳务派遣的管理。

案例 3－3

借调合同书

因生产、工作需要，某单位（以下简称乙方）借调某单位（以下简称甲方）某同志（以下简称丙方）去乙方帮助工作。经甲、乙、丙三方协商同意，签订本借调合同。

一、借调期限

本合同期限自 年 月 日起至 年 月 日止。合同期满就终止借调合同。丙方仍返回甲方工作。

二、生产（工作）任务

1. 丙方应服从乙方分配的________工作。

2. 丙方必须按照乙方规定的岗位职责，完成工作任务。

3. ……

三、乙方应为丙方提供的生产、工作条件

1. 乙方负责对丙方进行政治思想、职业道德、业务技术、安全生产及各种规章制度的教育和培训。

2. 乙方根据国家规定，按工种要求发给丙方劳保用品配置生产（工作）必需的劳动工具，并提供保障丙方安全、健康的生产、工作环境。

3. 其他必要的生产工作条件。

四、劳动报酬及保险福利待遇

1. 丙方在乙方工作期间的工资、奖金、津贴、补贴等，均与乙方同工种同等级别职工享受同等待遇。

2. 丙方在借调期间的社会保险费用，由乙方按国家规定的标准支付。

3. 借调期间甲方保留丙方的职工身份，并连续计算工龄。

4. 借调期间，如果遇到工资调整，甲方按工资调整政策对丙方予以评定，符合条件，甲方应予升级，待借调合同期满后，丙方回甲方工作时，按调整后的工资级别执行。

5. 借调期间，由甲方为丙方提供住房条件。

6. 借调期间，乙方应按月向甲方支付××借调职工管理费，作为丙方的保险基金。

五、政治待遇和劳动纪律奖惩

六、违约责任

七、其他协商事项

未尽事宜，凡属国家规定的，按有关规定执行。本合同一式三份，甲、乙、丙三方各执一份。

甲方（签章）

乙方（签章）

丙方（签章）

年　　月　　日

（三）按照劳动合同订立方式划分

按照劳动合同订立的方式划分，可以分为口头劳动合同和书面劳动合同。

1. 口头劳动合同

口头劳动合同也称为非要式劳动合同，即由劳动关系当事人以口头形式确定的劳动合同。这类劳动合同适用于当事人之间的权利和义务可以在短时间内结清的情形。

2. 书面劳动合同

书面劳动合同也称为要式劳动合同，即依据法律法规的规定以书面形式订立的劳动合同。很多国家的法律法规都规定，劳动者和用人单位必须订立书面的劳动合同。《中华人民共和国劳动法》规定，劳动合同的订立，应当采取书面形式。

（四）按照用工形式划分

按照用工形式划分，可以分为全日制劳动合同和非全日制劳动合同。

1. 全日制劳动合同

全日制劳动合同是指劳动者按照政府规定的法定劳动时间的规定，从事全时工作的劳动合同。国务院发布的《国务院关于修改〈国务院关于职工工作时间的规定〉的决定》规定，职工每日工作 8 小时、每周工作 40 小时。

2. 非全日制劳动合同

非全日制劳动合同是指劳动者按照政府规定的法定劳动时间的规定，从事部分工作时间的劳动合同。非全日制劳动合同是劳动合同的一种特殊形式。非全日制劳动合同与全日制劳动合同的区别主要有以下四个方面。

（1）非全日制用工时间少于全日制用工时间。例如，用人单位同劳动者在劳动合同中约定，劳动者每周工作半天或一周工作一天等，都属于非全日制劳动合同。在我国，非全日制用工是指以小时计酬、劳动者在同一单位平均每日工作时间不超过 4 小时，累计每周工作时间不超过 24 小时的用工形式。非全日制用工双方当事人可以订立口头协议，不得约定试用期。

（2）非全日制用工时间具有不确定性。在非全日制用工的情况下，劳务合同当事人可以随时通知对方终止用工。终止用工时，用人单位可以不向劳动者支付经济补偿金。全日制用工时间则具有稳定性，劳动合同当事人解除、终止劳动合同需要具备法定或者合同约定的条件。

（3）全日制用工单位同劳动者通常建立一重劳动关系，而非全日制用工单位同劳动者通常建立双重或者多重劳务关系，劳动者可以服务于多家用工单位。

（4）非全日制用工单位通常以小时计酬。非全日制用工支付的劳动报酬通常不低于用人单位所在地人民政府规定的最低工时标准，政府作出这一规定，可以有效地保护灵活就业人员的权益。例如，从 2014 年 4 月 1 日起，北京市非全日制从业人员小时最低工资标准为每小时 16. 9 元；非全日制从业人员法定节假日小时最低工资标准为每小时 40. 8 元。

第二节

劳动合同的内容

一、劳动合同内容的含义

劳动合同的内容是指运用劳动合同确定的劳动关系当事人的权利和义务，其内容体现了劳动关系当事人的各项要求。依据劳动合同，劳动者一方面向用人单位提供劳动，另一方面从用人单位取得维持劳动力再生产的劳动报酬等；同样，用人单位一方面安排劳动者劳动，另一方面依据劳动者提供劳动的数量和质量支付劳动报酬。对于劳动合同内容的含义可以从以下几个方面进行理解。

（一）劳动合同的内容应当以书面的形式确定

由于劳动关系属于不能即时结清的社会经济关系，因此，许多国家的法律、法规均规定，劳动合同应当采取书面的形式订立。书面的劳动合同为劳动关系当事人提供了得到法律、法规认可的依据。例如，《中华人民共和国劳动合同法》规定，用人单位与劳动者未订立书面劳动合同，但已建立劳动关系的，应当自开始用工之日起 1 个月内与劳动者订立书面的劳动合同。用人单位自用工之日起超过 1 个月未满 1 年未与劳动者订立书面劳动合同的，应当向劳动者每月支付 2 倍的工资。

（二）劳动合同的内容具有特定性

劳动合同的内容是依据劳动任务、程序和目标订立的，规定了劳动关系双方当事人的权利和义务，具有特定性。

（三）劳动合同的内容具有具体性

劳动合同约定的权利和义务必须是具体、明确的，是双方当事人行为的准则和依据，即劳动合同的内容具有具体性。

二、劳动合同的存在形式

劳动合同是劳动权利和义务赖以确定和存在的形式，是劳动合同当事人双方意思表示一致的外部表现。各国劳动合同以什么形式存在，可以以立法的形式明确规定。劳动合同形式除了有口头合同和书面合同之分外，还有主件和附件之分。主件是指订立劳动合同时签订的书面劳动合同；附件是指法定或者约定的作为劳动合同主件的补充，附件也应当明确规定双方当事人权利和义务。我国劳动合同的附件主要有以下两类。

（一）劳动规章制度

劳动规章制度是指用人单位依据劳动法律、法规和部门规章制定的劳动规则、规章和制度。例如，《中华人民共和国劳动法》《中华人民共和国劳动合同法》均规定，用人单位应当建立和完善劳动规章制度。用人单位依据合法程序建立的劳动规章制度是劳动合同的法定附件。

（二）专项劳动协议

已经建立劳动关系、订立劳动合同的劳动者与用人单位就某一事项所签订的专项劳动协议也是劳动合同的附件。例如，用人单位同本单位待岗、放长假的人员就劳动合同的有关内容协商签订的协议，就属于劳动合同的附件。又如，用人单位同劳动者就劳动者出国培训签订的协议，也属于专项劳动协议。

三、劳动合同条款

劳动合同条款可以分为法定条款和约定条款。

（一）劳动合同的法定条款

劳动合同的法定条款是指劳动法律、法规规定的双方当事人签订劳动合同时必须具备的条款。缺少这些条款，劳动合同就不能履行或者难以履行。例如，《中华人民共和国劳动合同法》规定，劳动合同的法定条款主要包括以下方面。

1. 用人单位的名称、住所和法定代表人或者主要负责人

用人单位依法注册、登记、具有具体的名称、经营场所和法定代表人或者主要负责人是劳动合同条款中必须明确的。只有如此，才能具体确定劳动合同的一方当事人。

2. 劳动者的姓名、住址和居民身份证或者其他有效身份证件、证件号码

劳动合同条款应当明确记录劳动者的姓名、住址和居民身份证或者其他有效身份证件号码。只有如此，才能确定劳动合同的另一方当事人。

3. 劳动合同期限

劳动合同期限是指劳动合同有效的期限，即劳动合同双方当事人在订立劳动合同时必须明确约定合同起始和终止的时间。

4. 工作内容和工作地点

工作内容主要是指劳动者在劳动合同有效期内所从事的工作岗位（或工种）、在生产或工作岗位应当完成工作的数量和质量、应当完成的工作任务，工作内容是劳动合同应当明确的核心问题之一。工作地点是指劳动者工作的城市、地址等，工作地点也是劳动合同必须明确约定的内容之一。

5. 工作时间、休息和休假

劳动合同必须对劳动者工作、休息和休假的时间作出具体的规定，这是劳动者履行义务、用人单位管理劳动者的重要依据之一。工作时间是指法律、法规规定的，劳动者在工作场所履行劳动义务的时间，即劳动者每日工作的小时数或每周工作的天数。工作时间不仅包括劳动者实际完成工作的时间，而且也包括劳动者从事生产或工作所必需的准备和结束的时间、从事连续性有害健康工作的间歇时间、工艺中断时间、女职工哺乳未满 1 周岁婴儿的哺乳时间以及因公外出等法律法规限度内消耗的其他时间。工作时间可以依据小时、日、周、月、季和年计算，是用人单位必须按照规定支付劳动者报酬的重要依据。标准工作日是政府统一规定的，是劳动者从事工作或劳动的时间。我国政府规定的标准工作日为每日工作 8 小时，标准工作日是确定其他工作日种类的依据。

6. 劳动报酬

劳动报酬是指用人单位依据劳动法律、行政法规以及劳动合同的约定支付给劳动者的工资、奖金和津贴。劳动报酬是劳动合同的核心内容，是用人单位和劳动者订立劳动合同时必须明确的内容。例如，《中华人民共和国劳动合同法》规定，劳动合同对劳动报酬和劳动条件等标准约定不明确、引发争议的，用人单位与劳动者可以重新协商；协商不成的，适用集体合同的规定；没有集体合同或者集体合同未明确规定的，实行同工同酬；没有集体合同或者集体合同未规定劳动条件等标准的，适用于政府发布的有关规定。

7. 社会保险

社会保险是指用人单位应当依据劳动法律、行政法规以及劳动合同的约定为劳动者办理参加社会保险的手续。《中华人民共和国劳动合同法》将社会保险待遇规定为劳动合同的法定条款。这些规定可以有效地保护劳动者的合法权益，防止用人单位为了节约劳动成本而规避政府法律、法规的监管。

8. 劳动安全卫生、劳动保护、劳动条件和职业危害防护

用人单位必须在劳动合同中就劳动安全卫生、劳动保护、劳动条件和职业危害防护等

内容同劳动者作出具体的约定。《中华人民共和国劳动合同法》将劳动安全卫生、劳动保护、劳动条件和职业危害防护确定为劳动合同的法定条款，这有助于促使用人单位为劳动者创造安全、卫生、舒适的劳动条件和工作环境，有助于预防和消除劳动过程中可能发生的伤亡、职业病和急性职业中毒事故，以保障劳动者安全、健康地参加社会生产劳动。

9. 法律、法规规定应当纳入劳动合同的其他事项

法律、法规规定应当纳入劳动合同的其他事项也是劳动合同中必须作出具体约定的法定条款。

（二）劳动合同的约定条款

劳动合同的约定条款也称为协商条款，是指在法定条款之外，根据具体情况，劳动者和用人单位经过协商可以约定的条款。约定条款对于劳动合同的成立不是必须具备的条款，劳动合同的约定条款主要包括以下方面。

1. 试用期条款

试用期条款是用人单位在劳动合同中约定的相互考察、相互熟悉的期限。例如，《中华人民共和国劳动合同法》对试用期有以下四个方面的规定：（1）劳动合同期限三个月以上不满一年的，试用期不得超过一个月；劳动合同期限一年以上不满三年的，试用期不得超过二个月；三年以上固定期限和无固定期限的劳动合同，试用期不得超过六个月。同一用人单位与同一劳动者只能约定一次试用期。以完成一定工作任务为期限的劳动合同或者劳动合同期限不满三个月的，不得约定试用期。（2）试用期包含在劳动合同期限内，且与劳动合同开始履行的期限同时开始。（3）劳动合同仅约定试用期的，试用期不成立，该期限为劳动合同的期限。（4）劳动者在试用期的工资不得低于本单位相同岗位的最低工资或者劳动合同约定工资的80%，并不得低于用人单位所在地的最低工资标准。

案例 3－4

试用期是否可以延长

李某，某公司新招收的员工。2016年3月，公司在同李某签订劳动合同时约定，试用期为30天。当试用期已经20多天后，公司领导觉得，李某不能胜任工作，要继续延长试用期15天，公司可以延长新招收员工的试用期吗？

案例分析：公司需要依据双方签订的劳动合同确定是否可以延长试用期。

试用期是用人单位考察员工是否符合录用条件的期限，也是劳动者适应用人单位生产、工作环境的期限。对于试用期的长短政府发布的法律、法规有明确的规定，即根据劳动合同期限的长短约定试用期，决定试用期的因素主要有以下几个方面。

（1）考虑试用期是否具有可以延长的空间。《中华人民共和国劳动合同法》对试用期作出以下几个方面的规定：①劳动合同期限三个月以上不满一年的，试用期不得超过一个月；②劳动合同期限一年以上不满三年的，试用期不得超过二个月；③三年以上固定期限和无固定期限的劳动合同，试用期不得超过六个月。本案例中，如果某公司与劳动者签订的劳动合同期限为一年，则试用期最长为30天；如果某公司与劳动者签订的劳动合同期限是一年以上，则试用期可以适当延长。

（2）考虑员工是否同意。试用期是用人单位与劳动者双方协商约定的，在试用期可以延长的情况下，用人单位必须同劳动者进行协商，以取得劳动者同意；否则，用人单位无权单方延长试用期。经劳动合同当事人双方协商，同意延长试用期时，用人单位才能延长试用期。

2. 培训条款

培训条款是指用人单位与劳动者就有关基本工作技能培训事宜作出具体的约定，培训条款也是劳动合同可以约定的条款之一。例如，《中华人民共和国劳动合同法》规定，用人单位为劳动者提供专项培训费用，对其进行专业技术培训的，可以与该劳动者订立协议，约定服务期。服务期是劳动者因享受用人单位给予的特殊待遇而作出的履行劳动义务的承诺，劳动者在服务期内负有与用人单位维持劳动关系的义务。用人单位与劳动者约定服务期的，并不影响劳动者按照正常的工资调整机制提高其在服务期内的劳动报酬。

3. 保守商业秘密条款

保守商业秘密条款是指劳动者同用人单位在劳动合同中就商业秘密、知识产权保密等事宜作出具体约定的条款。对于负有保密义务的劳动者，用人单位可以在劳动合同或者保密协议中与劳动者约定竞业限制条款，并约定在解除或者终止劳动合同后，在竞业限制期限内按月给予劳动者一定的经济补偿。劳动者违反竞业限制约定的，应当按照约定向用人单位支付违约金。竞业限制的人员仅限于用人单位雇用的高级管理人员、高级技术人员和其他负有保密义务的人员。竞业限制的范围、地域、期限由用人单位与劳动者协商约定，竞业限制的约定不得违反劳动法律、法规和部门规章的规定。在解除或者终止劳动合同后，竞业限制的人员不得到与本单位生产或者经营同类产品、从事同类业务的有竞争关系的其他用人单位工作，不得自己开业生产或者经营同类产品，竞业限制的期限不得超过两年。例如，《中华人民共和国劳动法》规定，除了必备的条款外，也可以协议约定其他内容，如劳动关系双方协商约定的商业秘密保护条款。如果劳动者违反劳动合同约定的保护商业秘密的规定，其所造成的经济损失，依据《违反〈劳动法〉有关劳动合同规定的赔偿办法》（以下简称《办法》）的规定，予以赔偿。劳动者未按合同约定，造成用人单位损失的，按照《中华人民共和国反不正当竞争法》的规定，由招收劳动者的用人单位赔偿费用。《办法》还规定，用人单位招用尚未解除劳动合同的劳动者，对原用人单位造成经济损失的，除了劳动者承担直接赔偿责任外，用人单位还应当承担连带赔偿责任，其连带赔偿的份额应当不低于对原用人单位造成经济损失总额的70%。劳动者和用人单位向原用人单位赔偿的损失主要包括以下几个方面：（1）对生产、经营和工作造成的直接经济损失；（2）因获取商业秘密给原用人单位造成的经济损失。

4. 补充保险和福利待遇条款

（1）补充保险条款。补充保险条款是指在法定的社会保险条款以外，用人单位自愿承诺为劳动者提供补充保险的约定。我国补充保险主要包括补充养老保险（企业年金、职业年金）、补充医疗保险等。其中，企业年金是企业单位向劳动者提供的基本养老保险之外的补充养老保险计划。职业年金是机关事业单位向工作人员提供的基本养老保险以外的补充养老保险计划。补充医疗保险是用人单位向劳动者提供的基本医疗保险之外的补充医疗保险计划。

（2）员工福利待遇条款。员工福利待遇条款是指在支付工资以外，用人单位向劳动者本人及其家属提供各种形式福利待遇补偿的约定。例如，为劳动者提供免费午餐、为劳动者子女教育支付费用、期股期权等，都属于用人单位提供员工福利待遇的约定条款。

5. 其他事项

其他事项是指用人单位可以针对其他事项在劳动合同中作出的约定。如果劳动合同条款作出的具体约定，不违反政府发布的法律、法规和部门规章的规定，就应当受到法律、法规的保护。

第三节

劳动者和用人单位的权利和义务

明确劳动者和用人单位的权利和义务，可以促使劳动关系双方当事人在劳动活动中遵守政府出台的法律、法规的规定，遵守劳动合同的约定，下面分别介绍劳动者和用人单位的权利和义务。

一、劳动者、用人单位权利和义务的类型

（一）劳动者和用人单位权利和义务的类型

劳动者和用人单位的权利和义务包括法定的权利和义务和约定的权利和义务两种类型。

1. 法定的权利和义务

法定的权利和义务是指劳动者和用人单位依据法律、法规直接享有的权利和承担的义务。例如，2018 年修订的《中华人民共和国公务员法》规定，公务员应当履行下列义务：（1）忠于宪法，模范遵守宪法和法律，自觉接受中国共产党的领导；（2）忠于国家，维护国家的安全、荣誉和利益；（3）忠于人民，全心全意为人民服务，接受人民监督；（4）忠于职守，勤勉尽责，服从和执行上级依法做出的决定和命令，按照规定的权限和程序履行职责，努力提高工作质量和效率；（5）保守国家秘密和工作秘密；（6）带头践行社会主义核心价值观，坚守法治，遵守纪律，恪守职业道德，模范遵守社会公德、家庭美德；（7）清正廉洁，公道正派；（8）法律规定的其他义务。我国《公务员法》规定的义务，就属于法定的义务。

2. 约定的权利和义务

约定的权利和义务是劳动者和用人单位依据劳动合同和集体合同的约定而享有的权利和承担的义务。

（二）法定权利义务与约定权利义务的关系

法定权利和义务的明确和实现是约定权利和义务赖以明确和实现的保证。用人单位依法承担的法定义务或者法定责任，就是劳动者的法定权利，是用人单位依据法律、法规和部门规章对劳动者必须承担的义务。相反，劳动者依法承担的法定义务，就是用人单位的法定权利，是劳动者依据法律、法规和部门规章对用人单位必须承担的义务。

二、劳动者的权利和义务

（一）劳动者的权利

劳动者的权利是劳动者依据政府出台的法律、法规、部门规章和劳动合同的约定取得的权利，劳动者的权利主要有法定权利和约定权利两种。劳动者的法定权利是劳动者依据

法律、法规和部门规章依法享有的权利。劳动者的约定权利是指劳动者依据劳动合同或集体合同的约定而享有的权利。劳动者的权利主要有以下几个方面。

1. 参加劳动的权利

劳动和参加劳动的权利属于劳动者具有的法定权利。劳动者参加劳动的权利主要包括以下四个方面。

（1）劳动者有获得工作岗位的权利。在法定劳动年龄内的劳动者具有参加用人单位组织的劳动的权利，即有劳动能力和求职愿望的劳动者具有得到工作岗位的权利，这是法律、法规和部门规章赋予劳动者的权利。

（2）劳动者有获得劳动报酬的权利。劳动者参加劳动以后，具有建立劳动关系、获得劳动报酬的权利。劳动报酬权是指依据劳动合同或者法律、法规的规定获得劳动报酬的权利。劳动报酬权是指劳动者因履行劳动义务而获得直接补偿和间接补偿的总称。其中，直接补偿是劳动报酬的核心部分，其直接体现为工资；间接补偿是直接补偿的补充，是指用人单位支付给劳动者的各项福利待遇。劳动报酬权是劳动者依据劳动合同或者劳动法律、法规和部门规章的规定获得劳动报酬的权利。

劳动报酬权主要包括劳动报酬的协商权、劳动报酬的请求权和劳动报酬的支配权。下面分别简述这三个方面的主要内容：①劳动报酬协商权。劳动报酬协商权是指劳动者同用人单位通过协商确定支付劳动报酬的形式和水平的权利。②劳动报酬请求权。劳动报酬请求权是指劳动者有权依据付出的劳动或劳动合同的约定向用人单位请求按时、足额支付劳动报酬的权利。③劳动报酬支配权。劳动报酬支付权是指劳动者具有独立支配、管理和处分自己获得的劳动报酬的权利。劳动报酬支配权具有民法物权的属性，即劳动者有权自主地支配处分劳动报酬，任何人不得干涉和侵犯。

劳动报酬是指劳动者因履行劳动义务而获得的直接补偿和间接补偿的总称。其中，直接补偿是劳动报酬的核心部分，其直接体现为工资；间接补偿是直接补偿的补充，是指用人单位支付给劳动者的各项福利待遇。

（3）劳动者合法权益不受侵犯的权利。法律、法规通常禁止用人单位对依法行使正当权利的劳动者降低工资、福利等各项待遇，禁止用人单位随意解除、终止与劳动者订立的劳动合同。当劳动者同用人单位发生劳动争议时，劳动者有权申请调解、仲裁和提起诉讼，有权依法维护自己的权利。

（4）劳动者有决定劳动关系存续的权利。劳动者在劳动合同延续、变更、解除、终止等环节上有权提出自己的主张，并作出是否存续劳动关系的决定；劳动者有权拒绝各种形式的强迫劳动。

2. 获得劳动安全卫生保护的权利

劳动者在劳动过程中具有获得劳动安全卫生保护的法定权利，这是保障劳动者身体健康的基本保证，劳动安全卫生保护的权利主要包括以下两个方面：

（1）劳动者有获得劳动安全保护的权利。获得劳动安全保护是政府出台的法律、法规和部门规章赋予劳动者的权益，劳动者具有获得劳动安全保护的知情权、监督权、建议权和检举权，主要包括以下四个方面：①劳动安全卫生保护的知情权。劳动安全保护的知情权是指劳动者有权知道用人单位劳动安全卫生保护的情况，有权知悉工作场所、工作对象的安全卫生情况。例如，《中华人民共和国安全生产法》规定，劳动合同应当载明有关保障劳动者劳动安全、防止职业危害的事项，以及依法为劳动者办理工伤保险的事项。《中华人民共和国职业病防治法》规定，用人单位与劳动者订立劳动合同（含聘用合同）时，应当将工作过程中可能产生的职业病危害及其后果、职业病防护措施和待遇等如实地告知劳动者，并在劳动合同中写明，不得隐瞒或者欺诈。②劳动安全保护的监督权。劳动安全保护的监督权是指劳动者有权监督用人单位的安全生产情况，有权监督工作场所、工作对象的安全卫生情况。例如，《中华人民共和国劳动合同法》规定，用人单位管理人员违章指挥，强令冒险作业时，劳动者可以不服从其指挥或命令，并有权拒绝执行。劳动者拒绝执行用人单位管理人员违章指挥、强令冒险作业行为的，不构成违反劳动合同的行为。③劳动安全保护的建议权。劳动安全保护的建议权是指劳动者对危害生命安全和身体健康的生产经营条件，有权提出批评意见，并要求用人单位予以改正。例如，我国政府出台的《使用有毒物品作业场所劳动保护条例》规定，从事使用有毒物品作业的劳动者在存在威胁生命安全或者身体健康危害的情况下，有权通知用人单位并从使用有毒物品造成的危险现场撤离。用人单位不得因劳动者依据前款规定行使权利，而取消或者减少劳动者在正常工作时享有的工资、福利待遇。④劳动安全保护的检举权。劳动安全保护的检举权是指劳动者对存在安全隐患的工作条件具有向上级主管部门检举、控告的权利。

（2）劳动者有获得劳动卫生保护的权利。获得劳动卫生保护是劳动者具有的法定权益，是国家法律法规规定用人单位必须提供的保护。例如，《中华人民共和国劳动法》第五十二条规定，用人单位必须建立、健全劳动安全卫生制度，严格执行国家劳动安全卫生规程和标准，对劳动者进行劳动安全卫生教育，防止劳动过程中的事故，减少职业危害。《中华人民共和国劳动法》第五十三条规定，劳动安全卫生设施必须符合国家规定的标准。新建、改建、扩建工程的安全卫生设施必须与主体工程同时设计、同时施工、同时投入生产和使用。我国《使用有毒物品作业场所劳动保护条例》规定，劳动者享有下列职业卫生保护的权利：①获得职业卫生教育、培训的权利；②获得职业健康检查、职业病诊疗、康复等职业病防治服务的权利；③了解工作场所产生或者可能产生职业中毒危害因素、危害后果和应当采取职业中毒危害防护措施的权利；④要求用人单位提供符合防治职业病要求的职业中毒危害防护设施和个人使用职业中毒危害防护用品，以改善工作条件的权利；⑤对违反职业病防治法律法规、危及生命健康的行为提出批评、检举和控告的权利；⑥拒绝违章指挥和强令进行没有职业中毒危害防护措施作业的权利；⑦参与用人单位职业卫生工作的民主管理，对职业病防治工作提出意见和建议的权利。

3. 休息、休假的权利

休息、休假的权利也是法律、法规和部门规章赋予劳动者的法定权利。劳动者休息、休假的权利主要包括以下五个方面。

（1）劳动者每日休息的权利。劳动者每天都拥有休息的权利。例如，每个工作日内的工间休息[①]、用膳休息的时间，可以促使劳动者恢复体力，这是劳动者法定权利的重要内容之一。例如，《中华人民共和国劳动法》规定，国家实行劳动者每日工作时间不超过 8 小时、平均每周工作时间不超过 44 小时的工时制度。用人单位由于生产经营需要，经与工会和劳动者协商后，可以延长工作时间，每日延长的工作时间一般不得超过 1 小时；因特殊原因需要延长工作时间的，在保障劳动者身体健康的条件下，每日延长工作时间不得超过 3 小时，但是每月不得超过 36 小时。安排劳动者延长工作时间的，支付不低于原工资 150% 的工资报酬。

（2）每周休息的权利。劳动者每周休息时间又称为公休日，是劳动者工作满一个工作周后的休息时间，劳动者每周休息的时间也是法律、法规和部门规章赋予劳动者的一项基本权利。例如，《中华人民共和国劳动法》规定，用人单位应当保证劳动者每周至少休息 1 日。国务院于 1995 年发布的《国务院关于职工工作时间的规定》规定，劳动者每周休假日时间为星期六和星期日。《中华人民共和国劳动法》规定，休息日安排劳动者工作又不能安排补休的，支付不低于原工资 200% 的工资报酬。

（3）法定节假日休息的权利。法定节假日又称法定休假日，是国家依法统一规定的休息时间。在法定节假日内，劳动者有权享受休息时间，有权获得工资。例如，根据国务院于 1999 年修订的《全国年节及纪念日放假办法》的规定，法定节假日包括以下规定：①元旦（新年），放假 1 天；②春节，放假 3 天；③劳动节，放假 3 天；④国庆节，放假 3 天；⑤法律、法规规定的其他休假节日，如妇女节、中国人民解放军建军节、青年节等，相关人员可以休假半天或一天。2007 年 12 月，《国务院关于修改〈全国年节及纪念日放假办法〉的决定》规定，全体公民的法定节假日为 11 天，主要包括以下规定：①新年，放假 1 天（1 月 1 日）；②春节，放假 3 天（农历除夕、正月初一、初二）；③清明节，放

① 工间休息又称为工作时间休息，是指劳动者在工作时间内应当享有的休息时间。

假1天（农历清明当日）；④劳动节，放假1天（5月1日）；⑤端午节，放假1天（农历端午节当日）；⑥中秋节，放假1天（农历中秋当日）；⑦国庆节，放假3天（10月1日、2日、3日）。少数民族习惯节日，由各少数民族聚居地区的地方政府，按照该民族的习惯，规定放假日期。《中华人民共和国劳动法》规定，法定休假日安排劳动者工作的，支付不低于原工资300%的工资报酬。

案例3－5

如何支付加班工资

陈某，某合资企业高级机械师，月平均工资为4000元。2015年国庆节期间，公司安排陈某在10月1日至3日加班。“十一”长假过后，公司在工作时间安排陈某补休了3天。之后，陈某要求公司支付国庆节期间的加班费，公司以已经安排了补休为由拒绝支付，加班工资应该如何支付？

案例分析：本案例涉及法定休假日加班工资的支付问题。某合资企业以事后安排陈某补休为由，拒绝支付加班工资的做法是错误的。《中华人民共和国劳动法》对延长劳动者工作时间作出了明确的限制性规定。不同情形下的加班工资是不同的，特别是法定公休日休息对于劳动者来说，有着比平时更为重要的意义，是无法用补休来弥补的。

本案例中，某合资企业应当支付陈某相当于平时日工资2倍的加班工资报酬，即为：

$4000 \div 21.75 \times 3 \times 300\% - 4000 \div 21.75 \times 3 = 1103.45$ 元[①②]

（4）带薪年休假的权利。带薪年休假的权利是指劳动者在非工作时间按照工作时间获得工资的权利。例如，探亲假就是劳动者拥有的一项特殊年休假的权利。探亲假是指劳动者同配偶分居两地，又不能在公休日同配偶团聚或者同父母团聚的每年带薪休假的权利，探亲假也是劳动者应该享有的法定权益。例如，《中华人民共和国劳动法》规定，国家实行带薪休假制度。劳动者连续工作1年以上的，享受带薪休假。根据《国务院关于职工探亲待遇的规定》规定，职工探望配偶的，每年给予一方探亲假1次，假期为30天；未婚职工探望父母的，原则上每年给予探亲假1次，假期为20天；已婚职工探望父母的，每4

① 《中华人民共和国劳动法》规定，法定节假日用人单位应当依法支付工资。在折算日工资、小时工资时，不剔除我国政府规定的11天法定节假日。据此，日工资、小时工资的折算为：（1）日工资＝月工资收入÷月计薪天数；（2）小时工资＝月工资收入÷（月计薪天数×8小时）；（3）月计薪天数＝（365天—104天）÷12月＝21.75天。

② 21.75为我国劳动者每月工作的天数。

年给予探亲假 1 次，假期为 20 天。又如，2007 年 12 月，国务院通过的《职工带薪年休假条例》规定，职工累计工作已满 1 年不满 10 年的，年休假 5 天；已满 10 年不满 20 年的，年休假 10 天；已满 20 年的，年休假 15 天。国家法定休假日、休息日不应当计入年休假的假期。职工有下列情形之一的，不享受当年的年休假：①职工依法享受寒暑假，其休假天数多于年休假天数的；②职工请事假累计 20 天以上且按照用人单位的规定不扣工资的；③累计工作满 1 年不满 10 年的职工，请病假累计 2 个月以上的；④累计工作满 10 年不满 20 年的职工，请病假累计 3 个月以上的；⑤累计工作满 20 年以上的职工，请病假累计 4 个月以上的。2008 年 9 月 18 日，人力资源和社会保障部公布的《企业职工带薪年休假实施办法》规定，职工连续工作满 12 个月以上的，享受带薪年休假。年休假天数根据职工累计工作的时间确定。职工在同一单位工作或者不同单位工作的时间应当计为累计工作时间。职工依法享受的探亲假、婚丧假、产假等国家规定的假期以及职工因工伤停工留薪期间不应当计入年休假假期。

（5）特殊情况下休息的权利。劳动者在特殊的情况下，享有休息的权利，其主要有病假、产假、婚假、丧假等。①病假。病假也称疾病医疗期，是指劳动者因患病或非因工负伤，需要停止工作，治疗、休息的期限。②产假。产假是指女职工怀孕、生育、分娩时，应该休息的期限。产假不仅包括生育假期、怀孕假期和产后照顾婴儿的假期，而且还包括流产、节育妇女休息的假期。2012 年 4 月 18 日，国务院第 200 次常务会议通过的《女职工劳动保护特别规定》规定，女职工生育享受 98 天的产假，其中产前可以休息 15 天。③婚假和丧假。婚假、丧假是劳动者结婚、办理丧事不参加工作、照发工资的假期。例如，劳动部 1959 年发布的《对企业单位工人职员在加班加点、事假、病假和停工期间工资待遇的意见》对工人职员请婚丧假的有关规定和 1980 年 2 月国家劳动总局、财政部发布的《关于国营企业职工请婚丧假和路程假问题的通知》的规定，企业单位的职工请婚丧假在 3 个工作日以内的，工资照发；职工本人结婚或者职工的直系亲属（父母、配偶和子女）死亡时，可以根据具体情况，由本单位行政领导批准，酌情给予 1—3 天的婚丧假；职工结婚时双方不在一地工作的；职工在外地的直系亲属死亡需要职工本人去外地料理丧事的，都可以根据路程远近另外给予路程假；在批准的婚丧假和路程假期间，职工的工资照发。途中的乘船费等全部由职工自理。

4. 享受劳动福利的权利

劳动者享受劳动福利的权利主要包括以下四个方面。

（1）劳动者享有参加社会保险的权利。劳动者享有参加社会保险的权利属于法律、法规和部门规章赋予劳动者的法定权益。也就是说，劳动者在面临年老、疾病、失业、工伤、生育等风险时，有获得物质帮助的权利。劳动者享有参加社会保险的权利是国家法律法规赋予的法定权益，制度覆盖范围内的用人单位必须参加。例如，《中华人民共和国劳动法》规定，国家发展社会保险事业，建立社会保险制度，设立社会保险基金，使劳动者在年老、患病、工伤、失业、生育等情况下获得帮助和补偿。①参加基本养老保险的权利。基本养老保险权利是指劳动者达到法定退休年龄、从事劳动（或者缴纳基本养老保险费）达到规定的年限后，具有获得基本养老金的权利。②参加基本医疗保险的权利。医疗保险权利是指劳动者因疾病、非因工负伤等原因需要到医疗机构进行诊断、检查和治疗时，具有获得医疗费用补偿和医疗服务帮助的权利。③参加失业保险的权利。失业保险权利是指劳动者由于非本人原因失去工作、中断收入时，具有获得失业保险金以维持基本生活需要的权利。④参加工伤保险权利。工伤保险权利是指劳动者在生产经营活动或者在某些规定的情况下，遭遇意外事故，造成伤残、职业病、死亡等方面的伤害，劳动者享有获得医疗救治、康复服务、伤残抚恤和死亡抚恤等方面的权利。⑤参加生育保险的权利。生育保险权利是指女职工因怀孕、分娩、哺乳和节育等原因而无法工作、收入中断时，有获得医疗服务、生育津贴、产假和休假等方面的权利。

（2）劳动者享有福利待遇的权利。在劳动关系运行的过程中，劳动者享有获得福利待遇的权利。劳动者享有的福利待遇权利有些是法定的权利，有些是约定的权利。例如，劳动者具有获得住房补贴、探亲假期、带薪假期等方面劳动福利的权利是法定的权利。又如，《中华人民共和国劳动法》规定，国家鼓励用人单位根据本单位实际情况为劳动者建立补充保险。国家提倡劳动者进行储蓄性保险。劳动者享有的补充养老保险、补充医疗保险、员工福利待遇的权益大多属于约定的权利。

（3）劳动者享有接受职业教育的权利。劳动者有权利用用人单位提供的条件和用人单位组织的职业教育及技能培训，提高自己的劳动能力。劳动者在参加工作前、工作中、失业后都有参加职业教育和职业培训的权利。例如，《中华人民共和国劳动法》规定，用人单位应当建立培训制度，对劳动者实施职业教育和技能培训。又如，《中华人民共和国职业教育法》规定，行业组织和企业、事业单位组织应当依法履行实施职业教育的义务。实施职业教育应当根据实际需要，同国家制定的职业分类和职业等级标准相适应，实行学历证书、培训证书和职业资格证书制度。职业培训包括从业前培训、转业培训、学徒培训、在岗培训、转岗培训及其他职业性培训，可以根据实际情况分为初级、中级、高级培训。职业培训分别由相应的职业机构、职业学校实施。其他学校或者教育机构可以根据办学能力，开展面向社会的、多种形式的职业培训。

（4）劳动者享有获得法律帮助的权利。当劳动者的合法权益受到侵害时，劳动者有依法申诉和提起诉讼的权利；当劳动者的合法权益受到侵害，而无力支付诉讼费用时，有获得法律援助的权利。

5. 参加工会和企业民主管理的权利

劳动者参加工会和企业民主管理的权利主要包括以下两个方面。

（1）劳动者具有参加工会的权利。工会是劳动者的群众性组织，是保障劳动者合法权益的组织。工会的性质通常由各国政府发布的《宪法》《工会法》加以规定。各国政府出台的法律、法规大多规定，劳动者有权加入工会，并有权参加工会组织的各项活动。

（2）劳动者参与用人单位民主管理的权利。劳动者有权通过一定的形式参与本单位的民主管理，这是法律、法规赋予劳动者的法定权利。用人单位通常会运用分享信息、平等协商等民主管理的方式维持和谐、稳定的劳动关系。在劳动者参与民主管理的过程中，劳动者有权对用人单位管理人员的违法、违纪行为提出建议和批评意见。

（二）劳动者的义务

1. 提供劳动的义务

劳动者应当具有能够胜任本职工作的知识和技能，并能够按照用人单位的要求完成各项工作任务，能够在工作中不断地提高自己的工作经验和工作能力。

2. 忠实的义务

忠实的义务是指劳动者能够忠实地维护用人单位的利益，服从用人单位的指挥和监督，维护和增进用人单位的利益，保守用人单位的商业秘密和知识产权，报告、上缴应当归属于用人单位所有的一切财产。具体来说，主要包括以下几个方面：（1）劳动者不得为竞争企业工作；（2）不得以不正当手段诱导同事脱离用人单位；（3）不得诱导本单位的客户转向他人；（4）不得泄露用人单位的商业秘密和保密信息；（5）及时报告职务发明，不得隐瞒；（6）及时报告有关商业信息；（7）不得为自己的利益使用应当属于用人单位的信息；（8）不得侵占用人单位成功的机会；（9）在职时不得为离职后进行竞争，不得进行有损于用人单位利益的活动，不得系统地记忆图纸、说明书或者客户名单等。①

3. 派生义务

派生义务是指劳动者因违反提供劳动义务和忠实义务而应当承担的责任。派生义务是由劳动义务、忠实义务衍生出来的。例如，《中华人民共和国劳动合同法》规定，用人单位为劳动者提供专项培训费用，对其进行专业技术培训的，可以与该劳动者订立协议，约定劳动者的服务期。劳动者违反服务期约定的，应当按照约定向用人单位支付违约金。违约金的数额不得超过用人单位已经支付的培训费用。用人单位要求劳动者支付的违约金不得超过服务期尚未履行部分所应分摊的培训费用。劳动者因违反约定而向用人单位支付违

① 张玉瑞：《商业秘密法学》，中国法制出版社 1999 年版，第 368 页。

约金的义务，就属于派生义务。

案例 3－6

泄露公司商业秘密，应当如何赔偿损失

李某，某公司职工。2015 年 5 月，李某应聘到该公司工作。双方签订了为期 5 年的劳动合同，并约定李某在公司工作期间不得泄露公司的商业秘密。2016 年 8 月，李某将公司的商业秘密卖给了另一家公司。经过调查后，李某所在的公司认定是李某将商业秘密出卖给了另一家公司，李某是否应该赔偿给企业造成的经济损失？

案例分析：李某应该赔偿公司的损失。

《中华人民共和国劳动法》第十九条规定，劳动合同应当以书面的形式订立，并具备以下条款。(1) 劳动合同期限；(2) 工作内容；(3) 劳动保护和劳动条件；(4) 劳动报酬；(5) 劳动纪律；(6) 劳动合同终止的条件；(7) 违反劳动合同的责任。劳动合同除了前款规定的必备条款外，当事人可以协商约定其他内容。

本案例中，公司同李某就商业秘密事宜作出的约定是合法有效的。劳动部发布的《违反〈劳动法〉有关劳动合同规定的赔偿办法》第五条规定，劳动者违反劳动合同中约定的保密事项，对用人单位造成经济损失的，按《中华人民共和国反不正当竞争法》第二十条的规定支付用人单位赔偿费用；第六条规定，用人单位招用尚未解除劳动合同的劳动者，对原用人单位造成经济损失的，除了该劳动者承担直接赔偿责任外，该用人单位应当承担连带赔偿责任。其连带赔偿的份额应不低于对原用人单位造成经济损失总额的 70%。向原用人单位赔偿的损失主要包括以下几个方面。(1) 对生产、经营和工作造成的直接经济损失；(2) 因获取商业秘密给原用人单位造成的经济损失。

《中华人民共和国反不正当竞争法》第二十条规定，经营者违反本法规定，给被侵害的经营者造成损害的，应当承担损害赔偿责任。被侵害经营者的损失难以计算的，赔偿额是侵权人在侵权期间因侵权所获得的利润；并应当承担被侵害经营者因调查侵权人的不正当竞争行为所支付的合理费用。被侵害经营者的合法权益受到不正当竞争行为损害的，可以向人民法院提起诉讼。

《中华人民共和国反不正当竞争法》第二十五条规定，经营者侵犯其他企业商业秘密的，工商行政监督检查部门应该责令停止其违法行为，可以根据情节处以 1 万元以上 20 万元以下的罚款。

本案例中，李某违反劳动合同的约定，私自将公司的商业秘密泄露给其他公司，并造成了公司的损失。李某和侵权公司应该依法赔偿由此给被侵害公司造成的经济损失。

三、用人单位的权利和义务

（一）用人单位的权利

1. 录用劳动者的权利

用人单位有权按照国家规定和本单位的需要录用劳动者，有权依法自主决定招用职工的时间、条件、方式、数量和用工形式。用人单位在哪些范围内享有用人的权利，往往因用人单位的不同而不同。例如，目前制约我国一些用人单位用工权利能力的范围主要包括以下两个方面：（1）职工编制和招工指标。这是从使用劳动力数量上对用工权利能力的限制，即用人权利被限制在国家下达的编制数和招工指标内。我国劳动用工制度改革后，大多数企业用人已经不再受到招工指标的限制，但是，有些企业、事业单位仍然受到这一规定的制约。（2）录用劳动者基本条件。这是从使用什么样的劳动力角度对用人单位用工权利进行限制的主要因素。用人单位无权使用未达到法定劳动年龄、法定基本录用条件的公民为本单位职工。例如，国家禁止任何用人单位使用未满16周岁的童工。

2. 组织劳动的权利

用人单位有权按照国家规定确定机构、编制和人员任职条件，有权任免、聘用管理人员和技术人员，下达生产或工作任务，并对生产过程实施指挥和监督。

3. 劳动报酬分配方面的权利

用人单位有权按照国家的工资分配政策，确定本单位职工工资分配的方式，增薪、减薪办法、条件和时间等，有权确定工资总额和最低工资标准。这是从劳动报酬分配角度对用人单位用人权利能力所作的限制。但是，凡由国家核定工资总额的用人单位，支付给职工的工资额不得超出核定的工资总额；用人单位支付职工的工资报酬不得低于最低工资标准。

4. 制定劳动纪律的权利

用人单位有权制定和实施劳动纪律，有权依法或者依照用人单位的规章制度奖惩职工。

5. 决定劳动关系存续的权利

在劳动合同到期后，用人单位有权决定是否同劳动者续订劳动合同，有权依法解除、终止劳动合同。

（二）用人单位的义务

1. 支付劳动报酬的义务

用人单位取得劳动者的劳动成果，就有向劳动者支付劳动报酬的义务。劳动报酬的核心是工资。一般来说，工资是根据劳动者提供劳动的数量和质量支付的，工资必须以法定的方式持续、定期支付。工资总额是指用人单位在一定时期内直接支付给本单位全部职工的工资总额，工资总额的计算应当以直接支付给职工的全部劳动报酬为依据，无论以货币形式支付还是以实物形式支付，均应列入工资总额的范围。例如，我国国家统计局 1990 年 1 月 1 日《关于工资总额组成的规定》规定，工资总额由计时工资、计件工资、奖金、津贴和补贴、加班加点工资和特殊情况下支付的工资这六部分组成。

（1）计时工资。计时工资是指按计时工资标准（包括地区生活费补助）和工作时间支付给个人的劳动报酬，其主要包括以下几个部分：①对已做工作按计时工资标准支付的工资；②实行结构工资制的单位支付给职工的基础工资和职务（岗位）工资；③新参加工作职工的见习工资（学徒的生活费）；④运动员体育津贴。

（2）计件工资。计件工资是指对已做工作按计件单价支付的劳动报酬，其主要包括以下几个部分：①实行超额累计计件、直接无限计件、限额计件、超定额计件等工资制，按劳动部门或主管部门批准的定额和计件单价支付给个人的工资；②按工作任务包干办法支付给个人的工资；③按营业额提成或者利润提成办法支付给个人的工资。

（3）奖金。奖金是指支付给职工的超额劳动报酬和增收节支的劳动报酬，其主要包括以下几个部分：①生产奖；②节约奖；③劳动竞赛奖；④机关、事业单位的奖励工资；⑤其他奖金。

（4）津贴和补贴。津贴和补贴是指为了补偿职工特殊或额外的劳动消耗和因其他特殊原因支付给职工的津贴，以及为了保证职工工资水平不受物价指数变化的影响而支付给劳动者的物价补贴。

（5）加班加点工资。加班加点工资是指因延长劳动时间而支付的工资，主要包括用人单位按规定支付的加班工资和加点工资。加班工资是指用人单位安排劳动者在法定节假日、公休日从事劳动或工作而支付的工资；加点工资是指用人单位安排劳动者在标准工作日以外的时间继续劳动或工作而支付的工资。

（6）特殊情况下支付的工资。特殊情况下支付的工资主要包括根据国家法律、法规和政策的规定，因病、工伤、产假、计划生育假、婚丧假、事假、探亲假、定期休假、停工学习、执行国家和社会义务等原因按计时工资标准或者计时工资标准的一定比例支付的工资。

2. 劳动安全保护的义务

在劳动过程中，用人单位应当保护劳动者的生命安全和身体健康，这是用人单位的法定义务。《中华人民共和国劳动法》规定，用人单位必须为劳动者提供符合国家规定的劳动安全卫生条件和必要的劳动防护用品。

（1）提供安全工作、生产场所的义务。为员工提供安全的生产、工作场所，是用人单位应当依法承担的义务，是国家法律法规强制用人单位必须履行的义务。用人单位生产安全技术规程主要包括以下六个方面的内容：①建筑物和通道的安全。建筑设计坚固安全，两个建筑物的间距为6米，以分割风险单位；建造防火设施；与地面平行的坑池要设围栏或者盖板。②机器设备的安全。要安装防护装置、保险装置、信号装置、危险牌示和识别标志。例如，起重机在使用的时候，不能超负荷、超速和斜吊，并禁止任何人站在起运物品上或者在下面停留和行走。起重机应该规定统一的指挥信号。③电气设备的安全。电气设备要安装可熔性保险器；安装自动的开关；带电导体要设有安全遮栏和警告标志；行灯的电压不能超过36伏特，在金属容器内或者潮湿处所的灯不能超过12伏特；发生大量蒸汽、气体、粉尘等工作场所，要使用密封、防爆型的电气设备；电气设备的开关要指定专人管理。④工业锅炉和气瓶的安全。工业锅炉必须有安全阀、压力表和水位表；锅炉距离明火必须10米以上；避免在阳光下暴晒；搬运时，不能发生碰撞。⑤建筑工程安全。从事高空作业的职工，必须定期进行身体检查，患有高血压、心脏病、癫痫病的人和其他不适于高空作业的人不得从事高空作业；遇有6级以上强风的时候，禁止露天进行起重作业和高空作业；对施工现场的各种条件也必须作出规定，施工现场应该合乎安全卫生标准的要求。⑥矿山安全。矿井的通风系统如供风、风质和风速方面达到国家规定的标准；露天矿的边坡角和台阶的宽度、高度应当达到国家规定的标准；供电系统、提升、运输系统达到国家规定的标准；防水、排水系统、防火、灭火系统均能够达到国家规定的标准；防瓦斯爆炸系统和防尘系统达到国家规定的标准；有关矿山安全的其他项目达到国家规定的标准。

除了上述规定外，各国政府对使用有毒物品作业场所的生产工作条件作出了明确的规定。例如，我国政府发布的《使用有毒物品作业场所劳动保护条例》规定，用人单位使用的有毒物品作业场所，除应当符合职业病防治法规定的职业卫生要求外，还必须符合下列要求：①作业场所与生活场所分开，作业场所不得住人；②有害作业与无害作业分开，高毒作业场所与其他作业场所隔离；③设置有效的报警装置和通风装置，可能突然泄漏大量有毒物品或者易造成急性中毒的作业场所，应当设置自动报警装置和事故通风设施；④高毒作业场所设置应急撤离通道和必要的泄险区。用人单位及其作业场所符合前两款规定的，由卫生行政部门发给职业卫生安全许可证，方可从事使用有毒物品的作业。使用有毒物品作业场所应当设置黄色区域警示线、警示标识和中文警示说明。警示说明应当载明产生职业中毒危害的种类、后果、预防以及应急救治措施等内容。高毒作业场所应当设置红色区域警示线、警示标识和中文警示说明，并设置通信报警设备。新建、扩建、改建的建设项目和技术改造、技术引进项目（以下简称建设项目），可能产生职业中毒危害的，应当依照《职业病防治法》的规定进行职业中毒危害预评价，并经卫生行政部门审核同意；可能产生职业中毒危害建设项目的职业中毒危害防护设施应当与主体工程同时设计，同时施工，同时投入生产和使用；建设项目竣工，应当进行职业中毒危害控制效果评价，并经卫生行政部门验收合格。存在高毒作业建设项目的职业中毒危害防护设施设计，应当经卫生行政部门进行卫生审查；经审查，符合国家职业卫生标准和卫生要求的，方可施工。

（2）提供卫生的工作场所的义务。提供卫生的生产、工作场所，是用人单位必须依法提供的待遇，用人单位卫生技术规程主要包括以下七个方面的内容：①防止粉尘危害的规定。凡有粉尘作业的企业、事业单位应当采取综合防尘措施和无尘或低尘的新技术、新工艺、新设备，使作业场所的粉尘浓度不超过国家卫生标准；任何企业、事业单位除了特殊情况外，未经上级主管部门批准，不得停止使用或者拆除防尘设施；新建、改建、扩建、续建有粉尘作业的工程项目，防尘设施必须与主体工程同时设计、同时施工、同时投产，设计书必须经当地卫生行政部门、劳动部门和工会组织审查同意后，方可施工，竣工必须经过验收；对于在职、离职的从事粉尘作业的职工必须定期进行健康检查；各企业、事业单位对已经确诊为尘肺病的职工，必须调离粉尘作业岗位，并进行治疗或者疗养。②防止有毒、有害物质危害的规定。规定车间作业环境中有毒有害物质的最高容许浓度，例如，一氧化碳的浓度每立方米不超过 30 毫克，六六粉的浓度每立方米不超过 0.1 毫克。又如，我国《工伤职业病防治法》规定，产生职业病危害的用人单位的设立，除了应当符合法律、行政法规规定的设立条件外，其工作场所还应当符合下列职业卫生要求。职业病危害因素的强度或者浓度符合国家职业卫生标准；有与职业病危害防护相适应的设施；生产布局合理，符合有害作业与无害作业分开的原则；有配套的更衣间、洗浴间、孕妇休息间等卫生设施；设备、工具、用具等设施符合保护劳动者生理、心理健康的要求；法律、行政法规和国务院卫生行政部门关于保护劳动者健康的其他要求。③防止噪声和强光的规定。在从事衔接、锻压、电焊、冶炼等作业环境中所产生的噪声和强光，对作业工人的视觉和听觉都有不良影响。安全卫生规程要求作业环境要有消音设备，工人操作要配备个人防护用品。④防暑降温和防寒的规定。作业时，环境的温度应有统一的规定，高温和高寒都会对工人产生不良影响。我国《工人安全卫生规程》规定，室内工作地点的温度经常高于35℃时，应当采取降温措施；低于5℃时，应当提供取暖设备。⑤通风照明的规定。我国《工人安全卫生规程》规定，工作场所的光线应该充足，采光部分不能遮蔽。工作地点的局部照明照度应当符合操作要求，光线不能刺目，应该有足够的照明。⑥个人防护用品的规定。《工人安全卫生规程》规定，从事有烧伤、烫伤或者容易发生机械外伤等危险的操作，在强烈辐射热或者低温条件下的操作，散发毒性、刺激性、感染性物质或者大量粉尘的操作，经常腐蚀、潮湿或者特别肮脏的操作，都应当按照规定发放工作服、工作帽、口罩、手套、护腿、鞋盖、防护眼镜、防毒面具、防寒用品等防护用品。⑦职工健康管理的规定。对职业病必须进行定期复查和鉴定，矽肺病患者每年复查一次，石棉肺、煤矽肺和其他尘肺病患者每两年复查一次。

（3）妥善安置员工的义务。员工发生工伤、职业病或者用人单位依法破产等方面的情况时，妥善安置员工也是用人单位的法定义务。例如，我国政府发布的《使用有毒物品作业场所劳动保护条例》规定的内容主要有以下几个方面：①用人单位应当对从事使用有毒物品作业的劳动者进行定期职业健康检查。②用人单位发现有职业禁忌或者有与所从事职业相关的健康损害的劳动者，应当将其及时调离原工作岗位，并妥善安置。③用人单位对需要复查和医学观察的劳动者，应当按照体检机构的要求安排其复查和医学观察。④用人单位应当对从事使用有毒物品作业的劳动者进行离岗时的职业健康检查；对离岗时未进行职业健康检查的劳动者，不得解除或者终止与其订立的劳动合同。⑤用人单位发生分立、合并、解散、破产等情形的，应当对从事使用有毒物品作业的劳动者进行健康检查，并按照国家有关规定妥善安置职业病病人。⑥用人单位对受到或者可能受到急性职业中毒危害的劳动者，应当及时组织进行健康检查和医学观察。劳动者职业健康检查和医学观察的费用，由用人单位承担。

（4）建立职业健康监护档案的义务。对于从事特殊职业和工种的员工，用人单位有依法建立健康监护档案的义务，职业健康监护档案应当包括以下几个方面的内容：①员工的职业史和职业中毒危害接触史；②相应作业场所职业中毒危害因素监测结果；③职业健康检查结果及处理情况；④职业病诊疗等员工健康资料。

3. 培训的义务

培训是指用人单位教育、指导劳动者具有基本工作技能、完成工作任务的过程。用人单位应当建立培训制度，对劳动者实施职业教育和技能培训。例如，《中华人民共和国职业教育法》规定，国家实行劳动者在就业前或者上岗前接受必要的职业教育的制度。《中华人民共和国劳动法》第五十五条规定，从事特殊作业的劳动者必须经过专门培训并取得作业资格。又如，《中华人民共和国职业教育法》规定，行业组织、事业单位组织应当依法履行实施职业教育义务。明确用人单位对劳动者实施职业教育和技能培训的义务，具有以下三个方面的意义。

（1）降低劳动者和用人单位的损失风险。培训可以使劳动者能够适应用人单位的工作环境、工作条件和工作岗位的要求，可以避免劳动者错误操作机械设备等对用人单位造成巨额的财产损失，避免出现损害劳动者身体健康的工伤事故和职业病。培训可以避免劳动者错误地操作机械设备等对用人单位造成巨额的财产损失。

（2）提高用人单位的竞争力。培训可以提高劳动者的工作技能，提高劳动要素对用人单位产出的贡献率，进而提高用人单位的产品竞争力。用人单位培训的目标是多方面的，不仅要提高劳动者的工作技能，而且还要培养劳动者成为适应用人单位发展的人才。

（3）增进劳动者的团结精神、奉献精神。培训可以增进劳动者之间的友谊，增进劳动者的团结、奉献精神，促进用人单位形成独特的企业文化。

实施职业教育应当根据实际需要，同国家制定的职业分类和职业等级标准相适应，实行学历证书、培训证书和职业资格证书制度。职业培训包括从业前培训、转业培训、学徒培训、在岗培训、转岗培训及其他职业性培训，可以根据实际情况分为初级、中级和高级职业培训。职业培训分别由相应的职业培训机构、职业学校实施。其他学校或者教育机构可以根据办学能力，开展面向社会的、多种形式的职业培训。

4. 使用的义务

用人单位应当为劳动者安排适当的工作岗位，提供必要的劳动安全和卫生条件，不得使劳动者在劳动合同存续期间处于非自愿闲置状态；不得使用暴力、威胁等手段，强迫劳动者劳动。

5. 帮助的义务

用人单位应当以参加社会保险、建立员工福利制度等方式为劳动者及其亲属提供物质帮助。用人单位除了对劳动者负有直接的义务外，还对国家、社会及本单位劳动者家属负有帮助的义务。

案例 3－7

提前辞职，需要退还奖金吗

2003 年，李某到某企业工作，工作业绩突出。2009 年，公司一次性奖励他 15 万元，用于购买住房。同时，公司要求他签署一份合同，要求李某必须在本公司工作到 2019 年。如果提前离开，则应该退还公司奖励的 15 万元。2011 年公司改制，2015 年 8 月，公司更换法人代表。2015 年 10 月，李某提出辞职。但是，公司要求他退还 15 万元。李某辞职，是否应该退还企业发给他的奖金？

案例分析：李某应当退还企业发给他的奖金。

《中华人民共和国劳动法》规定，劳动合同是劳动者与用人单位确立劳动关系、明确双方权利和义务的协议。劳动合同依法订立即具有法律约束力，当事人必须履行劳动合同规定的义务。本案例中，李某与公司签订的劳动合同是在平等自愿、协商一致基础上签订的。合同不违反政府发布的法律、行政法规和部门规章的有关规定，属于合法有效的合同。如果劳动合同的当事人擅自违反约定，应该承担相应的法律责任。

本案例中，公司虽然经历转制、更换法人代表，但是，公司曾经同李某签订的劳动合同仍然合法有效。根据劳动合同的约定，李某必须在公司工作到 2019 年；否则，就违反了劳动合同的约定，应该退还公司奖励他的 15 万元。

第四节

劳动合同无效

劳动合同无效是劳动合同的特殊形态，是已经订立的劳动合同无法达到预期的法律后果。认识劳动合同无效的概念、无效的原因、认定和处理方法，可以依法保护双方当事人的合法权益。

一、劳动合同无效的概念

劳动合同无效是指劳动合同因缺乏有效要件而全部或者部分不具有法律效力。其中，内容全部无效的劳动合同形成无效劳动合同，其所确定的劳动关系应当予以消灭，无效劳动合同无法产生当事人预期的法律后果。内容部分无效的劳动合同形成部分无效的劳动合同，其所确定的劳动关系可以依法存续，只是部分合同条款无效。如果无效的合同条款不影响其余劳动合同条款的效力，则其余部分的劳动合同条款依然有效。

二、劳动合同无效的原因

造成劳动合同无效的原因是多方面的，归纳起来，主要有以下四个方面。

（一）劳动合同主体不合格

用人单位或者劳动者不具有权利能力和行为能力，就会造成劳动合同的主体不合格，其情形主要有以下四个方面。

1. 无劳动行为能力或者无民事行为能力的人同用人单位订立的劳动合同

如果用人单位同无劳动行为能力的人或者不具有民事行为能力的人订立了劳动合同，则订立的劳动合同全部无效。

2. 用人单位同不具有劳动权利的人订立的劳动合同

如果用人单位同不具有劳动权利能力的人订立劳动合同，则订立的劳动合同全部无效。如果用人单位同不满 16 岁的未成年人订立劳动合同，则订立的劳动合同全部无效。如果用人单位同超过法定劳动年龄的人订立劳动合同，则订立的劳动合同全部无效。

3. 不具有法人资格的单位同劳动者订立的劳动合同

不具有法人资格的单位同劳动者订立的劳动合同，则订立的劳动合同全部无效。未经核准登记领取营业执照的个体工商户与劳动者订立的劳动合同，也会使劳动合同无效。

4. 未取得就业许可的外国人同本国企业订立的在国内履行的劳动合同

如果具有外国国籍的公民，在我国未取得就业许可证，就同我国企业订立在国内履行的劳动合同，则该劳动合同全部无效。

（二）劳动合同内容不合法

1. 违反法律、法规和部门规章的劳动合同

如果劳动合同约定的内容违反政府发布的法律、法规和部门规章的规定，则该劳动合同约定的内容无效。例如，劳动合同中约定的劳动条件不符合国家规定、约定的劳动报酬低于当地政府规定的最低工资标准等，都会导致劳动合同内容的部分无效。

2. 当事人规避法律法规订立的劳动合同

为了规避政府的监管，劳动合同当事人签订的劳动合同内容无效。例如，用人单位同劳动者签订的劳动合同条款约定，由于劳动者违反操作规程而出现工伤事故，造成的伤害由劳动者自负，这是用人单位为了规避国家法律法规的监管而作出的约定，属于部分无效的劳动合同。

（三）严重违反一方当事人真实意思而订立的劳动合同

以欺诈、威胁的手段或者乘人之危，使对方在违背真实意思的情况下订立或者变更的劳动合同，属于全部无效的劳动合同。

1. 因采取欺诈的手段而订立、变更的劳动合同

欺诈是指一方当事人故意告知对方当事人虚假情况或者故意隐瞒真实的情况，诱使当事人作出错误意思表示的行为，劳动者或者用人单位因采取欺诈手段订立、变更的劳动合同全部无效。

2. 因采取威胁的手段订立的劳动合同

威胁是指以给公民及其亲友的生命、健康、荣誉、名誉、财产等造成损害为要挟，或者以法人的荣誉、信誉、财产等造成损害为要挟，迫使对方作出违反真实的意思表示的行为，劳动者或用人单位因采取威胁手段订立的劳动合同无效。

3. 因乘人之危订立的劳动合同

乘人之危是指一方当事人乘对方当事人处于危难之际，为牟取不正当利益，迫使对方作出不真实的意思表示，严重损害对方利益的行为。如果劳动者或用人单位因乘人之危而订立劳动合同，则该劳动合同无效。

（四）有关劳动报酬和劳动条件等标准低于集体协议的劳动合同

集体协议的法律效力高于个体劳动合同的法律效力，因而当个体劳动合同约定的劳动条件和标准低于本单位集体协议规定的条件和标准时，则该约定的内容无效，属于部分内容无效的劳动合同。

三、劳动合同无效的认定

劳动合同无效的认定是指政府授权的机构对劳动合同效力的确认。例如，《中华人民共和国劳动法》第十八条规定，劳动合同无效由劳动争议仲裁委员会和人民法院确认。除此之外，其他任何组织、单位和个人都无权确认劳动合同无效。

四、劳动合同无效的处理程序

处理劳动合同无效的程序大致需要以下三个步骤。

（一）确定劳动合同是全部无效，还是部分无效

对于全部无效的劳动合同，劳动争议仲裁委员会、人民法院会制作无效劳动合同确认书，终止仲裁、审理程序。劳动合同被确认无效后，当事人双方已经确立的劳动权利义务关系随之无效。劳动合同尚未履行的，不得继续履行；正在履行的，应当立即终止履行。对于劳动合同部分无效的条款，劳动争议仲裁委员会、人民法院终止仲裁、审理程序；对于劳动合同有效部分的条款，则按照劳动争议仲裁程序审理。劳动合同部分无效，不影响其他部分法律效力的，则其余部分仍然有效，但是对于无效部分必须加以修改。

（二）分清造成劳动合同无效的责任

对于劳动合同无效造成的损失，可以采取返还财产、赔偿损失的方式处理，主要有以下三种情形。

（1）劳动者和用人单位都有过错的，各自承担相应的责任。

（2）劳动者和用人单位恶意串通、订立劳动合同、损害他人和公共利益的，要依法追缴责任人已经取得的利益，返还第三人或者政府。

（3）单方过错。劳动者或者用人单位一方有过错而造成对方当事人损失的，应当依法承担赔偿责任。例如，《中华人民共和国劳动合同法》规定，劳动合同依法被确认为无效，给对方造成损害的，有过错的一方应当承担赔偿责任：①由于劳动者原因造成劳动合同无效对用人单位造成经济损害的，应当赔偿用人单位的经济损失。②由于用人单位原因造成劳动合同全部无效对劳动者造成损害的，应当比照违反和解除劳动合同经济补偿金标准赔偿劳动者的经济损失。例如，《中华人民共和国劳动合同法》规定，劳动合同被确认为无效，劳动者已经付出劳动的，用人单位应当向劳动者支付劳动报酬。支付劳动报酬的金额，参照本单位相同或者相近岗位劳动者的劳动报酬确定。对于不具有合法经营资格的用人单位雇用劳动者，造成劳动合同无效的，《中华人民共和国劳动合同法》规定，劳动者已经付出劳动的，该单位或者出资人应当按照《中华人民共和国劳动合同法》的规定向劳动者支付劳动报酬、经济补偿金；对劳动者造成损害的，应当承担赔偿责任。

（三）重新订立合法、有效的劳动合同

在法律允许且无过错方当事人愿意的情况下，劳动合同双方当事人可以解除、变更或者重新订立劳动合同。

1. 解除劳动合同

例如，《中华人民共和国劳动合同法》规定，因用人单位过错造成劳动合同无效的，劳动者可以即时辞职，不需要提前通知用人单位，并获得经济补偿；因劳动者过错造成用人单位意思表示不真实而使劳动合同无效的，用人单位可以即时辞退，不需要提前通知劳动者。

2. 变更劳动合同

由于用人单位过错造成劳动合同部分无效，劳动者不愿意辞职的；由于劳动者过错造成用人单位意思表示不真实而使劳动合同部分无效的，用人单位不愿意辞退的，双方当事人可以依法变更劳动合同条款，纠正原劳动合同中的无效条款。

3. 重新订立劳动合同

由于用人单位或者劳动者的原因造成劳动合同全部无效的，在法律、法规和部门规章允许的情况下，双方当事人可以依法重新订立劳动合同。

案例 3 –8

劳动合同的部分无效

2013 年 3 月，王某被深圳市某建筑公司（甲公司）招聘为技术顾问，双方签订了为期 3 年的劳动合同。劳动合同约定，王某离开公司后，3 年内不得到与建筑公司有竞争业务的其他公司工作。劳动合同期满后，王某到了同城另一家公司（乙公司）工作，乙公司同甲公司有竞争业务。甲公司得知后，向当地劳动争议仲裁委员会申诉，要求裁决王某离开乙公司，并赔偿甲公司的经济损失。当地劳动争议仲裁委员会经审理查明，王某确实同甲公司签订了涉及竞业禁止条款的劳动合同。但是，劳动合同并未对王某遵守劳动合同条款的约定给予一定的经济补偿，因此，劳动合同约定的条款无效。王某可以继续在乙公司工作。甲公司对当地劳动争议仲裁委员会的裁决非常不满并询问，裁决的依据是什么?

案例分析：王某可以继续在乙公司工作。

《中华人民共和国劳动法》规定，用人单位和劳动者在订立劳动合同时，除了签订劳动合同必备的条款外，还可以约定其他内容。劳动合同当事人可以在劳动合同中约定保守用人单位商业秘密的有关事项。甲公司同王某就保守商业秘密的问题在劳动合同中作出的约定是合理合法的。

我国政府于2012 年修订的《中华人民共和国劳动合同法》规定，用人单位与劳动者可以在劳动合同中约定保守用人单位的商业秘密和与知识产权相关的保密事项。对负有保密义务的劳动者，用人单位可以在劳动合同或者保密协议中与劳动者约定竞业限制条款，并约定在解除或者终止劳动合同后，在竞业限制期限内按月给予劳动者经济补偿。劳动者违反竞业限制约定的，应当按照约定向用人单位支付违约金。

本案例中，甲公司与王某在劳动合同中只约定了王某离开公司 3 年内不能到与甲公司有竞争关系的其他公司工作，而没有对王某履行合同约定的义务，给予王某一定的经济补偿。如果王某按照劳动合同的约定，不到同甲公司有竞争业务的其他公司工作，其经济收入将会大大降低，但是，甲公司在劳动合同中并未对王某由此造成的经济损失给予一定的经济补偿，违反了政府发布的有关法规的规定，属于劳动合同的部分无效。对此，劳动争议仲裁委员会驳回了甲公司的申请，允许王某继续在乙公司工作。

复习思考题

1. 劳动合同的特点有哪些？
2. 签订劳动合同的作用有哪些？
3. 我国劳动合同的法定条款主要包括哪些？
4. 我国劳动合同的约定条款主要包括哪些？
5. 劳动者的权利和义务有哪些？
6. 用人单位的权利和义务有哪些？
7. 造成劳动合同无效的原因有哪些？
8. 如何处理劳动合同的全部或者部分无效？

第四章　企业劳动关系的运行

企业劳动关系的运行是指企业同劳动者建立、存续和终止劳动关系的动态过程，表现为企业同劳动者订立、履行、延续、变更、中止、终止劳动合同等一系列环节。在这些环节之间，劳动者和企业的权利和义务得以实现。在企业劳动关系运行的过程中，各个环节由不同的事实引起和构成，分别对劳动者和企业实现相互之间的权利和义务起决定和制约的作用。本章是劳动关系理论学习的重点章节，是需要重点理解和掌握的章节。

第一节

企业劳动关系的建立

企业劳动关系的建立是劳动者和企业单位按照一定的方式确定劳动关系，劳动关系建立表现为劳动合同的订立。

一、企业劳动关系建立的概念

企业劳动关系的建立是指劳动者和企业单位按照一定的方式确定劳动关系，从而产生相互之间权利和义务的活动。劳动关系的建立，表明劳动者实现了就业，用人单位录用了劳动者，是劳动关系运行的起点。对于我国劳动关系的建立可以从以下三个方面进行理解。

（一）建立劳动关系，应当订立书面的劳动合同

订立书面的劳动合同是劳动者同用人单位建立劳动关系的重要依据，是约束劳动者和用人单位的重要行为准则。用人单位招用劳动者时，应当如实告知劳动者工作内容、工作条件、工作地点、职业危害、安全生产状况、劳动报酬，以及劳动者要求了解的其他情况；用人单位有权了解劳动者与劳动合同直接相关的基本情况，劳动者应当如实说明。

（二）自用工之日起，劳动者同用人单位就建立了劳动关系

（1）已经建立劳动关系，未同时订立书面劳动合同的，应当自用工之日起 1 个月内订立书面的劳动合同。例如，《中华人民共和国劳动合同法》第七条规定，用人单位自用工之日起即与劳动者建立劳动关系，用人单位应当建立职工名册备查。职工名册是用人单位管理劳动者的重要文件，其内容主要包括职工姓名、性别、年龄、身份证号码、户籍地址、现住址、劳动合同期限、工资、所属单位、职务、工作技能、社会保险缴费、考勤记录等方面的内容，制定职工名册是用人单位的法定义务，是劳动行政管理部门依法监督检查的依据。

（2）用人单位与劳动者在用工前订立劳动合同的，劳动关系应当自用工之日起建立。这进一步规定了劳动关系建立的时间应当以用工之日为劳动关系建立的起始日期，而不应当以订立劳动合同的日期为起始日期。

（三）用人单位不得以抵押的形式同劳动者建立劳动关系

用人单位同劳动者建立劳动关系时，不得扣押劳动者的居民身份证和其他证件，不得要求劳动者提供担保或者以其他名义向劳动者收取财物。这一规定，有效地规范了用人单位的行为，防止用人单位随意侵害劳动者的权益。

二、企业劳动关系建立的前提条件

企业单位和劳动者必须具备法定的资格条件，这些条件是企业劳动关系建立的前提条件。

（一）劳动者资格

劳动者资格是指公民建立劳动关系、成为劳动关系主体的必备条件。一般来说，劳动

者需要具备法定的劳动权利能力和劳动行为能力。劳动权利能力资格是指公民能够享有劳动权利和承担义务的资格，是公民成为劳动关系主体必备的条件之一。劳动行为能力资格是指法律认可的劳动者行使劳动权利和履行劳动义务的资格，劳动行为能力是劳动者参与劳动关系的实质性条件。劳动者必须同时具备劳动权利能力和劳动行为能力，二者缺一不可。

（二）用人单位资格

用人单位资格是指用人单位使用劳动者所必须具备的法定前提条件。一般来说，用人单位资格分为用人权利能力和用人行为能力。用人权利能力是指用人单位依法能够享有的用人权利和承担用人义务的资格。用人行为能力是指用人单位能够以自己的行为行使用人权利和履行用人义务的能力。用人单位必须同时具备用人权利能力和用人行为能力，二者缺一不可。

三、企业劳动关系建立的原则

劳动关系建立的原则是指劳动者和用人单位在订立劳动合同的过程中应当遵循的法律、法规和行为准则。《中华人民共和国劳动合同法》规定，订立劳动合同，应当遵守合法、公平、平等自愿、协商一致、诚实信用的原则。对于《中华人民共和国劳动合同法》规定的这些原则，可以从以下四个方面进行理解。

（一）平等自愿原则

平等原则是指订立劳动合同的双方当事人具有相同的法律地位，不存在命令和服从的关系，任何以强迫、胁迫、欺骗等非法手段订立的劳动合同，都属于无效的劳动合同。自愿原则是指订立劳动合同必须出自双方当事人真实的意思，是在充分表达各自意见的基础上，经过平等协商达成的协议。

（二）诚实信用原则

诚实信用原则是指劳动者和用人单位在劳动合同订立的过程中，应当如实告知对方当事人与工作有关的内容，不得以隐瞒、欺诈等手段达到订立劳动合同的目的。例如，劳动合同订立的过程中，尤其是招工录用阶段，用人单位和劳动者应当依法承担相互如实告知必要信息以满足对方信息需求的义务。

（三）合法原则

合法原则是指劳动者和用人单位在订立劳动合同的过程中，必须遵守政府发布的法律、法规和部门规章的规定，不得违反法律、行政法规，不得与政府发布的法律、法规和部门规章相抵触。

（四）协商一致原则

协商一致原则是指订立劳动合同的双方当事人依法就劳动合同的有关事项，采取协商的办法达成一致。对于劳动者来说，有权决定订立或者不订立劳动合同；对于用人单位来说，有权决定同谁订立劳动合同，有权根据自己的需要选择劳动者。只有当劳动者和用人单位就劳动的内容、期限、劳动报酬等协商、达成一致时，劳动合同才有可能订立。

案例 4－1

劳动合同可以约定不参加社会保险吗

2013 年 5 月，李某到某公司应聘。在商议工资福利待遇时，某公司提出，如果个人不要求参加社会保险，每月工资可以多 300 元；如果个人要求参加社会保险，每月工资将少 300 元。无奈之下，李某不再坚持参加社会保险，双方签订了为期 5 年的劳动合同。根据劳动合同的规定，李某每月的工资为 1500 元，公司不负责办理李某参加社会保险的相关手续。2013 年 12 月，该市劳动保障监察大队在年检中发现，该公司没有为签订劳动合同的职工办理参加社会保险的手续，遂下达限期整改指令书，责令该公司为李某等职工办理社会保险登记、申报手续，补缴社会保险费。但是，该公司却认为，公司经过同李某等人协商后，才在劳动合同中约定不为李某等人办理社会保险的相关手续。劳动合同可以约定不参加社会保险吗？

案例分析：本案例争议的焦点是，公司同李某约定不参加社会保险的内容是否合法、有效。《中华人民共和国劳动法》第十八条规定，违反法律、行政法规的劳动合同条款，是无效的劳动合同条款。无效的劳动合同条款，从订立的时候起，就没有法律约束力。

本案例中，公司同李某约定不参加社会保险的条款是违反国家法律、法规的条款，属于劳动合同的无效条款。在确认劳动合同部分条款无效的情况下，如果不影响其他条款的法律效力，其他条款依然合法、有效。

《中华人民共和国劳动法》第七十二条规定，用人单位和劳动者必须依法参加社会保险，缴纳社会保险费。《社会保险费征缴暂行条例》第四条规定，缴费单位、缴费个人应当足额缴纳社会保险费。缴费单位的义务是，向当地社会保险经办机构办理社会保险登记，参加社会保险；按月向当地社会保险经办机构申报应缴纳的社会保险费数额，履行代扣代缴义务，并在规定的期限内缴纳保险费。

本案例中，公司同李某虽然在平等、自愿、协商的基础上签订劳动合同，但是，劳动合同中有关社会保险的约定违反了国家法律法规的规定，是没有法律效力的。针对以上情况，公司应该修改劳动合同的内容，向当地社会保险经办机构办理社会保险登记，按月向社会保险经办机构缴纳保险费。

四、企业劳动关系建立的方式

劳动者同用人单位建立劳动关系的方式主要有以下两个方面。

（一）行政方式

劳动关系建立的行政方式是指劳动者同企业单位按照有关行政机构的指令确定劳动关系。一般情况下，劳动者凭有关行政机关的指令性文件到指定的企业单位报到，就成为该用人单位的一名员工，用人单位也凭行政机关的指令接受劳动者为本单位员工。按照这种方式，劳动者和用人单位都有义务服从行政机关的分配和安排，无正当理由不得拒绝。这种劳动关系建立的方式是计划经济条件下普遍采用的方式。例如，国有企业领导的任免大多采取行政方式。随着市场经济体制的建立和劳动用工制度的改革，采取行政方式建立劳动关系已经在许多企业废止，目前仅在一些特定的企业单位实行。例如，军工企业、科研企业等。目前，我国行政单位、事业单位均采取这种方式建立劳动关系。例如，我国《公务员法》规定，录用公务员必须在规定的编制限额内，并有相应的职位空缺。编制是指根据组织机构设置对行政、事业单位录用人员数量和职务的分配。

（二）合同方式

劳动关系建立的合同方式是指劳动者和用人单位通过订立劳动合同的方式确定劳动关系。按照这种方式，用人单位可以通过发布招聘书或者刊登广告等方式，吸引劳动者到用人单位应聘；用人单位也可以通过劳动力市场同劳动者相互选择，在平等、自愿、协商一致的基础上订立劳动合同，确定双方的权利和义务。这种方式是市场经济国家确定劳动关系的基本方式。

案例 4 – 2

劳动保障事务代理中心同用人单位、劳动者是什么关系

张某，35 岁，某公司合同制工人。2006 年 6 月，李某被招聘为车队驾驶员，双方签订过几次劳动合同。2013 年底，公司要求张某等人在一份材料上签字，说是要办理劳动社会保险事务代理手续，此后，张某一直在公司当司机。2015 年 12 月，公司要辞退张某。张某要求公司支付解除劳动合同的经济补偿金，补缴社会保险费，而公司却认为，公司于 2014 年 1 月就已经同张某终止了劳动关系，张某的劳动关系已经被转移到了当地劳动保障事务代理中心，并让张某到劳动保障代理中心索要经济补偿金。劳动保障事务代理中心同张某、同用人单位是什么关系？

案例分析：劳动保障事务代理中心同张某、用人单位是委托——代理关系，企业应当支付张某解除劳动合同的经济补偿金。

劳动保障事务代理中心是经劳动保障行政部门认定的职业介绍机构和劳动保障事务代理服务机构，是接受用人单位或者劳动者个人的委托，代其联系并办理有关劳动保障事务的一种新型的管理与服务方式。劳动保障事务代理机构的业务主要有两种：一是用人单位委托劳动保障代理服务机构为用人单位招聘人员，与劳动者签订劳动合同，办理相关用人手续、发放工资或代缴社会保险缴费等业务；二是流动人员委托代理服务机构代管人事档案、代缴社会保险费、出国政审、代缴住房公积金、工资套改调整等事务。

本案例中，企业虽然将张某的档案委托给劳动保障事务代理中心管理，双方存在业务上的委托代理关系，但是，这种关系并不能取代企业同张某之间建立的劳动关系。

劳动和社会保障部发布的《关于确立劳动关系有关事项的通知》第十条规定，用人单位招用劳动者未订立书面劳动合同，但同时具备下列情形的，劳动关系应当成立：(1) 用人单位和劳动者符合法律、法规规定的主体资格；(2) 用人单位依法制定的各项规章制度适用于劳动者，劳动者服从用人单位的管理，从事用人单位安排的有报酬的劳动；(3) 劳动者提供的劳动是用人单位的组成部分。

本案例中，某企业是符合国家法律法规规定的资格主体，张某也是符合法定劳动年龄的资格主体。用人单位制定的规章制度适用于张某，张某受用人单位管理，从事用人单位安排的有报酬的劳动，张某的劳动是用人单位业务的组成部分。《中华人民共和国劳动法》第二十八条规定，用人单位依照本法第二十四条、第二十六条、第二十七条的规定解除劳动合同的，应当依照国家有关规定给予经济补偿金。《违反和解除劳

动合同的经济补偿办法》第五条规定，经劳动合同当事人协商一致，由用人单位解除劳动合同的，用人单位应根据劳动者在本单位工作年限，每满一年发给相当于1个月工资的经济补偿金，最多不超过12个月。工作时间不满一年的按一年的标准发给经济补偿金。

本案例中，张某在某公司工作的时间是9年多，可以获得相当于10个月本人工资的经济补偿金。

第二节
企业劳动关系的存续

企业劳动关系存续是指劳动关系存在并处于持续维持、稳定的状态，其表现为劳动合同的履行、劳动合同的中止、劳动合同的变更和劳动合同的延续，下面分别介绍这几个方面的内容。

一、劳动合同的履行

（一）劳动合同履行的概念

劳动合同的履行是指劳动关系建立后，双方当事人遵守政府出台的法律、法规和劳动规章，执行劳动合同规定的各项条款，完成劳动合同规定的任务，维持和谐、稳定的劳动关系的过程。

（二）劳动合同履行的条件

劳动合同履行的条件主要有以下四个方面的规定。

1. 履行的主体必须明确

劳动合同履行的主体是劳动关系的双方当事人。世界各国法律、法规通常不允许由第三者代替一方当事人履行，也不能由一方当事人向第三方履行。例如，职工的朋友代替职工履行劳动的义务或者职工在未征求本单位意见的情况下到其他用人单位工作等，这些都是劳动法律、法规和部门规章不允许的。

2. 履行的标的必须明确

劳动者在一段时间内完成工作的数量、质量以及完成工作后应该获得的劳动报酬，应当予以明确；否则，就会造成工作目标不明确等问题。例如，《中华人民共和国劳动合同法》对劳动合同履行作出以下几个方面的规定：（1）用人单位管理人员违章指挥，强令冒险作业时，劳动者可以不服从其指挥或命令，并有权拒绝执行。劳动者拒绝执行用人单位管理人员违章指挥、强令冒险作业行为的，不构成违反劳动合同行为。劳动者对危害生命安全和身体健康的劳动条件，有权对用人单位提出批评、检举和控告。（2）用人单位变更名称、法定代表人、主要负责人或者投资人等事项，不影响劳动合同的履行。（3）用人单位发生合并或者分立等情况，原劳动合同继续有效，劳动合同由承继其权利和义务的用人单位继续履行。

3. 履行的期限必须明确

劳动合同履行的期限是劳动合同双方当事人都可以接受的时间。劳动合同履行的期限明确后，当事人双方不得延迟履行。如果遇到特殊情况，一方当事人必须征得另一方当事人的意见，协商一致另行确定履行的期限。

4. 履行的地点必须明确

劳动合同履行的地点关系到劳动合同内容的实现，因此，双方当事人在劳动合同中必须明确规定劳动合同履行的地点。

（三）劳动合同履行的原则

劳动合同履行的原则是劳动合同当事人在履行合同时所应当遵守的原则。劳动合同履行的原则主要有以下两种类型。

1. 劳动合同履行的一般原则

劳动合同履行的一般原则是指劳动合同履行过程中应当遵守的基本原则。劳动关系履行的一般原则主要有以下四个方面。

（1）全面履行的原则。例如，《中华人民共和国劳动合同法》规定，用人单位和劳动者应当按照劳动合同的约定，全面履行各自的义务。全面履行的原则又称适当履行的原则或正确履行的原则，是指当事人按照劳动合同约定的权利和义务以适当的履行方式全面完成劳动合同规定的义务。全面履行的原则要求劳动者和用人单位不得将劳动合同条款割裂开来，只承担某些义务，而不承担另一部分应当承担的义务。如果劳动者和用人单位遵守了全面履行的原则，就不会产生违约责任；相反，就会产生违约责任。

（2）亲自履行的原则。亲自履行的原则是指劳动合同的履行必须由订立合同的当事人履行，不得由第三方代替履行，不得委托朋友、亲属等第三方代替履行。用人单位不得将劳动者派往其他单位（签订劳务派遣合同、借调合同的情形除外）履行，以规避法律法规规定其应当承担的责任。

（3）权利义务统一的原则。权利义务统一的原则是指劳动者和用人单位的权利、义务是统一的。在劳动关系履行的过程中，用人单位的权利就是劳动者的义务，劳动者的权利就是用人单位的义务，二者是相统一的。

（4）相互协作原则。相互协作原则是指劳动者和用人单位相互合作、相互配合地完成劳动合同约定的权利和义务。相互协作原则是贯彻劳动关系始终的原则，是维系劳动关系稳定、和谐的基础。

2. 劳动合同履行的特殊原则

劳动合同履行的特殊原则是指在特殊情况下劳动合同履行应当遵守的原则，劳动合同履行的特殊原则主要包括以下三个方面。

（1）劳动合同条款不明确的选择规则。劳动合同约定的内容不明确时，首先应当确定合同的具体内容，然后再履行。一般来说，劳动合同未作出约定的，应当按照劳动规章制度执行；劳动规章制度未明确规定的，应当按照通行的习惯履行；如果缺乏通行的习惯可供参考，应当由双方当事人协商确定如何履行。

（2）地方劳动条件标准的选择规则。劳动合同履行地与用人单位注册地不一致时，按照劳动合同履行地的劳动条件标准执行。如果注册地的劳动条件标准高于履行地，双方当事人可以协商约定按照用人单位注册地的劳动条件标准执行。

（3）履行劳动合同约定之外劳动的规则。一般来说，用人单位不得安排劳动者从事劳动合同约定之外的劳动。如果用人单位安排劳动者从事劳动合同约定之外的劳动，劳动者可以不服从安排和指挥。但是，在特殊情况下，如果遇到紧急情况或者抢险救灾等情况，用人单位可以安排、指挥劳动者从事劳动合同约定之外的劳动，劳动者应当服从用人单位的指挥或者安排。

二、劳动合同的中止

劳动合同的中止是劳动合同履行的暂时停止，是劳动合同履行的特殊状态。

（一）劳动合同中止的概念

劳动合同的中止是指劳动合同存续期间，由于某些因素导致劳动关系主体双方主要权利义务在一定时期内暂时停止行使和履行，待中止期限届满后，又恢复到以前的正常状态，对于劳动合同中止的概念可以从以下三个方面进行理解。

（1）劳动合同中止是劳动合同有期限的停止状态。劳动合同中止不同于劳动合同变更，不是对劳动者和用人单位权利义务的部分变动，而是劳动者和用人单位权利义务有限期限的停止状态，是劳动合同的一种特殊运行状态。

（2）劳动合同中止不同于劳动合同终止。劳动合同中止不同于劳动合同终止，中止期限届满后，劳动合同就可以恢复原状，而劳动合同终止则是劳动者和用人单位权利义务关系的消灭，是劳动关系的终止。

（3）劳动合同中止期内劳动者和用人单位的劳动关系依然存在。在劳动合同中止期间，劳动合同双方还保持着一定的权利义务关系，劳动者和用人单位之间的劳动关系依然存在。

（二）劳动合同中止的情形

1. 用人单位中止劳动合同的情形

具备法定的中止事由，用人单位同劳动者可以中止履行劳动合同。例如，停产息工、放长假、厂内待岗等，都是用人单位由于经营不善而造成劳动合同履行的中止。

2. 劳动者中止劳动合同的情形

劳动者暂时无法履行劳动合同规定的义务，但是仍然有继续履行的条件，造成劳动合同中止。例如，劳动者应征服兵役、涉嫌违法犯罪被暂时拘押、失踪但是尚未被法院宣告失踪或死亡等，都是劳动者无法履行劳动义务而中止履行劳动合同的情形。

3. 用人单位和劳动者协商一致中止的情形

用人单位和劳动者协商一致，可以中止或者部分中止履行劳动合同。例如，协议借用、停薪留职等，都是劳动者和用人单位经过协商一致后，中止履行劳动合同。

（三）劳动合同中止的处理

劳动合同中止期间，劳动者和用人单位暂时停止履行劳动合同约定的义务，也不再享受法定的权益或者劳动合同约定的权利。劳动合同中止的年限，不计算为劳动者在本单位工作的年限。但是，应征入伍的劳动者中止劳动合同的年限，应当计算为劳动者工作的年限。

（四）劳动合同的恢复履行

引起劳动合同中止的法定情形或者约定的情形消失，除了劳动合同无法继续履行外，劳动合同应当恢复履行，劳动者同企业原来订立劳动合同规定的权利义务是劳动者和用人单位的权利和义务。

案例 4－3

停薪留职人员是否可以获得经济补偿金

李某于1995年初到某公司工作，2005年7月李某同公司签订了停薪留职协议，协议规定：停薪留职期间，李某的社会保险费全部由个人承担。同时，李某向公司交纳了停薪留职保证金3000元。2008年3月1日，公司通知李某上班，并要求李某在3月8日前补缴社会保险费，但李某未到公司上班，也没有补缴社会保险费。2008年4月21日，公司出具证明，解除了与李某的劳动合同，未给予李某任何经济补偿。为此，李某向当地劳动争议仲裁委申请仲裁。李某是否可以获得经济补偿金？

案例分析：李某不能获得经济补偿金。

《中华人民共和国劳动合同法》第四十六条规定，用人单位提出解除劳动合同，应当向劳动者支付经济补偿的情形有：用人单位向劳动者提出解除劳动合同，并与劳动者协商一致的；劳动者患病或者非因工负伤，在规定的医疗期满后不能从事原工作，也不能从事由用人单位另行安排的工作的；劳动者不能胜任工作，经过培训或者调整工作岗位，仍不能胜任工作的；劳动合同订立时所依据的客观情况发生重大变化，致使劳动合同无法履行，经用人单位与劳动者协商，未能就变更劳动合同内容达成协议的；依照企业破产法规定进行重整需裁减人员的；生产经营发生严重困难需裁减人员的；企业转产、重大技术革新或者经营方式调整，经变更劳动合同后，仍需裁减人员的。本案例中，该公司通知李某回单位上班，但李某没有回去，公司可以视为自动离职，事实上是李某自行单方面终止了与公司的劳动关系在先，故公司作出解除李某劳动合同的决定并无不当，也不应支付李某解除劳动合同经济补偿金。但是，公司应当返还李某交纳的停薪留职保证金3000元。

案例 4－4

被拘留审查期间，职工可以获得工资吗

张某，某公司职工。2013年10月，张某因涉嫌参与偷盗活动被公安机关拘留审查。张某被审查期间，公司停发了张某的工资和所有的补贴。然而，经过公安机关审查，张某与偷盗活动无关。2014年1月，张某被释放。张某获释后，要求公司补发他被拘留期间的工资和补贴，公司则以张某没有工作为由加以拒绝。张某在被拘留审查期间可以获得工资吗？

案例分析：在被拘留审查期间，张某不应该获得工资和相关的补贴，张某的损失可以通过其他渠道获得补偿。

工资是对劳动者履行劳动义务的货币支付，劳动者未履行劳动义务，也就不能获得工资。《关于贯彻执行〈中华人民共和国劳动法〉若干问题的意见》第二十八条规定，劳动者涉嫌违法犯罪被有关机关收容审查、拘留或者逮捕的，用人单位在劳动者被限制人身自由期间，不承担履行劳动合同规定义务的责任。

本案例涉及的相关法律问题是劳动合同的中止，劳动合同中止是用人单位在劳动者涉嫌违法犯罪的情况下采取的保护自身利益的措施。这主要是因为，劳动者被拘留、审查期间，已经被公安机关收容审查、拘留或逮捕，根本无法履行劳动合同规定的义务，不应该享受工资和其他福利待遇。在被公安机关收容审查、拘留或逮捕的情况下，劳动者是否犯罪处于不确定的风险状态。在这种情况下，如果要求用人单位履行劳动合同，支付劳动者工资显然是不公平的，也是不合理的。

本案例中，张某被拘留审查是错误的，其受到的损失国家法律法规是给予保护的，只是依据的法律法规不同，对此，张某可以依据《国家赔偿法》的有关规定，按照一定的程序，向错误拘留张某的公安机关申请行政赔偿，以弥补张某在被拘留审查期间的经济损失。

三、劳动合同的变更

（一）劳动合同变更的概念

劳动合同变更是指劳动合同双方当事人就已经订立的劳动合同条款达成修改、补充或者废止协议部分内容的法律行为。劳动合同变更发生在劳动合同订立、生效尚未履行或者尚未完全履行期间，是劳动合同双方当事人权利、义务的部分变化，而不是劳动合同的中止、终止。

（二）劳动合同变更的条件

1. 必须有正当理由

正当理由是指出于工作或者生产需要而出现某种情况的变化或者《中华人民共和国劳动法》规定、劳动合同约定的情况已经发生，致使劳动合同中一些条款的继续履行成为不可能或者不必要。

2. 必须经劳动合同双方当事人协商一致

经劳动合同的双方当事人协商达成一致，是劳动合同变更的前提条件。例如，《中华人民共和国劳动合同法》规定，劳动合同订立时所依据的客观情况发生重大变化，致使劳动合同无法履行的，应当优先选择协商变更劳动合同，未能就变更劳动合同达成协议的，才可以预告辞退。

3. 订立劳动合同所依据的法律法规发生变化

劳动者和用人单位订立劳动合同所依据的法律法规发生变化，需要通过变更劳动合同来实现劳动关系的存续。

（三）劳动合同变更的情形

1. 用人单位决定转产或调整生产任务

用人单位经上级主管单位批准决定转产、调整生产任务，会产生劳动者无法适应新工作任务等方面的问题，需要变更劳动合同。

2. 当事人一方或双方的情况发生变化

在劳动合同履行的过程中，劳动者或者用人单位的情况发生变化，需要变更劳动合同。例如，劳动者工作岗位、职务、工种、工资、工作地点等方面的变动，都需要通过变更劳动合同达成协议。

（四）劳动合同变更的程序

1. 提议

提议由要求变更劳动合同的一方在规定的时间内提前向对方当事人提出变更的建议，并说明需要变更劳动合同的理由、条件和条款；对方当事人接到变更提议后，劳动合同变更进入协商阶段。

2. 协商

劳动合同的一方当事人同意另一方提出的变更劳动合同的建议，双方就可以签订新协议；如果变更建议不能或者不能全部被对方当事人接受，双方需要继续协商。在协商过程中如果发生劳动争议，任何一方当事人都可以申请劳动争议仲裁。

3. 签订书面协议

当事人均同意变更劳动合同的，应当就变更的内容签订书面协议，并签名、盖章，该书面协议对双方当事人都具有法律约束力。

4. 分执劳动合同文本

变更后的劳动合同文本应当由劳动者和用人单位各留一份。

5. 鉴证或者备案

凡是在订立时经过鉴证或者备案的劳动合同，其变更后也需要到劳动行政主管部门办理鉴证或者备案手续。

（五）劳动合同变更的法律后果

劳动合同变更后，合同双方当事人的权利义务自变更之日起就发生法律效力。如果劳动合同变更前和变更后的劳动条件、劳动标准和劳动数量等存在较大差异，应当在日后发放的工资、奖金、津贴、福利待遇等方面予以体现。

案例4－5

不接受工作的调动，可以获得经济补偿金吗

童某，某公司员工。由于经营不善，公司决定裁员。但是，公司考虑到解除劳动合同需要支付员工大量的经济补偿金。为此，公司未同童某协商，就决定调动童某到另一个城市工作。童某不愿意接受工作调动，又害怕由于不接受工作调动，公司不支付解除劳动合同的补偿金。童某可以获得经济补偿金吗？

案例分析：童某可以获得经济补偿金。

劳动合同是劳动者与用人单位确定劳动关系、明确双方权利和义务的协议。《中华人民共和国劳动法》第十九条规定，劳动合同应当以书面形式订立，并具备以下条款：（1）劳动合同期限；（2）工作内容；（3）劳动保护和劳动条件；（4）劳动报酬；（5）劳动纪律；（6）劳动合同终止的条件；（7）违反劳动合同的责任。

劳动合同除了上述规定的必备条款外，当事人可以协商约定其他内容。根据以上规定，工作地点虽然不是劳动合同的必备条款，但是也属于双方书面约定或者实际体现的一项重要内容。工作地点的变更，构成了劳动合同的单方变更。因此，对于公司要求童某调动的要求，童某可以拒绝。

《中华人民共和国劳动法》第二十六条规定，劳动合同订立时所依据的客观情况发生重大变化，致使原劳动合同无法继续履行，经当事人协商不能就变更合同达成协议的，用人单位可以提前30日以书面形式解除双方的劳动合同，但是，应当根据劳动者在本单位工作的年限支付经济补偿金。

本案例中，如果公司不能同童某就调动工作的问题达成协议，应当支付童某经济补偿金。

四、劳动合同的续订

劳动关系延续，需要续订劳动合同。

（一）劳动合同续订的概念

劳动合同续订是指劳动合同期限届满后，劳动者和用人单位继续延长劳动合同有效期的法律行为，即原有的劳动合同在有效期届满后仍然存续一段期限。在该期限内，劳动者和用人单位继续享受和承担原劳动合同存在时完全相同或者基本相同的权利义务。劳动合同续订的要求和劳动合同订立一样，应该坚持平等自愿、协商一致的原则，不应该违反国家法律法规的规定。

（二）劳动合同续订与劳动合同订立的区别

1. 订立的情形不同

劳动合同续订是在劳动合同双方当事人已经相互了解的情况下进行的，因而劳动合同续订不需要约定试用期；而劳动合同订立是在劳动合同双方当事人相互不了解的情况下进行的，因而劳动合同签订需要约定试用期。

2. 订立的基础不同

劳动合同续订的基础是劳动者和用人单位订立的原劳动合同，原劳动合同是劳动合同续订的重要参考依据，而劳动合同订立则缺乏已经存在的劳动合同作为参考。

3. 权利义务确定的时间不同

劳动合同续订时，双方当事人的权利义务已经确定，其权利义务是原劳动合同的延续；而劳动合同订立是在双方当事人权利义务不确定的情况下进行的。

（三）劳动合同续订的情形

1. 劳动合同续订的情形和规定

劳动合同续订可以有法定的情形，也可以有劳动合同约定的情形。例如，《中华人民共和国劳动合同法》规定，劳动令同续订的情形主要有以下两个方面：（1）劳动合同期限届满后，劳动者和用人单位经过协商，续订劳动合同的；（2）职工在规定的医疗期、孕期、产期或者哺乳期内，若劳动合同期限届满，则应顺延至医疗期、孕期、产期或者哺乳期届满。又如，北京市政府发布的《北京市劳动合同规定》规定，用人单位与劳动者续订劳动合同时，还应该遵守以下五个方面的规定：（1）劳动合同期限届满前，用人单位欲与劳动者续订劳动合同，应该提前 30 日向劳动者发出同意续订劳动合同意向书，征求劳动者意见，征得劳动者同意后，才能续订合同。（2）劳动者若患有职业病或者因工负伤并被确认达到伤残等级，要求续订劳动合同的，用人单位应该与其续订合同。（3）劳动者若在用人单位连续工作满 10 年以上，在续订劳动合同时，其要求续订无固定期限劳动合同的，用人单位应当与其续订无固定期限劳动合同。（4）劳动合同期满后，用人单位不想续订劳动合同，但是未能与劳动者办理终止劳动合同手续，形成事实劳动关系的，视为延续劳动合同，用人单位应当与劳动者续订劳动合同，双方就续订劳动合同期限协商不能达成一致意见的，续订劳动合同的期限从双方签字之日起，不得少于1年。（5）用人单位与劳动者续订劳动合同，无论期限多少，都不得约定试用期。

2. 劳动合同不续订的情形和规定

劳动合同期限届满，用人单位同劳动者未续订劳动合同，即劳动会同不续订。劳动合同不续订的情形主要有：（1）用人单位不续订劳动合同。用人单位不再续订劳动后同的情形有两种：①用人单位合法、合规地不续订劳动合同。劳动合同期限届满，劳动合同终止，用人单位不再与劳动者读订劳动合同。这种不再续订劳动合同的情形属于合同正常到期不续订劳动合同。②用人单位违法不续订劳动合同。劳动者符合《中华人民共和国劳动合同法》续订劳动合同的情形，但是，用人单位违反劳动法律、法规的规定示同劳动者续订劳动合同。（2）劳力者不续订劳动合同。劳动者不读订劳动合同的情形有两种；①因用人单位降低工资、福利待遇等，劳动者不续订劳动合同。在这种情况下，用人单位需要支付经济补偿金。②因劳动者个人原因不读订劳动合同。用人单位维持或者提高工资、福利待遇等、劳动者不同意读订劳动合同的，用人单位不需要支付经济补偿金。

（四）劳动合同续订的程序

1. 发出续订劳动合同意向书，征求劳动者的意见

如果用人单位需要续订劳动合同，应当在劳动合同期限届满前的一定期限内通知劳动者，征求劳动者的意见。

2. 双方当事人协商一致

用人单位发出续订劳动合同的意向书后，如果劳动者不愿意续订劳动合同，劳动合同就无法续订；同样，如果劳动者提出续订劳动合同的意向后，用人单位不愿意续订劳动合同，劳动合同也无法续订。只有在双方当事人协商一致后，劳动合同才能续订。

3. 签订续订劳动合同的协议书

劳动者和用人单位协商一致后，应当签订续订劳动合同协议书，双方当事人签字或盖章，劳动合同一式两份，双方各执一份。

4. 鉴证或者备案

经过签字或者盖章的劳动合同续订后，需要到劳动就业行政主管部门办理劳动合同鉴证或者备案的手续。

案例 4-6

农民工可以要求签订无固定期限的劳动合同吗

王某，北京市某公司招收的农民工。由于工作表现突出，王某先后同公司签订了3次劳动合同。王某现在52岁，已经在公司工作10多年了。2014年8月，公司要求同王某续订合同，王某提出签订无固定期限的劳动合同。王某可以同公司签订无固定期限的劳动合同吗?

案例分析：王某可以同公司签订无固定期限的劳动合同。

《中华人民共和国劳动法》第十六条规定，建立劳动关系应当订立劳动合同。劳动者在同一用人单位连续工作满10年以上，当事人双方同意续延劳动合同的，如果劳动者提出订立无固定期限的劳动合同，应当订立无固定期限的劳动合同。《北京市劳动合同规定》规定，有下列情形之一的，劳动者要求订立无固定期限劳动合同的，用人单位应当订立无固定期限的劳动合同。(1) 全国劳动模范、先进工作者或者“五一”劳动奖章获得者；(2) 复员、转业退伍军人初次分配工作的；(3) 建设征地农转工人员初次分配工作的；(4) 尚未实行劳动合同制度的用人单位初次实行劳动合同制时，劳动者连续工龄满10年，且距法定退休年龄10年以内的；(5) 国家或者本市规定的其他情形。

本案例中，王某已经为公司工作10年以上，且王某距法定退休年龄10年以内，双方都同意续签劳动合同。王某提出签订无固定期限劳动合同的要求是合理合法的，其合法权益应当受到保护。

第三节

企业劳动关系的终止

企业劳动关系的终止是企业同劳动者的劳动关系运行的终止状态，是劳动关系的终结，是劳动者和用人单位劳动关系的消灭，其主要表现为劳动合同解除和劳动合同终止，下面分别讲述劳动合同的解除和劳动合同的终止。

一、劳动合同的解除

劳动合同解除是劳动合同效力的终止，是劳动合同终止的一种形态。劳动合同解除会对劳动者或用人单位带来一定程度的经济损失，因此，各国政府出台的法律、法规和部门规章均对劳动合同的解除作出了严格的规定。

（一）劳动合同解除的概念

劳动合同解除是指劳动合同依法订立后，尚未履行完毕之前，由于某种原因导致当事人双方提前终止劳动合同、解除劳动关系的行为。通过劳动合同解除的行为，已经生效或者已经成立的劳动合同在合同期限届满之前或者当事人丧失主体资格之前终止，从而实现当事人特定的目的。

（二）劳动合同解除的类型

1. 依据劳动合同当事人的意愿划分，可以分为协议解除和单方解除

（1）劳动合同协议解除的概念。劳动合同协议解除是指劳动合同订立后、尚未全部履行前，经双方当事人协商一致而解除。

（2）劳动合同单方解除的概念。劳动合同单方解除是指劳动合同订立后、尚未全部履行完毕前，因主客观情况的变化或者某种法定事由的出现，一方当事人依法提前终止劳动合同，单方解除双方权利义务的行为。劳动合同单方解除权是指当事人依法享有的、无须对方当事人同意而单方决定解除劳动合同的权利。

2. 依据解除劳动合同的合法性划分，可以分为法定解除和约定解除

（1）劳动合同法定解除的概念。劳动合同法定解除是指劳动者或用人单位在符合劳动法律、法规和部门规章规定的可以解除劳动合同的情况下，单方解除劳动合同。国家立法规定劳动合同解除的条件，旨在限制单方解除劳动合同的随意性，保护当事人的合法权益。

（2）劳动合同约定解除的概念。劳动合同约定解除是指劳动者或者用人单位在约定可以解除劳动合同的情况下，单方解除劳动合同。

3. 依据解除劳动合同的原因划分，可以分为有过错解除和无过错解除

（1）劳动合同有过错解除的概念。劳动合同的有过错解除是指由于对方当事人的过错行为而导致劳动合同单方解除，主要包括劳动者因用人单位有过错而辞职，用人单位因劳动者有过错而辞退。有过错解除的条件由国家立法规定，过错仅限于已经严重到足以导致辞退或者辞职的程度，轻微的过错不得单方解除劳动合同。单方解除劳动合同的主动权在无过错方，其提出解除劳动合同对有过错方具有强制性，可以不向对方当事人预告，就可以即时行使单方解除劳动合同的权利。如果用人单位有过错，就应当赔偿劳动者因解除劳动合同所造成的经济损失；如果劳动者有过错，用人单位辞退可以不支付经济补偿。

（2）劳动合同无过错解除的概念。劳动合同的无过错解除是指在劳动合同中对方当事人无过错行为或其过错行为轻微的情况下单方解除劳动合同。

4. 依据劳动合同解除是否预告划分，可以分为单方预告解除和单方即时解除

（1）劳动合同单方预告解除的概念。劳动合同单方预告解除是指经预先通知对方当事人后，才可以单方解除劳动合同。例如，根据《中华人民共和国劳动法》的规定，劳动者或者用人单位预告解除的期限是提前 30 天书面通知对方当事人。

（2）劳动合同单方即时解除的概念。劳动合同单方即时解除是指在通知对方当事人的同时，就可以单方解除劳动合同。

（三）劳动合同单方解除的特点和程序

1. 政府发布的法律、法规和部门规章赋予劳动合同当事人单方解除权的意义

（1）对于劳动者来说，可以增强劳动者工作的危机感和责任感，严明劳动纪律，提高劳动者工作的积极性。

（2）对于用人单位来说，可以增强用人单位保护人才、重视人才的意识，从而维护劳动合同的严肃性，促进用人单位、劳动者在平等的工作环境中公平地开展竞争。

2. 劳动合同单方解除的特点

（1）单方解除劳动合同的前提是劳动合同合法有效。对于无效的劳动合同来说，根本就谈不到劳动合同的解除，单方解除劳动合同的前提是劳动合同法有效。

（2）单方解除劳动合同的行为必须在劳动合同依法订立生效之后，尚未全部履行之前；否则，不能构成劳动合同的单方解除。

（3）单方解除劳动合同是单方的法律行为。劳动合同的一方当事人可以依法单方决定解除劳动合同，终止劳动合同关系。

（4）单方解除劳动合同的实质是劳动合同一方当事人提前终止劳动合同的法律效力，终止劳动关系。

3. 单方解除劳动合同的一般程序

（1）通知。通知分为预告通知和即时通知。对于预告通知应当提前一段时间以书面的形式通知对方当事人，给予对方当事人一定期限的预告期，可以使对方有充裕的时间考虑单方解除劳动合同是否符合法律法规的规定，以采取相应的补救态度和救济措施；也可以让当事人在得知解除劳动关系之日起的法定期限内，重新选择用人单位或者招聘劳动者。

（2）征求工会组织的意见。用人单位单方解除劳动合同，必须征求本单位工会组织的意见。工会组织经审查认为不适当的，有权提出意见，用人单位应当予以充分考虑，并采纳工会组织的意见。劳动者单方解除劳动合同不需要征求工会组织的意见。

（3）解除劳动合同。如果劳动者和用人单位因单方解除劳动合同而发生劳动争议，可以依法遵循调解、仲裁、诉讼的程序处理。劳动合同解除后，用人单位应当报请当地劳动保障行政部门备案。

二、用人单位单方解除劳动合同的情形

为了保护劳动者的利益，避免用人单位任意解除劳动合同，终止劳动关系，各国政府对用人单位解除劳动合同、不得解除劳动合同的情形作出了比较明确的规定。下面以我国为例，说明这一问题。

（一）用人单位可以单方解除劳动合同的情形

1. 用人单位即时单方解除劳动合同

用人单位即时单方解除劳动合同是指用人单位不需要向劳动者预告或者支付经济补偿金，就可以随时通知劳动者解除劳动合同。例如，《中华人民共和国劳动合同法》规定，劳动者有下列情形之一的，用人单位可以即时解除劳动合同：（1）在试用期间被证明不符合录用条件的；（2）严重违反用人单位的规章制度的；（3）严重失职，营私舞弊，给用人单位造成重大损害的；（4）劳动者同时与其他用人单位建立劳动关系，对完成本单位的工作任务造成严重影响，或者经用人单位提出，拒不改正的；（5）因以欺诈、胁迫的手段或者乘人之危，使对方在违背真实意思的情况下订立或者变更劳动合同，致使劳动合同无效的；（6）被依法追究刑事责任的。

2. 用人单位预告单方解除劳动合同

用人单位预告单方解除劳动合同是指用人单位提前一段时间向劳动者预告解除劳动合同。用人单位预告单方解除劳动合同具有以下特点。

（1）提前告知劳动者是用人单位必须经历的程序。如果用人单位未提前告知劳动者，就单方解除劳动合同，则其行为违法。

（2）预告单方解除劳动合同，仅限于劳动者无过错行为而单方解除劳动合同的情形。

（3）用人单位需要支付经济补偿金。《中华人民共和国劳动合同法》规定，有下列情形之一的，用人单位应当提前30日以书面形式通知劳动者本人或者额外支付劳动者一个月工资后，可以解除劳动合同：①劳动者患病或者非因工负伤，在规定的医疗期满后不能从事原工作，也不能从事由用人单位另行安排的工作的；②劳动者不能胜任工作，经过培训或者调整工作岗位，仍不能胜任工作的；③劳动合同订立时所依据的客观情况发生重大变化，致使劳动合同无法履行，经用人单位与劳动者协商，未能就变更劳动合同内容达成协议的。

3. 用人单位不得单方解除劳动合同的情形

劳动法律、法规和部门规章对用人单位不得单方解除劳动合同的情形作出规定，可以依法保护劳动者的权益。《中华人民共和国劳动法》规定，用人单位不得解除劳动合同的情形主要有以下四个方面：（1）劳动者患职业病或者因工负伤，并被确定完全丧失劳动能力或者部分丧失劳动能力的；（2）劳动者患病或者负伤，在规定的医疗期内的；（3）女职工在怀孕、产期、哺乳期内的；（4）法律、行政法规规定的其他情形。《中华人民共和国劳动合同法》规定，劳动者有下列情形之一的，用人单位不得解除劳动合同：（1）从事接触职业病危害作业的劳动者未进行离岗前职业健康检查，或者疑似职业病病人在诊断或者医学观察期间的；（2）在本单位患职业病或者因工负伤，并被确认丧失或者部分丧失劳动能力的；（3）患病或者非因工负伤，在规定的医疗期内的；（4）女职工在孕期、产期、哺乳期的；（5）在本单位连续工作满十五年，且距法定退休年龄不足五年的；（6）法律、行政法规规定的其他情形。

三、劳动者单方解除劳动合同的情形

为了保护劳动者的权益，约束用人单位的行为，各国政府对劳动者单方解除劳动合同的情形作出了比较明确的规定。劳动者单方解除劳动合同分为即时单方解除和预告单方解除两种。

（一）劳动者即时单方解除劳动合同

劳动者即时单方解除劳动合同是指劳动者无需向用人单位预告就可以单方解除劳动合同。例如，用人单位以暴力、威胁或者非法限制人身自由的手段强迫劳动者劳动的，或者用人单位违章指挥、强令冒险作业危及劳动者人身安全的，劳动者可以立即单方解除劳动合同，不需要事先告知用人单位。下面以我国为例，说明这一问题。

1.《劳动法》规定的劳动者可以单方解除劳动合同的情形

《中华人民共和国劳动法》规定，用人单位有下列情形之一的，劳动者可以随时通知用人单位解除劳动合同：（1）在试用期内的；（2）用人单位以暴力、威胁或者非法限制人身自由等手段强迫劳动的；（3）用人单位未按照劳动合同约定支付劳动报酬或者提供劳动条件的。

2.《劳动合同法》规定的劳动者可以单方解除劳动合同的情形

《中华人民共和国劳动合同法》规定，用人单位有下列情形之一的，劳动者可以随时通知用人单位解除劳动合同：（1）未按照劳动合同的约定提供劳动保护或者劳动条件的；（2）未及时、足额支付劳动报酬的；（3）未依法为劳动者缴纳社会保险费的；（4）用人单位的规章制度违反法律法规的规定，损害劳动者权益的；（5）因以欺诈、胁迫的手段或者乘人之危，使劳动者在违背真实意思的情况下订立或者变更劳动合同，致使劳动合同无效的；（6）法律、行政法规规定的劳动者可以解除劳动合同的其他情形。

（二）劳动者预告解除劳动合同

劳动者预告解除是指劳动者提出解除劳动合同必须提前告知用人单位。例如，《中华人民共和国劳动法》《中华人民共和国劳动合同法》均规定，劳动者应当提前30日以书面形式通知用人单位，可以解除劳动合同。劳动者预告解除劳动合同，用人单位不需要支付经济补偿金。

案例4－7

解除劳动合同通知书

×××：

鉴于你在公司的表现，公司××年第××次会议经研究决定，解除你的劳动合同，兹提前30日内通知你本人，请在此通知书上（一式两份）签字，并于30日内前来人力资源部办理离职手续。若自接到通知30日内未来办理离职手续，本公司将按照自动辞职处理。

人力资源部（盖章）

年　月　日

被通知人签字

年　月　日

（本通知一式两份，一份由当事人保留，一份交回人力资源部）

案例 4－8

企业要裁员，需要履行哪些程序

某企业受国家宏观经济形势的影响，经济效益逐年下降。2009 年 4 月，企业要大规模裁员。但是，企业领导不知道，政府发布的相关法律法规及政策是如何规定的，需要履行哪些程序?

案例分析：企业大规模裁员造成的不良影响通常比较大。一般来说，世界各国政府都对企业大规模裁员作出了种种限制性措施，防止企业大规模裁员引发各种社会问题，保护劳动者的合法权益。根据《中华人民共和国劳动法》第二十七条和劳动部发布的《企业经济性裁减人员规定》第四条的规定，用人单位确实需要裁减人员，应该按照下列程序进行。

（1）向职工说明情况。用人单位应该提前 30 天向工会或全体职工说明情况，并提供有关企业生产经营状况的资料。

（2）提出裁减人员方案。用人单位提出裁减人员方案的主要内容包括：被裁减人员名单、裁减时间及实施步骤，符合法律、法规规定和集体合同约定的被裁减人员的经济补偿办法。

（3）征求意见。用人单位应该将裁减人员方案征求工会或者全体职工的意见，并对方案的内容进行修改和完善。

（4）报告工会或者听取职工意见。用人单位应该将工会或者全体职工就裁员方案的意见向当地劳动保障行政部门报告，并听取劳动保障行政部门的意见。

（5）公布、实施裁员方案。用人单位的裁员方案得到上级行政部门批准后，应该正式向职工公布裁减人员方案，同被裁减人员办理解除劳动合同的手续，按照有关规定向被裁减人员支付经济补偿金，并出具裁减人员证明书。

案例 4－9

企业是否可以同身患绝症者解除劳动合同

吴某，某车轮厂工人，2008 年 9 月到企业工作。2013 年 10 月，吴某被医院确诊为患肺癌晚期，需要住院治疗。住院期间，企业共报销了吴某的医药费 15671.2 元，工资照发。根据吴某在企业的工作年限，其疾病医疗期为 6 个月。2014 年 4 月，企业考虑到吴某身患绝症，又将疾病医疗期限延长至 2015 年 12 月，期间共报销吴某医药费 21090 元。

2015 年 12 月 15 日，企业通知吴某 2016 年 1 月 15 日解除劳动合同，不再报销医药费。吴某认为，企业在自己身患绝症情况下解除劳动合同不符合情理，遂向当地劳动争议仲裁委员会提出申诉，要求继续履行劳动合同，报销医药费。企业是否可以同身患绝症的职工解除劳动合同？

案例分析：企业可以同吴某解除劳动合同。

劳动部发布的《企业职工患病或非因工负伤医疗期规定》第二条规定，医疗期是指企业职工因患病或非因工负伤停止工作治病休息不得解除劳动合同的时限。《企业职工患病或非因工负伤医疗期规定》第三条规定，企业职工因患病或非因工负伤，需要停止工作医疗时，根据本人实际参加工作年限和在本单位工作年限，给予 3—24 个月的医疗期。实际工作年限在 10 年以下，在本单位工作年限 5 年以下的为 3 个月；5 年以上的为 6 个月。

《劳动部关于贯彻〈企业职工患病或非因工负伤医疗期规定〉的通知》规定，根据目前的实际情况，对某些患特殊疾病（如癌症、精神病、瘫痪等）的职工，在 24 个月内尚不能痊愈的，经企业和劳动主管部门批准，可以适当延长医疗期。各省、自治区、直辖市在实施《医疗期规定》时，可以根据当地实际情况，抓紧制定实施细则，并及时报我部备案。

《中华人民共和国劳动法》第二十六条规定，劳动者患病或者非因工负伤，医疗期满后，不能从事原工作也不能从事由用人单位另行安排的工作的，可以解除劳动合同，但是应该提前 30 日以书面形式通知劳动者本人。

本案例中，吴某应该享受的疾病医疗期为 6 个月。考虑到吴某的病情比较特殊，企业延长了吴某的疾病医疗期。从 2013 年 10 月吴某住院治疗，到 2015 年 12 月公司通知吴某解除劳动合同，吴某已经享受了自己应该享受的疾病医疗期，公司可以依法同吴某解除劳动合同。根据以上情形，当地劳动争议仲裁委员会作出如下裁决：（1）维持工厂关于解除吴某劳动合同的决定；（2）由工厂支付吴某解除劳动合同经济补偿金，支付金额为 3425 元；（3）仲裁费由吴某承担。

四、劳动合同终止

劳动合同终止是劳动关系运行的终结状态。在劳动关系终结时，劳动者和用人单位之间的权利义务随之消灭。

（一）劳动合同终止的概念

劳动合同终止是指劳动合同双方当事人权利义务的消灭，是劳动关系运行的终结。劳动合同终止是指劳动合同期满或者当事人约定劳动合同终止的条件出现或者劳动合同的一方当事人消失，无法继续履行劳动合同终止劳动关系的行为。

（二）劳动合同终止的情形

1. 劳动合同期限届满或者当事人约定的终止条件出现

《中华人民共和国劳动法》第二十三条规定，劳动合同期满或者当事人约定的劳动合同终止条件出现，劳动合同即行终止。如果劳动合同以完成某项任务为期限，工作任务完成，劳动合同即行终止。

2. 劳动合同主体消灭或者丧失一定的资格

用人单位宣告破产或者劳动者死亡，劳动合同主体资格就会消灭，劳动合同即行终止，劳动关系终结。劳动者因病、因伤残完全丧失劳动能力，或者劳动者达到法定退休年龄，劳动合同即行终止。《中华人民共和国劳动合同法》规定，有下列情形之一的，劳动合同终止：（1）劳动合同期满的；（2）劳动者开始依法享受基本养老保险待遇的；（3）劳动者死亡，或者被人民法院宣告死亡或者宣告失踪的；（4）用人单位被依法宣告破产的；（5）用人单位被吊销营业执照、责令关闭、撤销或者用人单位决定提前解散的；（6）法律、行政法规规定的其他情形。

（三）劳动合同终止的程序

1. 劳动合同终止是否需要提前通知

《中华人民共和国劳动法》没有规定终止劳动合同是否需要提前通知，一般而言，终止劳动关系应当在劳动合同期限届满日或者之前提出，而不是期满后一段时间才提出。我国一些地方政府规定，终止劳动合同，用人单位应当提前30日书面通知劳动者。

2. 劳动合同逾期终止的法律后果

劳动合同期限届满后，用人单位未提出终止劳动关系的，应当承担逾期终止的法律后果。例如，我国政府发布的《最高人民法院关于审理劳动争议案件适用法律若干问题的解释》规定，劳动合同期满后，劳动者仍在原单位工作，原用人单位未表示异议的，视为双方同意以原条件继续履行劳动合同。

3. 终止劳动关系是否支付经济补偿金

对于终止劳动合同，用人单位是否应当支付一定的经济补偿金，各国政府出台了不同的规定。我国政府发布的《劳动法》没有作出规定，而《中华人民共和国劳动合同法》则作出了具体的规定。《中华人民共和国劳动合同法》规定，有下列情形之一的，用人单位应当向劳动者支付经济补偿：（1）劳动者依照本法第三十八条规定①解除劳动合同的；（2）用人单位依照本法第三十六条规定②向劳动者提出解除劳动合同并与劳动者协商一致解除劳动合同的；（3）用人单位依照本法第四十条规定③解除劳动合同的；（4）用人单位依照本法第四十一条第一款规定④解除劳动合同的；（5）除用人单位维持或者提高劳动合同约定条件续订劳动合同，劳动者不同意续订的情形外，依照本法第四十四条第一项规定⑤终止固定期限劳动合同的；（6）依照本法第四十四条第四项、第五项规定⑥终止劳动合同的；（7）法律、行政法规规定的其他情形。

（四）劳动合同终止与劳动合同解除的区别

1. 劳动合同终止的条件不同

劳动合同终止是劳动合同期满、劳动的目的已经实现或者当事人资格丧失而终止；而劳动合同解除是劳动合同在期限届满前的提前终止，是劳动合同未完全履行之前、劳动合同双方当事人还具有法律资格时终止劳动合同。

2. 劳动合同当事人的意思表示不同

劳动合同终止是劳动合同具备法定或者约定终止的事由，双方当事人无延续劳动合同的意思，劳动合同即可终止；而劳动合同解除是劳动合同不具备法定或者约定终止的事由，双方当事人依法提前消灭劳动合同关系。只要劳动合同的双方当事人达成一致或者一方当事人依法行使了解除权，劳动合同就可以解除。如果劳动合同的当事人不提出解除劳

---

① 用人单位有下列情形之一的，劳动者可以解除劳动合同：（1）未按照劳动合同约定提供劳动保护或者劳动条件的；（2）未及时足额支付劳动报酬的；（3）未依法为劳动者缴纳社会保险费的；（4）用人单位的规章制度违反法律、法规的规定，损害劳动者权益的；（5）因本法第二十六条第一款规定的情形致使劳动合同无效的；（6）法律、行政法规规定劳动者可以解除劳动合同的其他情形。

② 用人单位与劳动者协商一致，可以解除劳动合同。

③ 劳动者患病或者非因工负伤，在规定的医疗期满后不能从事原工作，也不能从事由用人单位另行安排的工作的；劳动者不能胜任工作，经过培训或者调整工作岗位，仍不能胜任工作的。劳动合同订立时所依据的客观情况发生重大变化，致使劳动合同无法履行，经用人单位与劳动者协商，未能就变更劳动合同内容达成协议的。

④ 有下列情形之一，需要裁减人员二十人以上或者裁减不足二十人但占企业职工总数百分之十以上的，用人单位提前三十日向工会或者全体职工说明情况，听取工会或者职工的意见后，向劳动保障行政部门报告，可以裁减人员：（1）依照企业破产法规定进行重整的；（2）生产经营发生严重困难的；（3）企业转产、重大技术革新或者经营方式调整，经变更劳动合同后，仍需裁减人员的；（4）其他因劳动合同订立时所依据的客观经济情况发生重大变化，致使劳动合同无法履行的。

⑤⑥（1）劳动合同期满的；（2）劳动者开始依法享受基本养老保险待遇的；（3）劳动者死亡，或者被人民法院宣告死亡或者宣告失踪的；（4）用人单位被依法宣告破产的；（5）用人单位被吊销营业执照、责令关闭、撤销或者用人单位决定提前解散的；（6）法律、行政法规规定的其他情形。

动合同，劳动关系不会终止。一方当事人或者双方当事人具有解除劳动合同的意思是劳动合同解除的前提条件。

（五）劳动合同终止的存续期

劳动合同的终止并不意味着劳动合同双方当事人的权利义务的全部消灭，某些特定的情况在劳动合同终止后仍然需要存续一段时间。例如，职工患病或者非因工负伤在规定的医疗期内的，即使劳动合同期满，用人单位也不能终止劳动合同，必须延续到医疗期满或者孕期、产期、哺乳期满。

案例 4－10

企业是否可以同怀孕职工终止劳动合同

王某，某外资企业的女职工。2008 年 5 月，王某同企业签订了为期 5 年的劳动合同。2013 年 7 月，王某按照国家计划生育的相关规定怀孕，企业要同王某终止劳动合同。企业是否可以同王某终止劳动合同？

案例分析：企业不能同王某终止劳动合同。

根据劳动者的具体情况，用人单位可以有以下几个方面的考虑。（1）怀孕、产假、哺乳期间的女职工，在合同规定的试用期内被发现不符合录用条件的，可以辞退。但是，企业不得以女职工怀孕、休产假、哺乳为由，辞退女职工。（2）女职工在怀孕、产期、哺乳期间违纪，可以按照有关规定和劳动合同的约定予以辞退。（3）实行计划生育的女职工，在怀孕、产期、哺乳期间，劳动合同虽然已经到期，仍然不能解除劳动合同，必须延续到哺乳期满，才能解除劳动合同。

本案例中，劳动合同到期前，公司没有通知王某不再续订劳动合同。2013 年 7 月，王某仍然在企业工作，相当于续订了劳动合同。现在，王某怀孕，公司不能以合同到期为由，同王某终止劳动合同。

案例 4－11

退职是否等同于解除劳动合同

王某，某企业职工。1960 年，王某参加工作。1998 年 2 月，某企业劝说王某等人退职。1998 年 3 月，王某等 147 人办理退职手续，并获得了《退职人员证明书》。2004 年 6 月，王某年满 60 周岁，就到某企业办理退休手续。某企业人力资源管理部门的工作人员告知王某，双方已经解除劳动合同，不存在办理退休手续的问题。王某觉得，自己退职时，企业并未履行告知义务，也从未办理解除劳动合同的手续。王某不明白，退职是否等同于解除劳动合同？

案例分析：退职等同于解除劳动合同，但是，某企业在同王某等人办理退职手续时，并未履行相应的告知义务，也未支付解除劳动合同的经济补偿金，由此，王某等人在企业退职，不能算解除劳动合同。

退职是指不具备退休、离休条件的干部和工人，丧失了劳动能力，不能继续任职而退出工作岗位，由企业给予一定数额的生活费。

《中华人民共和国劳动法》第二十六条规定，劳动者有下列情形之一的，用人单位可以解除劳动合同，但是应当提前30日以书面形式通知劳动者本人。(1）劳动者患病或者非因工负伤，医疗期满后，不能从事原工作也不能从事由用人单位另行安排的工作的；（2）劳动者不能胜任工作，经过培训或者调整工作岗位，仍不能胜任工作的；（3）劳动合同订立时所依据的客观情况发生重大变化，致使原劳动合同无法履行，经当事人协商不能就变更劳动合同达成协议的。

本案例中，某企业不具备同职工解除劳动合同的条件，也未履行解除劳动合同的告知义务，更未按解除劳动合同的规定，支付经济补偿金。由此可以认为，某企业同王某等人并未解除劳动合同。

案例 4－12

失业人员领取的经济补偿金需要纳税吗

李某，某企业职工，其每月工资为8000元。2021年5月20日，李某所在单位因裁员需要，同刘某解除劳动合同。企业支付给李某48000元的经济补偿金。李某所在城市上年度职工年平均工资为12000元，李某是否需要缴纳个人所得税？

案例分析：李某需要缴纳个人所得税。根据财政部、国家税务总局于2018年发布的《关于所得税法修改后有关优惠政策衔接问题的通知》规定，个人因与用人单位解除劳动关系取得的一次性补偿收入（包括用人单位发放的经济补偿金、生活补助费和其他补助费），在当地上年度职工平均工资3倍以内的部分，免征个人所得税；超过3倍数额的部分，不并入当年综合所得，单独适用综合所得税率表，计算纳税。

本案例中，李某获得经济补偿金为48000元，超过了36000元，超过部分应该缴纳个人所得税（见表4－1），其应纳税额为：

（48000－36000）×3%＝360（元）

表 4－1　　个人所得税综合所得税率表

级数	全年应纳税所得额	税率（%）
1	不超过 36000 元的	3%
2	超过 36000 元至 144000 元的部分	10%
3	超过 144000 元至 300000 元的部分	20%
4	超过 300000 元至 420000 元的部分	25%
5	超过 420000 元至 660000 元的部分	30%
6	超过 660000 元至 960000 元的部分	35%
7	超过 960000 元的部分	45%

复习思考题

1. 《中华人民共和国劳动法》是如何规定劳动关系建立的？
2. 劳动合同订立的原则有哪些？
3. 劳动关系建立的方式有哪些？
4. 劳动合同履行的原则有哪些？
5. 劳动合同变更需要具备哪些条件？
6. 劳动合同变更需要经过哪些程序？
7. 劳动合同续订和劳动合同订立的区别有哪些？
8. 劳动合同续订需要经过哪些程序？
9. 劳动合同单方解除有哪些特点？
10. 劳动合同单方解除的程序有哪些？
11. 《中华人民共和国劳动合同法》如何规定用人单位单方解除劳动合同情形的？
12. 《中华人民共和国劳动合同法》如何规定用人单位不得单方解除劳动合同情形的？
13. 《中华人民共和国劳动合同法》如何规定劳动者单方解除劳动合同情形的？
14. 劳动合同终止的一般程序有哪些？

第五章　行政单位劳动关系的运行

劳动者同用人单位建立劳动关系，不仅包括企业同劳动者建立的劳动关系，而且还包括行政单位、事业单位同劳动者建立的劳动关系。尽管同为劳动关系，我国行政单位、事业单位同劳动者建立劳动关系称为人事关系所依据的法律、法规却是不同的。行政单位同劳动者建立劳动关系的依据是《中华人民共和国公务员法》及其相关法规。本章以行政单位同劳动者建立、履行、终止劳动关系为核心，介绍行政单位劳动关系运行的相关规定。本章是劳动关系理论学习的重点章节，是需要重点理解和掌握的章节。

第一节

行政单位劳动关系的建立

行政单位是指依照宪法和有关组织法的规定设置的政府机关，行政单位的职能是行使政府的行政权力，负责对一个国家的各项行政事务进行组织、管理、监督和指挥。行政单位同劳动者建立劳动关系通常需要达到政府出台的相关法律、法规和部门规章规定的资格条件。

一、行政单位劳动关系建立的条件

行政单位劳动关系建立的条件是指劳动者必须具备建立劳动关系的资格条件或者行政单位必须具有雇佣公务员的资格条件。公务员是指依法履行公职、纳入政府行政编制、由政府财政负担工资福利的工作人员。

（一）行政单位雇佣劳动者的资格条件

行政单位雇佣劳动者必须具有政府计划分配的用人编制。编制是指根据组织机构的设置对行政单位录用人员数量和职务的分配。例如，我国行政单位主要包括党的机关、人大机关、行政机关、政协机关、审判机关、检察机关、民主党派机关等。我国政府于2018年修订的《中华人民共和国公务员法》规定，公务员的管理，坚持公开、平等、竞争、择优的原则，依照法定的权限、条件、标准和程序进行。录用公务员不但应当在规定的编制限额内，并有相应的职位空缺，而且应当发布招考公告。公务员职务分为领导职务和非领导职务。领导职务层次分为：国家级正职、国家级副职、省部级正职、省部级副职、厅局级正职、厅局级副职、县处级正职、县处级副职、乡科级正职、乡科级副职。非领导职务层次在厅局级以下设置。

（二）劳动者被行政单位雇佣的资格条件

劳动者被雇佣必须达到行政单位规定的资格条件，这是劳动者同行政单位建立劳动关系的前提条件。例如，2018年修订的《中华人民共和国公务员法》规定，公务员应当具备下列条件：（1）具有中华人民共和国国籍；（2）年满18周岁；（3）拥护中华人民共和国宪法，拥护中国共产党领导和社会主义制度；（4）具有良好的政治素质和道德品行；（5）具有正常履行职责的身体条件和道德品行；（6）具有符合职位要求的文化程度和工作能力；（7）法律规定的其他条件。

如果劳动者不符合行政单位规定的资格条件，就不能被录用为公务员。例如，我国政府于2018年修订的《中华人民共和国公务员法》规定，下列人员不得录用为公务员：（1）因犯罪受过刑事处罚的；（2）被开除中国共产党党籍的；（3）被开除公职的；（4）被依法列为失信联合惩戒对象的；（5）有法律规定不得录用为公务员的其他情形的。劳动者同行政单位建立劳动关系比劳动者同企业、事业单位建立劳动关系的资格要求更加严格。

二、行政单位建立劳动关系的程序

行政单位同劳动者建立劳动关系通常需要经过法定的程序。例如，我国政府于2018年修订的《中华人民共和国公务员法》规定，录用担任一级主任科员以下及其他相当职务层次的公务员，采取公开考试、严格考察、平等竞争、择优录用的办法。民族自治地方依照前款规定录用公务员时，依照法律和有关规定对少数民族报考者予以适当照顾。我国行政单位同劳动者建立劳动关系需要经过的程序如下。

（一）发布公告

录用公务员，应当发布招考公告。招考公告应当载明招考的职位、名额、报考资格条件、报考需要提交的申请材料以及其他报考须知事项。招录机关应当采取措施，便于公民报考。

（二）审查报考申请

招录机关根据报考资格条件对报考者的申请进行审查，报考者提交的申请材料应当真实、准确，不得造假。报考申请审查通常审核如下内容：（1）基本资格审查。基本资格审查主要有：①年龄；②国籍；③身体健康状况；④政治素质；⑤道德品质及守法情况。（2）学历、专业审查。学历、专业审查主要审核学历层次、专业研究方向等。（3）其他条件审查。其他条件审查主要审核基层工作经历、回避规定、特殊素质等。

（三）考试

公务员考试是国家行政机关选拔、录用公务员的一种特定的人才甄别方式，通常通过试卷、询问、实际操作检验、心理测验等方式来测量和评定报考者的知识、能力、专业技术水平、性格及品德状况等是否符合国家行政机关某些职位的要求。公务员录用考试采取笔试和面试等方式进行，考试内容根据公务员应当具备的基本能力和不同职位类别、不同层级机关分别设置。

（四）复审、考察和体检

招录机关根据考试成绩确定考察人选，并进行报考资格复审、考察和体检。复审、考察是指在审查报告申请的情况下再次对报考者审查、考察，主要审核存在疑点的材料、核查举报问题、对重要遗漏信息进行补充等。体检的项目和标准根据相关职位的要求确定，具体办法由中央公务员主管部门会同国务院卫生健康行政部门规定。

（五）提出拟录用人员名单

招录机关根据考试成绩、考察情况和体检结果等综合考查的情况，提出拟录用公务员名单，并予以公示。

（六）公示

公示拟录用公务员名单，并接受社会的监督。公示期不少于5个工作日。

（七）备案（或审批）

公示期满，中央一级录用机关应当将拟录用人员名单报中央公务员主管部门备案；地方各级招录机关应当将拟录用人员名单报省级或者设区的市级公务员主管部门审批。

（八）录用

报考者被录用，应当发给录用通知书。报考者被录用为公务员后，通常有试用期。新录用公务员的试用期为1年。试用期满后，公务员被证明适合行政单位工作要求的，予以录用；反之，则不予录用。例如，我国政府于2018年修订的《中华人民共和国公务员法》规定，试用期满合格的，予以任职；不合格的，取消录用。公务员被行政单位录用后，相当于公务员同行政单位签订了无固定期限的劳动合同。只要公务员未达到《中华人民共和国公务员法》规定的条件，行政单位不得随意同公务员解除劳动关系。

编号：

案例5－1

×××省国家公务员录用通知书

同志：

经考试考察合格，录用你为国家公务员。请持本通知办理有关录用手续，于2022年5月31日前到×××××报到。

×××省委组织部

（盖章）

2022年3月31日

（此通知书装入本人档案）

案例5－2

某省税务局公务员录用手续办理注意事项

（1）未就业人员。未就业人员请先到省地税局人事处领取《接收函》《录用通知书》，应届毕业生需同时签订三方协议书，然后到毕业院校或省教育厅学生处办理派遣手续。派遣手续办理完毕后，再到省地税局办理调转手续。在规定时间内，持本人有效身份证、《录用通知书》《就业报到证》、省地税局开具的介绍信到报考单位所在的市地税局人事科（处）报到。

(2) 已就业人员。已就业人员（含大学生村干部等服务基层项目人员和已在人才市场办理人事代理人员）先到省地税局人事处领取《接收函》《录用通知书》后，到原单位或人才市场办理人事调动手续。调动手续办理完毕后，再持原单位或人才市场开具的人事介绍信到省地税局办理调转手续后。在规定时间内，持本人有效身份证、《录用通知书》、省地税局开具的介绍信到报考单位所在的市地税局人事科（处）报到。

(3) 新录用公务员组织关系介绍信抬头统一填写为报考单位所在县（市、区）委组织部，介绍信中去向填写为本人报考单位。组织关系、户口迁移证等有关材料，请个人妥善保管，到报考单位报到后再按规定办理。

三、行政单位劳动关系建立的方式

行政单位同劳动者建立劳动关系的方式是指各级国家机关和政党等机关在法定的权限内，依照法定程序录用劳动者担任公务员或者任命公务员担任某一行政职务。行政单位同劳动者建立劳动关系的方式不同于企业同劳动者建立劳动关系的方式，通常采取委任制、选任制、考任制和聘任制。其中，考任制主要针对一级主任科员以下及其相当职级层次的公务员，委任制、选任制和聘任制主要针对领导成员职务。

（一）委任制

委任制又称为任命制，是指任免机关按照干部管理权限直接委派干部担任领导职务的制度。劳动者被委任担任某一行政单位的领导职务（劳动者被委任前不曾在某一行政单位工作）时，其同某一行政单位也就建立了劳动关系。如果劳动者被委任前就在某一行政单位工作，委任后依然在某一行政单位工作，就涉及工作岗位的变更问题，也就是劳动合同的变更问题。委任制是目前使用的、最普遍的干部任用形式。

委任制的优势主要有以下三个方面：（1）程序简单，便于操作；（2）权力集中，责任明确，指挥统一，行动迅速，有利于实现治事和用人的统一；（3）节省时间、工作效率比较高。委任制的缺点主要有以下四个方面：（1）容易出现因领导个人的好恶而“任人唯亲”等问题；（2）容易使行政机关的工作关系带有个人色彩，形成宗派主义；（3）由于受到领导自身水平、精力的限制，容易出现错误委任等方面的问题；（4）对于不能胜任工作者，不容易调整，容易产生能上不能下、能进不能退的弊病。例如，我国政府于2018年修订的《中华人民共和国公务员法》规定，委任制公务员试用期满考核合格，职务、职级发生变化，以及其他情形需要任免职务、职级的，应当按照管理权限和规定的程序任免。

（二）选任制

选任制是指按照政府发布的法律、法规和有关行政规章的规定选举担任相关职务的公务员。劳动者被选任担任某一行政单位[①]的领导职务（劳动者被选任前不曾在某一行政单位工作）时，其同某一行政单位也就建立了劳动关系。如果劳动者被选任前就在某一行政单位工作，选任后依然在某一行政单位工作，就涉及工作岗位的变更问题，也就是劳动合同的变更问题。

选任制的优势主要有以下五个方面：（1）能够有效地克服领导成员任用的官僚主义作风；（2）能够有效地避免群众不信任的人担任重要职务；（3）选举人能够真实地表达自己的意愿；（4）有利于相互监督、相互制约，防止个人滥用权力；（5）有利于避免领导人的“终身制”问题。选任制的缺点主要有以下两个方面：（1）容易频繁更换领导，不利于干部队伍的稳定；（2）保持制度的连续性和稳定性是选任制实施的前提条件。例如，《中华人民共和国公务员法》规定，选任制公务员在选举结果生效时即任当选职务；任期届满不再连任或者任期内辞职、被罢免、被撤职的，其所任职务即终止。又如，2009年，中组部专门印发的《关于严格执行干部职务任期规定保持干部在法定任期内稳定的通知》要求，选任制的党政领导职务每个任期为5年，在任期内应当保持稳定；市县乡党政领导班子成员在同一职位应当任满一届，无特殊原因未任满一届不得调动；因工作特殊需要调整职务的，在一个任期内一般不得超过一次，党政正职一般不同时调整交流，一次性交流一般不超过班子成员的三分之一；市县乡党政正职任期不到3年进行调整的，须事先报经更上一级党委组织部门审批同意。

（三）考任制

考任制是指行政单位或行政主管部门根据工作需要，公布用工范围、条件，依据统一标准通过公开考试识别、选拔领导干部或公务员的制度。考任制体现了自下而上无既定候选人的选人方式，将干部选择任用的权力下放，让干部通过自身的参与和竞争来争取工作或者晋升的机会。考任制的优势在于具有较高的透明度，向所有符合条件的人开放，程序

① 个人被选任前不曾在某一行政单位工作。

规范，标准清楚，有利于激发人的上进心。考任制的缺点在于侧重对求职者业务能力和知识水平的考核，而对于求职者实际工作中的工作成绩、管理能力、协调能力、个人品德无法全面地体现出来。例如，《中华人民共和国公务员法》规定，录用担任主任科员以下及其他相当职务层次的非领导职务公务员，采取考试、严格考察、平等竞争、择优录用的办法。通过考任制审核，公务员被录用就同行政单位建立了劳动关系。

（四）聘任制

聘任制是指行政机关通过公开招聘或直接选拔的方式，以平等自愿、协商一致为原则与所聘人员签订聘任合同，主要从事专业性较强的职位和辅助性职位。

聘任制的优势主要有以下五个方面：（1）有利于调整干部结构，在制度上激励干部奋发上进；（2）有利于扩大用人单位灵活用人的自主权；（3）有利于促进人才竞争、人才流动；（4）有利于发挥干部技能，做到人尽其才，才尽其用；（5）有利于“唯才是举”“选贤任能”社会风气的形成。聘任制的缺陷在于：如果缺乏严格、有效的考核作为保证，容易出现拉关系、搞宗派等不正之风。劳动者通过聘任制同行政单位建立劳动关系的程序比考任制要简单，但是这些人员大多从事专业性较强的职位或者辅助性职位。例如，2018 年修订的《中华人民共和国公务员法》规定，机关单位根据工作需要，经省级以上公务员主管部门批准，可以对专业性较强的职位和辅助性职位实行聘任制。所列职位涉及国家秘密的，不实行聘任制。机关聘任公务员可以参照公务员考试录用的程序进行公开招聘，也可以从符合条件的人员中直接选聘。机关聘任公务员应当在规定的编制限额和工资经费限额内进行。

四、公务员的权利和义务

（一）公务员的权利

公务员履行劳动义务的同时，应当享有相应的权利。公务员的权利是指国家法律、法规对公务员应当享有的利益。例如，《中华人民共和国公务员法》规定，公务员享有下列权利：（1）获得履行职责应当具有的工作条件的权利。提供履行职责的、安全的工作条件和设施是公务员应当享有的权利。（2）非因法定事由、非经法定程序，不被免职、降职、辞退或者处分的权利。这是法律赋予国家公务员的身份保障权。在执行公务的过程中，公务员难免会触犯某些人的利益，使公务员无端地被免职、降职、辞退或者受到行政处分的可能性较大。我国法律、法规和部门规章对此作出的明确规定，为公务员大胆、公正执法提供了有力保障。（3）获得工资报酬、福利、保险待遇的权利。公务员付出了劳动、履行了工作任务，就具有获得工资报酬的权利。同时，也应当具有获得福利和社会保险待遇保障的权利。（4）参加培训的权利。公务员在政治、技术上追求进步，可以通过培训提高政治素质和理论水平，这也是公务员应当享有的权利。2018 年修订的《中华人民共和国公务员法》规定，机关根据公务员工作职责的要求和提高公务员素质的需要，对公务员进行分类分级培训。国家建立专门的公务员培训机构。机关根据需要也可以委托其他培训机构承担公务员培训任务。机关对新录用人员应当在试用期内进行初任培训；对晋升领导职务的公务员应当在任职前或者任职后一年内进行任职培训；对从事专项工作的公务员应当进行专门业务培训；对全体公务员应当进行提高政治素质和工作能力、更新知识的在职培训，其中对担任专业技术职务的公务员应当进行专业技术培训。（5）对机关工作和领导人员提出批评和建议的权利。公务员对行政机关及其领导人的工作提出批评和建议更具针对性和建设性，更能体现公务员的参与权，因此法律、法规赋予公务员提出批评和建议的权利。（6）提出申诉和控告。申诉和控告既是公务员的一项重要权利，又是公务员实现自身价值的保障机制。当公务员对涉及本人的人事处理决定不服时，可以向原处理机关申请复核，或者向同级人民政府人事部门提出申诉，依法维护自己的权益。（7）申请辞职的权利。公务员由于主观或客观原因不愿继续从事国家公务员职业时，具有申请辞职的权利。由于公务员的工作性质和职业的特殊性，国家对公务员的辞职规定了法律程序和限制性条件：公务员辞退必须向任免机关提出书面申请，任免机关在 3 个月内审批，审批期间，公务员不得辞职。未满最低服务年限的国家公务员，不得辞职。（8）法律、法规规定的其他权利。公务员除了享有上述权利外，还享有我国宪法和法律、法规规定的其他权利。

（二）公务员的义务

劳动者被行政单位录用或者任命、聘任成为公务员后，应该履行行政机关规定的义务。公务员的义务是指政府出台的法律、法规和部门规章规定的公务员应当履行的职责，是对公务员执行公务中法定权利和行为的约束。也就是说，公务员义务是法律、法规和部门规章对公务员必须作出一定行为或者不得作出一定行为的约束和限制，其目的是保证公务员能够在政府出台的法律、法规和部门规章授权的范围内准确地履行职责，忠实地执行公务，不至于滥用权力。例如，2018 年修订的《中华人民共和国公务员法》规定，公务员应当履行下列义务：（1）忠于宪法，模范遵守、自觉维护宪法和法律，自觉接受中国共产党领导；（2）忠于国家，维护国家的安全、荣誉和利益；（3）忠于人民，全心全意为人民服务，接受人民监督；（4）忠于职守，勤勉尽责，服从和执行上级依法作出的决定和命令，按照规定的权限和程序认真履行职责，努力提高工作质量和效率；（5）保守国家秘密和工作秘密；（6）带头践行社会主义核心价值观，坚守法治，遵守纪律，恪守职业道德，模范遵守社会公德、家庭美德；（7）清正廉洁，公道正派；（8）法律规定的其他义务。同时，2018 年修订的《中华人民共和国公务员法》规定，公务员应当遵守纪律，不得有下列行为：（1）散布有损宪法权威、中国共产党和国家声誉的言论，组织或者参加旨在反对宪法、中国共产党领导和国家的集会、游行、示威等活动；（2）组织或者参加非法组织，组织或者参加罢工；（3）挑拨、破坏民族关系，参加民族分裂活动或者组织、利用宗教活动破坏民族团结和社会稳定；（4）不担当，不作为，玩忽职守，贻误工作；（5）拒绝执行上级依法作出的决定和命令；（6）对批评、申诉、控告、检举进行压制或者打击报复；（7）弄虚作假，误导、欺骗领导和公众；（8）贪污贿赂，利用职务之便为自己或者他人谋取私利；（9）违反财经纪律，浪费国家资财；（10）滥用职权，侵害公民、法人或者其他组织的合法权益；（11）泄露国家秘密或者工作秘密；（12）在对外交往中损害国家荣誉和利益；（13）参与或者支持色情、吸毒、赌博、迷信等活动；（14）违反职业道德、社会公德和家庭美德；（15）违反有关规定参与禁止的网络传播行为或者网络活动；（16）违反有关规定从事或者参与营利性活动，在企业或者其他营利性组织中兼任职务；（17）旷工或者因公外出、请假期满无正当理由逾期不归；（18）违纪违法的其他行为。可见，由于公务员身份的特殊性，公务员需要履行的义务比较严格。针对公务员履行职责中出现的问题，我国政府于 2018 年修订的《中华人民共和国公务员法》规定，公务员执行公务时，认为上级的决定或者命令有错误的，可以向上级提出改正或者撤销该决定或者命令的意见；上级不改变该决定或者命令，或者要求立即执行的，公务员应当执行该决定或者命令，执行的后果由上级负责，公务员不承担责任；但是，公务员执行明显违法的决定或者命令的，应当依法承担相应的责任。

第二节

行政单位劳动关系的履行

行政单位劳动关系履行的条件、原则同企业劳动关系履行的条件和原则大致相同。在劳动关系履行的过程中，公务员必须遵守国家法律、法规规定的义务，国家法律、法规会对公务员的权利作出明确的限定，这些限定也是公务员必须履行的义务。公务员的权利是指国家法律、法规对公务员在履行职责、执行国家公务的过程中，可以作出一定行为的限定。也就是说，要求公务员作出一定行为或者禁止作出一定行为是为了更有效地行使职权，更好地执行公务。

一、公务员的职责

公务员履行职责的过程也是劳动关系履行的过程。在劳动关系履行的过程中，公务员除了要履行劳动者的义务外，还要履行公务员的职责，公务员的职责具有特殊性，需要单独管理。公务员职责是指国家法律、法规对公务员必须作为或者不得作为一定行为的约束和强制。

公务员职责的含义可以从以下三个方面理解：(1) 公务员的职责以公务员的身份为前提。当劳动者被录用为公务员后，其才有可能履行执行公务的职责；反之，劳动者不能被录用为公务员，就不需要履行相关的职责。(2) 公务员具有作为和不作为的义务。由于公务员身份的特殊性，其在履行职责的过程中具有作为或者不作为的约束。(3) 公务员的职责具有强制性。公务员一旦被录用，其履行职责具有强制性。

二、公务员履行职责的类别和职务序列

公务员的职位类别、性质不同，公务员的权利也不同。

（一）公务员履行职责的类别

我国政府于 2018 年修订的《中华人民共和国公务员法》规定，国家实行公务员职位分类制度。公务员职位类别按照公务员职位的性质、特点和管理需要，划分为行政执法类、专业技术类和综合管理类等类别。国务院根据本法，对于具有职位特殊性，需要单独管理的，可以增设其他职位类别。

1. 行政执法类

行政执法类公务员是指在工商、税务、质检、环保等履行社会管理与市场监管职能的行政执法部门的基层单位的公务员。行政执法类公务员主要履行行政监管、行政处罚、行政强制、行政稽查等现场执法职责。与综合管理类公务员不同，行政执法类公务员只有对法律的执行权，而无解释权。当出现纠纷时，也不具备裁定权。

2. 专业技术类

专业技术类公务员是指在行政机关中承担专业技术职责，为实施公共管理提供直接的技术支持和保障的公务员。例如，公安机关的法医、海关的商品归类等。专业技术类公务员的职位具有纯技术性的特点，他们工作在专业岗位上，只对专业技术业务本身负责，并不直接参与管理，不具备决策权和执法权。专业技术类公务员职位的替代性比较低，专业技术知识水平的高低是此类公务员任职的主要根据。专业技术类公务员提供的技术结论具

有技术权威性，不受机关领导的干预，也不会因领导意志的改变而受到影响。

3. 综合管理类

综合管理类公务员是指在行政机关中履行规划、咨询、决策、组织、指挥、协调、监督等综合管理以及内部管理职责的公务员。综合管理类的领导职务根据宪法、有关法律、职务层次和机构规格设置确定。综合管理类的非领导职务分为：巡视员、副巡视员、调研员、副调研员、主任科员、副主任科员、科员、办事员。

4. 其他类公务员

其他类公务员是指国家根据实际需要在综合管理类、专业技术类和行政执法类公务员以外单独设立的特殊职务类别的公务员。

（二）公务员的职务序列

公务员的职务序列是指公务员的职务层次和职务级别。公务员的职务层次和职务级别是确定公务员工资的依据。例如，我国政府于2018年修订的《中华人民共和国公务员法》规定，各职位类别的适用范围由国家另行规定。国家根据公务员职位类别设置公务员职务序列。公务员职务分为领导职务和非领导职务。领导职务层次分为：国家级正职、国家级副职、省部级正职、省部级副职、厅局级正职、厅局级副职、县处级正职、县处级副职、乡科级正职、乡科级副职。非领导职务层次在厅局级以下设置。综合管理类的领导职务根据宪法、有关法律、职务层次和机构规格设置确定。综合管理类的非领导职务分为：巡视员、副巡视员、调研员、副调研员、主任科员、副主任科员、科员、办事员。综合管理类以外其他职位类别公务员的职务序列，根据本法由国家另行规定。各机关依照确定的职能、规格、编制限额、职数以及结构比例，设置本机关公务员的具体职位，并确定各职位的工作职责和任职资格条件。公务员的职务应当对应相应的级别。公务员职务与级别的对应关系，由国务院规定。公务员的职务与级别是确定公务员工资及其他待遇的依据。

三、公务员的交流

公务员交流是指政府机关根据工作需要或者公务员个人意愿，通过调任、转任和挂职锻炼等形式变更工作岗位，变更履行职务的行为。公务员交流也是劳动关系履行的一种形式，是公务员锻炼、发展的一种管理方式。例如，我国政府于2018年修订的《中华人民共和国公务员法》规定，国家实行公务员交流制度。

公务员交流的特征主要有以下三个方面。

（一）公务员的交流是一种横向的平级调动，不涉及公务员的职务或级别的升降问题

行政单位不得以公务员交流代替公务员的职务提升或降级，不能以公务员交流为手段，变相地晋升或降低某公务员的职务或者级别。否则，就会影响公务员的职务升降制度。例如，我国政府2018年修订的《中华人民共和国公务员法》规定，国有企业、高等院校和科研院所以及其他不参照本法管理的事业单位中从事公务的人员，可以调入机关担任领导职务或者四级调研员以上及其他相当层次的职级。调任人选应当具备本法第十三条规定的条件①和拟任职位所要求的资格条件，并不得有本法第二十六条规定②的情形。调任机关应当根据上述规定，对调任人选进行严格考察，并按照管理权限审批，必要时可以对调任人选进行考试。

（二）公务员交流的范围具有广泛性

公务员可以在公务员队伍内部交流，也可以与国有企业、事业单位、人民团体和群众团体中从事公务的人员交流。

（三）公务员交流的形式多样性

例如，我国政府于2018年修订的《中华人民共和国公务员法》规定，交流的方式包括调任、转任。调任是指政府行政机关以外的工作人员调入行政机关担任领导职务或者助理调研员以上非领导职务，以及行政机关调出行政机关任职。转任是指国家公务员因工作需要或者其他正当理由在行政机关系统内跨地区、跨部门的调动，或者在同一部门内的不同职位之间进行的转换任职。调任是公务员与其他机关以及企业、事业单位工作人员之间的一种外部交流形式，它标志着我国公务员队伍是一个可以对外交流的开放系统。转任只是在行政机关系统内部转换职位任职。我国政府于2018年修订的《中华人民共和国公务员法》规定，公务员在不同职位之间转任应当具备拟任职位所要求的资格条件，在规定的编制限额和职位数量内进行。对省部级正职以下的领导成员应当有计划、有重点地实施跨地区、跨部门转任。对担任机关内设机构领导职务和其他工作性质特殊的公务员，应当有

---

① 《中华人民共和国公务员法》第十三条规定，公务员应当具备下列条件：（1）具有中华人民共和国国籍；（2）年满18周岁；（3）拥护中华人民共和国宪法，拥护中国共产党领导和社会主义制度；（4）具有良好的政治素质和道德品行；（5）具有正常履行职责的身体条件和道德品行；（6）具有符合职位要求的文化程度和工作能力；（7）法律规定的其他条件。

② 《中华人民共和国公务员法》第二十六条规定，下列人员不得录用为公务员：（1）因犯罪受过刑事处罚的；（2）被开除中国共产党党籍的；（3）被开除公职的；（4）被依法列为失信联合惩戒对象的；（5）有法律规定不得录用为公务员的其他情形的。

计划地在本机关内转任，上级机关应当注重从基层机关遴选公务员。

四、公务员的职务、职级升降

（一）公务员职务、职级的晋升

1. 公务员职务、职级晋升的资格和条件

公务员职务或者职级的晋升属于公务员履行工作岗位职责过程中的劳动关系变更。但是，公务员职务或者职级的晋升需要具备相应的条件和资格，满足相应岗位的政治素质、工作能力和文化素质的要求。例如，《中华人民共和国公务员法》规定，公务员晋升领导职务，应当具备拟任职务所要求的政治素质、工作能力、文化程度和任职经历等方面的条件和资格。

2. 公务员职务、职级晋升的原则

公务员职务、职级的晋升应当逐级晋升，根据个人德才表现、工作实绩和任职资历逐级晋升。但是，在特殊情况下，可以破格或者越级晋升职务、职级。例如，《中华人民共和国公务员法》规定，公务员领导职务应当逐级晋升，特别优秀的或者工作特殊需要的，可以按照规定破格或者越级晋升职务。

3. 公务员职务、职级晋升的程序

《中华人民共和国公务员法》规定，公务员晋升领导职务，按照下列程序办理：（1）动议；（2）民主推荐；（3）确定考察对象，组织考察；（4）按照管理权限讨论决定；（5）履行任职手续。公务员晋升非领导职务，参照前款规定的程序办理。

（二）公务员职务、职级的下降

公务员职务、职级实行能上能下的管理制度。对于不适宜或者不胜任职务、职级的，应当进行调整。例如，《中华人民共和国公务员法》规定，公务员在年度考核中被确定为不称职的，按照规定的程序降低一个职务或者职级层次。

五、公务员履行职责的考核

公务员履行职责的人事管理方式多种多样。公务员履行职责管理是指行政机关、事业单位对公务员履行职责情况通常规定相应的评价办法，评价的办法是考核。

（一）公务员考核的概念

公务员考核是指拥有公务员考核权限的行政机关对公务员履行职责情况的考察和审核。公务员考核是公务员人事管理制度的重要环节，是对公务员政治素质、思想作风、道德情操、工作态度、精神风貌的综合评定。

（二）公务员考核的原则

公务员考核需要遵循一定的考核原则。例如，我国公务员考核的原则主要有以下四个方面。

1. 全面考核和重点考核相结合的原则

全面考核是指对公务员的德、能、勤、绩、廉五个方面逐一进行考核。重点考核是指在全面考核德、能、勤、绩、廉的基础上，着重考核工作实绩，并把工作实绩作为评价公务员的主要依据。

2. 客观、公正、公开、民主的原则

（1）客观原则。客观是指实事求是地对公务员履行职责的情况作出的评价，以全面、真实地反映公务员政治、业务素质和实际工作情况，从而避免片面性造成的评价失误。

（2）公正原则。公正是指对所有公务员都要按照规定的程序进行考核，评定考核结果应当公平，能够全面、公正地反映公务员工作的情况。考核结果的适用也要公正，使考核成为激励公务员奋发上进的有效手段。

（3）公开原则。公开是指应当将考核的目的、范围、时间、方法、内容、标准公之于众，要将考核结果以书面的形式通知本人。

（4）民主原则。民主是指在听取其他公务员评价意见的基础上作出客观的评价。例如，对非领导成员公务员进行考核时，考核委员会或考核小组必须有群众代表参加；主管领导在给公务员写评语、提出等次意见之前，要广泛听取群众的意见；对领导成员公务员进行考核时，要进行民意测验和民主评议等。

3. 分类考核的原则

考核对象不同，考核的标准和方法也有所不同。对非领导成员公务员的考核，由主管领导提出考核等次建议，由机关负责人或其授权的考核委员会确定，以体现机关管理首长负责制的要求。对领导成员公务员的考核，按照干部管理权限，由党委及其组织部门负责。对非领导成员公务员的定期考核采取年度考核的方式进行，对领导成员公务员的定期考核采取届中、届末考核的方式进行。

在实际工作中，对专业技术类公务员、行政执法类公务员的考核，也应采取与考核综合管理类公务员有所不同的考核标准和考核方法。

4. 考用结合的原则

对公务员的考核必须同正确使用考核结果有机地结合起来，考核结果要作为调整公务员的职务、级别和工资以及公务员的奖励、培训、辞退的依据。

（三）公务员考核的内容

公务员考核的内容是指对公务员进行考察和评价的基本项目。例如，《中华人民共和国公务员法》规定，公务员的考核应当按照管理权限，全面考核公务员的德、能、勤、绩、廉，重点考核政治素质和工作实绩。考核指标根据不同职位类别、不同层次机关分别设置。公务员考核的内容主要有以下五个方面。

1. 德

德的方面通常考察公务员的政治品德、职业道德、社会公德和个人品德。对公务员“德”的考核主要包括以下四个方面。

（1）政治品德。政治品德是指公务员的政治思想方面的品德和素质，主要包括理想信念、宗旨观念、政治立场、政治方向、政治敏锐性和政治鉴别力等。

（2）职业道德。职业道德是指公务员是否具有正确的职业观念、良好的职业态度、职业纪律和职业作风，是否忠于职守，服从命令，严守国家和工作秘密等。

（3）社会公德。社会公德是指公务员在社会交往和公共生活中是否模范地遵守社会行为准则，勇于同不良现象作斗争。

（4）个人品德。个人品德是指公务员能否牢固地树立正确的世界观、人生观、价值观，是否正直、诚信、谦虚、谨慎，是否具有襟怀坦荡、光明磊落的品质。

2. 能

能的方面考查公务员的业务知识和工作能力，不同机关、层次、岗位的公务员，应当具备与所从事工作相适应的业务知识和工作能力。对公务员“能”的考核主要包括以下两个方面。

（1）业务知识。业务知识是指公务员的政策理论水平、文化程度和专业知识等。

（2）工作能力。工作能力是指公务员运用马克思主义的立场、观点和方法，认识问题、分析问题和解决问题的能力，从事业务工作和处理业务问题的能力等。工作能力主要包括理解判断能力、规划预测能力、团结协作能力、开拓创新能力等。

3. 勤

勤的方面通常考察公务员的事业心、工作态度、工作作风和勤奋精神。对公务员“勤”的考核主要包括以下四个方面。

（1）事业心。事业心通常考察公务员是否敬重和热爱本职工作，是否勤勤恳恳、尽职尽责、甘于奉献。

（2）工作态度。工作态度通常考察公务员工作是否积极主动、认真负责，是否严格遵守工作纪律。

（3）工作作风。工作作风通常考察公务员是否深入实际开展调查研究，是否具有尊重群众的首创精神。

（4）勤奋精神。勤奋精神通常考察公务员是否善于开动脑筋、刻苦钻研业务、精益求精，不断开创工作新局面。

4. 绩

绩的方面通常考察工作实绩，考察公务员在完成任务目标和履行岗位职责的过程中，通过考察公务员提出的工作思路、采取的措施、发挥的具体作用、取得的实际效果等，其主要包括完成工作的数量、质量、效率和产生的效益。对公务员“绩”的考核主要包括以下三个方面。

（1）工作思路和采取的措施。考察公务员是否具有科学发展观和正确政绩观等。

（2）工作效率。考察公务员能否在规定的时间内按质按量完成或超额完成工作任务，公务员的工作效率等。

（3）工作成效。考察公务员工作是否取得了明显的成效，有没有突出的贡献等。

5. 廉

廉的方面通常考察公务员廉洁自律的情况。对公务员“廉”的考核主要包括以下四个方面。

（1）是否严格遵守党和国家廉洁从政的有关规定。

（2）是否廉洁奉公，忠于职守，有无利用职务或职权上的影响谋取不正当利益的行为。

（3）是否严格遵守公共财物管理的规定，有无假公济私，化公为私的行为。

（4）是否艰苦奋斗，勤俭节约，有无讲排场、比阔气、挥霍公款、铺张浪费的行为等。

对公务员中的领导成员，还要考核以下方面：

（1）是否严格遵守干部廉洁从政和廉洁自律的有关规定。

（2）是否遵守组织人事纪律，有无借选拔任用干部之机谋取私利，搞用人上的不正之风的行为等。

（四）公务员考核的方式

公务员考核的方式分为平时考核、专项考核和定期考核等方式。

1. 平时考核

平时考核通常没有固定的时间规定，考核的方法、程序也通常没有严格的规定。平时考核的方式主要有两种：一种是由管理部门或主管部门领导人对所属公务员的情况进行经常性的考核，并做好记录；另一种是由公务员个人建立工作记录的考核方式。

2. 专项考核

专项考核是指针对某一事项或者某一问题进行的考核。专项考核具有临时性、非固定性和针对性强等方面的特点。专项考核后，将不再进行相关事项或者问题的考核。

3. 定期考核

定期考核是指按照一定的时间周期和固定的程序、方法进行的考核。定期考核是考核制度的主要形式，如果没有定期考核办法，就不能说已经建立了公务员考核制度。目前，除了个别国家外，世界上大多数国家通常将公务员考核的周期规定为1年。例如，《中华人民共和国公务员法》规定，公务员考核分为平时考核、专项考核和定期考核。定期考核以平时、专项考核为基础。非领导成员公务员的定期考核采取年度考核的方式，先由个人按照职位职责和有关要求进行总结，主管领导在听取群众意见后，提出考核等次建议，由本机关负责人或者授权的考核委员会确定考核等次。领导成员的定期考核由主管机关按照有关规定办理。

（五）公务员考核的结果

公务员考核结果是对公务员履行职责作出的综合评价结论。例如，《中华人民共和国公务员法》规定，定期考核的结果分为优秀、称职、基本称职和不称职四个等次。定期考核的结果应当以书面形式通知公务员本人。定期考核的结果作为调整公务员职位、职务、职级、级别、工资以及公务员奖励、培训、辞退的依据。

六、针对公务员或者公务员集体的奖励和惩罚

（一）针对公务员的奖励

公务员在履行工作职责中表现突出的，可以对表现突出、有显著成绩和贡献或者有其他突出事迹的公务员或者公务员集体，给予奖励。

1. 公务员奖励的类型

划分的标准不同，公务员奖励的类型也不同。

（1）按照奖励的对象划分，分为公务员集体奖励和公务员个人奖励。①公务员集体奖

励。公务员集体奖励是针对机构或者工作集体的奖励。例如，我国政府于 2018 年修订的《中华人民共和国公务员法》规定，公务员集体的奖励适用于按照编制序列设置的机构或者为完成专项任务组成的工作集体。②公务员个人奖励。公务员个人奖励是针对个人完成工作职责的情况给予的奖励。

（2）按照奖励的时间划分，分为定期奖励和及时奖励。①定期奖励。定期奖励是指每隔一段时间就实施奖励的管理方式。②及时奖励。及时奖励是指只要达到针对公务员奖励的情形就予以奖励的管理方法。

（3）按照奖励的方式划分，分为物质奖励和精神奖励。①物质奖励。物质奖励是指给予货币或者实物奖励的管理办法。②精神奖励。精神奖励是指给予公务员荣誉等精神激励的管理办法。

2. 公务员获得奖励或者奖励撤销的情形

（1）公务员获得奖励的情形。公务员获得奖励的情形是指公务员在何种情况下可以获得奖励的规定。例如，《中华人民共和国公务员法》规定，公务员或者公务员集体有下列情形之一的，给予奖励：①忠于职守，积极工作，勇于担当，工作实绩显著的；②遵纪守法，廉洁奉公，作风正派，办事公道，模范作用突出的；③在工作中有发明创造或者提出合理化建议，取得显著经济效益或者社会效益的；④为增进民族团结，维护社会稳定作出突出贡献的；⑤爱护公共财产，节约国家资财有突出成绩的；⑥防止或者消除事故有功，使国家和人民群众利益免受或者减少损失的；⑦在抢险、救灾等特定环境中作出突出贡献的；⑧同违纪违法行为作斗争有功绩的；⑨在对外交往中为国家争得荣誉和利益的；⑩有其他突出功绩的。

（2）公务员获得奖励撤销的情形。公务员获得奖励撤销的情形是指公务员曾经获得的奖励在何种情况下需要撤销。例如，《中华人民共和国公务员法》规定，公务员或者公务员集体有下列情形之一的，撤销奖励：①弄虚作假，骗取奖励的；②申报奖励时，隐瞒重要错误或者严重违反规定程序的；③有严重违纪违法等行为，影响称号声誉的；④有法律、法规规定应当撤销奖励的其他情形的。

3. 公务员奖励的程序

给予公务员或者公务员集体奖励，应当按照政府规定的权限和程序决定或者审批。

4. 针对公务员的奖励措施

不同国家的政府会对公务员采取不同的奖励措施。例如，《中华人民共和国公务员法》规定，奖励分为嘉奖、记三等功、记二等功、记一等功、授予称号。对受奖励的公务员或者公务员集体予以表彰，并对受奖励的个人给予一次性奖金或者其他待遇。

（二）针对公务员的惩戒

针对公务员履行职责过程中出现的错误，有关管理单位予以惩戒。我国政府于2018年修订的《中华人民共和国公务员法》规定，对公务员监督发现问题的，应当区分不同情况，予以谈话提醒、批评教育、责令检查、诫勉、组织调整、处分。对公务员涉嫌职务违法或者职务犯罪的，应当依法移送监察机关处理。

1. 针对公务员惩戒的原则

针对公务员惩戒应当坚持事实清楚、证据确凿、定性准确、处理恰当、程序合法、手续完备的原则。例如，《中华人民共和国公务员法》规定，对公务员的处分，应当事实清楚、证据确凿、定性准确、处理恰当、程序合法、手续完备。

2. 公务员惩戒的程序

针对公务员的惩戒，必须经过法定的程序。

（1）调查事实。调查公务员是否存在违纪、违规、违法的事实是惩戒公务员的依据。

（2）通告调查结果。调查、处理机关应当将调查到的事实告知被调查的公务员本人，这是公务员应当享有的知情权。

（3）申诉。针对通告的事实，公务员有权就调查事实进行申辩。如果公务员本人认为调查情况不符合事实，可以申诉，允许公务员申诉是公务员依法享有的权利。

（4）作出惩戒决定。如果调查事实属实，可以对公务员作出惩戒决定，惩戒决定应当在规定的时间内作出。

（5）通知。惩戒决定应当以书面的形式通知公务员本人。例如，《中华人民共和国公务员法》规定，公务员违纪违法的，应当由处分决定机关决定对公务员违纪违法的情况进行调查，并将调查认定的事实以及拟给予处分的依据告知公务员本人。公务员有权进行陈述和申辩；处分决定机关不得因公务员申辩而加重处分。如果人事管理部门认为对公务员应当给予处分的，应当在规定的期限内，按照管理权限和规定的程序作出决定，处分决定应当以书面的形式通知公务员本人。

3. 针对公务员的处分措施

针对公务员的处分措施主要有警告、记过、记大过、降级、撤职、开除。例如，《中华人民共和国公务员法》规定，公务员在受处分期间不得晋升职务、职级和级别，其中受记过、记大过、降级、撤职处分的，不得晋升工资档次。受处分的期间为：警告，六个月；记过，十二个月；记大过，十八个月；降级、撤职，二十四个月。受到撤职处分的，按照规定降低级别。公务员受到开除以外的处分，在受处分期间有悔改表现，并且没有再发生违纪违规行为的，处分期满后自动解除。解除处分后，晋升工资档次、级别和职务、职级不再受原处分的影响。但是，解除降级、撤职处分的，不得视为恢复原级别、原职务、原职级。

第三节

行政单位劳动关系的解除和终止

行政单位辞退、开除、调出公务员或者公务员辞去公职、死亡、退休、被判刑等情形的出现，会造成行政单位劳动关系的解除或者终止。但是，为了防止行政单位辞退、开除或调出公务员的随意性，也为了防止公务员辞职的任意性，政府出台的法律、法规和部门规章通常规定行政单位同公务员终止劳动关系的程序、情形。

一、行政单位劳动关系的解除

行政单位劳动关系的解除是指由于行政单位或者公务员的原因致使公务员无法继续履行职责，造成行政单位劳动关系解除。例如，在任期间辞职、被辞退、被开除公职，公务员与行政单位的劳动关系解除。规定行政单位劳动关系可以解除或者不能解除的情形，有助于依法保护行政单位和公务员的权益，避免任人唯亲，避免劳动关系解除的随意性。

（一）行政单位劳动关系可以解除的情形

1. 行政单位可以同公务员解除劳动关系的情形

规定行政单位可以同劳动者解除劳动合同的情形，有助于行政单位人力资源的流动，《中华人民共和国公务员法》规定，公务员有下列情形之一的，予以辞退：（1）在年度考核中，连续2年被确定为不称职的；（2）不胜任现职工作，又不接受其他工作安排的；（3）因所在机关调整、撤销、合并或者缩减编制员额需要调整工作，本人拒绝合理安排的；（4）不履行公务员义务，不遵守法律和公务员纪律，经教育仍无转变，不适合继续在机关单位工作，又不宜给予开除处分的；（5）旷工或者因公外出、请假期满无正当理由逾期不归连续超过15天的，或者一年内累计超过30天的。

2. 劳动者可以同行政单位解除劳动关系的情形

公务员提出同行政单位解除劳动关系的原因是多种多样的，法律、法规或者部门规章通常未对公务员辞职的情形作出规定。

（二）行政单位不得同公务员解除劳动关系的情形

1. 行政单位不得同公务员解除劳动关系的情形

规定行政单位不得同公务员解除劳动关系的情形，可以避免行政单位同公务员解除劳动关系的任意性，从而依法保护公务员的合法权益。《中华人民共和国公务员法》规定，对有下列情形之一的公务员，不得辞退：（1）因公致残，被确认丧失或者部分丧失工作能力的；（2）患病或者负伤，在规定的医疗期内的；（3）女性公务员在孕期、产假、哺乳期内的；（4）法律、行政法规规定的其他不得辞退的情形。

2. 劳动者不得同机关单位解除关系的情形

规定劳动者不得同机关单位解除劳动关系的情形，可以避免公务员随意辞职，影响国家的安全。《中华人民共和国公务员法》规定，公务员有下列情形之一的，不得辞去公职：（1）未满国家规定的最低服务年限的；（2）在涉及国家秘密等特殊职位任职或者离开上述职位不满国家规定的脱密期限的；（3）重要公务尚未处理完毕，且须由本人继续处理的；（4）正在接受审计、纪律审查、监察调查，或者涉嫌犯罪，司法程序尚未终结的；（5）法律、行政法规规定的其他不得辞去公职的情形。

（三）公务员同行政单位解除劳动关系的程序

1. 提出辞职或者被辞退

（1）公务员辞职。公务员辞职应当向任免机关提出书面申请。《中华人民共和国公务员法》规定，公务员辞去公职，应当向任免机关提出书面申请。

（2）公务员被辞退。公务员被辞退应当按照政府授权的管理权限决定。《中华人民共和国公务员法》规定，行政机关辞退公务员应当出具书面辞退通知书，并告知辞退的依据和理由。

2. 公务交接手续

公务员离职前应当办理公务交接手续。必要时，应当按照规定接受审计。《中华人民共和国公务员法》规定，公务员辞职或者被辞退，离职前应当办理公务交接手续，必要时按照规定接受离职前的审计。

3. 审批

管理公务员的行政机关通常会在规定的期限内作出是否同意辞职的审批意见。例如，《中华人民共和国公务员法》规定，任免机关应当自接到申请之日起30日内予以审批。其中，对领导成员辞去公职的申请，应当自接到申请之日起90日内予以审批。

（四）公务员同行政单位解除劳动关系的权益

公务员辞职属于自愿失业，世界各国的法律、法规和部门规章通常较少作出规定。行政单位辞退公务员，属于公务员非自愿失业，通常享有相应的权益。例如，《中华人民共和国公务员法》规定，被辞退的公务员，可以领取辞退费或者根据国家的有关规定享受失业保险待遇。

二、行政单位劳动关系的终止

（一）行政单位劳动关系终止的概念

行政单位劳动关系的终止是指由于行政单位或者公务员的原因致使劳动关系终止。行政单位或者公务员失去存在的资格条件，行政单位的劳动关系就会终止。

（二）行政单位劳动关系终止的情形

行政单位被撤销、公务员死亡、公务员退休等，会使公务员同行政单位存续的劳动关系终止。例如，《中华人民共和国公务员法》规定，公务员达到国家规定的退休年龄或者完全丧失工作能力的，应当退休。公务员符合下列条件之一的，本人自愿提出申请，经任免机关批准，可以提前退休：（1）工作年限满 30 年的；（2）距国家规定的退休年龄不足 5 年，且工作年限满 20 年的；（3）符合国家规定的可以提前退休的其他情形的。

（三）行政单位劳动关系终止的权益

行政单位劳动关系终止后，个人依然会享有相应的权益。例如，《中华人民共和国公务员法》规定，公务员退休后，享受国家规定的养老金和其他待遇，国家为其生活和健康提供必要的服务和帮助，鼓励发挥个人专长，参与社会发展。

三、行政单位劳动关系终止的法律责任

公务员同行政单位解除、终止劳动关系的，不得到与原工作业务相关的企业或者营利性组织任职；否则，应当承担相应的法律责任。例如，《中华人民共和国公务员法》规定，公务员辞去公职或者退休的，原系领导成员、县处级以上领导职务的公务员在离职 3 年内，其他公务员在离职 2 年内，不得到与原工作业务有直接相关的企业或者其他营利性组

织任职，不得从事与原工作业务直接相关的营利性活动。公务员辞去公职或者退休后有违反前款规定行为的，由其所在机关的同级公务员主管部门责令限期改正；逾期不改正的，由县级以上市场监管部门没收该人员从业期间的违法所得，责令接收单位将该人员予以清退，并根据情节轻重，对接收单位处以被处罚人员违法所得1倍以上5倍以下的罚款。

案例5－3

公务员录用体检通用标准（试行）

第一条 风湿性心脏病、心肌病、冠心病、先天性心脏病、克山病等器质性心脏病，体检为不合格。先天性心脏病不需手术者或经手术治愈者，体检为合格。

遇有下列情况之一的，排除心脏病理性改变，体检为合格：

（一）心脏听诊有生理性杂音；

（二）每分钟少于6次的偶发期前收缩（有心肌炎史者从严掌握）；

（三）心率每分钟50—60次或100—110次；

（四）心电图有异常的其他情况。

第二条 血压在下列范围内，合格：收缩压90mmHg—140mmHg（12.00—18.66Kpa）；舒张压60mmHg—90mmHg（8.00—12.00Kpa）。

第三条 血液病，体检为不合格。单纯性缺铁性贫血，血红蛋白男性高于90g/L、女性高于80g/L，体检为合格。

第四条 结核病，体检为不合格。但存在下列情况，体检为合格：

（一）原发性肺结核、继发性肺结核、结核性胸膜炎，临床治愈后稳定1年无变化者；

（二）肺外结核病：肾结核、骨结核、腹膜结核、淋巴结核等，临床治愈后2年无复发，经专科医院检查无变化者。

第五条 慢性支气管炎伴阻塞性肺气肿、支气管扩张、支气管哮喘，体检为不合格。

第六条 严重慢性胃、肠疾病，体检为不合格。胃溃疡或十二指肠溃疡已愈合，1年内无出血史，1年以上无症状者，体验为合格；胃次全切除术后无严重并发症者，体检为合格。

第七条 各种急慢性肝炎，体检为不合格。乙肝病原携带者，经检查排除肝炎的，体检为合格。

第八条 各种恶性肿瘤和肝硬化，体检为不合格。

第九条 急慢性肾炎、慢性肾盂肾炎、多囊肾、肾功能不全，体检为不合格。

第十条 糖尿病、尿崩症、肢端肥大症等内分泌系统疾病，体检为不合格。甲状腺功能亢进治愈后1年无症状和体征者，体检为合格。

第十一条 有癫痫病史、精神病史、癔病史、夜游症、严重的神经官能症（经常头痛头晕、失眠、记忆力明显下降等），精神活性物质滥用和依赖者，体检为不合格。

第十二条 红斑狼疮、皮肌炎或多发性肌炎、硬皮病、结节性多动脉炎、类风湿性关节炎等各种弥漫性结缔组织疾病，大动脉炎，体检为不合格。

第十三条 晚期血吸虫病，晚期血吸虫病兼有象皮肿或有乳糜尿，体检为不合格。

第十四条 颅骨缺损、颅内异物存留、颅脑畸形、脑外伤后综合征，体检为不合格。

第十五条 严重的慢性骨髓炎，体检为不合格。

第十六条 三度单纯性甲状腺肿，体检为不合格。

第十七条 有梗阻的胆结石或泌尿系结石，体检为不合格。

第十八条 淋病、梅毒、软下疳、性病性淋巴肉芽肿、尖锐湿疣、生殖器疱疹，艾滋病，体检为不合格。

第十九条 双眼矫正视力均低于0.8（标准对数视力4.9）或有明显视功能损害眼病者，体检为不合格。

第二十条 双耳均有听力障碍，在佩戴助听器的情况下，双耳在3米以内耳语仍听不见者，体检为不合格。

第二十一条 未纳入体检标准，影响正常履行职责的其他严重疾病，体检为不合格。

复习思考题

1. 简述我国行政单位雇佣公务员的资格条件。
2. 简述我国劳动者被行政单位雇佣的资格条件。
3. 简述行政单位同劳动者建立劳动关系的方式。
4. 简述我国公务员的权利和义务。
5. 简述我国公务员考核的原则。
6. 简述我国公务员考核的内容。
7. 简述我国公务员考核的形式和结果。

8. 简述我国现行的《中华人民共和国公务员法》对机关单位可以辞退公务员情形的规定。

9. 简述我国现行的《中华人民共和国公务员法》对公务员不得辞职的情形的规定。

10. 简述我国现行的《中华人民共和国公务员法》对机关单位不得辞退公务员情形的规定。

第六章　事业单位劳动关系的运行

事业单位同事业单位工作人员因劳动而建立的社会经济关系也属于劳动关系的范畴。我国政府将事业单位同工作人员因劳动建立的社会经济关系界定为人事关系，尽管如此，不妨碍我们对事业单位劳动关系运行的理解。事业单位工作人员是指在事业单位、参公管理事业单位工作、纳入政府行政编制、由政府财政负担部分工资福利的工作人员。事业单位劳动关系的运行也会经历劳动关系建立、履行、解除和终止等几个阶段。本章是劳动关系理论学习的重点章节，是需要重点理解和掌握的章节。

第一节

事业单位劳动关系的建立

事业单位同劳动者建立劳动关系通常采取面向社会公开招聘的方式。例如，我国政府发布的《事业单位人事管理条例》规定，事业单位新进人员，应当公开招聘[①]。事业单位与工作人员建立人事关系，应当订立书面聘用合同。下面以我国事业单位同劳动者建立劳动关系为例，说明事业单位劳动关系的建立。

一、事业单位劳动关系建立的程序

事业单位是相对于企业单位而言的，是不以营利为目的的一些政府机构的分支，是提

① 国家政策性安置、按照人事管理权限由上级任命、涉密岗位等人员除外。

供各种社会服务的社会组织，事业单位通常以增进社会福利为目标，主要满足社会文化、教育、科学、卫生等方面的需要。事业单位招聘工作人员需要按照一定的程序进行。例如，我国政府发布的《事业单位人事管理条例》规定，事业单位公开招聘工作人员通常按照下列程序进行。

（一）制定公开招聘方案

制定公开招聘方案可以让应聘人员知晓招聘劳动者的事业单位的相关信息，可以促进劳动关系管理的科学化、制度化和规范化。

（二）公布招聘岗位、招聘人员资格条件等信息

公布招聘岗位、招聘人员资格条件等信息，可以使应聘人员知晓招聘的工作岗位、资格条件等招聘信息，有利于事业单位和应聘人员双向选择，选择适合自身职业发展的事业单位。应聘人员应当尽可能地报考专业相同或者专业相近的工作岗位，以适应事业单位对人才的需要。

（三）审查应聘人员资格条件

聘用劳动者的事业单位，应当按照公布的岗位资格要求审查应聘人员，筛选出符合本单位需要的应聘人员。

（四）考试、考察

（1）考试。经过筛选的、符合条件的应聘人员应当参加用人单位组织的考试，用人单位通常会设置笔试和面试两个方面的考试。

（2）考察。事业单位的考察通常按照以下步骤进行：①发布考察预告。按照规定的样式拟定考察预告，并在考察地点张贴。②个别谈话。谈话对象通常不少于 5 人。必要时，可以扩大谈话范围的人数。应届高校毕业生谈话的范围通常为：院系分管负责人、辅导员（或导师）、班级主要学生干部、同学等；担任校、院系学生会职务的，谈话范围通常扩大到校或院系团组织负责人、同级学生会其他主要干部。有工作单位的非应届高校毕业生谈话的范围通常为：服务单位主要负责人及分管领导成员、人事科长、业务科室负责人等。没有工作单位的社会人员可以到所在社区居委会、乡镇党委政府（街道办事处）与有关负责人谈话、考察了解情况。③查阅档案资料。查阅档案资料主要查阅应聘人员的年龄、入党时间、学历学位、学习成绩单等方面的资料。对报考时有领导职务的人员，需要查阅任免机关的任职通知、《干部任免审批表》和考察材料；对已办理人事代理的，需要查阅其

与当地人才服务机构签订的人事代理协议和人事代理手册，并复印相关材料；对有工作单位的，需要查阅其与工作单位签订的劳动合同书并复印。④核对证件及证明材料。对应聘人员的身份证、学历学位证书、就业推荐表等资料进行核对。应届毕业生到毕业时仍然不能取得毕业证或者学位证书的，取消其录用资格。对于已经是县市区及以下公务员以及目前有正式工作单位的，需要到为其出具证明的工作单位、经济组织、社会组织进行认真的核实，经过核实，应聘人员提供虚假证明的，取消其录用资格。

（五）体检

事业单位应聘人员的体检标准基本上与公务员体检标准相同。例如，我国事业单位应聘人员体检参照政府发布的《人事部、卫生部关于印发公务员录用体检通用标准（试行）的通知》执行。应聘人员对体检结果有疑问的，其本人可以申请复查，并到指定的医疗机构重新检查一次。

（六）公示拟聘人员名单

经过自愿报名、资格审查、笔试、面试、考察、体检等程序，事业单位通常可以初步确定拟聘用人员名单，并根据事业单位公开招聘人员的规定将拟聘用人员名单进行公示。在公示期（通常为7—15天）内，可以提出异议。公示期结束后，事业单位人力资源管理部门可以在综合考虑各方面意见的基础上，决定是否聘用。

（七）办理聘任手续

事业单位应当同聘用的人员办理聘任手续，签订聘用合同，并办理聘用手续。签订聘用合同是我国事业单位同劳动者建立劳动关系方式。

案例6－1

某事业单位招聘工作人员考察意见书

根据北京市政府发布的《北京市事业单位公开招聘工作人员实施办法》的规定，我们走访了××同志所在的工作单位、户籍地派出所，查阅该同志的个人档案，对其政治素质、工作能力、报考资格等各方面进行了全面的考察，现将考察情况报告如下。

一、基本情况

××，男，1980年12月出生，大学本科学历，具有工程师任职资格。该同志2009年7月毕业于××××学院××××专业，同年被××××单位聘用至今，经历过多个工作岗位，目前负责工程管理工作。

二、考察情况

（一）××同志的优点

1. 政治立场坚定。××同志拥护党的各项方针政策，政治立场坚定，宗旨明确，思想觉悟比较高；坚持工程管理“安全第一，效益第二”的原则，积极努力向党组织靠拢。

2. 业务能力突出。自参加工作以来，该同志工作认真负责，勤奋踏实，虚心好学，实践技术过硬，熟悉工程管理的专业知识，并能有条不紊地运用到实际的工作中。对于工作中遇到的困难和问题，该同志能够周全地处理，在企业中具有较好的口碑。

3. 处事作风严谨。该同志廉洁自律意识较强，在工作中坚持原则，能够很好地处理工作与家庭的关系。该同志为人诚恳，以诚待人，善于听取他人意见，博采众长，与同事配合默契，并能够积极主动地参与集体活动。

（二）××同志的缺点

该同志性格温和，工作魄力有点儿欠缺；语言表达能力和综合沟通、统筹协调能力也有待于在今后的工作中进一步改进和提高。

三、考察结论

经过对政治素质、工作能力、报考资格等各方面情况的综合考察，××同志总体情况良好，符合我单位的录用条件，考察结论为合格。

二、聘用合同的签订

事业单位同劳动者建立劳动关系通常签订聘用合同。聘用合同也称聘任合同，是指以招聘或者聘请在职或者非在职劳动者为目的签订的劳动合同。聘用合同是劳动合同的一种。聘用合同的劳动者通常具有专业技术特长或者管理特长。例如，企业、事业单位聘请的法律顾问、技术顾问等，这些法律顾问、技术顾问可以是专职的，也可以是非专职的。在平等自愿、协商一致的基础上，我国事业单位同专业技术人员或者管理人员按照政府发布的相关法律、法规和部门规章的规定，订立履行权利、义务关系的协议，也属于聘用合同的范畴。但是，事业单位与一些非专职专业技术人员或者非专业管理人员签订的聘用合同也属于事业单位建立劳动关系的范畴。[①]

① 我国机关事业单位同无编制的劳动者订立的劳动合同、聘用合同，适用于《中华人民共和国劳动法》《中华人民共和国劳动合同法》的规定。

（一）聘用合同条款

聘用合同的内容主要是指聘用合同的条款。聘用合同应当具备下列条款：（1）单位的名称、地址、法定代表人或者其委托的单位代表；（2）工作人员的姓名、住址、居民身份证或者其他有效身份证件号码；（3）聘用合同期限；（4）岗位名称、类别、等级、职责任务；（5）工作地点；（6）工作时间和休息休假；（7）工资福利和社会保险；（8）法律、法规规定的其他事项。除了以上条款之外，事业单位与工作人员可以在聘用合同中约定培训、保密、知识产权保护等事项。

（二）聘用合同期限

聘用合同可以有期限的规定，也可以没有期限的规定。例如，我国政府发布的《事业单位人事管理条例》规定，事业单位与工作人员订立的聘用合同期限一般不低于 3 年。初次就业的工作人员与事业单位订立的聘用合同期限为 3 年以上的，试用期为 12 个月。我国事业单位同劳动者签订的聘用合同具有期限的规定。

（三）聘用合同的权利和义务

聘用合同中，事业单位的权利就是劳动者的义务，事业单位的义务就是劳动者的权利。

1. 事业单位的权利

（1）聘用劳动者的权利。事业单位有根据岗位需要聘用劳动者的权利。

（2）组织、安排劳动的权利。事业单位有根据工作任务的需要，组织、安排工作人员从事工作的权利。

（3）分配劳动报酬的权利。事业单位有根据工作岗位和工作人员的贡献决定劳动报酬分配的权利。

（4）制定工作纪律的权利。事业单位有根据工作需要制定劳动规章和工作纪律的权利，但是事业单位制定的劳动规章和工作纪律必须通过职工民主管理程序。

（5）决定是否续订聘用合同的权利。事业单位有决定是否签订聘用合同的权利，以促进事业单位发展的需要。

2. 事业单位的义务

（1）建立适应事业单位发展人事管理制度的义务。例如，我国政府发布的《事业单位人事管理条例》规定，事业单位应当建立健全人事管理制度。事业单位制定或者修改人事管理制度，应当通过职工代表大会或者其他形式听取工作人员的意见。

（2）建立事业单位岗位管理制度的义务。例如，我国政府发布的《事业单位人事管理条例》规定，国家建立事业单位岗位管理制度，明确岗位类别和等级。事业单位根据职责任务和工作需要，按照国家有关规定设置岗位。岗位应当具有明确的名称、职责任务、工作标准和任职条件。事业单位拟定岗位设置方案，应当报人事综合管理部门备案。

（3）建立适应事业单位发展工资制度的义务。例如，我国政府发布的《事业单位人事管理条例》规定，国家建立激励与约束相结合的事业单位工资制度。事业单位工作人员工资包括基本工资、绩效工资和津贴补贴。事业单位工资分配应当结合不同行业事业单位的特点，体现岗位职责、工作业绩、实际贡献等因素。政府建立事业单位工作人员工资的正常增长机制。事业单位工作人员的工资水平应当与国民经济发展相协调、与社会进步相适应，建立适应法律法规的休息休假制度。例如，我国政府发布的《事业单位人事管理条例》规定，事业单位执行国家规定的工时制度和休假制度。

（4）考核的义务。事业单位有考核工作人员任职情况的义务，针对工作人员的考核通常每年进行 1 次。例如，我国政府发布的《事业单位人事管理条例》规定，事业单位应当根据聘用合同规定的岗位职责任务，全面考核工作人员的表现，重点考核工作绩效，考核应当听取服务对象的意见和评价。

（5）培训的义务。事业单位有帮助员工提高职业技能和素质的义务。例如，我国政府发布的《事业单位人事管理条例》规定，事业单位应当根据不同岗位的要求，编制工作人员培训计划，对工作人员进行分级分类培训。工作人员应当按照所在单位的要求，参加岗前培训、在岗培训、转岗培训和为完成特定任务的专项培训，培训经费按照国家有关规定列支。

（6）建立适应法律法规的福利和社会保险制度的义务。例如，我国政府发布的《事业单位人事管理条例》规定，事业单位工作人员享受国家规定的福利待遇。事业单位工作人员符合国家规定退休条件的，应当退休。

三、聘用合同的续订

如果事业单位同劳动者签订的聘用合同期满，经双方当事人协商一致，可以续订聘用合同。在特殊的情况下，可以续订至退休的聘用合同。例如，我国政府发布的《事业单位人事管理条例》规定，事业单位工作人员在本单位工作满 10 年且距法定退休年龄不足 10 年，提出订立聘用至退休的合同的，事业单位应当与其订立聘用至退休的合同。

第二节

事业单位劳动关系的履行

事业单位劳动关系履行的条件、原则同企业劳动关系履行的条件和原则大致相同。在劳动关系履行的过程中，事业单位和事业单位工作人员必须遵守法律、法规规定的权利和义务，以维持和谐、稳定的劳动关系。

一、事业单位的概念和范围

（一）事业单位的概念

事业单位是以政府职能、公益服务为主要宗旨的一些公益性单位、非公益性职能部门等，参与社会事务管理、履行管理和服务职能，宗旨是为社会服务，主要从事教育、科技、文化、卫生等活动。

（二）事业单位的范围

事业单位的范围是指事业单位涉及的单位。例如，我国共有社科院、中科院等直属事业单位 14 个，有国资委、科技部等相关部委 29 个，税务总局、工商局等直属机构 18 个，以及部委管理的国家局 10 个。

我国现有事业单位包括十九个大类：（1）教育事业单位。高等教育事业单位、中等教育事业单位、基础教育事业单位、成人教育事业单位、特殊教育事业单位、其他教育事业单位。（2）科技事业单位。自然科学研究事业单位、社会科学研究事业单位、综合科学研究事业单位、其他科技事业单位。（3）文化事业单位。演出事业单位、艺术创作事业单位、图书文献事业单位、文物事业单位、群众文化事业单位、广播电视事业单位、报刊事业单位、编辑事业单位、新闻出版事业单位、其他文化事业单位。（4）卫生事业单位。医疗事业单位、卫生防疫检疫事业单位、血液事业单位、计划生育事业单位、卫生检验事业单位、其他卫生事业单位。（5）社会福利事业单位。托养福利事业单位、康复事业单位、殡葬事业单位、其他社会福利事业单位。（6）体育事业单位。体育竞技事业、单位体育设施事业单位、其他体育事业单位。（7）交通事业单位。公路维护监理事业单位、公路运输管理事业单位、交通规费征收事业单位、航务事业单位、其他交通事业单位。(8) 城市公用事业单位。园林绿化事业单位、城市环卫事业单位、市政维护管理事业单位、房地产服务事业单位、市政设施维护管理事业单位、其他城市公用事业单位。(9) 农林牧渔水事业单位。技术推广事业单位、良种培育事业单位、综合服务事业单位、动植物防疫检疫事业单位、水文事业单位、其他农林牧渔水事业单位。(10) 信息咨询事业单位。信息中心、咨询服务中心（站）、计算机应用中心、价格信息事务所、农村社会经济调查队、企业经济调查队、城市社会经济调查队。(11) 中介服务事业单位。技术咨询事业单位、职业介绍（人才交流）事业单位、法律服务事业单位、经济监督服务事业单位、其他中介服务事业单位。(12) 勘察设计事业单位。勘察事业单位、设计事业单位、勘探事业单位、其他勘察设计事业单位。(13) 地震测防事业单位。地震测防管理事业单位、地震预报事业单位、其他地震测防事业单位。(14) 海洋事业单位。海洋管理事业单位、海洋保护事业单位、其他海洋事业单位。(15) 环境保护事业单位。环境标准事业单位、环境监测事业单位、其他环境保护事业单位。(16) 检验检测事业单位。标准计量事业单位、技术监督事业单位、质量检测事业单位、出入境检验检疫事业单位、其他检验检测事业单位。(17) 知识产权事业单位。专利事业单位、商标事业单位、版权事业单位、其他知识产权事业单位。(18) 机关后勤服务事业单位。(19) 其他类。如环保事业单位、某某工程项目指挥部等。

二、事业单位的工作岗位类别和序列

（一）事业单位的岗位类别

事业单位工作类别不同，工作岗位也不同。我国事业单位工作岗位分为管理岗位、专业技术岗位和工勤技能岗位三种类别。①

1. 管理岗位

管理岗位是指担负领导职责或管理任务的工作岗位，管理岗位的设置要适应增强单位运转效能、提高工作效率、提升管理水平的需要。

2. 专业技术岗位

专业技术岗位是指从事专业技术工作，具有相应专业技术水平和能力要求的工作岗位。专业技术岗位的设置要符合专业技术工作的规律和特点，适应发展社会公益事业与提高专业水平的需要。

---

① 根据事业发展和工作需要，经批准，事业单位可以设置特设岗位，主要用于聘用急需的高层次人才等特殊需要。

3. 工勤技能岗位

工勤技能岗位是指承担技能操作和维护、后勤保障、服务等职责的工作岗位。工勤技能岗位的设置要适应提高操作维护技能、提升服务水平的要求，满足单位业务工作的实际需要。

（二）事业单位工作岗位序列

根据工作岗位性质、职责任务和任职条件，对事业单位管理岗位、专业技术岗位、工勤技能岗位分别划分通用的岗位等级。①

1. 管理岗位等级

管理岗位根据工作任务、承担责任等方面的不同，划分为若干等级。例如，目前我国管理岗位大多分为 10 个等级，即一级至十级职员岗位（部级正职、部级副职、厅级正职、厅级副职、处级正职、处级副职、科级正职、科级副职、科员、办事员）。

2. 专业技术岗位等级

专业技术岗位根据专业技术能力、任职时间等方面的不同，划分为若干等级。例如，目前我国专业技术岗位分为 13 个等级，主要包括高级岗位、中级岗位和初级岗位。高级岗位分 7 个等级，即一级至七级；中级岗位分 3 个等级，即八级至十级；初级岗位分 3 个等级，即十一级至十三级。

3. 工勤技能岗位等级

工勤技能岗位包括技术工岗位和普通工岗位，其中技术工岗位分为 5 个等级，即一级至五级。普通工岗位不分等级。

三、事业单位工作人员的职责

事业单位工作人员因其工作岗位不同，其工作职责也不同。下面以某中学教师的工作职责为例，加以说明。

案例 6－2

某中学教师工作职责

一、教师应忠诚社会主义教育事业，有强烈的事业心、责任感，有正确的教育思想，对学生负责，爱生育人。教师不仅是学生学习上的指导者，而且是青少年思想品

① 特设岗位的等级根据实际需要，按照规定的程序和管理权限确定。

格上的引路人。

二、教师应遵循教育方针的要求和所任课班级的实际情况，制定出学期教学工作计划（包括班主任工作计划）。填写好《教师手册》，完成好学校规定的工作总结。

三、教师应按照课程标准和教材内容的要求，从学生实际出发，完成规定的教学任务。

1. 认真备课。教师要熟悉课程标准和教材内容要求，了解学生的实际情况，明确每节课的目标及要求，设计、准备好教案。

2. 认真组织好课堂教学，不断改进教学方法，指导学生改进学习方法，培养学生良好的学习习惯，保质、保量地发挥课堂40分钟的作用，扎扎实实地完成每课时、每单元的教学要求。

3. 认真布置和批改作业。教师要根据教学要求，精心布置作业并及时收发。批改作业要讲求实效，搞好讲评，引导学生及时改正错误，扎实地学好每项知识。

4. 认真辅导。教师要依据因材施教的原则，热情辅导学习暂时落后的学生，尽力帮助他们跟上教学要求；对成绩优秀的学生，注意引导他们发挥特长。

5. 认真搞好实验、实习。教材规定的实验、实习要求，教师应当带领学生尽力完成。根据教学条件，采用现代化的教学手段，努力培养学生科学观念、动手操作等能力。

6. 认真测验、考试。教师要做到命题确切、恰当，要求严格（包括考场纪律和评分），准确地分析试卷反映的问题。

四、教师应当重视第二课堂的建设，积极创造条件，开展多样化的课外活动，提高学生学习兴趣，开阔眼界，增长知识，培养有关的技能、技巧。

五、教师应当勇于改革，锐意进取，积极进行各种教育、教学改革的实践，不断探索，不断总结，有所发现，有所创造，不断提高教育和教学质量。

六、教师应当认真学习教育科学，学习业务知识，不断提高自己的理论水平和业务水平。教师应当德才兼备，为人师表，努力使自己成为具有高尚思想境界、知识渊博、懂得教育规律的教育工作者。

七、服从学校的调课、代课安排。

八、完成学校交办的其他工作。

四、事业单位工作人员履行职责的考核

事业单位工作人员履行工作职责的情况，可以通过考核来评价。例如，我国政府发布的《事业单位人事管理条例》规定，事业单位应当根据聘用合同规定的岗位职责任务，全

面考核工作人员的表现，重点考核工作绩效。考核应当听取服务对象的意见和评价。考核分为平时考核、年度考核和聘期考核。平时考核是对事业单位工作人员日常工作的管理和监督，平时考核可以随时了解事业单位工作人员的工作进度、工作积极性、思想状况等。年度考核的结果可以分为优秀、合格、基本合格和不合格等档次，聘期考核的结果可以分为合格和不合格等档次。考核结果作为调整事业单位工作人员岗位、工资以及续订聘用合同的依据。

案例 6－3

某事业单位职工履职年度考核表

某事业单位职工履职年度考核表如表 6－1 所示。

表 6－1　　某事业单位职工履职年度考核表

姓名		聘任行政或专业技术职务		所在单位	
个人履职小结	签名： 日期：				
单位考核工作小组意见	盖章： 年　月　日				
学校审定意见	盖章： 年　月　日				
个人意见	签名： 年　月　日				
复核意见					
备注					

第三节

事业单位劳动关系的解除和终止

事业单位劳动关系的解除是劳动关系终止的特殊情形。但是，为了便于对问题的理解，将事业单位劳动关系的解除单独列出，以便于加深对问题的理解。

一、事业单位劳动关系的解除

事业单位劳动关系的解除是指聘用合同未到期，但由于劳动者本人的原因致使合同无法继续履行而终止。为了防止事业单位随意同劳动者解除劳动合同，法律、法规通常对事业单位解除劳动关系的程序和情形作出较严格的规定。

（一）事业单位提出解除劳动关系的程序和情形

1. 事业单位提出解除劳动关系的情形

只有在法律、法规和部门规章允许的情况下，事业单位才能同劳动者解除聘用合同，以解除劳动关系。否则，事业单位不得随意解除劳动关系。以我国为例，我国政府发布的《事业单位人事管理条例》规定，事业单位可以解除聘用合同的情形如下：

（1）年度考核不合格且不愿意调整工作岗位。事业单位工作人员年度考核不合格且不同意调整工作岗位，或者连续 2 年度考核不合格的，事业单位应当提前 30 日以书面形式通知劳动者本人，可以解除聘用合同。双方另有约定的除外。

（2）事业单位工作人员连续旷工超过 15 个工作日，或者 1 年内累计旷工超过 30 个工作日的，事业单位可以解除聘用合同。

（3）事业单位工作人员受到开除处分的，解除聘用合同。我国政府发布的《事业单位人事管理条例》规定，自聘用合同依法解除之日起，事业单位与被解除聘用合同的工作人员的人事关系终止。也就是说，事业单位和工作人员的劳动关系自聘用合同解除之日起终止。

2. 事业单位提出解除劳动关系的程序

事业单位同劳动者解除聘用合同，必须经过法律、法规和部门规章规定的程序。例如，我国政府发布的《事业单位人事管理条例》规定，事业单位应当提前 30 日以书面形式通知，可以解除聘用合同。

（二）劳动者提出解除劳动关系的程序和情形

法律、法规和部门规章通常对劳动者提出同事业单位解除聘用合同没有特殊的规定，但是必须经过一定的程序。例如，我国政府发布的《事业单位人事管理条例》规定，事业单位工作人员提前30日以书面形式通知劳动者本人，可以解除聘用合同。

案例6－4

事业单位应该同长期离职人员解除劳动关系

长期离职人员是指长期与事业单位失去联系的、未解除劳动关系的人员。这些长期离职人员绝大多数是历史原因形成的。特别是在特定历史条件下，一些事业单位为了鼓励职工下海经商，允许职工长期离职。这些人员虽不在工作岗位，却未正式与事业单位解除劳动关系。长期离职人员占用事业单位编制，既不利于事业单位引进急需的高层次人才，又阻碍了事业单位的人事制度改革。一些单位的长期离职人员突然找单位要求为其办理退休手续，结果引发劳动争议。《事业单位人事管理条例》出台后，事业单位可以依据相关规定尽快同长期离职人员解除劳动关系，以避免更大的损失。

二、事业单位劳动关系的终止

事业单位同工作人员签订的聘用合同到期，不再续订聘用合同，聘用合同终止，劳动关系也随之终止。事业单位同工作人员劳动关系终止的情形主要有以下四个方面：

（1）事业单位工作人员死亡、退休等情形出现时，事业单位与劳动者的劳动关系终止。

（2）事业单位和工作人员签订的聘用合同约定的合同终止的情形出现时，聘用合同终止，劳动关系也随之终止。法律、法规和部门规章通常会对聘用合同终止的程序、补偿等问题作出规定。例如，我国政府发布的《事业单位人事管理条例》对事业单位劳动关系终止的程序、补偿等问题均未作出规定。我国现行的《事业单位人事管理条例》在保护工作人员权益方面有待于进一步完善。

（3）事业单位工作人员达到政府规定的法定退休条件时，事业单位同工作人员的劳动关系终止。

（4）事业单位工作人员达到法律、法规和部门规章规定的条件，事业单位同工作人员的劳动关系终止。例如，我国政府发布的《中华人民共和国公职人员政务处分法》规定，公职人员被开除的，自政务处分决定生效之日起，应当解除其与所在机关、单位的人事关系或者劳动关系。

案例6－5

事业单位聘用合同双方解除（终止）聘用关系证明书

（　）年第　号

××同志与我单位于 年 月 日签订了为期5年聘用合同。现按下列第 条所述情况解除（终止）聘用关系：

一、合同聘用期限已满或聘用双方约定的合同终止条件出现，双方协商不再续签聘用合同。

二、合同聘用双方协商一致，解除聘用合同。

三、符合《事业单位人事管理条例》第十五条的规定，解除聘用合同。

四、符合《事业单位人事管理条例》第十六条的规定，解除聘用合同。

五、符合《事业单位人事管理条例》第十八条的规定，解除聘用合同。

解除（终止）聘用合同的日期为：　　年　月　日。

受聘人（签名）：　　　　聘用单位（盖章）：

法定代表人（签名）：

年　月　日　　　　年　月　日

注：本证明一式三份，单位一份，个人一份，个人档案一份。

复习思考题

1. 简述事业单位劳动关系建立的程序。
2. 简述事业单位同劳动者签订聘用合同的内容。
3. 简述事业单位可以解除劳动关系的情形。
4. 简述事业单位的权利和义务。
5. 简述事业单位工作岗位的类别和等级。
6. 简述事业单位工作人员的权利和义务。
7. 简述事业单位劳动关系终止的情形。

第七章　工会

工会以独特的社会组织形式存在已有200多年的历史，工会是工业化条件下劳动者与资本所有者矛盾、冲突的产物。工业化摧毁了传统的自给自足的经济制度，使劳动者处于一无所有的境地。为了维护自己的利益，劳动者自发地组织起了工会，以集体的力量和资本所有者相抗衡，工会是维护劳动者利益的群众性组织。本章主要讲述工会的性质、组织结构、工会的产生和发展、工会的权利和义务等，本章是学习劳动关系理论需要重点掌握的内容。

第一节　工会的性质和地位

一、工会的概念

对于工会的概念，最经典且经常被引用的是西德尼·韦布（Sidney Webb）和比阿特丽斯·韦布（Beatrice Webb）在《工会史》一书中指出的“工会是由工人组成的、旨在维护和改善其工作条件的连续性组织”①，这一定义强调了工会的构成和连续性。旧中国著名的工会法专家史太璞教授把工会定义为：“工会是以维持改善劳动条件为主要目的的团体。工会之本质在于对抗雇主之压迫，以确保劳动关系之利益，故其主要之目的在于劳

① Sidney Webb and Beatrice Webb, *The History of British Trade Unionism*, 2nd *edition* (London: Longmans Green and Co., 1920), p. 1.

动条件之维持和改善。其他诸如增进知识技能、相互救济、发展生产，不过为随附目的。仅有此等目的，而无维持和改善劳动条件之目的，严格地说不得称为工会。”①《牛津法律大辞典》将工会定义为：“工会是现代化工业条件下雇佣工人自我保护的团体。”② 从法律层面来看，英国的《工会与劳动关系条例》将工会定义为：“全部或部分工人组成的组织，这一组织的主要目的是形成劳资双方的行为规范。”③ 从上述定义可以看出，人们通常是从工会的职能、作用、目标和行为方式等方面概括工会的。《中华人民共和国工会法》强调“工会是职工自愿结合的工人阶级的群众组织”，并明确“中华全国总工会及其各级工会组织代表职工利益，依法保护职工的合法权益”。由此可见，工会是由劳动者组成的，通过集体谈判的方式增强劳动者同雇主谈判的能力，进而改善劳动者工作条件、劳动报酬和其他待遇的组织。

二、工会的性质

工会的性质是指工会区别于其他社会组织的本质特征，工会是为劳动者谋取政治、经济地位的改善而建立的群众性组织，工会的性质主要有以下三个方面。

（一）群众性

群众性是指工会是劳动者的组织，其基础是各行业的劳动者，因而具有群众性。例如，《中华人民共和国工会法》规定，在中国境内的企业、事业单位、机关中以工资收入为主要生活来源的体力劳动者和脑力劳动者，不分民族、种族、性别、职业、宗教信仰、教育程度，都有依法参加和组织工会的权利。

（二）自愿性

自愿性是指工会是职工自愿结合的组织，劳动者参加工会是建立在职工自愿的基础上的，任何单位和个人不得阻挠和限制劳动者加入工会，也不得强迫劳动者加入工会。

（三）组织性

组织性是指工会有计划、有步骤地带领劳动者参与各项维权活动，工会的建立使分散的劳动者可以有组织地联合起来，通过一致行动依法维护劳动者的权益。

---

① 史太璞：《我国工会法研究》，商务出版社 1943 年版，第 2 页。

② ［英］沃克：《牛经法律大辞典》，邓正来等译，光明日报出版社 1998 年版，第 99 页。

③ ［英］埃里森·邦、［英］马纳·撒夫：《劳动法基础》（英文 2 版），武汉大学出版社 2004 年版，第 166 页。

三、工会的地位

工会成为劳动关系主体的前提条件是，获得法律、法规或者惯例认可的地位。工会的地位有法定承认和自愿承认两种。

（一）法定承认

法定承认是指法律法规赋予工会在劳动关系谈判中具有必须认可的法律地位。例如，《中华人民共和国工会法》规定，国家保护工会的合法权益不受侵犯。工会通过平等协商和集体合同制度，协调劳动关系，维护企业职工的劳动权益。企业违反集体合同，侵犯职工劳动权益的，工会可以依法要求企业承担责任。

（二）自愿承认

自愿承认是指法律法规并未赋予工会在劳动关系谈判中具有必须认可的地位，但是依据约定俗成的方式或者惯例，对方当事人自愿承认工会参与谈判的地位。例如，自愿承认使一些非工会组织也可以成为参与劳动争议谈判的劳动关系主体。非工会组织有独立于工会之外的员工协会，往往是在某一用人单位内部形成的，也可以成为劳动关系的主体。例如，职业协会是指跨企业、跨行业从事某种特定职业的员工组成的组织，其主要目标是为其成员争取更大、特定职业的利益。

第二节

工会的产生和发展

工会是劳动关系矛盾、冲突的产物，工会产生、发展的作用在于平衡劳动关系双方的力量，协调双方的劳动关系，促使冲突的解决走向法治化、规范化。

一、工会的产生

工会最早产生于18世纪末的西方资本主义国家，至今已有200多年的历史，它是社会经济矛盾的产物。在资本主义社会，存在着两个根本对立的阶层，即工人阶级和资产阶级，两大阶级在经济利益上的矛盾是社会经济矛盾的集中体现，其根本原因在于生产资料的私人占有。

二、工会的发展

资本主义生产方式的发展大致经历了简单协作、工场手工业和机器大工业三个阶段。在资本主义生产方式发展的不同阶段，劳动关系发展的形式也是不同的。在这三个不同的发展阶段，工会的职责也发生了相应的变化。具体来说，工会的发展大致经历了早期职业工会时期、行业工会时期和总工会时期。

（一）早期职业工会时期（18 世纪 90 年代至 20 世纪 30 年代）

早期的工会是在熟练工人中自发形成并发展起来的。例如，美国 1792 年成立的费城鞋匠工会，就是以职业为纽带结成的工会组织。这一时期工会的特征主要有以下五个方面。

（1）工会是以职业为纽带建立的。绝大多数工会是由技术工人自发建立的，非技术工人和半技术工人则处于无组织的状态，职业是工人建立工会的纽带。

（2）工会基本是地方性工会。早期职业工会大多仅限于一家工厂或者一座城市，涉及人员的范围比较狭窄，属于地方性工会。

（3）工会存在的时间比较短暂。工会大多围绕当时出现的比较突出的问题开展活动。一旦问题得到解决，工会也会随之宣布解散。

（4）工会活动缺乏稳定的资金来源。早期职工工会面临诸多困境，其活动不仅缺乏稳定的资金来源，还缺少固定的工作场所和专职的工作人员，而且在管理方式上也未实现制度化。

（5）工会的影响比较弱。早期职业工会的影响比较弱，其主要职责是以殡葬费、疾病补贴等方式向工会会员提供救济，工会在维护职工权益方面的作用比较弱。

（二）行业工会时期（20 世纪 30 年代至 20 世纪 50 年代）

随着工业化的进一步发展，工厂的规模不断扩大，生产流水线得到普及，许多工厂对工人的技术要求越来越高。在工厂中，无技术、半技术工人所占的比重越来越低，由此逐步形成了以行业为基础组织的行业工会。例如，1938 年美国成立的产业组织联合会（Congress of Industrial Organization，CIO）就是在这一时期发展起来的。

（三）总工会时期（20 世纪 50 年代至今）

20 世纪 50 年代以后，随着产业范围的逐步扩大，公司所有制形式的逐步变化，交通、通信手段的逐步改进，许多地区建立了全国性的工会组织。总工会在职业工会、行业工会的基础上逐步发展起来。例如，1955 年美国劳工联合会（American Federation of Labor，AFL）和美国产业组织联合会（Congress of Industial Organizations，CIO）完成合并，形成美国劳工联合会与产业组织联合会（AFL－CIO），是美国最大的工会组织联盟。又如，加拿大两大工会——加拿大行业与劳动者联盟和加拿大劳工联盟合并组成加拿大劳工大会（Canadian Labour Congress，CLC）。总工会的组织原则是对会员的参与没有限制，既不考虑职业因素，也不考虑行业因素，从而体现了对职业工会、行业工会分化的修正。

三、我国工会的产生和发展

（一）民主革命时期的中国工会组织

我国工会产生于半殖民地、半封建时期，比发达资本主义国家晚 100 多年。上海海员于 1914 年成立的“焱益社”，上海商务印书馆于 1916 年组织的“集成同志社”，这标志着我国工会组织的萌芽。1920 年 11 月，在上海共产主义小组领导下成立的上海机器工会标志着我国工会组织的诞生。1921 年 8 月 11 日，中国共产党在上海成立了中国劳动组合书记部，这是中国共产党领导工人运动的组织。我国最早出现的工会立法是 1924 年 11 月由广州军政府公布的《工会条例》，体现了孙中山“扶助农工”的政治思想和要求。1925 年 5 月 1 日，第二次全国劳动大会在广州召开，中华全国总工会成立，这是全国性的工会组织，标志着中国工人阶级在全国范围内实现了统一领导。1929 年 10 月 21 日，南京政府颁布了《工会法》。1948 年 8 月，第六次全国劳动大会提出新民主主义时期工会运动“公私兼顾、劳资两利”的方针，以达到“发展生产、繁荣经济”的目的。

（二）计划经济时期的工会

新中国成立后，我国工会把组织和动员职工参加国家建设作为第一要务。1950 年 6 月，中央人民政府颁布的《中华人民共和国工会法》规定，中国工会的性质是工人阶级自愿结合的群众组织，制定了“以生产为中心，生产、生活、教育三位一体”的工作方针，奠定了社会主义建设时期工会的基本框架。这种工会体制在劳动者参加劳动的过程中发挥了积极作用，但是忽视了工会在劳动关系管理中的特殊作用，使工会处于可有可无的状况，工会的作用受到了质疑。1957 年 12 月，工会第八次全国代表大会召开，明确了工会的组织原则改为产业和地方相结合的原则，明确了工会在社会主义建设时期的任务和作用。

（三）市场经济转型期的工会

与市场经济体制转型相适应，我国工会也启动了逐步脱离行政化管理模式的转型过程，我国工会的转型主要经历了以下四个阶段。

（1）1978 年 10 月，工会第九次全国代表大会召开，邓小平明确提出，工会在反对官僚主义和参与企业管理双重任务的基础上，要密切联系群众、替工人说话办事，标志着全国总工会组织的全面恢复。

（2）1988 年 10 月，工会第十一次全国代表大会提出了工会具有维护、建设、参与、教育四项功能。同时，确定了工会改革的目标是遵循党的路线，把工会建设成为独立自主、充分民主、职工信赖的工人阶级群众组织，明确提出建立“民主化、群众化、联合制、代表制”的工会。1992 年 4 月 3 日，第七届全国人民代表大会第五次会议通过《中华人民共和国工会法》。由此，中国工会工作具有了法律基础，对工会的地位、权利、义务等作出了明确的规定。

（3）1994 年 4 月 3 日，第八届全国人民代表大会第八次会议通过的《中华人民共和国劳动法》提出了工会工作的总体思路，将贯彻《中华人民共和国劳动法》作为向市场经济转型的切入点，将维护劳动者合法权益作为工会组织的基本工作职责。

（4）2001 年 10 月 27 日，第九届全国人民代表大会常务委员会第二十四次会议通过的《关于修改〈中华人民共和国工会法〉的决定》对 1992 年颁布的《中华人民共和国工会法》进行了修改，修改后的《中华人民共和国工会法》对工会的法律地位、权利和义务作出了明确的规定。2009 年 8 月 27 日，第十一届全国人民代表大会常务委员会第十次会议对《工会法》进行了第二次修订，修订的《工会法》对工会工作人员因履行职责遭受侵害的情况作出了明确的规定。2021 年 12 月 24 日，第十三届全国人民代表大会常务委员会第三十二次会议对《工会法》进行了第三次修订，修订的《工会法》对新就业形态劳动者的权益保障作出了规定，进一步适应了就业形态发展变化的要求。

第三节

工会的职能和权利义务

工会的职能是指工会组织工作的作用，主要有以下三个方面。

一、工会的职能

（一）经济职能

工会的主要作用是改善工人的工作条件、提高工人劳动报酬以及其他待遇，但是工会不可能无限制地要求用人单位提高劳动者的工资水平。在劳动力需求不变的条件下，工资水平越高，用人单位的劳动成本就越高。当劳动成本达到一定限度后，用人单位就会选择使用更多的机器来代替劳动力，雇用劳动力的数量会减少，就会造成劳动者的失业。因此，工会为劳动者谋求提高工资、福利待遇的同时，必须慎重地考虑失业带来的负效应。

（二）整合职能

美国哥伦比亚大学历史学教授弗兰克·坦南鲍姆（Frank Tannenbaum）在《劳动哲学》一书中提到，工会不是经过策划形成，而是自发形成的，它内生于资本主义发展过程，体现了人们建立团体组织的朴素思想。建立工会组织，能够使职工获得归属感、稳定感和团体感。工会通过鼓励职工参与工会各项决策的制定，充分发挥职工的才能；职工参与工会决策，实现了参与权，感觉受到了尊重和重视，有助于减少用人单位与劳动者之间的对立或不信任，增进用人单位与劳动者的理解和合作。

（三）民主管理职能

民主管理职能是指工会将民主原则引入劳动关系的管理，为职工提供各种形式的代表制度，具体表现在以下四个方面。

1. 工会代表职工与用人单位（或者代表用人单位的组织）进行集体谈判

在谈判的过程中，工会在就业条件、安全卫生、工资待遇、福利保障等方面的劳动问题上维护雇员的整体利益，工会的意见通常代表每一位工会会员的意见。

2. 工会可以为会员提供代表帮助

政府通常建立劳动争议的申诉、仲裁、诉讼程序，由独立代表或中立的第三方对劳动争议作出裁决、判决，这实际上确立了劳动争议处理的司法体制。在劳动争议处理的过程中，工会可以为会员提供法律帮助和法律服务。

3. 工会保证会员享有各项民主权利

工会是一个民主管理机构，有自己的章程、代表大会及领导选举制度，保证了会员在工会中享有各项民主权利。

4. 工会积极参与各项社会活动

工会积极参与政治活动，通过参与法律、法规和部门规章的制定、修订等来增强工会谈判的力量。工会会通过参与经济和社会改革减少社会不公平，依法保护劳动者的合法权益；工会通过积极参与社会公益性事业，推动社会公益事业的发展。

二、工会的组织结构

一个组织只有采用较合适的组织结构，才能使组织内部各要素之间的关系得以协调，最大限度地发挥组织的作用，更好地实现组织的目标和任务。工会组织结构的确立，在完善工会组织制度中具有重要意义。

（一）工会组织结构的概念

工会组织结构是指工会构成、组建和联合的形式和原则，借以安排其内部管理体制、代表制度和职责体系的机构。具体来说，工会组织结构主要有两个方面的含义：（1）工会会员以何种原则或方式组建工会组织；（2）各工会组织之间以何种原则或方式进行联合。

（二）工会组织结构的类型

工会组织结构大致可以分为企业工会、职业工会、行业工会、地方性工会和全国性工会。

1. 企业工会

企业工会是指以企业为纽带组织的工会，其特点是企业内部所有会员不分职业、工种、岗位、职务均组织在同一个工会组织内。

2. 职业工会

职业工会是指按照职业原则组织的工会，职业工会多出现于产业革命的初期和工人运动的早期。职业工会的特点是以相同或相类似的职业作为组建工会的依据和条件。这类工会多由同一职业的技术工人、熟练工人组成，职业工会可以同时吸收不同企业的同一职业的工人，一个企业内部也可以存在几个不同的职业工会。在这一组织原则下，劳动者所从事的工作以及他们在工业等级中所处的位置就构成了他们团结在一起的条件。由于职业工会的会员广泛地分布在不同行业中，使职业工会具有明显的横向特征。

3. 行业工会

行业工会是指以行业为纽带组织的工会，行业工会要求将在同一企业中的员工，不分职业、工种、职务、技术工人与熟练工人、体力劳动者与脑力劳动者，都组织在同一行业工会内，再根据其所属的行业系统，组织该行业工会的地方或者全国委员会。行业工会的产生适应了产业结构的变化，加强了工人的团结和力量。由于行业工会吸纳了全行业各阶层的劳动者，因此具有比较明显的纵向特征。

4. 地方工会

地方工会是指以地域为纽带不分职业或者行业组织的工会，地方工会有的以基层工会为成员组织而成，有的以会员为成员组织而成。地方工会对于发挥工会在地域政治、经济等方面的话语权具有积极作用。

5. 全国工会

全国工会是指以全国为纽带组织的工会，全国工会通常是具有最高权力的工会组织，全国工会产生的主要原因有以下三个方面：

（1）全国工会及其附属的地方性工会具有与用人单位谈判的唯一代表权。

（2）全国工会掌握并控制着会员缴纳的会费等各项经费。

（3）全国工会的地域范围是以全国为界限的。为了便于管理，全国工会通常会下设多级工会组织。例如，德国最大的工会组织是德国工会联合会。德国工会联合会（Deutscher Gewerkschafts Bund，DGB）是德国工会的领导机构，在德国设有三级联合会，分别为联邦级工会联合会；联邦州级工会联合会（有 9 个区设置）；各地方级的工会联合会（在 70 个地区设有 94 个）。德国工会联合会由 8 个行业工会组成，包括五金行业工会，服务业联合工会，采矿、化工和能源行业工会，农业及环保行业工会，食品行业工会，铁路行业工会，教育和科学行业工会和警察工会。①

（三）工会组织的建立

工会组织按照民主集中制的原则建立。各级工会委员由会员大会或者会员代表民主选举产生。企业主要负责人的近亲属不得作为本企业基层工会委员会成员的人选。各级工会委员会向同级会员大会或者会员代表大会负责并报告工作，接受其监督。工会会员大会或者会员代表大会有权撤换或者罢免其所选举的代表或者工会委员会组成。

① 德国工会的主要任务有：（1）为争取、维护职工在劳动、经济、健康方面的权益，进行相应层级的谈判；（2）为提高职工就业技能，兴办教育培训机构，或借助其他资源推动各种培训的开展；（3）密切关注、跟踪经济形势和政府政策，分析经济走势和研究劳动就业政策。

案例7－1

中华全国总工会

我国是当今世界拥有工会会员人数最多的国家，中华全国总工会成立于1925年5月，是一个统一的全国性群众团体。中华全国总工会拥有90多万个基层工会组织，是各地方总工会和产业工会全国组织的领导机关。中国工会的最高权力机关是五年一届的全国代表大会和由全国代表大会选举产生的中华全国总工会执行委员会。目前，全国现有31个省、自治区、直辖市总工会，16个全国产业工会和2个国家机关工会联合会。

三、工会的权利和义务

（一）工会的权利

1. 代表权

代表权是指工会具有职工集体利益代表者的权利，工会具有代表职工与用人单位就劳动者合法权益进行平等协商的权利。例如，《中华人民共和国工会法》规定，工会在维护全国人民总体利益的同时，代表和维护职工的合法权益；工会通过平等协商和集体合同制度，协调劳动关系，维护职工的劳动权益。企业、事业单位违反法律、法规规定，有下列侵犯职工劳动权益的情形，工会应当代表职工与企业、事业单位交涉，要求企业、事业单位采取措施予以改正；企业、事业单位应当予以研究处理，并向工会作出答复；企业、事业单位拒不改正的，工会可以请求当地人民政府依法作出处理：（1）克扣职工工资的；（2）不提供劳动安全卫生条件的；（3）随意延长劳动时间的；（4）侵犯女职工和未成年工特殊权益的；（5）其他严重侵犯职工劳动权益的。《中华人民共和国劳动法》规定，工会代表职工与企业进行平等协商，签订集体合同。

2. 维护劳动者利益的权利

维护劳动者利益的权利主要包括工会有帮助、指导职工与企业、事业单位签订劳动合同的权利，主要包括以下四个方面：

（1）企业、事业单位处分职工，工会认为不适当的，工会有提出意见的权利。

（2）企业、事业单位单方面同职工解除劳动合同时，应当事先通知工会。如果工会认为企业违反法律、法规和有关合同，要求重新研究处理时，企业应当接受工会的意见，并将处理结果以书面的方式通知工会。

（3）工会发现企业违章指挥、强令工人冒险作业，或者生产过程中发现重大事故隐患和职业危害，有权提出解决问题的建议，企业应当及时研究答复；如果发现有危及职工生命安全的情况时，工会有权向企业建议组织职工撤离危险现场，企业必须及时作出处理决定。

（4）提供法律支持、帮助和咨询服务的权利。例如，《中华人民共和国劳动合同法》规定，用人单位违反劳动法律、法规和劳动合同、集体合同的，工会有权提出意见或者要求纠正；劳动者申请仲裁、提起诉讼的，工会依法给予支持和帮助。

3. 参与权

参与权是指工会参与国家、社会事务管理和企事业单位民主管理的权利。具体来说，主要包括以下三个方面：

（1）参与管理国家事务、经济文化事业和社会事务的权利。例如，《中华人民共和国工会法》规定，国家机关在组织起草或者修改直接涉及职工切身利益的法律、法规、规章时，应当听取工会的意见。县级以上各级人民政府制定国民经济和社会发展计划，对涉及职工利益的重大问题，应当听取同级工会的意见。县级以上各级人民政府及其有关部门研究制定劳动就业、工资、劳动安全卫生、社会保险等涉及职工切身利益的政策、措施时，应当吸收同级工会参加研究，并听取工会的意见。县级以上各级人民政府可以召开会议或者采取适当的方式，向同级工会通报政府的重要工作部署和与工会工作有关的行政措施。

（2）参与企事业单位民主管理的权利。例如，《中华人民共和国工会法》规定，企业、事业单位违反职工代表大会制度和其他民主管理制度，工会有权要求纠正，保障职工依法行使民主管理的权利。

（3）参与劳动争议解决的权利。例如，《中华人民共和国劳动法》规定，用人单位设立劳动争议调解委员会的，劳动争议调解委员会由职工代表、用人单位代表和工会代表组成。企业劳动争议调解委员会主任由工会代表担任。《中华人民共和国工会法》规定，企业、事业单位发生停工、怠工事件，工会应当代表职工同企业、事业单位或者有关方面协商，反映职工的意见和要求，并提出解决意见。对于职工的合理要求，企业、事业单位应当予以解决。工会协助企业、事业单位做好工作，尽快恢复生产、工作秩序。工会参加企业的劳动争议调解工作；地方劳动争议仲裁组织应当有同级工会代表参加。

4. 监督权

监督权主要包括对劳动法律、法规实施情况进行监督的权利；对企业的劳动条件和安全卫生设施状况提出意见的权利；监督国有企业和企事业单位实行民主管理制度的权利。具体来说，主要包括以下三个方面：

（1）工会依照国家规定对新建、扩建企业和技术改造工程中的劳动条件和安全卫生设施与主体工程同时设计、同时施工、同时投产使用的情况进行监督。对工会提出的意见，企业或者主管部门应当认真处理，并将处理结果书面通知工会。

（2）工会有权要求企业、事业单位对侵犯职工合法权益的问题进行调查，有关单位应当予以协助。我国从2008年1月1日开始实施的《中华人民共和国劳动合同法》第七十八条规定，工会依法维护劳动者的合法权益，对用人单位履行劳动合同、集体合同的情况进行监督。

（3）职工因工伤事故和其他危害职工健康问题的调查处理，必须有工会参加。工会应当向有关部门提出处理意见，并有权要求追究有直接责任的主管人员和有关人员的责任，对于工会提出的意见，有关部门应当及时研究，并给予答复。

（二）工会的义务

工会的权利和义务是相辅相成、不可分割的。工会在享有法律法规赋予权利的同时，也必须履行宪法和法律规定的义务。工会的义务主要有以下四个方面。

1. 提供法律服务的义务

职工同用人单位发生劳动争议时，工会有为会员提供法律咨询、法律帮助的义务。

2. 协助用人单位发展员工福利的义务

工会有协助企业、事业单位、机关单位搞好集体福利事业的义务；工会有做好工资、劳动安全卫生和社会保险等方面工作的义务。

3. 动员和组织职工参加劳动的义务

工会有教育职工认真对待劳动、动员和组织职工参加劳动、爱护企业财产、提出合理化建议的义务。例如，《中华人民共和国工会法》规定，工会会同企业、事业单位教育职工以国家主人翁态度对待劳动，爱护国家和企业的财产，组织职工开展群众性的合理化建议、技术革新活动，进行业余文化技术学习和职工培训，组织职工开展文娱、体育活动。

4. 教育职工不断提高思想觉悟和文化技术素质的义务

工会有教育职工不断提高思想觉悟、文化水平、技术素质、职业素质等方面的义务。

四、工会履行职责的方式

关于工会履行职责方式的划分，最经典的是“韦布五分法”，即把工会的行为方式划分为互保互助、集体谈判、劳动立法、直接行动和政治行动。

（一）互保互助

工会主要以互保互助的方式向会员提供各项福利，工会从管理的基金中提取费用，向会员提供医疗、教育、娱乐、住房等方面的福利待遇。工会的经费来源主要以下五个方面：(1) 工会会员缴纳的会费；(2) 建立工会组织的企业、事业单位、行政机关每月按照全部职工工资总额的一定比例向工会拨缴经费；(3) 工会所属的企业、事业单位上缴的收入；(4) 政府的补助；(5) 其他收入。

(二) 集体谈判

集体谈判是工会为签订集体合同，与用人单位或雇主协会或行业协会交流、协商，确定薪酬、社会保险、福利待遇、工时、工作条件等有关劳动标准和劳动关系事务的活动，这是工会为会员争取经济利益的最直接方式。在谈判的过程中，可能会出现两种情况：一是劳资双方互相妥协，较快地达成一致，并签订集体合同；二是谈判失败，陷入僵局，双方互不妥协，此时可以由劳资双方都能够接受的第三方出面调解。如果调解不成，工会可以采取直接行动。

(三) 直接行动

直接行动是指当互保互助和集体谈判都不能有效发挥作用时，工会将采取罢工、罢市、强制战术等方式来维护会员的利益。目前，世界上大多数国家都规定，在经过调解后，仍然不能达成协议的，工会举行罢工或者罢市是合法的。但是，各国政府在承认直接行动合法性的同时，又规定了许多限制性的条件。例如，德国政府规定，采取“直接行动”是工会的合法权利，但是只有当“直接行动”是为了达成集体协议时，“直接行动”才是合法的。又如，美国政府规定，对铁路和航空业发生的争议必须由政府部门先进行调解。如果当事人对调解结果都不满意，则此争议将交给由总统指定的 3 人紧急小组在 30 天内提出解决争议的建议。在此期间，争议双方必须继续履行原有合同或执行政府部门的调解方案，不得采取罢工行为。1949 年颁布的《中华人民共和国宪法》没有规定“罢工权”。1975 年，修改后的《中华人民共和国宪法》首次规定，公民有罢工的自由。1978 年修订的《中华人民共和国宪法》仍然强调公民有罢工的自由。1982 年修订的《中华人民共和国宪法》取消了“罢工自由”的规定，因为在企业归国家所有的计划经济条件下，罢工实际上就是罢政府的工，具有特殊的政治意义。到目前为止，《中华人民共和国宪法》《中华人民共和国工会法》《中华人民共和国劳动法》等都没有赋予劳动者和工会罢工的权利，甚至在《集体合同规定》中规定，任何一方不得有过激行为。但是，在某些特殊情况下，允许劳动者有权“停止作业”“有权拒绝执行”等。目前，我国法律对罢工这一问题采取了回避的态度①，既没有明确赋予劳动者或工会具有罢工权，又没有明文禁止。

① 徐小洪：《冲突与协调——当代中国私营企业的劳动关系研究》，中国劳动社会保障出版社 2004 年版。

案例 7-2

德国汉莎航空公司驾驶员大罢工

德国汉莎航空公司与驾驶员联合会有关解决劳资纠纷的谈判破裂后，大约 4000 名驾驶员于 2010 年 2 月 22 日零时开始了为期 4 天的罢工，致使汉莎航空公司在全球取消大约 800 个航班，殃及大约 1 万名乘客。汉莎航空公司说，罢工沉重打击了公司国际航班的运营。按照美联社的说法，汉莎旗下的汉莎货运公司、子公司德翼（Germanwings）的运营业务也受到了罢工的影响。据汉莎航空公司预计，这是 9 年来最严重的罢工，罢工使公司遭受 6500 万欧元（约合 8800 万美元）的经济损失。

（四）劳动立法

工会通过劳动立法建议、监督法律执行等方式保护会员的利益，促进工会的发展。工会在劳动立法方面的作用有两方面：一方面，工会积极地游说政府，力求颁布有利于工会、有利于劳动者的劳动法案。中国社会科学院专家郑秉文认为，法国工会在保障劳动者权益方面起了重要而不可替代的作用。法国现行的每一项福利政策几乎都有工会的影子。例如，法国的 5 周带薪休假就是工会争取劳工权益的结果；最低工资的上调也常常依赖于工会的推动。[①] 另一方面，工会还负责监督相关法律、法规的执行情况。工会在劳动法律监督方面依法享有以下权利：（1）对用人单位执行劳动法律、法规的情况进行监督；（2）参与调查、处理劳动保护、安全卫生问题；（3）提出意见，要求用人单位改正；（4）要求政府劳动监察部门进行处理；（5）支持职工依法举报、控告；（6）舆论监督。

（五）政治行动

政治行动是指工会以参与政治活动的方式来实施劳动者权益的保护。工会的政治行动主要有两个方面：一方面，工会通过向政府和立法机构施加压力，促使其颁布保护劳动者权益的法律、法规；另一方面，建立政党或加入代表工人阶级利益的政党。例如，由英国全国总工会成立的工党与英国保守党轮流执政，每当工党上台都将采取积极的措施来维护工人阶级的利益。

① 郑秉文：《法国：工会参与劳动立法》，《新京报》2008 年 1 月 20 日第 14 版。

案例 7－3

工会在调解劳动关系中的作用

2014 年 6 月，宋某到当地工会反映情况，他和其他 11 名员工在春节及五一节期间加班后要求用人单位支付加班工资。但是，用人单位拒绝支付，于是宋某请求工会协调解决问题。

针对宋某反映的问题，当地工会立即与用人单位领导取得了联系，并进一步了解了情况。针对用人单位拒绝支付加班工资的态度，工会组织的工作人员通过摆事实、讲道理、宣讲劳动法律法规等方式，使单位领导的态度发生了积极的转变，同意按照国家有关规定支付给员工加班工资。在当地工会组织的协调下，用人单位向 12 名员工补发了大约 10000 元的加班费。

案例 7－4

全球工会与美国跨国公司的问题①

对许多美国人来说，20 世纪 80 年代是困难的 10 年，并且困难一直持续到了 20 世纪 90 年代。工会会员得到的工资和整体福利比以前低得多。20 世纪 80 年代，因不合理解雇和工作歧视而上诉的案件数量达到了历史最高水平，员工因受到不公平待遇而产生的不满情绪剧增。在劳动关系紧张的情况下，工会的规模并没有扩张。显然，员工没有将加入工会作为解决问题的重要途径。

最近，美国工会会员的数量急剧下降，其他国家的工会会员也以每年 5%—7% 的速度减少。过去 20 年里，美国工会会员人数已经下降了 50% 左右，英国为 51%，日本工会会员人数下降得比较少。

在美国的跨国组织中，如果公司没有工会，公司要完成更多、更困难的管理劳动者的任务。因为相对于美国而言，其他发达国家的工会力量比较强大，可以要求美国跨国公司人力资源经理付出更多的努力，履行承诺，公平地对待员工。

① ［美］R. 韦恩·蒙迪、［美］罗伯特·M. 诺埃：《人力资源管理（第六版）》，经济科学出版社 1998 年版，第 503—504 页。

案例 7－5

工会主席的选择①

广州市总工会的最新调查发现，在外资企业和民营企业中，98.7%的工会主席是兼职的。其中，相当一部分企业的工会主席是企业劳动人事管理部门的负责人。当企业与员工出现劳动纠纷时，工会主席的立场十分尴尬。从目前全国发生的几起工会主席当被告的情况来看，大多数工会主席都选择了同企业利益结盟。

复习思考题

1. 工会的性质有哪些？
2. 简述我国工会产生和发展的过程。
3. 工会的职能有哪些？
4. 工会的组织结构有哪些？
5. 工会的权利有哪些？
6. 工会的义务有哪些？
7. 工会履行职责的方式有哪些？

① 严利、杨明等：《工会主席不作为我支持工人告他》，搜狐新闻，http：//news. sohu. com/20061116/n246415589. shtml。

第八章　集体合同

集体合同是工会代表职工同用人单位或雇主行业协会签订的书面协议，其法律效力高于个人劳动合同。集体合同的订立，规范了劳动者同用人单位的劳动关系，提高了劳动者的福利待遇水平，更加有效地维护了劳动者的合法权益。本章主要讲述集体合同的特征、集体合同的内容，集体合同的订立、履行、变更和终止等方面的内容。

第一节　集体合同的特征和类型

一、集体合同的概念和特征

（一）集体合同的概念

集体合同又称团体协议、集体协约，是指由工会代表职工与用人单位或雇主团体就全体职工的劳动报酬、工作条件、工作时间、休息休假、劳动安全卫生、社会保险等事项进行协商、谈判所缔结的书面协议。集体合同实际上是一种特殊的劳动合同。例如，《中华人民共和国劳动合同法》规定，企业职工一方与用人单位通过平等协商，可以就劳动报酬、工作时间、休息休假、劳动安全卫生、保险福利等事项订立集体合同。

（二）集体合同的特征

1. 集体合同的当事人是工会和用人单位（或雇主团体）

较之分散、孤立、缺乏维权意识的劳动者来说，工会具有更强的谈判能力，工会参与集体合同的谈判具有更大的优势，更容易说服用人单位或雇主团体接受工会提出的劳动条件和劳动标准。作为一种契约关系，集体合同是集体协商的结果。

2. 集体合同对全体职工都具有法律效力

依法订立的集体合同对用人单位和全体职工都具有法律效力。如果说，个人劳动合同仅规定了单个劳动者的权利和义务的话，那么，集体合同则规定了全体劳动者的权利和义务。集体合同不仅对于签订合同的工会具有约束力，而且对于工会代表的劳动者也具有约束力。

3. 集体合同的法律效力高于个人劳动合同

受集体合同保护的劳动者同用人单位签订的个人劳动合同，如果违反集体合同的规定，则属于劳动合同的无效条款。例如，个人劳动合同约定的工资标准低于集体合同规定的工资标准，则个人劳动合同约定的工资标准无效，应当执行集体合同的规定。

二、集体合同的类型

依据不同的划分标准，集体合同可以有不同的类型。

（一）依据集体合同涉及的内容划分

依据涉及的内容划分，集体合同可以分为综合性集体合同和专项性集体合同。

1. 综合性集体合同

综合性集体合同是指涉及内容比较广泛的集体合同，其不仅涉及劳动条件、劳动保护、劳动关系等方面的内容，而且还包括劳动争议处理等方面的内容。

2. 专项性集体合同

专项性集体合同是指工会与用人单位就劳动关系运行中的某一问题作出的规定。专项性集体合同具有适用范围比较小，时间性、地域性比较强的特点。

（二）依据合同签订的方式划分

依据合同签订的方式划分，集体合同可以分为自愿性集体合同和强制性集体合同。

1. 自愿性集体合同

自愿性集体合同是指集体合同当事人经过法定程序在自愿、友好协商的基础上达成的协议。

2. 强制性集体合同

强制性集体合同是指劳动争议发生后，经过劳动争议仲裁委员会（或法院）作出裁决（或判决），要求当事人必须执行的集体合同。

（三）依据合同实施的范围划分

依据合同实施的范围划分，集体合同可以分为全国性集体合同、产业集体合同和企业集体合同。

1. 全国性集体合同

全国性集体合同是指全国性的工会组织与全国性雇主协会签订的全国性集体协议。全国性集体合同对全体劳动者和用人单位都具有法律效力。

2. 产业集体合同

产业集体合同是指产业工会组织或者行业工会组织与产业雇主协会或者雇主行业协会签订的行业集体协议或产业集体协议。行业集体合同或产业集体合同对于整个行业、产业的劳动者和用人单位具有法律效力。

3. 企业集体合同

企业集体合同是指企业工会与用人单位签订的企业集体协议。企业集体合同仅对企业和该企业的劳动者具有法律效力。

（四）依据合同的期限划分

依据合同的期限划分，集体合同可以分为定期集体合同、不定期集体合同和以完成一定工作任务为期限的集体合同。

1. 定期集体合同

定期集体合同是指约定终止日期的集体合同。一般来说，约定终止日期以后，定期集体合同就会失效。

2. 不定期集体合同

不定期集体合同是指没有约定终止日期的集体合同。一般来说，不定期集体合同一直具有法律效力。

3. 以完成一定工作任务为期限的集体合同

以完成一定工作任务为期限的集体合同是指以完成一定工作任务为合同终止日期的集体合

同。一般来说，工作任务一旦完成，以完成一定工作任务为期限的集体合同就会自动终止。

三、签订集体合同的意义

工会同用人单位或者雇主团体订立集体合同的意义主要有以下四个方面。

（一）改善劳动条件，提高劳动待遇标准

集体合同通常对劳动者利益作出高于国家法定最低标准的约定，可以改善劳动条件，提高劳动者的待遇标准，从而更有效地保护劳动者的利益，确保全体劳动者的利益在一定范围内得以平等地实现。

（二）规范劳动关系，促进劳动关系的和谐与稳定

集体合同可以在一定范围内对劳动者的利益作出协调性的规定，解决了劳动法律、法规和部门规章尚未涉及的一些问题，从而有利于更具体地规范劳动关系，促进劳动关系的和谐与稳定。

（三）避免劳动者被动地接受不合理的劳动合同条款

工会代表全体劳动者签订集体合同可以提高劳动者参与集体谈判的能力，提高劳动者的工资和福利待遇水平，可以避免劳动者被动地接受不合理的劳动合同条款。

（四）简化单个劳动合同签订的手续

集体合同对劳动关系的主要内容作出规定以后，个人劳动合同只需对单个劳动者的特殊情况作出约定，这样可以简化单个劳动合同签订的手续，减少劳动合同签订和鉴证等方面的工作量。

第二节
集体合同的内容和期限

一、集体合同的内容

完整的集体合同，应当包括以下三个方面的内容。

（一）标准性条款

标准性条款是指工会与用人单位或者雇主团体就劳动报酬、工作时间、劳动定额、休息休假、社会保险、福利待遇、劳动安全卫生等方面作出的规定，这些规定是劳动者或者用人单位需要达到的标准，其在集体合同有效期间持续地有效。例如，《中华人民共和国劳动合同法》规定，企业职工一方与用人单位通过平等协商，可以就劳动报酬、工作时间、休息休假、劳动安全卫生、保险待遇等事项订立集体合同，集体合同草案应当提交职工代表或者全体职工讨论通过。又如，浙江省绍兴市总工会与企业协会协商，将各道工序的定价写入集体合同，工序定价成为用人单位支付劳动者工资的重要标准性条款之一。

（二）目标性条款

目标性条款是指劳动者或用人单位应该达到的目标以及为实现该目标而采取的措施，其主要表现为劳动者或者用人单位应该承担的义务。目前，各国政府对于目标性条款是否应当成为集体合同的内容存在着比较大的分歧。例如，我国政府发布的《集体合同规定》将集体合同可以具备的条款规定为以下几项，即劳动报酬，工作时间，休息休假，劳动安全与卫生，补充保险和福利，女职工和未成年工特殊保护，职业技能培训，劳动合同管理，奖惩，裁员，集体合同期限，变更，解除，终止程序，履行集体合同发生争议时的协商处理办法，违反集体合同的责任等。从以上规定来看，《集体合同规定》并未将目标性条款作为集体合同必备的条款。

（三）劳动关系运行规则条款

劳动关系运行规则条款是指集体合同对合同期限、订立、履行、变更、解除、终止、违约责任、劳动争议处理等方面内容作出的规定。在劳动法律法规不完备的情况下，集体合同对劳动关系运行规则作出约定，有助于减少劳动争议，促进劳动关系的和谐与稳定。

二、集体合同的形式

对于集体合同存在的形式，世界各国政府大多作出了明确的规定。一般来说，集体合同为要式合同，必须采取书面的形式订立。例如，我国政府发布的《集体合同规定》规定，集体合同应当采取书面形式，口头承诺的合同不具有法律效力。

此外，集体合同的形式还有主件和附件之分。主件即综合性集体合同，其内容一般涉及劳动关系的各个方面；附件即专项集体合同，是就劳动关系某个方面的事项签订的专项协议。目前，我国法定的集体合同附件主要有工资协议。《工资集体协商试行办法》规定，中华人民共和国境内的企业依法开展工资集体协商，签订工资协议。已经订立集体合同的，工资协议作为集体合同的附件，与集体合同具有同等的法律效力。

三、集体合同的期限

集体合同的期限应当适当，期限太短，不利于劳动关系的稳定；期限太长，不利于劳动者权益的保护。世界各国政府大多采取定期集体合同的方式确定集体合同的期限，并在立法中限制集体合同的最短期限。法律法规对集体合同规定最短期限的规定，有利于维持劳动合同的稳定性，可以减少订立集体合同的成本。例如，我国政府规定，集体合同有效的最短期限为 1 年。但是，也有一些国家采取不定期集体合同的方式，合同当事人随时可以提前一段时间通知对方当事人，终止集体合同。以完成一定工作任务为期限的集体合同，会随着工作期限的延长而延长；但是，国家法定的最长期限通常视为集体合同的有效期限。①

第三节

集体合同订立的程序和效力

一、集体合同订立的程序

集体合同的订立是指工会同用人单位或者雇主团体为规范劳动关系而订立书面的协议。

（一）集体合同的当事人

集体合同的当事人是工会和用人单位或者雇主团体。

1. 工会

工会作为集体合同的一方当事人参与集体合同谈判，其当事人资格是法律、法规认可

① 王全兴、管斌：《劳动法学》（第二版），高等教育出版社 2008 年版，第 232 页。

的，工会参与集体合同的谈判，可以提高劳动者的谈判能力和水平。例如，《中华人民共和国劳动合同法》规定，集体合同由工会代表职工与用人单位签订；尚未建立工会的用人单位，由上一级工会指导劳动者推举的代表与用人单位订立。

2. 用人单位或者雇主团体

用人单位或者雇主团体是集体合同谈判的另一方当事人。雇主团体的签约权限一般由雇主团体的章程规定。在特殊情况下，也可以由雇主团体成员大会或者成员代表大会的决议确定。雇主团体签订的集体合同对雇主团体内的每一成员都具有约束力。

（二）集体合同订立的原则

集体合同的订立，应当遵循一定的原则。例如，我国政府发布的《集体合同规定》规定，进行集体协商，签订集体合同或专项集体合同，应当遵循下列原则：（1）遵守法律、法规、规章及政府的有关规定；（2）相互尊重，平等协商；（3）诚实守信，公平合作；（4）兼顾双方合法权益；（5）不得采取过激行为。合法、协商一致原则，已经在劳动合同订立原则中介绍，不再赘述，下面重点介绍以下五项原则。

1. 遵守法律、法规、部门规章及政府有关规定的原则

工会在同雇主或者雇主团体进行集体谈判的过程中，应当遵守法律、法规、部门规章及政府发布的有关规定，集体合同的内容不得与法律、法规及政府发布的有关规定相抵触。

2. 相互尊重、平等协商的原则

相互尊重、平等协商的原则是指工会与用人单位或者雇主团体在签订集体合同的过程中相互尊重，以平等的地位共同协商有关集体合同的相关内容。

3. 诚实守信、公平合作的原则

诚实守信、公平合作的原则是指工会与用人单位或者雇主团体在签订集体合同的过程中诚实守信、共同合作、共同解决劳动关系运行中的各种问题，以达到劳动者利益和用人单位利益的平衡，维持和谐、稳定的劳动关系。

4. 兼顾用人单位和职工利益的原则

兼顾政府、用人单位和职工利益的原则是指工会与用人单位或者雇主团体在协商、谈判的过程中，应该兼顾政府、用人单位和职工的利益，不得签订损害政府和社会公众利益的集体合同。工会与用人单位或者雇主团体在协商、谈判的过程中，应当承担社会责任，维护公共秩序，不得损害社会公共秩序。

5. 不得采取过激行为的原则

不得采取过激行为的原则是指工会与用人单位或者雇主团体在协商、谈判的过程中不得采取过激的行为，不得以暴力、威胁等手段影响谈判秩序。

（三）集体合同订立的程序

一般来说，集体合同的订立需要经过集体协商、审议、签字、报送与审查、生效和公示六个阶段。下面以我国集体合同订立的程序为例，说明集体合同订立的一般程序。

1. 集体协商

集体协商也称集体谈判、平等协商，是指劳动者通过自己的代表与用人单位或用人单位代表就集体合同的内容进行商谈的过程。在集体协商阶段，需要经历以下三个方面的程序：

（1）确定集体协商代表。集体协商需要按照法定程序产生有权代表本方利益的集体协商代表。集体协商代表是指按照法定程序产生并有权代表本方利益进行集体协商的人员。集体协商双方的代表人数应当对等，每方至少3人，各确定1名首席代表。职工一方的协商代表由本单位工会选派；未建立工会的用人单位，由本单位职工民主推荐，并经本单位半数以上的职工同意。职工一方的首席代表由本单位工会主席担任。用人单位一方的协商代表，由用人单位法人代表指派，首席代表由法人代表担任或者由其书面委托的其他管理人员担任。

集体协商代表在协商前应当进行下列准备工作：①熟悉与集体协商内容有关的法律、法规、部门规章和制度，了解与集体协商内容有关的情况和资料；②收集用人单位和职工对协商意向所持的意见；③拟定集体协商议题，集体协商的议题可以由提出协商一方起草，也可以由双方指派代表共同起草；④确定集体协商的时间、地点等事项；⑤共同确定非协商代表担任集体协商记录员。记录员应当保持中立、公正的立场，并为集体协商双方保密。集体协商代表的职责主要有以下几个方面：①参加集体协商；②接受本方人员的质询，及时向本方人员公布协商的情况，并征求本方人员的意见；③提供与集体协商有关的情况和资料；④代表本方参加集体协议争议的处理；⑤监督集体合同的履行；⑥法律、法规和部门规章规定的其他职责。

（2）协商。工会和用人单位或者雇主团体均可以就签订集体合同事宜，以书面的形式向对方提出协商的要求。一方提出协商要求的，另一方应当在收到该要求之日起20日内以书面的形式予以回应，无正当理由，不得拒绝进行协商。集体协商会议由双方首席代表轮流主持，并按下列程序进行：①宣布会议议程和会议纪律；②一方首席代表提出协商的具体内容和要求，另一方首席代表就对方的要求作出回应；③协商双方就商谈事项发表各自的意见，开展充分的讨论；④双方首席代表归纳意见。达成一致的，应当形成集体合同草案或者专项集体合同草案，由双方首席代表签字。协商未达成一致或者出现事先未预料的情况时，经双方协商代表同意，可以中止协商。中止期限及下次协商时间、地点、内容由双方协商确定，工会和用人单位或者雇主团体协商的期限最长不得超过60日。

（3）制作集体合同草案。工会与用人单位代表就集体合同的内容协商一致后，可以制作集体合同草案。经双方代表协商一致的集体合同草案或者专项集体合同草案，应当有三分之二以上职工代表或者职工出席，且须经全体职工代表半数以上或者全体职工半数以上同意，集体合同草案或者专项集体合同草案方获通过。

2. 审议

审议是将集体合同草案提交职工大会或者职工代表大会审议。审议集体合同草案时，由用人单位代表和工会主席分别就集体协议草案的产生过程、依据和涉及的主要内容作出说明，然后由职工大会或者职工代表大会对集体合同协议草案进行讨论，并作出审议的决定。我国政府发布的《集体合同规定》规定，经双方协商代表协商一致的集体合同草案或者专项集体合同草案应当提交职工代表大会或者全体职工讨论。职工代表大会或者全体职工讨论集体合同草案或者专项集体合同草案，应当有三分之二以上职工代表或者职工出席，且须经全体职工代表半数以上或者全体职工半数以上同意，集体合同草案或者专项集体合同草案方获通过。

3. 签字

集体合同审议通过后，用人单位的法定代表人和工会主席应当代表双方在合同文本上签字，并注明集体合同签订的日期。我国政府发布的《集体合同规定》规定，集体合同草案或者专项集体合同草案经职工代表大会通过后，由集体协商双方首席代表签字。

4. 报送与审查

集体合同签订后，用人单位代表应当将合同文本一式三份报送劳动保障行政部门审查。《中华人民共和国劳动合同法》规定，集体合同订立后，应当报送劳动保障行政部门。我国政府发布的《集体合同规定》规定，集体合同或者专项集体合同签订或者变更后，应当自双方首席代表签字之日起10日内，由用人单位一方将文本一式三份报劳动保障行政部门审查。劳动保障行政部门应当对集体合同文本进行登记、审查，如果发现有违反法律、法规的内容，可以指令当事人予以修改。

5. 生效

如果劳动保障行政部门未提出异议，在法定期限（通常为15日）过后，集体合同即行生效。同时，劳动保障行政部门应当自收到合同文本之日起15日内将《审查意见书》送达双方协商代表。《中华人民共和国劳动合同法》规定，集体合同订立后，应当报送劳动保障行政部门；劳动保障行政部门自收到集体合同文本之日起15日内未提出异议的，集体合同即行生效。

6. 公示

集体合同生效后，协商代表应当将集体合同的内容以适当的方式向全体职工公布，让职工知悉集体合同的内容。

案例 8－1

上海麦当劳签订中国第一份集体合同

2008 年 9 月，在上海市总工会的支持下，上海麦当劳食品有限公司工会向公司发出集体协商的要约。期间，上海市总工会副主席茆荣华会见了麦当劳中国总部人事总裁，就集体协商工作进行了沟通。上海市总工会法律工作部对集体协商工作进行了具体的业务指导，集体合同的订立主要有以下步骤：一是制定了协商的规则和制度。在双方协商确立的《集体协商规则》中规定了协商的原则、协商代表产生的程序、权利与义务和协商要约的提出等内容。为了保证集体协商的成功，上海麦当劳食品有限公司与工会约定了集体协商的制度，建立了每半年进行一次集体协商的制度。二是广泛听取职工的意见。在协商会议召开之前，工会听取了职工的建议，公司代表就有关问题给予了积极的回应，并采纳了合理的建议。由于协商双方的重视，这次集体协商工作做到了公司管理层满意、工会满意、职工满意。三是签订集体合同。《集体合同》就员工的聘用、劳动报酬、工作时间与休息休假、保险福利、教育培训等核心利益问题作出了明确的约定。同时，签订了工资专项集体合同和女职工保护专项集体合同。工资专项合同规定，在企业经营状况比较困难的情况下，公司应当想方设法减少其他支出，以确保 2009 年职工平均工资增长幅度不低于 5%。①

二、集体合同的效力

集体合同的效力是指集体合同适用的人、时间和地点。

（一）集体合同的时间效力

集体合同的时间效力是指集体合同生效和终止的时间，即集体合同存在的期限。关于集体合同生效的时间主要有两种做法：一是由当事人约定生效的时间，二是在当事人约定的基础上经主管部门批准后生效。例如，《中华人民共和国劳动法》规定，集体合同签订

① 《上海麦当劳食品有限公司在中国签订第一份集体合同》，上海总工会网站，2009 年 1 月 19 日。

后应当报送劳动保障行政部门，劳动保障行政部门自收到集体合同文本之日起 15 日内未提出异议的，集体合同即行生效。我国政府发布的《集体合同规定》规定，集体合同或者专项集体合同期限一般为 1—3 年，期满或者双方约定的终止条件出现时，集体合同即行终止。

（二）集体合同的空间效力

集体合同的空间效力是指集体合同适用的空间范围，即集体合同适用的地域、产业或用人单位。全国性的集体合同在全国范围内具有法律效力，地方性的集体合同在某一地区具有法律效力，产业性的集体合同在某产业内部具有法律效力，职业性的集体合同对某一行业具有法律效力，企业签订的集体合同对企业内部职工具有法律效力。

（三）集体合同对人的效力

集体合同对人的效力是指集体合同对什么人具有约束力。一般来说，地域性的集体合同对该地区所有用人单位和劳动者都具有法律效力；行业性的集体合同对行业范围内的所有用人单位和劳动者都具有法律效力；在集体合同生效的企业，即使有劳动者反对已经订立的集体合同，其行为依然受到集体合同的约束。

三、集体合同和个人劳动合同的区别

（一）合同的当事人不同

集体合同的当事人是代表劳动者集体利益的工会与用人单位或者雇主团体，因此，集体合同又称为团体协议或者团体合同；而个人劳动合同的当事人是单个劳动者和用人单位。

（二）合同的目的不同

工会与用人单位或者雇主团体签订集体合同的目的是确定劳动标准，提高劳动者权益的保障水平，规范劳动关系；而劳动者和用人单位签订个人劳动合同的目的是建立劳动关系，规定劳动时间、劳动任务和劳动报酬等。

（三）合同的内容不同

集体劳动合同以集体内全体劳动者的共同权利和义务为内容，其涉及的内容主要包括全体劳动者的权利和义务、劳动条件、劳动标准等各个方面的内容；个人劳动合同的内容以劳动者个人和用人单位的权利义务为内容，主要包括建立劳动关系的各个方面，其涉及的内容通常不如集体合同广泛。

（四）合同签订的时间不同

集体合同产生于劳动关系运行中，不以单个劳动者参加劳动、建立劳动关系为前提；而个人劳动合同一般产生于劳动者参加工作之前，是劳动者同用人单位建立劳动关系的法律依据。

（五）合同的法律效力不同

集体合同的法律效力高于个人劳动合同，集体合同适用于覆盖范围内的所有劳动者；而个人劳动合同的条件和标准服从集体合同约定的条件和标准。个人劳动合同约定的条件和标准低于集体合同约定的条件和标准时，以集体合同约定的条件和标准为准。

案例 8－2

瑞典政府对集体谈判的立法

在当今西方市场经济国家中，瑞典的工会组织不仅比较强大，而且在集体谈判方面堪称“国际样板”。虽然瑞典20世纪30—40年代就开展了集体谈判，但是从政府的基本立场和劳资双方的力量来看，资方占有比较大的优势。20世纪60年代后期，瑞典劳资双方矛盾加剧，工会不断地组织罢工，迫使政府加强劳工立法。20世纪70年代初，瑞典工会凭借与瑞典执政的社会民主党的特殊关系，促使政府颁布了《共决法》《就业保障法》等一系列涉及集体谈判的法律、法规，瑞典工会是稳定劳动关系的重要力量。

第四节

集体合同的履行、变更和终止

一、集体合同的履行

（一）集体合同履行的概念

集体合同履行是指集体合同的双方当事人遵守集体合同约定的劳动时间、劳动条件和劳动报酬，全面履行集体合同规定的义务，维护双方合法权益的行为。当事人履行了集体合同规定的全部义务，称为集体合同的全部履行；当事人只履行了集体合同规定的部分义务，称为集体合同的部分履行；没有履行集体合同规定的义务，称为集体合同的未履行。在集体合同履行的过程中，当事人应当避免采取有损于忠实履行集体合同的行为，维持劳动关系的和谐和稳定。

（二）集体合同履行的原则

在集体合同履行的过程中，应当坚持实际履行、适当履行、忠实履行和协作履行的原则。

1. 实际履行的原则

实际履行的原则是指以劳动者实际履行劳动义务、用人单位实际提供劳动待遇的情况为依据，确定劳动标准、工资和福利待遇支付，确保劳动者利益的实现不低于集体合同所规定的标准。

2. 适当履行的原则

适当履行的原则是指集体合同的当事人应当依据工作目标、生产任务的变化，调整集体合同的内容。对于法律、法规予以明确规定的内容，按照法律、法规的相关规定执行；对于法律、法规未明确规定的内容，双方当事人应当依法重新协商，然后再按照重新协商的内容履行。

3. 忠实履行的原则

忠实履行的原则是从劳动者和用人单位两个方面来规范的。对于用人单位来说，忠实履行原则是指用人单位遵守法律、法规、部门规章和集体合同的约定，以提高劳动者的劳动报酬、福利待遇水平为原则，维护劳动者的合法权益。对于劳动者来说，忠实履行原则是指劳动者遵守法律、法规和集体合同约定，以维护用人单位的利益为原则，避免从事有损用人单位利益的行为。

4. 协作履行的原则

协商履行的原则是指集体合同的当事人应当相互理解和合作，共同协商解决劳动关系运行中的一切问题，维持劳动关系的和谐和稳定。

（三）集体合同履行的违约责任

用人单位违反集体合同的约定，侵犯劳动者合法权益的，工会可以依法要求用人单位承担责任，依法赔偿劳动者的经济损失；在双方当事人均有过错的情况下，应当按照各自过错的大小承担违约责任。因履行集体合同发生争议，经协商解决不成的，工会可以依法申请劳动争议仲裁；对劳动争议仲裁结果不服的，可以提起诉讼。

（四）集体合同履行的监管

在集体合同履行的过程中，劳动保障行政部门、工会、用人单位代表有权对集体合同的履行情况进行监督、检查，发现问题后，及时同用人单位协商解决问题的办法。集体合同履行监督的内容主要有：（1）集体合同条款贯彻执行的情况；（2）集体合同条款修改的情况；（3）违反集体合同规定赔偿的情况；（4）集体合同未尽事宜执行的情况；（5）双方确定需要监督检查的情况。

二、集体合同的续订和变更

集体合同期满前3个月内，任何一方均可以向对方当事人提出重新签订和续订集体合同的要求。集体合同续订是指集体合同期限届满前工会同用人单位或者雇主团体根据法律、法规的规定，经双方当事人协商一致后，延续集体合同的法律效力。集体合同变更是指集体合同生效后尚未履行完毕之前，由于客观情况发生变化，当事人依照法律、法规规定的条件和程序对原集体合同进行修改或增删的行为。集体合同变更后，应当自双方首席代表签字之日起10日内，由用人单位一方将文本一式三份报送劳动保障行政部门审查。劳动保障行政部门应当办理登记、审查、备案手续。

三、集体合同的解除和终止

（一）集体合同的解除

集体合同的解除是指集体合同在没有履行或者没有完全履行之前，因订立合同所依据的主客观情况发生变化，致使集体合同的履行不可能或不必要，当事人依照法定条件或程序，终止原集体合同的法律关系。例如，我国政府发布的《集体合同规定》规定，有下列情形之一的，可以变更或者解除集体合同或专项集体合同：（1）用人单位因被兼并、解散、破产等原因，致使集体合同无法履行的；（2）因不可抗力等原因，致使集体合同无法履行或者部分无法履行的；（3）集体合同约定的变更或解除条件出现的；（4）法律、法规、部门规章规定的其他情形。集体合同变更或者解除后，应当自双方首席代表签字之日起10日内，由用人单位将变更、解除集体合同的文本报送劳动保障行政部门审查。劳动保障行政部门自收到文本之日起15日内未提出异议的，集体合同或专项集体合同即行生效。

（二）集体合同的终止

集体合同终止是指因某种法律事实的发生而导致集体合同法律关系消灭。集体合同的终止，主要包括以下两个方面的情形。

1. 集体合同因有效期届满而终止

集体合同在约定的期限届满时，除依法延期外，应当终止；依法延期的集体合同，在期限届满时也应当终止。

2. 集体合同因目的实现而终止

集体合同所规定的义务完全履行，合同的目的已经实现，应当终止集体合同。例如，以完成一定工作任务为目的的集体合同，在工作任务完成时，集体合同应当终止。

案例 8－3

我国工资专项集体合同的发展

2002 年，温岭市新河镇羊毛衫行业因工资问题引发职工上访、罢工的事件频发，职工上访人次占全镇接访人次的 45%。

为了从源头上解决职工工资较低的问题，减少劳动纠纷，新河镇尝试在羊毛衫行业开展行业工资集体协商的工作。截至 2008 年底，新河镇羊毛衫行业的工资集体协商已经进行了 6 年多，职工工资年均涨幅为 5%—12%。

截至 2008 年 6 月，我国已经签订工资专项集体合同达 109.1 万份，覆盖用人单位 183.4 万家，覆盖劳动者 1.4 亿人。①

复习思考题

1. 签订集体合同的意义有哪些？
2. 集体合同的内容主要包括哪些方面？
3. 集体合同订立的原则有哪些？
4. 集体合同订立的程序有哪些？
5. 如何理解集体合同的效力？
6. 集体合同和个人劳动合同的区别有哪些？
7. 集体合同履行的原则有哪些？

① 《羊毛衫行业："拉"出工资集体协商制》，中国台州网，2008 年 10 月 16 日。

8. 集体合同终止的情形有哪些？

9. 集体合同变更的情形有哪些？

10. 集体合同解除的情形有哪些？

第九章 奖惩制度

奖惩制度是用人单位对劳动者进行激励管理的重要制度，主要包括实行奖惩的原则、条件、种类、方式、程序、手续，以及行使奖惩权限的机关等内容。奖励是对成绩优秀的劳动者给予精神和物质的嘉奖，以激励劳动者努力工作。惩罚是对工作不力或犯有过失、违反纪律的机关、公务人员进行的行政处罚或行政制裁。奖励与惩处具有激励与约束的双重功能，二者相辅相成，结合使用。明确的奖惩制度，可以使人力资源管理做到公开、公平、公正。用人单位惩处劳动者不是随意的，通常受到法律法规的约束，劳动者对用人单位作出的惩处决定不服的，可以依法申诉，维护自己的合法权益。本章讲述的内容主要有三个方面：一是奖励制度的概念、依据、程序和方式等；二是惩处制度的概念、依据、程序和方式等；三是申诉制度。

第一节

奖励制度

奖励制度是用人单位管理劳动者的机制和手段，可以激励劳动者积极、努力工作，可以对其他人起示范、引导的作用，促进劳动者公平竞争，积极创新，提高工作效率。

一、奖励制度的概念和特点

奖励制度是指对在生产劳动或工作中做出优异成绩的劳动者给予奖励的制度。奖励制度通常由相关管理部门制定的奖励原则、条件、种类、机构及其权限等诸多环节组成。对于奖励的特点，可以从以下三个方面进行理解。

（一）奖励的对象是有显著成绩和贡献的劳动者

劳动者有显著的成绩和贡献，应当获得相应的奖励。例如，我国政府于2018年修订的《中华人民共和国公务员法》规定，对工作表现突出、有显著成绩和贡献或者其他突出事迹的公务员或者公务员群体①，给予奖励。“工作表现突出”是指在工作过程中具有超越一般的表现，起到明显的模范带头作用或者在忠于职守、遵守纪律、廉洁奉公、作风正派、办事公道等方面表现特别优秀。“显著成绩和贡献”是指在工作中做出了明显、超越一般的成就，如作出了可以带来显著经济效益或者社会效益的发明、创造。“其他突出事迹”是指在抢险、救灾、制止严重违法犯罪行为等方面，奋不顾身，光荣负伤。又如，我国政府发布的《事业单位人事管理条例》规定，事业单位工作人员或者集体有下列情形之一的，给予奖励：（1）长期服务基层，爱岗敬业，表现突出的；（2）在执行国家重要任务、应对重大突发事件中表现突出的；（3）在工作中有重大发明创造、技术革新的；（4）在培养人才、传播先进文化中作出突出贡献的；（5）有其他突出贡献的。

（二）奖励必须按照规定的条件和程序

用人单位奖励劳动者不是随意实施的，必须依照政府发布的法律、法规和部门规章的规定或者用人单位规定的程序、条件进行。

（三）奖励通常实行物质奖励和精神奖励相结合的方式

奖励分为精神奖励和物质奖励。精神奖励也称为荣誉奖，是指给予劳动者精神方面的激励，如授予荣誉称号、颁发奖状和奖章。物质奖励是指给予劳动者奖金、奖品等实物方面的激励。实行物质奖励和精神奖励相结合的方式，有助于劳动者树立工作目标，努力工作。

二、奖励制度设立的原则

用人单位设立奖励制度应当遵循一定的原则，主要有以下三个方面。

① 公务员的奖励适用于按照编制序列设置的机构或者为完成专项任务组成的工作集体。

（一）公平性

用人单位奖励制度的设立，应当坚持公平性原则，使劳动者产生公平的感觉，增强员工的忠诚感，激发劳动者工作的积极性。设计不公平的奖励制度，就会使劳动者产生不公平的感觉，影响劳动者工作的积极性。

（二）合理性

用人单位奖励制度的设立，应当坚持合理性的原则，将奖励的范围和金额控制在用人单位支付能力的范围内。如果用人单位的奖励水平过高，会对用人单位的发展产生不利的影响。

（三）合法性

用人单位奖励制度的设立，应当符合政府发布的法律、法规和部门规章的规定，使奖励制度具有合法性，避免利用奖励制度来达到避税的目的。

三、奖励的依据

奖励是有依据的，通常按照规定的权限和程序。劳动者只有符合法律法规规定的情形或者用人单位劳动规章制度规定的情形，才有可能获得相应的奖励。例如，我国政府于2018年修订的《中华人民共和国公务员法》规定，公务员或者公务员集体有下列情形之一的，给予奖励：（1）忠于职守，积极工作，勇于担当，工作实绩显著的；（2）遵纪守法，廉洁奉公，作风正派，办事公道，模范作用突出的；（3）在工作中有发明创造或者提出合理化建议，取得显著经济效益或者社会效益的；（4）为增进民族团结，维护社会稳定作出突出贡献的；（5）爱护公共财产，节约国家资财有突出成绩的；（6）防止或者消除事故有功，使国家和人民群众利益免受或者减少损失的；（7）在抢险、救灾等特定环境中作出贡献的；（8）同违法违纪行为作斗争有功绩的；（9）在对外交往中为国家争得荣誉和利益的；（10）有其他突出功绩的。又如，我国政府发布的《事业单位人事管理条例》规定，事业单位工作人员或者集体有下列情形之一的，给予奖励：（1）长期服务基层，爱岗敬业，表现突出的；（2）在执行国家重要任务、应对重大突发事件中表现突出的；（3）在工作中有重大发明创造、技术革新的；（4）在培养人才、传播先进文化中作出突出贡献的；（5）有其他突出贡献的。我国企业奖励制度通常由用人单位根据企业的生产经营情况制定，政府没有作出规定。

四、奖励的方式

奖励的方式有物质奖励，也有精神奖励。例如，我国政府于2018年修订的《中华人民共和国公务员法》规定，奖励分为：嘉奖、记三等功、记二等功、记一等功、授予荣誉称号。对受奖励的公务员或者公务员集体予以表彰，并对受奖励的个人给予一次性奖金或者其他待遇。给予公务员或者公务员集体奖励，按照规定的权限和程序决定或者审批。又如，我国政府发布的《事业单位人事管理条例》规定，奖励分为嘉奖、记功、记大功、授予荣誉称号。

五、奖励的撤销

用人单位对已经奖励的个人或者集体认为不当的，可以撤销奖励。撤销奖励除了可以维护奖励制度的严肃性外，还可以进一步体现对劳动者管理的公平性。例如，我国政府于2018年修订的《中华人民共和国公务员法》规定，公务员或者公务员集体有下列情形之一的，撤销奖励：（1）弄虚作假，骗取奖励的；（2）申报奖励时隐瞒严重错误或者严重违反规定程序的；（3）有严重违纪违法等行为，影响称号声誉的；（4）有法律、法规规定应当撤销奖励的其他情形的。

第二节
惩处制度

建立惩处制度，可以约束、限制劳动者的行为，完善用人单位的劳动管理制度，维护劳动关系的和谐与稳定。

一、惩处制度的概念

惩处制度是指由相关管理部门确定的、由惩处原则、条件、种类、机构及其权限等诸多环节组成的惩处规范的总称。惩处是指用人单位对严重违反劳动纪律或者劳动规章制度的职工采取的惩罚措施。对于惩处的概念可以从以下五个方面进行理解。

（一）用人单位惩处的对象是严重违反劳动规章和工作纪律的职工

如果职工有轻微的过错，不适合采取惩处措施。如果劳动者的行为违反与劳动纪律无关的道德、法规，而未违反劳动纪律，用人单位也不应当依照劳动规章和工作纪律对劳动者予以处罚。例如，劳动者在上下班途中闯红灯，其行为违反了道路交通管理法规，但是未违反劳动法律法规，用人单位不得就劳动者闯红灯的行为进行处罚。

（二）惩处不得随意实施

用人单位惩处职工不应当随意实施，必须依据已经制定的劳动纪律、劳动规章制度和法律、法规、部门规章等方面的规定。用人单位制定的劳动纪律、劳动规章制度应当符合政府发布的法律、法规和部门规章的规定。违法的劳动纪律和劳动规章制度属于无效的劳动纪律和劳动规章制度。无效的劳动纪律和劳动规章制度自其制定之日起就不能作为确定劳动者权利和义务的依据。例如，《中华人民共和国劳动合同法》规定，用人单位制定的直接涉及劳动者切身利益的规章制度，如果违反法律、法规和部门规章的规定，由劳动保障行政部门责令改正，给予警告；给劳动者造成损害的，应当承担赔偿责任。

（三）惩处应当符合预先制定的程序

用人单位惩处职工，必须依照法定或者规定的程序进行，必须符合法律法规的规定。违反法定或者规定的程序，违反法律法规的规定，用人单位采取的惩处措施就会缺乏法律效力。例如，用人单位非法限制职工人身自由，就属于法定权限之外的惩处措施，属于违法、犯罪的措施。

（四）惩处应当对事不对人

用人单位惩处职工应当明确惩处的原因、依据、程度和方式等，惩处应当对事不对人，应当对全体职工一视同仁，不应当对一部分人严厉，对另一部分人宽松，应当公平、公正。

（五）适当的惩处措施，有利于改善劳动关系

用人单位制定的相关惩处措施，可以有效地约束劳动者的行为，改善劳动关系，提高劳动生产率。

二、惩处制度设立的原则

用人单位设立惩处制度应当遵循一定的原则，主要有以下四个方面。

（一）公平性

用人单位设立的惩处制度应当公平地对待每一位劳动者，对事不对人，不偏袒、不歧视劳动者，避免让劳动者产生不公平的感觉，影响工作的积极性。

（二）及时性

用人单位应当对犯有严重错误的劳动者及时作出处罚，以达到及时督促劳动者改正错误的目的，激励劳动者遵守劳动规章和劳动纪律等，促进劳动关系的平稳、健康运行。

（三）惩戒性

劳动者犯有严重的错误，用人单位应当给予明确的处罚，将处罚的原因、依据、事实等明确告知劳动者，严明劳动纪律，以儆效尤。

（四）警告性

用人单位设立的惩处制度应当具有明确的警告性，以避免劳动者本人或者其他劳动者可能再犯严重的错误。

三、惩处的依据

（一）劳动法律

劳动法律是指由全国人民代表大会及其常务委员会制定和颁布的劳动方面的法律。例如，《中华人民共和国公务员法》规定，公务员必须遵守纪律，不得有下列行为：（1）散布有损国家声誉的言论，组织或者参加旨在反对国家的集会、游行、示威等活动；（2）组织或者参加非法组织，组织或者参加罢工；（3）玩忽职守，贻误工作；（4）拒绝执行上级依法作出的决定和命令；（5）压制批评，打击报复；（6）弄虚作假，误导、欺骗领导和公众；（7）贪污、行贿、受贿，利用职务之便为自己或者他人谋取私利；（8）违反财经纪律，浪费国家资财；（9）滥用职权，侵害公民、法人或者其他组织的合法权益；

（10）泄露国家秘密或者工作秘密；（11）在对外交往中损害国家荣誉和利益；（12）参与或者支持色情、吸毒、赌博、迷信等活动；（13）违反职业道德、社会公德；（14）从事或者参与营利性活动，在企业或者其他营利性组织中兼任职务；（15）旷工或者因公外出、请假期满无正当理由逾期不归；（16）违反纪律的其他行为。公务员因违法违纪应当承担纪律责任的，依照本法给予处分；违纪行为情节轻微，经批评教育后改正的，可以免予处分。

（二）劳动法规

劳动法规是指国务院或者地方政府制定的有关劳动方面的规范性文件。例如，我国政府发布的《事业单位人事管理条例》规定，事业单位工作人员有下列行为之一的，给予处分：（1）损害国家声誉和利益的；（2）失职渎职的；（3）利用工作之便谋取不正当利益的；（4）挥霍、浪费国家资财的；（5）严重违反职业道德、社会公德的；（6）其他严重违反纪律的。

（三）劳动部门规章

劳动部门规章是指国务院所属部门制定、发布的规范性文件。例如，人力资源和社会保障部、财政部联合发布的《城镇企业职工基本养老保险关系转移接续暂行办法》，就属于部门规章。从立法效力的层次上看，法律的效力最高，其次是法规，最后是部门规章。如果法规、部门规章中规定的内容同法律中规定的内容相冲突，以法律规定为准，这就是法律、法规和部门规章的效力层次。

（四）劳动纪律

劳动纪律是指用人单位制定的劳动者在劳动过程中必须遵守的行为规则，劳动纪律的内容主要包括以下 7 个方面：（1）时间纪律。时间纪律是指职工在休息、考勤、请假等方面的行为规则。（2）组织纪律。组织纪律是指职工在服从人事调配、听从指挥、保守秘密、接受监督等方面的行为规则。（3）岗位纪律。岗位纪律是指职工在完成劳动任务、履行岗位职责、遵守操作规程、遵守职业道德等方面的行为规则。（4）职场纪律。职场纪律是指职工在工作场所遵守公共秩序、协作配合等方面的行为规则。（5）安全卫生纪律。安全卫生纪律是指职工在劳动安全卫生、环境保护、操作程序等方面的行为规则。（6）品行纪律。品行纪律是指职工在廉洁奉公、爱护财产、厉行节约、善良风化、关心集体等方面的行为规则。（7）其他纪律。用人单位制定的其他纪律，只要不违反法律、法规，都是相关管理部门给予认可的。

（五）劳动规章制度

劳动规章制度又称用人单位内部劳动规则，是指用人单位依法制定并在本单位实施的组织劳动和进行劳动管理的规则。《中华人民共和国劳动法》授权用人单位可以制定劳动纪律和劳动规章制度，并将劳动纪律和劳动规章制度作为劳动合同的必备条款，规定用人单位对严重违反劳动纪律和劳动规章制度的职工有权解除劳动合同。例如，我国《最高人民法院关于审理劳动争议案件的司法解释》规定，用人单位通过民主程序制定的劳动规章制度，不违反国家法律、行政法规及相关政策的规定，并已经向劳动者公示的，可以作为人民法院审理劳动争议案件的依据。

1. 劳动规章制度的特点

（1）劳动规章制度只能在本单位使用。用人单位是劳动规章制度的制定者，劳动规章制度只能在本单位使用，超出本单位的范围，劳动规章制度就会无效，劳动规章制度体现了用人单位的用工管理权。

（2）劳动规章制度只适用于劳动过程。劳动规章制度是用人单位和劳动者在劳动过程中的行为规则，劳动规章制度既约束劳动者，也约束用人单位。用人单位规定的劳动以外的事项，不属于劳动规章制度的范畴。

（3）劳动规章制度经过民主程序制定。劳动规章制度是经过民主程序制定的，劳动者参与用人单位劳动规章制度的制定，体现了劳动者的民主管理权。劳动规章制度只有经过民主管理的程序，其实施才具有法律效力；否则，就不具有法律效力。

2. 劳动规章制度制定的程序

劳动规章制度是用人单位奖励、惩处职工的依据，也是职工在劳动中必须遵守的行为准则，劳动规章制度的产生必须符合法定的程序。下面以我国为例，说明劳动规章制度产生的程序。《中华人民共和国劳动合同法》规定，用人单位在制定、修改或者决定有关劳动报酬、工作时间、休息休假、劳动安全卫生、保险福利、职工培训、劳动纪律以及劳动定额管理等直接涉及劳动者切身利益的规章制度或者重大事项时，应当经职工代表大会或者全体职工讨论，提出方案和意见，与工会或者职工代表平等地协商确定。在劳动规章制度和重大事项决定实施的过程中，工会或者职工代表认为不适当的，有权向用人单位提出，通过协商予以修改、完善。用人单位应当将直接涉及劳动者切身利益的规章制度和重大事项的决定予以公示，或者告知劳动者。用人单位制定劳动纪律和劳动规章制度应当遵守以下三个方面的程序。

（1）协商。用人单位在制定劳动规章制度时，必须经过职工代表大会或者全体职工讨论，必须同工会或者职工代表平等地协商。

（2）符合民主程序。用人单位制定劳动规章制度和工作规则时，应当直接或者间接征求职工的意见和建议，应当符合法定的民主程序。例如，通过召开职工代表大会、集体谈判等，听取员工的意见，经过职工代表大会或者工会确认后，用人单位制定的劳动规章制度才会有效。在劳动规章制度和重大事项决定实施的过程中，工会或职工认为存在不当之处的，有权向用人单位提出异议，并通过协商予以修改、完善。

（3）向劳动者公示。用人单位有将考核标准、劳动纪律和劳动规章制度传达给劳动者的义务，其传达方式主要包括以下四个方面：①发放劳动手册，介绍工作规则、组织纪律和劳动规章制度；②进行岗前培训和教育，向劳动者解释用人单位的各项规则；③让新职工在相关文件上签字，表明劳动者已经收到、知悉或者读过劳动手册，明晰劳动纪律和劳动规章制度的相关内容；④运用公告牌、公司演示文稿或者备忘录传达用人单位的工作规则，以表明职工已经知悉劳动纪律和劳动规章制度等方面的内容。

四、惩处的程序和方式

用人单位惩处职工必须经过法定的程序，必须与劳动者违纪的行为相适应；否则，容易侵害劳动者的合法权益。

（一）惩处的程序

为了防止用人单位滥用惩处权，保护劳动者的合法权益，各国法律法规对惩处职工的程序作出了明确的规定。例如，我国政府规定，用人单位惩处职工必须经过以下程序。

（1）调查和取证。惩处应当建立在事实清楚、证据确凿的基础之上，以充分、恰当的证人、证据和记录为依据，缺乏事实依据的惩处是违法违规的。例如，我国政府发布的《事业单位人事管理条例》规定，给予工作人员处分，应当事实清楚、证据确凿、定性准确、处理恰当、程序合法、手续完备。

（2）进行批评教育。针对职工的违纪、违规行为情节轻微的，用人单位最先采取的措施是进行批评教育，并给予职工改正违纪违规行为的预警期。例如，我国政府于 2018 年修订的《中华人民共和国公务员法》规定，违纪违法行为情节轻微，经批评教育后改正的，可以免予处分。

（3）经过正式的会议讨论通过。根据职工违反劳动纪律和劳动规章制度的事实，需要经过正式的会议讨论作出给予违纪职工的处罚办法，并作出初步的决定。

（4）征求工会的意见。用人单位作出惩处的初步决定后，应当征求工会的意见。如果工会认为，处理不适当或者违反劳动法律法规、集体合同、劳动纪律和劳动规章制度的，有权提出意见或者要求重新作出处理的决定。

（5）听取职工本人的申诉意见。在作出处理决定之前，用人单位应当听取职工本人的意见，听取职工个人对违纪事实或者纪律处分的意见。

（6）报请审查或者批准。对于特殊身份的职工（如工会干部、职工方集体谈判代表等）进行纪律处分，应当报请有关机构或者组织审查或者批准。

（7）制定并公布或送达书面纪律处分的决定。用人单位对职工作出的纪律处分决定，应当公布或者以书面的形式送达被惩处的职工本人。

（二）惩处的方式

用人单位惩处职工的方式主要有纪律处分和赔偿经济损失两种。例如，我国政府于2018年修订的《中华人民共和国公务员法》规定，处分分为：警告、记过、记大过、降级、撤职、开除。受处分的期间为：警告，6个月；记过，12个月；记大过，18个月；降级、撤职，24个月。又如，我国政府发布的《事业单位人事管理条例》规定，处分分为警告、记过、降低岗位等级或者撤职、开除。受处分的期间为：警告，6个月；记过，12个月；降低岗位等级或者撤职，24个月。

1. 纪律处分

纪律处分是指用人单位依据劳动法律法规、劳动纪律和劳动规章制度对违纪劳动者实施的惩处措施。用人单位对违纪职工可以惩处的权力是法律法规授权的。用人单位给予劳动者处罚的轻重，应当与劳动者违纪和造成经济损失的程度相适应，不得超越法律法规的规定。用人单位实施纪律处分的方式主要有以下六个方面。

（1）警告。警告是指用人单位对劳动者的过错提出批评，告诫劳动者不要再犯类似的过错。例如，我国政府发布的《公职人员政务处分法》规定，公职人员违法行为情节轻微，且具有本法第十一条[①]规定的情景之一的，可以对其进行谈话提醒、批评教育、责令检查或者予以诫勉，免予或者不予政务处分。公职人员因不明真相或者被裹挟或者被胁迫参与违法活动，经批评教育后确有悔改表现的，可以减轻、免予或者不予政务处分。

（2）记过、记大过。①记过。记过是指用人单位将劳动者所犯的错误记入档案，记录其所犯错误。②记大过。记大过是指用人单位将劳动者所犯的重大过失记入档案。如果职工档案中有记过、记大过的记录，则其未来的晋升、升迁等会受到一定的影响。例如，我

① 《公职人员政务处分法》第11条规定，公职人员有下列情形之一的，可以从轻或者减轻政务处分：①主动交代本人应当受到政务处分的违法行为的；②配合调查，如实说明本人违法事实的；③检举他人违纪违法行为，经查证属实的；④主动采取措施，有效避免、挽回损失或者消除不良影响的；⑤在共同违法行为中起次要或者辅助作用的；⑥主动上交或者退赔违法所得的；⑦法律、法规规定的其他从轻或者减轻情节。

国政府发布的《公职人员政务处分法》规定，公务员，法律、法规授权或者受国家机关依法委托管理公共事务的组织中从事公务的人员，以及公办的教育、科研、文化、医疗卫生、体育等单位中从事管理的人员，国有企业管理人员，基层群众自治组织中从事管理的人员被记过、记大过的、不得晋升工资档次或薪酬待遇等级。

（3）降级。降级是指用人单位因劳动者所犯错误而降低工作岗位等级，降低工资水平。

（4）撤职。撤职是指用人单位对于违纪严重、对国家和人民利益造成重大损失或者后果严重的人员通常撤销其承担的行政职务。撤职不同于免除职务，免除职务属于正常的人事变动程序，不具有惩戒性质。免职处理分为两种：一种是免去现任职务。当转换职位、晋升或者降低职务、离职学习期限超过1年、因健康原因不能坚持正常工作1年以上、调出单位、退休，以及因其他原因等情形，均属于正常免职范围。另一种是自行免去职务。当劳动者受到刑事处罚、受到行政撤职或开除处分的、被辞退、因机构变动失去职位、死亡等情形的，其职务自行免去。

（5）解除劳动合同。解除劳动合同是指用人单位同犯有严重错误的劳动者解除劳动合同。除名也是用人单位同劳动者解除劳动合同的一种方式。

（6）开除。开除是指用人单位同犯有严重错误的劳动者依法解除劳动合同的同时，还将劳动者所犯错误记入档案的管理方式。开除是用人单位给予劳动者的最严厉的行政处罚，因此我国法律、法规和部门规章对于开除的程序作出了严格的规定。例如，我国政府发布的《公职人员政务处分法》第十四条规定，公职人员犯罪，有下列情形之一的，予以开除：①因故意犯罪被判处管制、拘役或者三年以下有期徒刑的；②因过失犯罪被判有期徒刑，刑期超过三年的；③因犯罪被单处或者并处剥夺政治权利的。因过失犯罪被判处管制、拘役或者三年以下有期徒刑的，一般应当予以开除；案件情况特殊，予以撤职更为适当的，可以不予开除，但应该报请上一级机关批准。第二十八条规定，有下列行为之一的，予以记过或者记大过；情节较重的，予以降级或者撤职；情节严重的，予以排除：①散布有损宪法权威、中国共产党领导和国家声誉的言论的；②参加旨在反对宪法、中国共产党领导和国家的集会、游行、示威等活动的；③拒不执行或者变相不执行中国共产党和国家的路线方针政策、重大决策部署的；④参加非法组织、非法活动的；⑤挑拨、破坏民族关系，或者参加民族分裂活动的；⑥利用宗教活动破坏民族团结和社会稳定的；⑦在对外交往中损害国家荣誉和利益的。有前款第二项、第四项、第五项和第六项行为之一的，对策划者、组织者和骨干分子，予以开除。公开发表反对宪法确立的国家指导思想，反对中国共产党领导，反对社会主义制度，反对改革开放的文章、演说、宣言、声明等的，予以开除。

2. 赔偿损失

劳动者违反劳动纪律或者劳动规章制度给用人单位造成经济损失的，应当承担赔偿经济损失的责任。但是，劳动者造成的经济损失赔偿通常不适用于全额赔偿的原则，而应当实行合理赔偿的原则。合理赔偿原则是指对劳动者违反劳动纪律或者劳动规章制度所造成的经济损失，用人单位不是一律要求赔偿全部实际损失，而是考虑实际损失金额的大小、违纪情节轻重、认错态度、悔改表现和经济承受能力等因素，酌情要求违反劳动纪律或者劳动规章制度的职工给予适当金额或者比例的赔偿。用人单位实行合理赔偿原则的主要原因有以下四个方面。

（1）全额赔偿用人单位的损失是不可能的。劳动者违反劳动纪律或者劳动规章制度对用人单位造成的经济损失通常金额巨大，要求劳动者全额赔偿会远远超出劳动者个人的经济承受能力，全额赔偿用人单位的经济损失是不可能的。

（2）法律、法规和部门规章的限制。劳动法律、法规和部门规章对于经济损失赔偿的限制性规定，也使全额赔偿成为不可能。例如，《中华人民共和国劳动合同法》规定，劳动者违反本法规定解除劳动合同，或者违反劳动合同中约定的保密义务或者竞业限制，给用人单位造成损失的，应当承担赔偿责任。

（3）劳动中的财产损失风险用人单位也应当承担。在劳动关系中，用人单位既有权支配劳动者，又有权取得劳动者创造的利润，其财产在劳动过程中损失的风险也应当由用人单位承担。

（4）教育与惩罚相结合。用人单位对违纪职工减轻其赔偿责任，有利于教育劳动者遵守劳动纪律和劳动规章制度，协调劳动者和用人单位的关系。①

案例 9－1

某单位发布的《关于工作时间的规定》

2020 年 11 月 4 日，某单位未经职工代表大会讨论，就发布了《关于工作时间的规定》。《关于工作时间的规定》的内容如下。

一、工作时间

冬季为：9：30—17：30；夏季为：9：00—18：00。每周休息两天。

二、违反规定的惩罚措施

上班必须在 9：20 前打卡，不得由他人代替打卡。如果发现有代人打卡者，罚代打卡人与持卡人各 50 元。如果发现已经打卡，但持卡人未到，罚持卡人 50 元。在规

① 王全兴和管斌：《劳动法学》（第二版），高等教育出版社 2008 年版，第 267 页。

定的上班时间未及时打卡，迟到1分钟，扣1元；超过15分钟者，扣半天工资。旷工1天，倒扣3天基本工资；连续旷工3天以上的，从第4天起视为自动离职，结算基本工资。

三、工作时间不得在办公室聚堆闲谈、大声喧哗、打闹等。上班时间必须尊重领导，服从上级的工作安排。

四、工作时间接待客人必须使用敬语，并主动倒茶、递水，不得怠慢每一位客户。

五、工作时间不得办理私人事务，不得滥用网络，影响公司正常工作者，一次罚款50元。

六、工作时间不得离岗、酗酒、玩手机，发现3次扣发1天工资。

七、如因工作需要，公司需要员工在正常工作时间外超时工作的，员工应当服从安排。

八、本规定自2021年1月1日起实施。

案例分析：某单位未经过合法的程序就发布《关于工作时间的规定》是违法的，某单位的违法行为如下。

（1）未经法定程序就发布《关于工作时间的规定》。用人单位要制定《关于工作时间的规定》必须事先经过职工代表大会或者全体职工讨论，必须符合民主程序，经职工代表或者工会确认，并向劳动者公示后，用人单位制定的《关于工作时间的规定》才会有效。

（2）某单位发布的《关于工作时间的规定》存在违反劳动法律、法规和部门规章的行为。例如，对于职工迟到的处罚措施违反《中华人民共和国劳动法》《中华人民共和国劳动合同法》的相关规定。《中华人民共和国劳动合同法》规定，员工违反培训的相关约定或者违反竞业禁止的相关规定，可以要求员工赔偿损失。其余的情形，不能随意要求员工赔偿损失或者罚款。

案例9-2

职工病假期间，可以从事第二职业吗

王某，某机械厂职工。2018年8月，王某拿着某医院的诊断证明和病假证明，谎称自己患有接触性皮炎，需要休息治疗。根据医院的诊断证明和病假证明，公司同意王某停工休养。2018年10月，公司人力资源管理部门工作人员发现，王某又到另一家企业上班。此后，公司人力资源管理部门的工作人员陪同王某到医院进行检查，诊断结果为正常。公司人力资源管理部门书面通知王某回厂上班，王某则以患病为由拒绝。2020 年 1 月，公司以王某旷工为由，将其除名，并书面通知王某。王某不服，向当地劳动人事争议仲裁委员会申请仲裁。职工病假期间，可以从事第二职业吗？

案例分析：企业对王某作出除名的决定是正确的。

当前，我国一些企业伤病职工滥用法律、法规赋予的权利，一方面享受法律、法规和部门规章赋予的权利，如享受基本医疗保险等相关待遇；另一方面从事有收入的经济活动，严重地影响了在岗职工的劳动积极性。

劳动部、国务院经济贸易办公室、卫生部、工商行政管理局、中华全国总工会联合发布的《关于加强企业伤病长休职工管理工作的通知》（以下简称《通知》）第二项规定，职工因伤病需要休假的，应凭企业医疗机构或指定医院开具的疾病诊断证明，并由企业审核批准。伤病职工需要转入长休的，根据企业医疗机构或指定医院开具的疾病诊断证明，由企业劳动鉴定委员会（小组）作出鉴定，经企业行政批准。同时，要建立定期家访制度，及时了解长休职工伤、病、残情况的变化，及时通知已恢复劳动能力的职工按时复工；根据劳动能力恢复情况，安排一定的试工期或调换适当工作；要加强企业劳动纪律，对逾期不复工或者不服从工作安排的，可以停发伤病保险待遇，并按旷工处理。根据《通知》第四项的规定，伤病休假职工不得从事有收入的活动。机关、事业单位、社会团体和企业不得聘用伤病休假职工。对利用伤病假从事有收入活动的职工，要停止其伤病保险待遇，不予报销医疗费，并限期返回单位复工。

本案例中，王某凭借某医院开具的诊断证明，经厂方批准后休假，这是法律、法规赋予他的权利。但是，王某却错误地利用了这项权利，到另一家单位从事有收入的活动。某机械厂通知王某限期复工时，王某又无理拒绝，企业作出除名的决定是正确的，维护了企业的合法权益。据此，当地劳动人事争议仲裁委员会裁决，维持某机械厂对王某作出的除名决定。

案例 9－3

被处分、开除和除名职工的工龄如何计算

1988 年 8 月，李某参加工作。2008 年 2 月，李某被单位除名。2014 年 3 月，李某准备办理基本养老保险退休手续时得知，被除名以前的工龄不算。李某不明白，自己已经受到除名的惩罚，为什么还要剥夺工龄？被处分、开除和除名职工的工龄是如何计算的？

案例分析：李某除名以前的工龄应该连续计算，作为计发基本养老金的依据。

劳动部办公厅发布的《关于除名职工重新参加工作后工龄计算问题的复函》和《对“关于除名职工重新参加工作后工龄计算有关问题的请示”的复函》，对于职工被开除、除名、辞退后的工龄计算作出了以下几个方面的规定：（1）职工受到开除处分的，开除前后的工龄不能合并计算为连续工龄；（2）被除名的，除名前后的工龄可以合并计算为连续工龄；（3）被辞退的，辞退前后的工龄可以合并计算；（4）被按自动离职处理的，其被处理前后的工龄也可以合并计算。

本案例中，李某被单位除名，其除名以前的工龄应该同除名后的工龄合并计算，作为给付李某基本养老金的依据。

案例9－4

应当如何确定罚金

周某，某超市收银员。2007年6月，周某因贪图小利，私自拿了超市搞促销活动的价值为36元的鸡蛋。周某的行为被发现后，其自愿赔偿超市3600元。周某辞职后，向当地劳动争议仲裁委员会申请仲裁，要求超市退还3600元的赔偿金。当地劳动争议仲裁委裁决，超市退还周某3564元。超市不服，诉诸法院。法院认为，周某作为超市的收银员，应该知道自己的行为准则，私自拿超市的鸡蛋违反了诚实信用的原则，也是企业规章制度不允许的。周某自愿赔偿超市3600元并无不当。当地人民法院一审判决，超市不予退还周某的赔偿款3600元。周某不服上诉，中级人民法院维持了一审的判决结果。

案例分析：周某拿了超市的鸡蛋，应该受到处罚。但是，处罚的罚金太多。

《中华人民共和国劳动法》规定，劳动者应当完成劳动任务，提高职业技能，执行劳动安全卫生规程，遵守劳动纪律和职业道德。劳动合同应当以书面的形式订立，并约定违反劳动合同的责任。

如果超市同周某订立合同时，约定了违反合同的责任，就应该按照合同的约定赔偿。如果合同中未约定违反合同的责任，应该按照超市制定的员工管理制度执行，只是超市制定的规章制度一定要合法、合理，对员工的惩罚要适度。

如果超市的员工管理制度中没有规定违反劳动纪律的处罚办法，就应该对劳动者实施优先保护。周某违反超市的规定，应当受到相应的处罚，但是这种处罚不应该太过分，处罚超市损失100倍的做法是不适当的。

本案例也表明了《中华人民共和国劳动法》规定的一些内容存在不足之处，以至于发生违反劳动合同的事件时无法可依，这也是造成劳动争议仲裁裁决结果同法院判决结果相去甚远的主要原因。尽管周某自愿拿出3600元，但是，这个数目已经远远超出了超市可能发生的损失，超市处罚员工的不当得利过多。如果这样的事件得以执行的话，将严重损害劳动者的利益。

第三节

申诉制度

一、申诉制度的概念和特点

申诉是指劳动者认为自己在劳动中的权利受到用人单位侵害，并提出解决问题的行为。申诉制度是指立法或者劳动纪律规定的劳动者申诉的相关程序和处理办法。建立员工申诉制度，可以为劳动争议的处理提供有效的解决办法，申诉的特点主要有以下四个方面。

（一）申诉是劳动者的权利

申诉是劳动者认为用人单位违反了集体协议、劳动法律、法规和劳动规章制度引起的，申诉权是法律法规赋予劳动者的合法权利。如果用人单位作出的处理决定合理合法，劳动者就会认可用人单位的处理决定；相反，劳动者就会申诉，申诉是受到行政处分的劳动者依法享有的权利。

（二）申诉需要递交书面的材料

劳动者申诉，需要向用人单位的上级领导机关提交相关的材料，说明事实的真相，受到的处分，并提出自己的请求。例如，我国《公务员申诉规定（试行）》规定，公务员对复核结果不服的，应当自接到复核决定之日起15日内提出申诉；也可以不经复核，自知道人事处理之日起30日内直接提出申诉。公务员对申诉处理决定不服的，应当自接到申诉处理决定之日起30日内提出再申诉。

（三）申诉为处理劳资纠纷提供了有效的办法

一般来说，申诉由用人单位的上级主管单位介入，解决用人单位对劳动者处罚上的问题，这一解决问题的途径也是解决劳动争议、纠纷的有效办法之一。

（四）申诉有利于发挥工会的作用

允许劳动者申诉，有利于发挥工会的作用，依法监督、纠正用人单位的行为，依法维护劳动者的合法权益。

二、申诉的类型

（一）依据申诉的人数，可以分为个人申诉和集体申诉

个人申诉是指个人向工会组织、企业劳动争议调解委员会就自己所受到的处罚或侵权事件请求予以撤销或改正的请求。个人申诉的申请人通常为1—2 人。

集体申诉是指集体向工会组织、企业劳动争议调解委员会就自己所受到的处罚或侵权事件请求予以撤销或改正的行为。集体申诉的申请人通常为3 人及其以上。

（二）依据申诉的主体，可以分为公务员申诉、事业单位工作人员申诉、企业职工申诉

公务员申诉是指公务员对其所在行政机关作出的涉及本人权益的人事处理决定不服，依法向原处理机关、同级公务员主管部门或者作出该人事处理的机关的上一级机关提出重新处理的意见和要求的行为。

事业单位工作人员申诉是指事业单位工作人员对涉及本人的人事处理不服的，可以依照相关法律法规的规定申请复核；对复核结果不服的，可以依照相关法律法规的规定提出申诉、再申诉。

企业职工申诉是指企业职工对涉及本人的人事处理不服，可以依照相关法律、法规的规定申诉、再申诉。

（三）依据申诉的范围，可以分为内部申诉和外部申诉

内部申诉是指劳动者在用人单位内部进行申诉。内部申诉可以使劳动者同用人单位的矛盾和纠纷在用人单位内部解决，以防止矛盾和纠纷的激化。

外部申诉是指劳动者在用人单位之外进行申诉，用人单位之外的单位通常包括用

人单位的上级主管单位、劳动保障监察机构等。外部申诉是劳动者同用人单位的矛盾和纠纷在用人单位之外解决，内部申诉无法解决的矛盾和纠纷通常需要外部申诉来解决。

三、申诉的程序

劳动者对用人单位的处罚不服，可以申诉。劳动者申诉的程序通常有以下七个步骤。

（一）提出申诉

劳动者对涉及本人的处罚不服的，可以在法律法规规定时限内提出申诉，提交申诉书。例如，我国政府发布的《公务员申诉规定（试行）》规定，公务员对涉及本人的下列人事处理不服，可以申请复核或者提出申诉、再申诉：（1）处分；（2）辞退或者取消录用；（3）降职；（4）定期考核定为不称职；（5）免职；（6）申请辞职、提前退休未予批准；（7）未按规定确定或者扣减工资、福利、保险待遇；（8）法律、法规规定可以申诉的其他情形。公务员申请复核，应当自知道人事处理之日起 30 日内提交书面申请。在作出复核决定前，申请复核的公务员不得提出申诉。公务员对复核结果不服的，应当自接到复核决定之日起 15 日内提出申诉；也可以不经复核，自知道人事处理之日起 30 日内直接提出申诉。公务员对申诉处理决定不服的，应当自接到申诉处理决定之日起 30 日内提出再申诉。因不可抗力等正当理由在规定的期限内未能申请复核和提出申诉、再申诉的，经受理机关批准可以延长期限。公务员提出申诉和再申诉，应当提交申诉书，同时提交原人事处理决定、复核决定或者申诉处理决定等材料的复印件。申诉书应当载明下列内容：（1）申诉人的姓名、单位、职务、联系方式、住址及其他基本情况；（2）被申诉机关的名称；（3）申诉的事项、理由及要求；（4）提出申诉的日期。申请复核、申诉、再申诉应当由受到人事处理的公务员本人提出；如本人丧失行为能力或者死亡，可以由其近亲属代为提出。

（二）受理申诉

相关管理机构受理劳动者提交的申诉书。例如，我国政府发布的《公务员申诉规定（试行）》规定，受理公务员申诉的机关应当组成公务员申诉公正委员会，负责受理和审理公务员的申诉案件。受理机关应当对申请人提出的申诉、再申诉是否符合受理条件进行审查，在接到申诉书之日起 30 日内，作出受理或者不予受理的决定，并以书面形式通知申请人和被申诉机关。不予受理的，应当说明理由。符合以下条件的申诉、再申诉，应予受理：（1）申请人符合本规定第十九条[1]的规定；（2）申诉、再申诉事项属于本规定第十四条[2]规定的受理范围；（3）在规定的期限内提出；（4）属于受理机关管辖；（5）申诉材料齐备。凡不符合上述条件之一的申诉、再申诉，不予受理。申诉材料不齐备的，应当及时告知申请人，限期15日内补正。申请人按照要求补正全部材料的，应予受理。在作出处理决定前，申请人可以提出撤回复核、申诉和再申诉的申请，申请应当以书面形式提出。受理机关在接到申请人关于撤回复核、申诉和再申诉的书面申请后，可以决定终结处理工作，并以书面形式告知申请人和被申诉机关。

（三）审理与决定

相关管理机构受理劳动者申诉后，应当在规定的时间内审理，并作出决定。例如，我国政府发布的《公务员申诉决定（试行）》规定，原处理机关在接到复核申请书后，应当在30日内作出维持、撤销或者变更原人事处理的复核决定，并以书面形式通知申请人。受理申诉和再申诉的机关应当自决定受理之日起60日内作出处理决定。案情复杂的，可以适当延长，但是延长时间不得超过30日。受理机关对涉及公务员申诉、再申诉事项，有权进行调查，调查应当由2名以上工作人员进行，接受调查的机关和个人应当如实提供情况。

公务员申诉公正委员会应当根据调查情况对下列事项进行审议：（1）原人事处理认定的事实是否存在、清楚，证据是否充分；（2）原人事处理适用法律、法规、规章和有关规定是否正确；（3）原人事处理的程序是否符合规定；（4）原人事处理是否显失公正；（5）被申诉机关有无超越、职权或者滥用职权的情形；（6）其他需要审议的事项。在审理对复核决定、申诉处理决定不服的申诉、再申诉时，公务员申诉公正委员会还应当对复核决定和申诉处理决定进行审议。公务员申诉公正委员会应当按照少数服从多数的原则，对申诉、再申诉案件提出明确的审理意见，并向受理机关提交审理报告。受理机关应当根据公务员申诉公正委员会的审理意见，区别不同情况，作出下列申诉处理决定：（1）原人事处理认定事实清楚，适用法律、法规、规章和有关规定正确，处理恰当、程序合法的，维持原人事处理；（2）原人事处理认定事实不存在的，按照管理权限责令原处理机关撤销或者直接撤销原人事处理；（3）原人事处理认定事实没有错误，但适用法律、法规、规章

---

① 复核、申诉、再申诉应当由受到人事处理的公务员本人提出；如本人丧失行为能力或者死亡，可以由其近亲属代为提出。

② 公务员对涉及本人的下列人事处理不服，可以申请复核或者提出申诉、再申诉：（1）处分；（2）辞职或者取消录用；（3）降职；（4）定期考核定为不称职；（5）免职；（6）申请辞职、提前退休未予批准；（7）未按规定确定或者扣减工资、福利、保险待遇；（8）法律、法规规定可以申诉的其他情形。

和有关规定有错误，或者处理明显不当的，按照管理权限责令原处理机关变更或者直接变更原人事处理；（4）原人事处理认定事实不清楚，证据不足，或者违反规定程序和权限的，责令原处理机关重新处理。再申诉处理决定应当参照前款规定作出。公务员对重新处理后作出的处理不服的，可以提出申诉或者再申诉。

（四）制作申诉处理决定书

相关决定作出后，应当制作申诉处理决定书。例如，我国政府发布的《公务员申诉规定（试行）》规定，申诉处理决定作出后，要制作申诉处理决定书。申诉处理决定书应当载明下列内容：（1）申诉人的姓名、单位、职务及其他基本情况；（2）被申诉机关的名称，以及人事处理和复核决定所认定的事实、理由及适用的法律、法规、规章和有关规定；（3）申诉的事项、理由及要求；（4）公务员申诉公正委员会认定的事实、理由及适用的法律、法规、规章和有关规定；（5）申诉处理决定；（6）作出决定的日期；（7）其他需要载明的内容。作出再申诉处理决定后，要制作再申诉处理决定书。再申诉处理决定书除前款规定内容外，还应当载明申诉处理决定的内容和作出申诉处理决定的日期，申诉处理决定书和再申诉处理决定书应当加盖公务员申诉公证委员会的印章。

（五）送达申诉处理决定书

申诉处理决定书或者再申诉处理决定书作出后，应当及时送达申诉人和原处理机关单位。例如，我国政府发布的《公务员申诉规定（试行）》规定，申诉处理决定书和再申诉处理决定书应当及时送达申诉人和原处理机关。再申诉处理决定书还应送达作出申诉处理决定的机关。原处理机关应当将复核决定、申诉处理决定书和再申诉处理决定书存入公务员的个人档案。复核决定、申诉处理决定和再申诉处理决定按照下列规定送达：（1）直接送达受送达人本人，受送达人在送达回证上签名或者盖章；（2）受送达人本人不在的，可以由其同住的成年近亲属在送达回证上签名或者盖章，即视为送达；（3）受送达人或者其同住的成年近亲属拒绝接收或者拒绝签名、盖章的，送达人应当邀请有关基层组织的代表或者其他有关人员到场，见证现场情况，由送达人在送达回证上记明拒收事由和日期，由送达人、见证人签名或者盖章，将处理决定留在受送达人的住所或者所在单位，即视为送达；（4）直接送达有困难的，可以通过邮寄送达。邮寄送达的，以回执上注明的收件日期为送达日期；（5）上述规定的方式无法送达的，可以在相关媒体上公告送达。自发出公告之日起，经过60日，即视为送达。公告送达，应当在案卷中记明原因和经过。送达日期为受送达人或者有关人员在送达回证上的签收日期。

（六）执行与监督

处理决定在发生效力后应当执行。例如，我国政府发布的《公务员申诉规定（试行）》规定，下列处理决定是发生效力的决定：（1）已过法定期限，没有提出再申诉的申诉处理决定；（2）中央公务员主管部门作出的申诉处理决定；（3）中央垂直管理机关作出的申诉处理决定；（4）再申诉处理决定。原处理机关在处理决定发生效力后，应当及时执行，并自处理决定发生效力之日起60日内将执行情况以书面形式告知作出处理决定的机关。机关对公务员处理错误的，应当及时予以纠正；造成名誉损害的，应当赔礼道歉、恢复名誉、消除影响；造成经济损失的，应当根据有关规定给予赔偿，并视情节对作出错误处理的责任人进行处理。机关不执行发生效力的处理决定，或者对申诉人打击报复的，对负有责任的领导人员和直接责任人员，受理申诉的机关可以向有关机关提出给予其处分的建议；构成犯罪的，依法追究刑事责任。公务员在复核、申诉中弄虚作假、捏造事实、诬陷他人的，根据情节轻重，给予批评教育或者处分；给他人造成名誉损害的，应当赔礼道歉、恢复名誉、消除影响；构成犯罪的，依法追究刑事责任。受理机关和公务员申诉公正委员会的工作人员，不按本规定处理公务员复核、申诉的，根据情节轻重，给予批评教育或者处分；构成犯罪的，依法追究刑事责任。

（七）备案

用人单位应当将申诉处理决定书报上级主管机关备案。例如，我国政府发布的《公务员申诉规定（试行）》规定，各级公务员主管部门处理的申诉案件，应当自作出处理决定之日起60日内，按照管理权限向上一级公务员主管部门备案。其他受理机关处理的申诉案件，按照管辖权限向同级公务员主管部门或者上一级机关备案。备案的内容包括申诉人的基本情况、基本案情、审理过程、处理决定、执行情况和其他需要说明的情况。

案例9－5

企业怎样惩处违纪员工

范某，某公司财务部会计。某天上班时，范某想吃水果，就到公司附近的农贸市场买苹果，结果被财务部经理看见。经理警告范某，上班时间不得随意外出买东西，若再有类似事件发生，公司会作出严肃处理。一周后，范某在上班时间溜到厂外逛商场，碰巧被正在商场买办公用品的副总经理看见。

针对范某的两次违纪行为，根据公司《员工守则》的规定：对上班时间逛商场、买东西的过失行为，第一次书面警告，第二次再犯，立即解除劳动合同。公司遂决定解除范某的劳动合同。范某不服，认为自己虽然有两次违纪行为，但是公司没有进行书面警告，不能立即解除劳动合同。

公司则认为，范某的两次违纪事实清楚，证据确凿，公司根据《员工守则》的规定，解除劳动合同有理有据。至于公司没有给范某书面警告，那只是程序上的小问题，并不能影响对范某两次违纪行为的认定和处理。公司可以同范某解除劳动合同吗?

案例分析：公司不能同范某解除劳动合同。

本案例中，公司应当严格遵守解除劳动合同的程序，在对范某的第一次违纪行为未给予书面警告的情况下，当范某第二次违纪的时候，就不能直接产生解除劳动合同的法律后果。惩处和申诉处理程序为确保劳动规章制度的贯彻执行提供了基本机制，有利于避免用人单位随意违反劳动规章制度的行为。

案例 9 -6

基本养老金能够抵扣经济损失吗

李某，某事业单位职工。2005 年 1 月至 2009 年 2 月，李某承包了单位的汽车维修中心，由于承包合同纠纷，单位认定李某需要承担经济损失 19606 元。2012 年 1 月，李某退休，单位每月从李某的基本养老金中扣除所谓的经济损失。截至 2014 年 4 月，某事业单位共扣李某基本养老金 14113.5 元。李某就承包纠纷、扣发养老金事宜多次找单位、相关部门协商，都未能得到妥善解决。2014 年 5 月，李某向当地劳动人事争议仲裁委员会申请仲裁，要求退还扣发的基本养老金。劳动人事争议仲裁庭经过庭审调查后认为，某事业单位应该退还扣发李某的基本养老金。裁决下达后，某事业单位不服，向法院起诉。人民法院依法驳回了起诉，维持了仲裁庭的裁决。基本养老金能够抵扣经济损失吗?

案例分析：某事业单位应该退还扣发李某的基本养老金，基本养老金不能用于赔偿李某承包经营造成的损失。

本案例中，承包合同纠纷造成了某事业单位的损失，单位可以依法提起诉讼。如果法院认定，某事业单位的经济损失确实是由李某造成的，李某就应该承担赔偿企业损失的责任。对此，法院可以采取强制手段，要求李某承担损失的赔偿责任。相反，某事业单位并未通过合法有效的渠道来解决问题，而是单方认定李某应该承担损失的赔偿责任，这是错误的。因为某事业单位不是政府委托授权的解决合同纠纷的法律机构。同时，某事业单位作为纠纷的当事人，单方确定损失的赔偿责任，这对李某来说，是不公平的，更是缺乏法律效力的，李某没有执行某事业单位认定的、赔偿责任的义务。有鉴于此，某事业单位通过法律渠道解决承包合同纠纷问题。

基本养老金是用来维持职工退休后基本生活的费用，退休金按月、长期给付的目的是保障退休人员长期、稳定的基本生活。本案例中，某事业单位用基本养老金抵扣李某承包经营造成损失的做法是错误的，不仅影响了李某退休后的基本生活，而且侵害了李某的合法权益。当地劳动人事争议仲裁委员会的裁决、法院的判决依法维护了李某的合法权益。

案例 9－7

某公司的奖惩制度

第一节 总则

第一条 建立奖惩制度的目的

为了加强公司的经营管理，更好地规范员工的行为，明确奖惩的依据、标准和程序，使奖惩公开、公平、公正，制定本奖惩制度。

第二条 奖惩的依据

为了突出奖惩制度与严格管理相结合的特点，公司以日常考核为依据。在奖励方面，针对员工对公司的贡献大小，采用不同的奖励形式；对违反劳动规章制度、给公司造成经济损失和不良影响的員工，给予处罚。

第二节 奖励

第一条 奖励范围

公司员工有下列情况之一，公司将予以奖励：（1）对技术或工作方面有益的改进，提出有益的合理化建议并取得成效；（2）预防灾害或救灾有功；（3）为国家、社会立功，为公司的社会形象作出重大贡献者；（4）获得社会、政府或行业专业奖项，为公司争得重大荣誉者；（5）对公司业务推进有重大贡献者；（6）个人业务、经营业绩完成情况优异者；（7）超额完成工作任务者或完成重要突击任务者；（8）遗留问题解决有重大突破者；（9）有重大发明、革新，成效优秀，为公司取得显著效益者；（10）为公司节约大量成本支出或者挽回重大经济损失者；（11）对突发事件、事故妥善处理者；妥善平息重大客户投诉事件者；（12）向公司提出合理化建议，经采纳有实际成效者；（13）一贯忠于职守、认真负责、廉洁奉公，具有高度奉献和敬业精神者；（14）顾全大局，主动维护公司利益，具有高度的团队协作精神者；（15）培养和举荐人才方面成绩显著者；（16）满足公司设立的其他奖励条件者。

第二条 奖励项目

公司设立的主要奖励项目主要有以下两个方面。

1. 年度专业成就奖。年度专业成就奖以公司内各个系统的工作环节为基础，每年由公司各职能部门组织在每个业务系统内评选，具体评选标准和体系由公司各职能部门制定，奖项设为公司优秀员工、优秀管理者、创新奖、优秀团队奖等。

2. 即时奖励。即时奖励是公司根据实际情况和员工的表现即时发放的奖励。

第三条 奖励方式

公司为员工提供丰富灵活的奖励方式。奖励方式有：（1）通报表扬：由公司或有关单位负责人签发，通报范围视具体奖励行为而定；（2）即时奖金；（3）奖励性假期：除员工正常可以享受的假期外，还可以得到额外的奖励性假期；（4）奖励性旅游；（5）参加外部培训；（6）出国考察。

第四条 获奖程序

员工奖励应当由部门主管向公司人力资源部提出申请，人力资源部门提供意见，上报总经理，由总经理决定奖励级别与方式，人力资源部发布奖励通知并将获奖情况记入员工档案。

公司内统一设立的奖励，将由公司人力资源部向总经理同意推荐，经总经理核实，在公司内公布奖项。

第三节 惩罚

对于违反公司制度的各种行为，公司将视情节轻重、后果大小、认识态度程度等进行惩罚。

第一条 处罚种类

处罚分为经济处罚和行政处罚。经济处罚包括取消奖金、赔款。行政处罚包括批评、警告、记过、降职和辞退。

根据员工违纪行为的严重性，公司将采取行政处罚和经济处罚相结合的方式。

第二条 处罚细则

1. 员工有下列行为之一者，处以批评的行政处罚：（1）迟到、早退、外出不登记，不着工装，不戴工牌者；（2）不能及时、认真清扫自己的卫生区，办公区内（桌面、地面）凌乱，不整洁者；（3）在办公区内、公司门口、走廊抽烟、扔烟蒂、扔废纸等垃圾者；（4）桌面摆放零食，上班期间吃零食者；（5）发物料人员不能及时清除办公区内包装物；（6）使用不规范用语，影响公司形象者；（7）上班时间串岗聊天者；（8）在办公区内打闹，大声喧哗者；（9）未按照公司指定位置，随意摆放车辆或堆放杂物者；（10）在食堂就餐，浪费食物，乱倒饭菜者；（11）在员工所管辖区域内，有长明灯、长流水者；（12）下班后，所辖区域窗户未关，所用电器（电脑、打印机、饮水机等）电源未切断者。

2. 员工有下列行为之一者，处以警告的行政处罚：（1）未能及时传达、执行公司下发的文件者；（2）私自留客在员工宿舍留宿者；（3）工作时间内手机关机，无法取得联络者；（4）非工作要求，午餐饮酒者；（5）工作时间看与本职工作无关的书籍、网站、做与工作无关事情者；（6）上班时间打私人电话超过半小时者；（7）纪律松散，当月内累计迟到三次以上者；（8）未经批准，擅自串岗怠慢工作者；（9）妨害现场工作秩序，经劝告不改正者；（10）无正当理由，培训旷课者；（11）对上级交办的工作不及时办理，不能按时完成任务，又不及时复命，但未造成经济损失者；（12）因指挥、监督不力，造成事故情节较轻，经济损失在500元以下者；（13）私自移动消防设施，因操作不当，造成仪器、设备损坏，经济损失在500元以下者；（14）一个月内违纪三次（含三次）以上者。

3. 员工有下列行为之一者，处以记过的行政处罚：（1）工作中发生意外却不及时报告公司者；（2）损坏公物，影响公司正常秩序者；（3）管理不力，对下属放任自流者；（4）知情不举，隐瞒他人的违纪行为者；（5）搬弄是非、挑拨离间、中伤他人、损害团结、互相谩骂吵闹，影响正常工作秩序者；（6）不认真执行公司规定，推卸责任，刁难顾客，使矛盾上升造成顾客不满或投诉，产生恶劣影响者；（7）工作时间酗酒者；（8）不服从主管人员合理指导，屡劝不听三次以上者；（9）培训旷课者；（10）对能够预防的事故，不积极采取措施致使公司利益受到2000元以内经济损失者；（11）年度内累计警告三次者。

4. 员工有下列行为之一者，处以降职的行政处罚：（1）泄露公司秘密事项，但对公司利益未造成损害、情节较轻者；（2）不服从上级领导工作安排，对上级指示或有期限命令，无故未能如期完成，影响公司权益者；（3）违反部门工作流程，给工作造成损失，且损失在2000元以下者；（4）对下属正常申诉进行阻挠或打击报复，经查属实，但情节轻微者；（5）培训考试作弊者及为作弊提供方便者；（6）伪造病假单证明或提供虚假病历者；（7）虚报业绩、瞒报事故而蓄意妄取成绩、荣誉和个人私利者；（8）故意造成同事失和或造成领导失察或致使他人工作受阻，公司利益直接或间接受到损害者；（9）对能够预防的事故不积极采取措施，致使公司受到2000—10000元的经济损失者；（10）私自将客人或同事遗忘的物品收归已有，价值在200元以下者；（11）年度内累计记过二次者。

5. 员工有下列行为者，处以辞退的行政处罚，对公司造成的损失，公司将依法追究其法律责任：（1）对同事暴力威胁、恐吓、恶意攻击或诬害、伪证、制造事端、妨害团体秩序者；（2）对下属正常申诉打击报复经查事实情节严重者；（3）工作不负责，经常产生废品，损坏设备工具，浪费原材料、能源，造成经济损失者；（4）擅自挪用公款和同事财物或者有贪污盗窃行为者（同时移交司法机关处理）；（5）滥用职权，恣意挥霍公司财产造成较大经济损失者（同时移交司法机关处理）；（6）利用工作之便和业务关系请客、送礼、行贿、受贿为个人谋取好处者（同时移交司法机关处理）；（7）工作时间聚众打牌、玩麻将者；（8）无理取闹、聚众闹事、打架斗殴、影响生产秩序、工作秩序和社会秩序者；（9）故意损坏公司重要文件或公物者；（10）携带公安管制刀具或易燃、易爆、危险品进入公司者；（11）在职期间刑事犯罪者；（12）因违反法律法规被司法机关拘留、审查或追究刑事责任者；（13）虚报个人申诉资料或故意填报不正确个人资料者；（14）擅自以公司名义对外发表言论或进行与本公司无关的业务活动者；（15）以不正当手段窃取公司机密，并向外界泄露、宣示、收受好处者；（16）违反命令，擅离职守，工作疏忽，贻误要务者；（17）擅自涂改各种原始记录、单据、合同者；（18）无故旷工四天以上（含四天），不服从或拒绝执行上级指令者；（19）玩忽职守，致使公司蒙受1万元（含1万元）以上经济损失者，并负赔偿责任；（20）为谋私利，利用公职权力或工作时间为其他公司工作，从事第二职业者；（21）严重违反公司劳动纪律及各项规章制度者；（22）严重失职，营私舞弊，对公司利益造成重大损害者；（23）违反职业道德，泄露公司机密，使公司蒙受损失者（同时移交司法机关处理）；（24）在公司内煽动怠工或罢工者；（25）造谣惑众诋毁公司形象者，未经许可兼任其他职务或兼营与本公司同类业务者；（26）伪造或变造或盗用公司公章，严重损害公司权益者（同时移交司法机关处理）；（27）参加非法组织，经劝告不改者；（28）年度内累计记过三次者。

第三条 处罚程序

对员工处分一般由员工所在部门主管提出，经人力资源部调查审核通过，上报总经理决定后执行。员工受到惩罚处分时，由人力资源部出具书面惩罚通知书，并在公司内公示。员工受到记过以上的处罚，记入本人档案；员工受到开除处分时，应当征求工会意见，如果工会无异议，方可给予开除处分，同时应当向上级主管部门、人力资源和社会保障部门备案。

第四条 处罚申诉

给予员工行政处罚和经济处罚，应当弄清事实，取得证据。经公司讨论，并征求工会的意见，慎重决定。在批准职工处分决定以后，如果被处分者不服，可以越级申诉，但在公司未作出改变原处分的决定以前，仍然按照原决定执行。

第四节 附则

本制度由某公司人力资源部制订、解释、监督执行。

本制度于某年某月某日开始实行，适用于本公司所有员工。

复习思考题

1. 如何理解惩处的概念？
2. 用人单位惩处违纪职工的依据有哪些？
3. 用人单位惩处违纪职工的原因有哪些？
4. 用人单位制定劳动规章制度的程序有哪些？
5. 用人单位惩处违纪职工的程序有哪些？
6. 用人单位惩处违纪职工的方式有哪些？
7. 申诉的特点有哪些？
8. 申诉的程序通常有哪些？
9. 奖励制度的特点有哪些？
10. 奖励制度设立的原则有哪些？
11. 奖励的依据有哪些？

第十章　职工民主管理

职工民主管理是劳动者参与管理的重要机制，其参与管理可以及时化解劳动关系运行中的各种矛盾，减少劳动争议案件的发生。本章讲述的内容主要有职工民主管理的概念、作用、法律地位、管理方式、职工代表大会制度和职工代表的权利义务等。

第一节

职工民主管理的概念和作用

一、职工民主管理的概念

职工民主管理是指劳动者直接或者间接参与管理所在用人单位的内部事务。职工民主管理体现了劳动者意志对用人单位意志的影响。对于职工民主管理的概念，可以从以下四个方面理解。

（一）职工民主管理的主体是劳动者

在劳动关系中，职工是被管理者，处于从属于用人单位的地位，其义务为接受用人单位的指挥和领导，但是职工民主管理却赋予职工管理用人单位内部事务的权利，职工民主管理的主体是职工。

（二）职工民主管理的内容是用人单位的内部事务

职工参与民主管理，可以使职工参与用人单位内部事务的管理，畅通职工传达意见的渠道，有利于激发劳动者的参与意识，有利于劳动关系的和谐与稳定。

（三）职工民主管理的方式是参与管理

职工民主管理的方式是参与管理，职工对用人单位重大战略、决策的管理是辅助管理，而不是直接管理。如果将参与管理理解为直接管理，容易本末倒置，混淆职工同用人单位的关系。

（四）职工民主管理的依据是法律、法规和部门规章

职工民主管理为职工表达诉求、提出合理化建议、提高参与意识等提供了合法、有效的途径，职工参与用人单位内部事务管理不是没有限度的，应当在法律、法规和部门规章允许的范围内参与管理。

二、职工民主管理的法律地位

建立职工民主管理制度是劳动关系立法的重要内容之一，法律、法规和部门规章依法认可职工民主管理的地位是职工民主管理制度发挥作用的法律基础。例如，《中华人民共和国劳动法》规定，劳动者依照法律规定，通过职工大会、职工代表大会或者其他形式，参与民主管理或者就保护劳动者合法权益与用人单位进行平等协商。又如，我国政府于2013 年修订的《中华人民共和国公司法》规定，公司依照宪法和有关法律的规定，通过职工代表大会或者其他形式，实行民主管理。公司研究决定改制以及经营方面的重大问题、制定重要的规章制度时，应当听取公司工会的意见，并通过职工大会或者其他形式听取职工的意见和建议。

三、职工民主管理的作用

职工民主管理在协调劳动关系方面的作用主要有以下三个方面。

（一）职工民主管理可以影响用人单位劳动规章制度的制定

职工民主管理可以影响用人单位劳动规章制度的制定，及用人单位的决策管理。用

人单位可以通过吸收职工的意见和建议，改进其管理和决策，提高用人单位的经济效益。

（二）职工民主管理可以促进劳动关系的和谐与稳定

职工民主管理可以畅通职工传达意见的渠道，使劳动关系运行中的问题能够得到及时解决，促进劳动关系的和谐与稳定。

（三）职工民主管理是劳动关系自我协调的机制

职工民主管理是劳动关系运行中的自我协调和内部协调，是职工和用人单位的矛盾在尚未演变成劳动争议情况下的自我协调和内部协调，具有预防劳动争议发生的积极作用，可以推动用人单位建立、健全各项管理制度。

第二节

职工民主管理的权利和类型

一、职工民主管理的权利

职工民主管理权利是职工参与用人单位管理和维护自身权益的保证，职工民主管理权利主要有以下四个方面。

（一）知情权

知情权是职工的一项基本权利。知情权是指职工有知悉、获得用人单位及其职工权益重大变化的自由和权利。用人单位和职工要实现共同利益，必须在行动上保持一致，这就要求职工对用人单位一些内部事务的管理具有知情权。例如，我国政府于 2012 年发布的《企业民主管理规定》规定，企业应当向职工公开下列事项：（1）经营管理的基本情况；（2）招用职工及签订劳动合同的情况；（3）集体合同文本和劳动规章制度的内容；（4）奖励处罚职工、单方解除劳动合同的情况以及裁员的方案和结果，评选劳动模范和优秀职工的条件、名额和结果；（5）劳动安全卫生标准、安全事故发生的情况及处理的结果；（6）社会保险以及企业年金的缴费情况；（7）职工教育经费提取、使用和职工培训计划及执行的情况；（8）劳动争议及处理结果情况；（9）法律法规规定的其他事项。

（二）参与权

参与权是指职工对用人单位的管理事务具有参与的权利。例如，对于用人单位发展战略、生产规模、工资、工作时间、福利待遇等重大事项进行调整或者变更时，需要征求劳动者的意见，劳动者具有参与权。

（三）表达权

表达权是指职工对用人单位的管理事务具有表达意见的权利。劳动者对自己从事的生产、经营、管理等方面的工作，可以向用人单位提出意见和建议。如果劳动者提出的意见或者建议对用人单位的生产经营有益，用人单位可以采纳；相反，用人单位可以不予采纳。例如，劳动者向用人单位提出的合理化建议，就属于参与性意见。代表职工的工会组织可以向用人单位表达全体职工的意见和建议，以维护全体职工的利益。

（四）监督权

监督权是指职工对用人单位的管理事务具有监督的权利。职工的监督权主要表现在以下四个方面。

1. 质询或者检查

职工有权对用人单位的管理提出质疑或者以一定的方式进行检查，管理者有义务明确回答劳动者提出的问题或者允许职工进行检查。例如，职工代表有权审查集体合同履行的情况。

2. 约束性建议

职工有权对用人单位提出的管理办法提出反对意见，用人单位应当接受。例如，代表职工利益的工会组织有权对用人单位作出的开除某职工的决议草案提出反对意见。一般情况下，用人单位应当接受工会的意见。

3. 同意或者否决的监督权

用人单位作出的某些决议草案或者方案草案提交职工代表大会时，职工有权表示同意或者否决。如果职工代表大会通过了该决议草案或者方案草案，则该决议草案才可以贯彻实施；否则，就不能贯彻实施。例如，某企业制订的工资改革方案草案，未被职工代表大会讨论通过，则该工资改革方案草案就不能通过。又如，职工代表大会有权对用人单位执行劳动法律、法规、部门规章和劳动纪律等方面的情况进行监督，以促进用人单位的管理更加规范。

4. 决定或者批准

职工代表大会对某些特定范围内的事项，有权以一定的方式审议决定或者审查批准。

例如，职工代表大会有权对用人单位准备集资建房的决定进行审查，并决定是否批准。

二、职工民主管理与劳动者权益的关系

（一）职工民主管理与政府立法的关系

一般来说，法律法规赋予职工参与民主管理的权益越多、越详细，职工的合法权益就会得到比较好的保护；反之，职工的合法权益就有可能受到侵害。同时，职工民主管理功能的发挥，也会促进劳动关系立法更加完善。

（二）职工民主管理与管理者权力的关系

一般来说，管理者的权力越集中，职工参与民主管理的能力就越弱；相反，职工参与民主管理的能力越强，管理者的权力受到的限制就越大。在职工民主管理比较弱的用人单位，管理者独断专行的情况通常比较突出，职工合法权益受到侵害的情况也比较多。

（三）职工民主管理意识与劳动者权益的关系

一般来说，职工参与民主管理的意识越强，用人单位越重视维护职工的合法权益；相反，就会忽视或者牺牲职工的合法权益，劳动关系就会处于紧张状态。

三、职工民主管理的类型

职工民主管理划分的依据不同，其类型就不同。

（一）依据参与民主管理的主体划分

1. 机构参与管理

机构参与管理也称为组织参与管理，是指职工借助一定的组织机构间接地参与用人单位的内部事务管理。例如，我国工会、职工代表大会就是机构参与用人单位民主管理的方式之一。

2. 职工代表参与管理

经过合法程序选举产生的职工代表可以间接地参与用人单位的内部事务管理。例如，职工代表向用人单位提出建议等，就是职工代表参与用人单位民主管理的方式之一。

3. 岗位参与管理

职工通过在工作岗位上相互管理和联合管理来直接参与用人单位的管理。例如，职工

通过分工合作，提高劳动生产率，就是岗位参与管理，岗位参与管理也是职工参与用人单位民主管理的方式之一。

4. 个人参与管理

职工以个人行为直接参与用人单位的内部事务管理。例如，职工向用人单位提出改革管理方法、提高劳动生产率的合理化建议等，就是职工参与用人单位民主管理的方式之一。

（二）依据参与民主管理的合法性划分

1. 法定职工民主管理

法定职工民主管理是指政府以立法的形式赋予职工民主管理法律效力，从而使职工民主管理可以在用人单位内部普遍地实施。例如，德国、奥地利、法国、芬兰、比利时等国家，就实行法定职工民主管理的方式。

2. 倡导职工民主管理

倡导职工民主管理是指由政府倡导，立法未直接作出强制规定的职工民主管理，这种职工民主管理方式的优点是有利于用人单位根据本单位的实际情况，选择适当的职工民主管理的方式。例如，美国、加拿大、英国、挪威、丹麦、瑞典、中国等国家，就实行倡导职工民主管理的方式。

（三）依据参与民主管理的活动方式划分

1. 民主对话

民主对话是指职工代表、工会委员向厂长、经理、行政事业单位的管理人员提出问题，由厂长、经理、行政事业单位的管理人员回答或者解决问题，并共同协商解决问题办法的会议。

2. 民主质询会

民主质询会是指职工代表、职工、工会委员向用人单位行政管理者提出问题，要求其作出说明或者答复的会议，民主质询会可以让职工了解用人单位发展的情况、遇到的问题等，其是职工参与民主监督的方式之一。

3. 民主咨询会

民主咨询会是指由用人单位管理人员解决职工咨询问题的会议，召开民主咨询会，有助于劳动者同用人单位顺畅地沟通、交流，及时通告相关信息，建立和谐、稳定的劳动关系。

4. 民主接待日

民主接待日是指用人单位行政管理人员定期接待来访职工，对来访职工提出的意见、建议和要求予以研究、解决和答复的活动，这是职工日常民主管理的主要形式之一。

第三节
职工代表大会制度

一、职工代表大会的概念

职工代表大会简称职代会，是由经过职工民主选举产生的职工代表组成，代表全体职工行使民主管理权利的机构，是职工实行民主管理的基本形式。对于职工代表大会的概念可以从以下三个方面进行理解。

（一）职工代表大会是行使权力的机构

职工代表大会具有法律、法规赋予的、一定的权力，职工代表大会依法行使权力，不仅对全体职工具有约束力，而且对用人单位的管理者也具有约束力，职工代表大会是行使权力的机构。

（二）职工代表大会行使民主管理权

职工的民主管理权不同于用人单位的所有权和经营权，其管理权主要表现为参与用人单位事务的管理，行使权力的行为在用人单位不具有最高效力。职工代表大会实行少数服从多数的民主集中制，这就保证了职工代表大会代表大多数职工的利益。

（三）民主管理权是全体职工的整体权利

职工代表大会行使的民主管理权是全体职工的整体权利，代表全体职工的意志和利益，用人单位应当予以重视。

二、职工代表大会的职权

职权是指职务范围内的权力，是管理职位或组织机构具有的发布指令或者希望指令得到执行的权力。职工代表大会的职权是指组织机构具有在某些特定的范围内行使的建议权、选举权、审核权、决定权和监督权。

（一）职工代表大会职权的类型

依据管理对象划分，职工代表大会的职责和权力可以分为对事权和对人权。

1. 职工代表大会参与事务管理的权力

职工代表大会具有的对事权是指职工代表大会对用人单位所管理事务进行审议的权力，其主要包括以下三个方面：

（1）审议、建议权。对于属于用人单位生产经营的全局性重大事项，职工代表大会具有审查、讨论，并提出意见和建议的权利。

（2）审议、通过权。对于涉及职工利益的生产经营方案、劳动纪律和劳动规章制度等，职工代表大会可以审查、讨论。在审查、讨论的基础上，职工代表大会具有同意或者否决的权利。

（3）审议、决定权。对于涉及职工切身利益的重大事项，职工代表大会具有审查、讨论，及直接作出决定的权利。

2. 职工代表大会参与人事管理的权利

职工代表大会对用人单位领导和管理人员具有监督、选择的权利，其主要包括以下两个方面：

（1）评议监督权。职工代表大会具有评议、监督用人单位行政管理人员，并提出奖惩或者任免建议的权利。

（2）推荐选举权。职工代表大会具有按照政府发布法律法规的规定、其他机构的部署或者投资者的要求，民主推荐厂长、经理或者民主选举厂长、经理的权利。

（二）职工代表大会的职权范围

职工代表大会的职权范围是指职工代表大会行使权力的范围。例如，我国政府发布的《企业民主管理规定》规定，职工代表大会行使下列职权：（1）听取企业主要负责人关于企业发展规划、年度生产经营管理情况，企业改革和制定重要规章制度情况，企业用工、劳动合同和集体合同签订履行情况，企业安全生产情况，企业缴纳社会保险费和住房公积金情况等报告，提出意见和建议。审议企业制定、修改或者决定的有关劳动报酬、工作时间、休息休假、劳动安全卫生、保险福利、职工培训、劳动纪律以及劳动定额管理等直接涉及劳动者切身利益的规章制度或者重大事项方案，提出意见和建议；（2）审议通过集体合同草案，按照政府有关规定提取的职工福利基金使用方案、住房公积金和社会保险费缴纳比例和时间的调整方案，劳动模范的推荐人选等重大事项；（3）选举或者罢免职工董事、职工监事，选举依法进入破产程序企业的债权人会议和债权人委员会中的职工代表，根据授权推荐或者选举企业经营管理人员；（4）审查监督企业执行劳动法律法规和劳动规章制度情况，民主评议企业领导人员，并提出奖惩建议；（5）法律法规规定的其他职权。

三、职工代表大会的组织制度和工作制度

（一）职工代表大会组织制度

职工代表大会的组织制度是指组织召开职工代表大会的人员构成、工作机构的制度。

1. 人数构成的规定

职工代表大会通常有人数构成的规定。例如，我国政府发布的《企业民主管理规定》规定，企业可以根据职工人数确定召开职工代表大会或者职工大会。企业召开职工代表大会的，职工代表人数按照不少于全体职工人数的5%确定，最少不少于13人。职工代表人数超过100人的，超出的代表人数由企业与工会协商确定。

2. 人员构成的规定

职工代表大会通常对人员构成也有规定。例如，我国政府发布的《企业民主管理规定》规定，职工代表大会由工人、技术人员、管理人员、企业领导人员和其他方面的职工组成。其中，企业中层以上管理人员和领导人员一般不得超过职工代表总人数的20%。有女职工和劳务派遣职工的企业，职工代表中应当有适当比例的女职工和劳务派遣职工代表。

3. 职工代表大会的任期

职工代表大会通常有任期方面的规定。例如，我国政府发布的《企业民主管理规定》规定，职工代表大会每届任期为3—5年，具体任期由职工代表大会根据本单位的实际情况确定。职工代表大会因故需要提前或者延期换届的，应当由职工代表大会或者授权的机构决定。

4. 职工代表大会专门委员会的设立

政府对职工代表大会专门委员会的设立也有规定。例如，我国政府发布的《企业民主管理规定》规定，职工代表大会根据需要，可以设立若干专门委员会（小组），负责办理职工代表大会交办的事项。专门委员会（小组）成员人选必须经职工代表大会审议通过。职工代表按照基层选举单位组成代表团（组），并选举团（组）长。可以设立职工代表大会团（组）长和专门委员会（小组）负责人联席会议，根据职工代表大会授权，在职工

代表大会闭会期间负责处理临时需要解决的重要问题，并提请下一次职工代表大会确认。

（二）职工代表大会的职权

职工代表大会的职权是指职工代表大会可以行使的权力。

1. 职工代表大会具有的基本职权

职工代表大会具有的基本职权是指各类企业、机关、事业单位职工大会均具有的职权。例如，我国政府发布的《企业民主管理规定》规定，职工代表大会行使下列职责：(1) 听取企业主要负责人关于企业发展规划、年度生产经营管理措施、企业改革和制定重要规章制度的情况，企业用工、劳动合同和集体合同签订履行情况，企业安全生产情况、企业缴纳社会保险费和住房公积金情况等报告，提出意见和建议；审议企业制定、修改或者决定的有关劳动报酬、工作时间、休息休假、劳动安全卫生、保险福利、职工培训、劳动纪律以及劳动定额管理等直接涉及劳动者切身利益的规章制度或者重大事项方案，提出意见和建议；(2) 审议通过集体合同草案，按照政府有关规定提取的职工福利基金使用方案，住房公积金和社会保险费缴纳比例和时间的调整方案，劳动模范的推荐人选等重大事项；(3) 选举或者罢免职工董事、职工监事、选举依法进入破产程序企业的债权人会议，债权人委员会中的职工代表，根据授权推荐或者选举企业经营管理人员；(4) 审查监督企业执行劳动法律、法规和劳动规章制度情况，民主评议企业领导人员，并提出奖惩建议；(5) 法律、法规规定的其他职责。

2. 国有企业职工代表大会具有的职权

国有企业和国有控制企业的职工代表大会除具有基本职权外，还具有特殊的职权。例如，我国政府发布的《企业民主管理规定》规定，国有企业和国有控股企业职工代表大会除了按第十三条规定行使职权外，行使下列职权：(1) 听取和审议企业经营管理主要负责人关于企业投资和重大技术改造、财务预算决算、企业业务招待费使用等情况的报告，专业技术职称的评聘、企业公积金的使用、企业的改制等方案，并提出意见和建议；(2) 审议通过企业合并、分立、改制、解散、破产实施方案中职工的分流和安置方案；(3) 依照法律、行政法规、部门规章规定的其他职责。

（三）职工代表大会的工作制度

1. 职工代表大会召开的周期

职工代表大会必须按照一定的周期定期召开，以促进用人单位和劳动者沟通、合作。例如，我国政府发布的《企业民主管理规定》规定，职工代表大会每年至少召开一次，职工代表大会全体会议必须有三分之二以上的职工代表出席。

2. 职工代表大会议题或者议案的确定

职工代表大会议题或者议案的确定通常是具有一定程序的。例如，我国政府发布的《企业民主管理规定》规定，职工代表大会议题或者议案应当由企业工会听取职工意见后与企业协商确定，并在会议召开前7日以书面形式送达职工代表。

3. 职工代表大会的工作原则

为了保证职工代表大会规范、有序地召开，通常对职工代表大会的工作原则作出规定。例如，我国政府发布的《企业民主管理规定》规定，职工代表大会选举和表决相关事项，必须按照少数服从多数的原则，经全体职工代表的过半数通过。对重要事项的表决，应当采取无记名投票的方式分项表决。

4. 职工代表大会决议的效力

职工代表大会决议的效力是指职工代表大会决议发挥效力的人员和范围。例如，我国政府发布的《企业民主管理规定》规定，职工代表大会在其职权范围内依法审议通过的决议和事项具有约束力，非经职工代表大会同意不得变更或撤销。企业应当提请职工代表大会审议、通过、决定的事项，未按照法定程序审议、通过或者决定的无效。

5. 职工代表大会的工作机构

用人单位的工会委员会是职工代表大会的工作机构，负责职工代表大会的日常工作。例如，我国政府发布的《企业民主管理规定》规定，企业工会委员会履行下列职责：（1）提出职工代表大会代表选举方案，组织职工选举职工代表和代表团（组）长；（2）征集职工代表提案，提出职工代表大会议题的建议；（3）负责职工代表大会会议的筹备和组织工作，提出职工代表大会的议程建议；（4）提出职工代表大会主席团组成方案和组成人员名单；（5）向职工代表大会报告职工代表大会决议的执行情况和职工代表大会提案的办理情况，厂务公开的实行情况等；（6）在职工代表大会闭会期间，负责组织专门委员会（小组）和职工代表就企业职工代表大会决议的执行情况和职工代表大会提案的办理情况、厂务公开的实行情况等，开展巡视、检查、质询等监督活动；（7）受理职工代表的申诉和建议，维护职工代表的合法权益；（8）向职工进行民主管理的宣传教育，组织职工代表开展学习和培训，提高职工代表素质；（9）建立和管理职工代表大会工作档案。

四、职工代表的产生和权利义务

（一）职工代表的产生

职工代表由基层单位的职工直接选举产生，凡是按照法律、法规享有政治权利的职工，都可以选为职工代表。例如，我国政府发布的《企业民主管理规定》规定，职工代表应当以班组、工段、车间、科室等为基本选举单位由职工直接选举产生，规模较大、管理层次较多的企业的职工代表，可以由下一级职工代表大会选举产生。选举、罢免职工代表，应当召开选举单位全体职工会议，会议应有三分之二以上职工参加。选举、罢免职工代表的决定，应经全体职工的过半数通过方为有效。职工代表实行常任制，职工代表任期与职工代表大会届期一致，可以连选连任。职工代表出现缺额时，原选举单位应按规定的条件和程序及时补选。

（二）职工代表的权利和义务

1. 职工代表的权利

（1）选举权、被选举权和表决权。在职工代表大会上，职工代表具有选举他人的权利，也具有被他人推选的权利，还具有表决议案或者提案的权利。

（2）参与权。职工代表有参与用人单位民主管理的权利。职工代表因参加职工代表大会组织的各项活动占用的生产或者工作时间，应当按照正常出勤对待，并享有应得的待遇。

（3）评议、质询权。职工代表有权代表职工代表大会对用人单位执行职工代表大会决议和提案实施的情况进行检查，有权参加对用人单位行政领导人的质询，有权对决议、提案实施的情况进行评议。

（4）监督、检查权。职工代表有对用人单位执行职工代表大会决议的监督、检查权。例如，我国政府发布的《企业民主管理规定》规定，职工代表享有下列权利：（1）选举权、被选举权和表决权；（2）参加职工代表大会及其工作机构组织的民主管理活动；（3）对企业领导人员进行评议和质询；（4）在职工代表大会闭会期间对企业执行职工代表大会决议的情况进行监督、检查。

2. 职工代表的义务

（1）提高管理水平的义务。职工代表应当努力学习党和国家的方针、政策和法规，不断地提高政治觉悟、技术水平和参与民主管理的能力。

（2）完成职工代表大会各项工作的义务。职工代表应当密切联系群众，维护职工的合法权益，如实地反映职工群众的意见和要求，认真执行职工代表大会的决议，做好职工代表大会交给的各项工作。

（3）遵守劳动纪律和规章制度的义务。职工代表应当模范地遵守法律法规、用人单位的规章制度和劳动纪律，做好本职工作。例如，我国政府发布的《企业民主管理规定》规定，职工代表应当履行下列义务：（1）遵守法律法规、企业规章制度，提高自身素质，积极参与企业民主管理；（2）依法履行职工代表职责，听取职工对企业生产经营管理等方面的意见和建议，以及涉及职工切身利益问题的意见和要求，并客观真实地向企业反映；（3）参加企业职工代表大会组织的各项活动，执行职工代表大会通过的决议，完成职工代表大会交办的工作；（4）向选举单位的职工报告参加职工代表大会活动和履行职责的情况，接受职工的评议和监督；（5）保守企业的商业秘密和与知识产权相关的保密事项。职工代表履行职责受法律保护，任何组织和个人不得阻挠和打击报复。

案例 10－1

职工代表的权益如何维护

2021 年 11 月 12 日上午，某电器厂职工李某接到公司人事部的书面通知。通知告知，李某因带领职工维权，给公司造成巨大的经济损失。经董事会研究决定，给予李某开除处理，并不予结算工资。

某电器厂是一家香港人投资的来料加工企业，拥有职工 2000 人。2021 年 10 月 29 日，企业以低于该市最低工资标准支付工资，且不按照法定标准支付加班工资，停工待料期间不发生活费等，企业的做法引起了职工强烈的不满。对此，以生产部为主的 1000 名职工，采取向劳动监察部门举报的方式依法维权。

谈判双方达成的协议如下：企业补发低于最低工资标准部分的工资；公休日加班按照法定标准支付加班费；停工待料期间支付生活费；从 2021 年 11 月开始，企业与所有员工签订劳动合同，依法办理参加基本养老保险的手续，全体员工恢复工作。李某认为，依法举报维护了劳动者的合法权益。但是，从 2021 年 11 月起，厂方陆续解雇员工 300 多人，也解雇了职工代表李某。

案例分析：企业的做法是错误的，侵害了职工代表李某的合法权益，也侵害了部分员工的权益。

我国政府于 2012 年 2 月 13 日发布的《企业民主管理规定》规定，职工代表履行职责受到法律保护，任何组织和个人不得阻挠和打击报复。

尽管《企业民主管理规定》规定了职工代表的权利，也规定了用人单位不得打击报复，但是职工代表带领职工依法维权、被解雇的风险依然很大。

这一事件也反映了我国现行法律、法规和部门规章对职工代表权益的保护依然存在不完善之处，以至于职工代表带领职工维权后，面临着被解雇的风险，这也是一些企业的职工代表不敢带领职工依法维权的主要原因。

案例 10－2

职工代表大会的尴尬

某国有企业召开职工代表大会，讨论、通过了集资建房分房方案。分房方案规定，按照职工的级别、职称分房。这也就是说，方案规定了不同级别、不同职称的职工获得不同楼房、不同楼层、不同面积的办法。但是，在住房分配的过程中，公司领导突然决定，一部分人先分，其他人再分，结果公司食堂没有职称的王师傅分的房子比公司供销科长的房子还好。许多人向职工代表反映，公司领导的做法对大多数职工不公平，违反了职工代表大会确定的分房方案。但是，职工代表也觉得没有办法。大家都敢怒不敢言，许多人害怕日后被公司领导打击报复而选择了沉默。

案例分析：本案例中，企业职工代表大会形同虚设。即使已经经过职工代表大会讨论通过的分房方案，用人单位的行政领导依然可以任意践踏。职工代表因受到用人单位行政、人事管理的制约，不敢依法行使权利，不敢站出来为职工的利益说话。目前，我国企业、事业单位领导独断专行、一言堂的问题比较突出，职工代表大会处于尴尬的境地。

复习思考题

1. 如何理解职工民主管理的概念？
2. 职工民主管理的作用有哪些？
3. 职工民主管理的内容有哪些？
4. 职工参与民主管理的方式有哪些？
5. 如何理解职工代表大会的概念？
6. 职工代表大会的职权有哪些？
7. 职工代表是如何产生的？
8. 职工代表的权利和义务有哪些？

第十一章 劳动争议处理

劳动争议处理制度是依法解决劳动者同用人单位矛盾和争议的重要机制，在我国劳动争议处理实行劳动争议仲裁前置程序，劳动争议诉讼实行二审终审制。本章主要介绍劳动争议的概念、类型、劳动争议处理的程序和方式，是劳动关系理论学习的重要内容，需要重点理解和掌握。

第一节 劳动争议的概念和类型

一、劳动争议的概念和特点

（一）劳动争议的概念

争议也称纠纷，即特定法律关系当事人之间的权利义务纠纷。劳动争议又称劳动纠纷、劳资纠纷，是指劳动关系双方当事人在执行劳动法律、法规或者履行劳动合同的过程中，因劳动权利义务发生分歧而引起的争议。

（二）劳动争议的特点

1. 劳动争议的主体具有特定性

劳动争议的主体是劳动者或工会同用人单位或雇主团体之间的劳动争议。如果争议不是发生在劳动者与用人单位、工会与用人单位或者雇主团体之间，即使争议的内容涉及劳动，也不属于劳动争议。例如，我国《关于贯彻执行〈劳动法〉若干问题的意见》规定，企业与职工为劳动争议案件的当事人；国家机关、事业单位、社会团体与本单位工人、个体工商户与帮工、学徒均可以成为劳动争议案件的当事人。

2. 劳动争议的内容具有特定性

劳动争议以劳动的权利和义务为标的，例如，我国《劳动争议调解仲裁法》规定，中华人民共和国境内的用人单位与劳动者发生的下列劳动争议，适用本法：（1）因确认劳动关系发生的争议；（2）因订立、履行、变更、解除和终止劳动合同发生的争议；（3）因除名、辞退和辞职、离职发生的争议；（4）因工作时间、休息休假、社会保险、福利、培训以及劳动保护发生的争议；（5）因劳动报酬、工伤医疗费、经济补偿或者赔偿金等发生的争议；（6）法律、法规规定的其他劳动争议。凡是劳动权利义务以外问题引发的争议，不属于劳动争议。例如，最高人民法院《关于审理劳动争议案件适用法律若干问题的解释》规定，下列纠纷不属于劳动争议：（1）劳动者请求社会保险经办机构发放社会保险金的纠纷；（2）劳动者与用人单位因住房制度改革产生的公有住房转让纠纷；（3）劳动者对劳动能力鉴定委员会的伤残等级鉴定结论或者对职业病诊断鉴定委员会的职业病诊断鉴定结论的异议纠纷；（4）家庭或者个人与家政服务人员之间的纠纷；（5）个体工匠与帮工、学徒之间的纠纷；（6）农村承包经营户与受雇人之间的纠纷。

3. 劳动争议具有特定的表现形式

劳动争议表现为劳动关系双方当事人提出不同的要求或者主张，既包括一方当事人拒绝另一方当事人的要求，也包括当事人向国家机关、劳动争议处理机构和人民法院提出保护和处理劳动争议的请求。

二、劳动争议的类型

（一）按照涉及的当事人人数划分

按照涉及的当事人人数划分，劳动争议可以分为个体劳动争议、集体劳动争议和团体劳动争议。

（1）个人劳动争议。个人劳动争议是指单个劳动者与用人单位的劳动争议。在我国，职工当事人未达到集体争议的法定人数，即劳动者当事人不足10人的劳动争议，也属于个人劳动争议。个人劳动争议的当事人必须参加劳动争议处理活动，不得由他人代表参加，劳动争议的调解、仲裁和诉讼适用普通程序，而不适用特别程序。

（2）集体劳动争议。集体劳动争议是指多个劳动者就同一类行为或者基于共同的争议理由同用人单位发生的劳动争议。在我国，集体劳动争议的当事人需要达到 10 人以上。集体劳动争议的劳动者当事人应该推举代表参加劳动争议的处理，职工代表在处理争议的过程中只代表卷入劳动争议职工的利益和意志，不代表未卷入劳动争议职工的利益和意志。当职工当事人为 10 人以上时，适用特别程序进行仲裁，特别仲裁由 3 名以上仲裁员组成。

（3）团体劳动争议。团体劳动争议又称集体合同争议，是指工会与用人单位之间因集体合同而发生的争议。这类争议的一方当事人是工会，另一方当事人为用人单位或者雇主团体。团体劳动争议中，工会代表是工会主席，争议的焦点是全体职工的整体利益。工会主席在劳动争议处理过程中的行为对全体职工都具有法律上的约束力。

（二）按照涉及的内容划分

按照涉及的内容划分，劳动争议可以分为权利争议和利益争议。

（1）权利争议。权利争议又称实现既定权利的争议或履约争议，是指因劳动法律法规、集体合同和个人劳动合同所规定的权利和义务而发生的争议。例如，作为争议标的的权利和义务，如果适用于劳动法中强制性规范所规定的，则该权利争议就属于遵守劳动法的争议；如果是由集体合同、个人劳动合同依据劳动法中任意规范具体规定的，则该权利争议就属于履行集体合同或劳动合同的争议。

（2）利益争议。利益争议又称确定权利的争议或缔约争议，是指因主张有待确定的权利和义务而产生的争议。在当事人的权利和义务尚未确定的情况下，如果双方对权利和义务有不同的主张，就会发生劳动争议。利益争议的目的是，要求在劳动合同中依法确定当事人的某种利益，使之上升为确定的权利。

（三）按照涉及的范围划分

按照涉及的范围划分，劳动争议可以分为国内劳动争议和涉外劳动争议。

（1）国内劳动争议。国内劳动争议是指具有本国国籍的劳动者与用人单位之间的劳动争议。在我国，不仅包括中国公民与境内用人单位之间发生的劳动争议，而且还包括中国在国（境）外设立的机构与派往该机构的工作人员、外商投资企业与中国职工之间所发生的劳动争议。

（2）涉外劳动争议。涉外劳动争议是指当事人一方或双方具有外国国籍或无国籍的劳动争议，主要包括中国用人单位与外籍职工之间、外籍雇主与中国职工之间、在华外籍雇主与外籍职工之间的劳动争议。凡用人单位在我国境内发生的涉外劳动争议，都应当适用我国法律，并进行依法处理。

三、引发劳动争议的原因

引发劳动者与用人单位发生劳动争议的原因是多方面的，下面以我国为例，说明引发劳动争议的主要原因。

（一）社会原因

1. 劳动法治建设不完善

当前，由于我国经济体制正处于转轨时期，劳动用工制度也发生了较大的变化。但是，同劳动用工制度改革相适应的法律法规建设还不是很完善，不能适应新时期劳动关系的变化，引发劳动争议。

2. 劳动法律法规的宣传不到位

随着劳动用工制度的变化，我国政府也出台了一系列调整劳动关系的法律法规。但是，由于劳动法律法规宣传不到位，劳动者和用人单位对劳动法律法规的理解不同，引发劳动争议。

3. 劳动关系协调机制，不能真正发挥作用

目前，我国用人单位内部设立的劳动争议调解委员会、工会、职工代表大会等协调机制难以有效地发挥作用，造成劳动者和用人单位的矛盾难以在本单位内部解决，引发劳动争议。

（二）直接原因

1. 用人单位的管理者素质比较低

在劳动关系的管理中，一些企业、事业单位、机关、团体等用人单位的管理者素质比较低，他们经常采取“以言代法”“以权代法”的管理方式，侵犯了劳动者的合法权益，引发劳动争议。

2. 劳动者错误观念的负面影响

为了谋求更高职位、获得更高的工资，一些劳动者频繁地跳槽、擅自解除劳动合同、窃取用人单位的商业秘密等，侵害了用人单位的合法权益，引发劳动争议。

3. 利益的对立导致劳动关系双方的冲突

劳动者和用人单位利益的对立，造成一些用人单位侵害劳动者的合法权益。例如，用人单位随意扣发职工工资奖金、随意要求职工加班加点而不支付加班工资、不为职工缴纳社会保险费等行为，严重侵害了劳动者的合法权益，引发劳动争议。

四、劳动争议与一般民事纠纷的区别

（一）争议的当事人不同

民事纠纷是公民之间、法人之间以及他们之间因财产权益、人身权益发生争执，进而引起的争议。劳动争议的当事人是特定的，只能发生在劳动关系的当事人之间，是劳动者和用人单位、工会和用人单位之间的争议。

（二）争议的原因不同

劳动争议的原因是因劳动的权利和义务发生分歧而引起的。一般民事纠纷引起争议的原因是多方面的，可以是由于财产纠纷而引起的争议，也可以是由于人身侵害而引起的争议。

（三）争议的主体权利和行为能力不同

我国劳动法律法规规定，公民的劳动权利能力和劳动行为能力从 16 周岁开始，劳动者的劳动权利能力和劳动行为能力是统一的，同时产生、同时终止；而公民的民事权利能力和民事行为能力在时间上却是不一致的。公民的民事权利能力是从出生就具有的，公民的民事行为能力一般从 18 周岁开始。

第二节

劳动争议处理制度

劳动争议处理制度是劳动争议处理的法律法规、处理机构和处理方式等构成的有机整体，它表明劳动争议应当依据哪些法律法规、哪些机构、哪些方式进行处理。

一、劳动争议处理与劳动争议处理制度的概念

（一）劳动争议处理的概念

劳动争议处理是指劳动争议处理机构依法妥善解决劳动争议的活动。各国的劳动争议

处理机构，大致可以分为调解机构、仲裁机构和司法机构。

1. 劳动争议调解机构

按照机构设置的不同，劳动争议调解机构可以分为以下四种：

（1）劳动保障行政部门所属机构。例如，新加坡的劳动关系调解处和雇佣准则处，就属于新加坡劳工部。

（2）政府所属机构。例如，菲律宾的国家调解斡旋委员会、美国的联邦调停调解处，就隶属于政府。

（3）民间机构。民间机构是工会和雇主协会共同协商建立的，并独立于政府机构。例如，丹麦、瑞典等国进行劳动争议调解的机构，就属于民间机构。

（4）用人单位内部机构。例如，我国劳动争议调解委员会设立于用人单位内部，属于用人单位内部的机构。

2. 劳动争议仲裁机构

按照机构设置的不同，劳动争议仲裁机构可以分为以下三种：

（1）半官方机构。劳动争议仲裁机构是由政府、工会和雇主协会共同建立的，属于半官方机构。例如，菲律宾的劳动关系委员会就是半官方机构。我国的劳动人事争议仲裁委员会也属于半官方机构。

（2）民间机构。劳动争议仲裁机构是由工会、雇主协会协商建立或者民间组织单独成立的。例如，日本的劳动关系委员会就属于民间机构。

（3）官方机构。劳动争议仲裁机构是政府单独设立的，属于官方机构。例如，沙特阿拉伯的劳动纠纷局就属于政府设立的官方机构。

3. 劳动争议司法机构

处理劳动争议司法机构，可以分为以下两种：

（1）普通法院。普通法院是指政府建立的、统一审理包括劳动争议案件在内的各种案件，是政府的司法审判机构。例如，法国、澳大利亚和我国的劳动争议案件，就由普通法院审理。

（2）劳动法院。劳动法院是指政府设立的专门负责审理劳动争议案件的司法机构。例如，德国劳动法院、芬兰劳工法庭等专门审理劳动诉讼案件。①

（二）劳动争议处理制度的概念

劳动争议处理制度是指政府依法制定的处理劳动争议法律法规、处理机构、处理原

① 王全兴和管斌：《劳动法学》（第二版），高等教育出版社 2008 年版，第 457 页。

则、处理方法和处理程序等方面内容的总和。劳动争议处理制度的建立，使劳动争议处理步入了法治化、规范化的发展轨道。

（三）劳动争议处理制度的作用

1. 劳动争议处理制度是解决劳动争议的制度保证

建立制度化的劳动争议处理机制，可以依法解决劳动者和用人单位之间的劳动争议，建立和谐、稳定的劳动关系，化解社会矛盾。

2. 劳动争议的处理直接影响当事人权利的实现

劳动争议处理程序、处理方法和处理原则设计得是否合理、公平，直接影响劳动者与用人单位的合法权益是否能够得到维护和保障，直接影响当事人权利的实现。

3. 劳动争议处理制度是维持劳动力市场稳定的保障

建立制度化的劳动争议处理制度，可以约束劳动者和用人单位的行为，维持劳动力市场的稳定。

二、劳动争议处理的原则

（一）着重调解的原则

在劳动争议处理的过程中，劳动争议处理机构应当注重运用调解的方式解决劳动争议，不仅劳动争议调解机构应当注重协商、调解，促使当事人达成调解协议，而且仲裁机构在仲裁前、审判机构在判决前，对适合调解的劳动争议案件也应当先行调解。如果调解不成，再进入下一步审理程序。

（二）依法独立处理的原则

劳动争议处理机构应当站在中立的立场上，独立地行使权力，独立地处理劳动争议案件，其行使权力不受任何地方政府、团体、组织和单位的影响，应当公平、公正地处理劳动争议案件。

（三）及时处理的原则

在处理劳动争议的过程中，劳动争议处理机构要按照法律、法规和部门规章规定的期限及时行使权力，履行职责，不能久拖不决。

（四）以事实为依据，以法律为准绳原则

在处理劳动争议案件的过程中，劳动争议处理机构应当查明事实、分清是非，以事实为依据。在此基础上，依照法律、法规和部门规章的规定、依照集体合同和劳动合同的约定，及时处理劳动争议案件。

（五）适用法律一律平等的原则

在处理劳动争议的过程中，不论劳动者的民族、种族、性别、职业、社会出身、宗教信仰、教育程度、财产状况等，应当公平地对待当事人，适用法律一律平等，不能因人而异或者偏袒一方。

三、劳动争议处理的法律依据

法律、法规、部门规章、集体合同、劳动合同、劳动规章制度和劳动纪律是劳动争议处理机构处理劳动争议案件的法律依据，下面以我国为例，说明处理劳动争议案件的法律依据。处理劳动争议案件的法律依据，主要有以下五个方面。

（一）劳动法律

劳动法律是指由全国人民代表大会及其常务委员会制定和颁布的劳动基本法律。此外，香港、澳门特别行政区立法机关制定的规范性文件，在本行政区也属于法律。劳动法律的效力主要有以下三个方面。

1. 劳动法律的空间效力

全国人民代表大会及其常务委员会制定和颁布的法律、国务院制定的行政法规、国务院各部委制定的行政规章，除法律另有规定外，其效力范围包括我国全部领土、领海、领空，还包括驻外使馆，悬挂中国国旗的飞机、船舶。

2. 劳动法律的时间效力

劳动法律的时间效力是指劳动法律从什么时间开始生效和终止，劳动法律对其颁布以前的事实是否具有溯及力等方面的规定。

3. 劳动法律对人的效力

劳动法律对人的效力是指法律对什么人具有约束力。例如，《中华人民共和国劳动法》规定，在中华人民共和国境内的企业、个体经济组织和与之形成劳动关系的劳动者，适用本法。国家机关、事业组织、社会团体和与之建立劳动合同关系的劳动者，依照本法执

行。《中华人民共和国劳动合同法》规定，中华人民共和国境内的企业、个体经济组织、民办非企业单位等组织（以下简称“用人单位”）与劳动者建立劳动关系，订立、履行、变更、解除和终止劳动合同，适用本法。国家机关、事业单位、社会团体和与其建立劳动关系的劳动者，订立、履行、变更、解除和终止劳动合同，适用本法。也就是说，目前，我国劳动法律法规调整、不调整的人员有以下三类：(1) 企业、个体经济组织、民办非企业单位等组织的劳动关系归劳动法调整；(2) 国家机关、事业组织、社会团体中，除公务员和参照公务员法管理的工作人员以外的劳动关系归劳动法调整；(3) 国家机关、事业组织、社会团体与劳动者建立的劳动关系，农业劳动者、现役军人、家政人员等的劳动关系，不归《中华人民共和国劳动法》和《中华人民共和国劳动合同法》调整。

（二）劳动法规

劳动法规是指国务院或者地方政府制定的有关劳动的规范性文件。此外，香港、澳门特别行政区长官制定的规范性文件，在本行政区也属于行政法规。劳动法规可以分为以下两类。

1. 国务院制定和颁布的劳动法规

国务院制定和颁布的文件就是行政法规，是当前我国劳动法律体系中的主体部分。例如，《女职工劳动保护特别规定》《事业单位人事管理条例》《工伤保险条例》等文件，就属于劳动法规。

2. 地方性劳动法规

地方性劳动法规是由省、自治区、直辖市或省市人民代表大会及其常务委员会制定和颁布的适用于本地区的劳动法规。例如，《北京市劳动合同规定》《北京市补充医疗保险暂行办法》《青岛市劳动争议处理条例》等，就属于地方性劳动法规。

（三）部门劳动规章

部门劳动规章主要是指国务院所属的部门制定的规范性文件。例如，国务院授权范围内的部门制定的贯彻劳动行政法规的实施细则、办法和其他解释性的规范性文件。这些规章、办法、解释性的规范文件，可以作为处理劳动争议案件的法律依据。

（四）劳动合同

劳动合同包括集体合同和个人劳动合同。

1. 集体合同

集体合同是工会与用人单位或者雇主团体签订的合法协议，集体合同生效后，可以作为劳动争议处理机构处理劳动争议案件的法律依据。

2. 个人劳动合同

个人劳动合同是劳动者个人同用人单位签订的明确双方权利和义务的协议，劳动合同依法订立、生效后，也可以作为劳动争议处理机构处理劳动争议案件的法律依据。

（五）劳动规章制度和劳动纪律

劳动规章制度和劳动纪律是用人单位法律、法规和部门规章制定的适合本单位的行为规范，是用人单位对劳动法律法规的具体化。我国《最高人民法院关于审理劳动争议案件适用法律若干问题的解释》第十九条规定，用人单位根据《中华人民共和国劳动法》第四条规定，通过民主程序制定的规章制度，不违反国家法律、行政法规及政策规定，并已向劳动者公示的，可以作为人民法院审理劳动争议案件的依据。

案例 11－1

用人单位的劳动规章制度是否合理合法

2014 年 4 月，女职工李某被一家公司录用，双方签订劳动合同的期限为 5 年。2015 年 5 月，李某因怀孕休产假。公司劳动规章制度规定：“女职工符合计划生育规定生育的，产假为 56 天。”李某没有按照公司的规定休产假，而是按照政府的规定休息了 98 天。2015 年 9 月，李某上班时，公司管理人员告知李某，其超过 56 天的假期为旷工，并给予除名处理。李某认为，自己是根据政府的有关规定休产假的，不应该受到除名的处理，遂向有关部门提出申诉。产假期间，用人单位可以除名职工吗？

案例分析：公司不应当除名李某。

除名是企业与无正当理由旷工的职工解除劳动关系的一种行政处理方式，是指职工无正当理由旷工超过一定时期，单位依法从职工名册中除掉其姓名的做法。一般来说，除名应当按照以下程序进行：一是依照职工的旷工事实，取得确凿的证据，并进行严格的审核。二是结论材料应当当面交给本人，允许违纪职工申辩，保证违纪职工享有申辩权。三是对违纪职工进行批评教育或处分；对批评教育无效，且连续旷工超过 15 天或者一年内累计旷工超过 30 天，无悔改表现的，由企业厂长（经理）提出对违纪职工的除名决定，交由本单位工会或者职工代表大会进行讨论。讨论通过后，方可实施对违纪职工进行除名处理。四是作出除名决定，制作除名处理书。五是依法送达劳动者本人。

《中华人民共和国劳动法》第六十二条规定："女职工生育享受不少于90天的产假。"根据《女职工劳动保护特别规定》第七条规定："女职工生育享受98天产假，其中产前可以休假15天。"

本案例中，公司的劳动规章制度规定，女职工休产假的时间是56天，违反了《中华人民共和国劳动法》和《女职工劳动保护特别规定》的有关规定，属于无效的劳动规章制度。根据法律、法规和部门的规章的规定，李某有权利享受98天的产假，在此期间不应当视为旷工。公司对李某作出除名的决定是错误的，应当撤销对李某的除名处理决定，并补发李某的有关生育保险待遇。

四、法律法规适用冲突的调整

（一）法律法规适用冲突的概念

法律法规适用冲突是指解决同一劳动争议案件适用的劳动法律、法规和部门规章不同，由于这些法律法规各自内容的差异，导致法律效力的相互抵触。

（二）法律法规适用冲突调整的原则

1. 级别冲突及调整原则

级别冲突是指法律效力不同的劳动法律法规之间，对同一问题规定不同而引起的冲突。例如，1995年，劳动部发布的《关于贯彻执行〈中华人民共和国劳动法〉若干问题的意见》第九十八条规定，法律的效力高于行政法规与地方性法规；行政法规与地方性法规高于部门规章和地方政府规章；部门规章和地方政府规章高于其他规范性文件。在法律、法规和部门规章冲突时，应当优先适用上位法。

2. 地域冲突及其调整原则

地域冲突是指对于同一劳动争议案件，有两个以上地方的劳动法规、规章都可以适用，但是适用不同的法律法规，将会产生不同的法律结果。一般来说，适用法规可以采用发生劳动争议用人单位所在地的原则进行调整。

3. 内部冲突的调整原则

（1）新法优于旧法的原则。新颁布的法律法规优先于原来实施的法律法规。

（2）特别法优于一般法的原则。法律法规对于某一方面的特别规定，优先于一般法的规定。例如，《劳动合同法》就是《合同法》的特别法。

五、劳动争议处理的程序和方式

（一）劳动争议处理的程序

《中华人民共和国劳动法》规定，“劳动争议发生后，当事人可以向本单位劳动争议调解委员会申请调解；调解不成，当事人一方要求仲裁的，可以向劳动争议仲裁委员会申请仲裁。当事人一方也可以直接向劳动争议仲裁委员会申请仲裁。对仲裁裁决不服的，可以向人民法院提起诉讼”。也就是说，劳动争议处理制度实行“一调一裁两审制”。《中华人民共和国劳动争议调解仲裁法》颁布后，实行“一调一裁两审与一调一裁分流”的劳动争议处理制度。《中华人民共和国劳动争议调解仲裁法》规定，发生劳动争议，当事人不愿协商、协商不成或者达成和解协议后不履行的，可以向调解组织申请调解；不愿调解、调解不成或者达成调解协议后不履行的，可以向劳动争议仲裁委员会申请仲裁；对仲裁裁决不服的，除本法另有规定外，可以向人民法院提起诉讼。

（二）劳动争议处理的方式

1. 协商

协商是指双方当事人自行解决劳动争议，不需要第三方参加。如果双方当事人协商不成的，可以采用其他方式解决。

2. 调解和调停

（1）调解。调解是劳动争议调解机构对申请调解的劳动争议案件，在查明事实、分辨是非的基础上，促使双方当事人在互让、互谅的基础上达成协议，化解劳动争议。调解是在第三方的主持下进行的，调解不仅包括用人单位调解机构的调解，而且也包括劳动争议仲裁委员会和法院的调解。

（2）调停。调停是双方当事人按照第三方提出的解决劳动争议的办法，达成解决劳动争议的协议。调解和调停的区别主要在于，调解只是促使双方当事人和解，而不提出建议；调停则要提出解决方案，并促使双方当事人接受。

3. 裁决

如果用人单位的劳动争议调解委员会调解失败，可以直接向劳动人事争议仲裁委员会申请仲裁。劳动人事争议仲裁委员会是劳动和社会保障部授权的办事机构，负责处理用人单位调解失败的劳动争议。当事人向人民法院提起诉讼必须先向劳动人事争议仲裁委员会申请仲裁，人民法院不受理未经劳动人事争议仲裁机构裁决的劳动争议案件，劳动人事争议仲裁是劳动争议诉讼的前置程序。裁决是仲裁机构或有关行政机构依法对劳动争议案件作出裁决。《中华人民共和国劳动争议调解仲裁法》规定，下列劳动争议，仲裁裁决为终局裁决，裁决书自作出之日起就发生法律效力：（1）追索劳动报酬、工伤医疗费、经济补偿或者赔偿金，不超过当地最低工资标准十二个月金额的争议；（2）因执行政府规定的劳动标准在工作时间、休息休假、社会保险等方面发生的争议。

4. 判决

诉讼是指劳动争议当事人通过人民法院的审理解决劳动争议案件。人民法院是处理劳动争议的最终程序，主要负责处理对劳动人事争议仲裁委员会裁决不服的劳动争议案件。人民法院的民事审判庭负责审理劳动争议案件，对劳动争议进行最终判决，劳动争议诉讼实行两审终审制，判决由审判机构依法对劳动争议案件作出判决。

六、我国劳动争议处理制度的建立和发展

我国劳动争议处理制度大致经历了以下四个发展阶段。

（一）我国劳动争议处理制度的建立阶段

1949 年 11 月，中华全国总工会通过的《关于处理劳资关系暂行办法》进一步明确规定了劳资争议处理的程序，标志着我国劳动争议处理制度开始建立。1950 年 4 月 29 日，劳动部颁布的《劳动争议仲裁委员会组织及工作规则》规定了劳动争议仲裁委员会的组成、工作规则，其职责是负责处理劳动争议案件。在《劳动争议仲裁委员会组织及工作规则》的指导下，各地劳动管理部门聘请了同级工会代表、工商管理部门代表和工商联代表，共同组成劳动争议仲裁委员会，负责处理劳动争议案件。1950 年 11 月 6 日，经政务院批准，劳动部颁发的《关于劳动争议解决程序的规定》明确，这一规定适用于一切国营、公营、私营、公私合营及合作社经营的企业，劳动争议仲裁委员会负责处理各类劳动争议案件。

（二）劳动争议处理制度的中断阶段

随着资本主义工商业社会主义改造的逐步完成，政府进一步强调计划经济的作用，劳动关系变得越来越单一。1955 年 7 月以后，政府简化了劳动争议处理的程序，各级行政机关设立的劳动争议处理机构相继被撤销，人民法院不再受理劳动争议案件，劳动争议处理

制度处于中断发展阶段。这一时期，大量的劳动争议案件无法通过法律途径得到妥善地解决，只能由信访部门承担，影响了企业的生产和社会的安定。

（三）劳动争议处理制度的初步恢复和发展阶段

1987 年 7 月，国务院发布的《国营企业劳动争议处理暂行规定》规定，处理国营企业劳动争议的一般程序为调解、仲裁和法院审理。这一法规的实施，标志着我国中断的劳动争议处理制度得到了初步恢复。但是，《国营企业劳动争议处理暂行规定》只将劳动争议案件的受理范围限定于国有企业，使相当多的非国有企业发生的劳动争议案件的处理无法可依，不能得到较好的处理。

（四）劳动争议处理制度的改革和发展阶段

为了适应经济体制改革的发展和劳动用工制度的改革，我国劳动争议处理制度进行了较大的改革。1993 年 7 月 2 日，国务院发布《企业劳动争议处理条例》，扩大了企业劳动争议处理的范围。1993 年 10 月 18 日，劳动部颁布《劳动争议仲裁委员会办案规则》，规定了劳动争议仲裁的基本原则、一般规定、仲裁程序等，规范了劳动争议仲裁的管理。1993 年 11 月 5 日，劳动部颁布《企业劳动争议调解委员会组织规则》，规定了企业劳动争议调解委员会组织的原则、调解工作的开展等。这一系列法规和部门规章的出台，弥补了自 1987 年以来我国劳动争议处理制度存在的缺陷和不足。1994 年 7 月 5 日，第八届全国人大常委会第八次会议通过了《中华人民共和国劳动法》（1995 年 1 月 1 日开始实施），标志着劳动争议案件的处理有了明确的法律依据。随着《中华人民共和国劳动法》的公布，国务院发布了《关于修改〈国务院关于职工工作时间的规定〉的决定》《关于深化企业职工养老保险制度改革的通知》。劳动部发布了《〈国务院关于职工工作时间的规定〉的实施办法》《违反〈劳动法〉有关劳动合同规定的赔偿办法》《关于贯彻执行〈中华人民共和国劳动法〉若干问题的意见》《劳动仲裁员聘任管理办法》《从事技术工种劳动者就业上岗前必须培训的规定》《劳动安全卫生监察员管理办法》《就业登记规定》《矿山安全监察工作规则》《职业介绍规定》《劳动保障监察程序规定》等一系列规定。这些部门规章的发布，规范了用人单位的用工行为，保障了劳动者的合法权益和人身安全。2001 年、2006 年，最高人民法院先后两次发布的《关于审理劳动争议案件适用法律若干问题的解释》明确规定了审理劳动争议案件适用的法律、法规和规章制度。

为了适应经济发展的需要，尽快解决劳动者和用人单位之间发生的劳动争议案件，提高劳动争议处理机构的办案效率，2008 年 1 月 1 日，《中华人民共和国劳动合同法》《中华人民共和国就业促进法》开始实施。2008 年 5 月 1 日，《中华人民共和国劳动争议调解仲裁法》开始生效实施。《中华人民共和国劳动争议调解仲裁法》的实施，延长了劳动争议仲裁的申请时效，将小额劳动争议裁决规定为终局裁决，进一步规范了劳动争议处理制度，标志着我国劳动争议处理制度进入了新的发展阶段。2010 年 9 月 13 日，最高人民法院发布《关于审理劳动争议案件适用法律若干问题的解释（三）》规定，劳动人事争议仲裁委员会在规定的期限内未作出受理决定或仲裁裁决的，当事人可以直接提起诉讼的，人民法院应当受理。2013 年 1 月 18 日，最高人民法院发布《关于审理劳动争议案件适用法律若干问题的解释（四）》规定，人民法院经审查认为，该仲裁裁决为非终局裁决的，基层人民法院应当受理；经人民法院审查认为，该仲裁裁决为终局裁决的，基层人民法院不予受理，但应告知用人单位可以自收到不予受理裁定书之日起三十日内向劳动人事争议仲裁委员会所在地的中级人民法院申请撤销该仲裁裁决；已经受理的，裁定驳回起诉。2019 年 5 月 8 日，人力资源和社会保障部发布《劳动人事争议仲裁办案规则》，不仅将劳动争议、人事争议均纳入了劳动人事争议仲裁委员会的调解、仲裁的范围，而且规范了劳动、人事争议仲裁的管理。

第三节

劳动争议的基层调解

一、劳动争议基层调解的概念和特点

劳动争议基层调解是指劳动争议调解组织对双方当事人自愿申请调解的劳动争议，在查明事实、分辨是非的基础上，依据法律、法规、部门规章、集体合同和个人劳动合同，通过说服、劝导和教育，促使当事人在互让、互谅的基础上达成协议，从而化解劳动争议的处理办法。劳动争议基层调解，具有以下五个方面的特点。

（一）劳动争议基层调解组织属于民间调解

劳动争议基层调解组织大多属于民间调解，同官方的调解组织相比，其调解活动具有随意性，基本不受固定程序和形式的约束，也可以将道德规范、社会习惯等作为调解劳动争议的依据。

（二）调解结果不具有法律赋予的强制力

劳动争议基层调解结果具有合同性质，不具有法律、法规赋予的强制力。劳动争议调解只是用人单位内部解决劳动争议的方式，当事人是否接受取决于其解决劳动争议的意愿。

（三）疏导、说服、教育是调解的方法

劳动争议基层调解的方法是疏导当事人的情绪和心理，说服当事人遵守法律、法规的规定和劳动合同的约定，教育当事人依法约束自己的行为，维护对方当事人的合法权益。

（四）调解并非处理劳动争议的必经程序

劳动争议基层调解并不是处理劳动争议的必经程序，如果当事人不愿意调解，可以直接到劳动争议仲裁委员会申请劳动争议仲裁。

（五）劳动争议基层调解必须是自愿的行为

1. 申请劳动争议基层调解必须是自愿的行为

如果当事人一方不愿意通过调解的方式解决劳动争议，则劳动争议基层调解程序就无法启动，申请劳动争议基层调解必须是当事人自愿的行为。

2. 双方达成协议必须是自愿的行为

从劳动争议开始调解，到最后达成调解协议，是当事人自愿的结果。如果当事人不愿意接受基层调解的结果，双方就无法达成调解协议。

3. 履行调解协议必须是自愿的行为

劳动争议调解协议书能否得到履行，依靠当事人的承诺、信任和道德约束，劳动争议调解协议书对双方当事人不具有法律约束力。

二、劳动争议调解机构

劳动争议调解机构是指依法对劳动争议进行调解的组织。《中华人民共和国劳动法》规定，劳动争议发生后，当事人可以向本单位劳动争议调解委员会申请调解。在用人单位内，可以设立劳动争议调解委员会。企业劳动争议调解委员会负责调解本企业发生的劳动争议。《中华人民共和国劳动争议调解仲裁法》规定，发生劳动争议，当事人可以到下列

调解组织申请调解：（1）企业劳动争议调解委员会；（2）依法设立的基层人民调解组织；（3）在乡镇、街道设立的具有劳动争议调解职能的组织。下面分别介绍这几个劳动争议基层调解机构。

（一）企业劳动争议调解委员会

企业劳动争议调解委员会是企业内部依法设立的，负责调解本单位劳动争议的组织。

企业劳动争议调解委员会由职工代表和企业代表组成。职工代表由工会成员担任或者由全体职工推举产生，企业代表由企业负责人指定。企业劳动争议调解委员会主任由工会成员或者双方推举的人员担任。没有建立工会的企业，劳动争议调解委员会的设立及其组成由职工代表和企业代表共同协商决定。劳动争议调解组织的调解员应当由公道正派、联系群众、热心调解工作，并具有一定法律知识、政策水平和文化水平的成年公民担任。企业劳动争议调解委员会名单应当报送地方总工会、地方劳动人事争议仲裁委员会备案。

（二）基层人民调解组织

基层人民调解组织是指依据《人民调解委员会组织条例》的规定，由村民委员会和居民委员会设立的调解民间纠纷的群众性组织。企业、事业单位根据需要可以参照《人民调解委员会组织条例》的规定，设立人民调解委员会。

人民调解委员会由委员 3—9 人组成，设主任 1 人；必要时，可以设副主任。委员由村民委员会成员或者居民委员会成员兼任或者由群众选举产生。每 3 年改选一次，可以连任；多民族居住的人民调解委员会中，应当有少数民族成员；委员不能任职时，由原选举单位补选；委员严重失职或者违法乱纪的，由原选举单位撤换。基层人民政府、人民法院、劳动保障行政部门和劳动人事争议仲裁委员会是指导人民开展劳动争议调解工作的机构。在政府的领导下，人民调解委员会调解劳动者和用人单位之间发生的劳动争议。

（三）乡镇、街道劳动争议调解组织

乡镇、街道劳动争议调解组织是指企业比较集中的乡镇、街道依法设立的调解劳动争议的区域性组织或行业性组织。例如，《青岛市劳动争议处理条例》规定，乡镇、街道、行业可以设立劳动争议调解委员会，劳动争议调解委员会依照各自的职责，负责劳动争议调解工作；劳动争议调解委员会由职工代表、用人单位代表和工会代表组成，主任由同级工会代表担任，办事机构设在同级工会。

三、劳动争议基层调解的回避制度

劳动争议基层调解的回避制度是指调解委员会调解某一劳动争议案件时，委员会成员在遇到法律、法规规定的情形时，当事人有权请求其不参加该劳动争议的调解，更换调解委员会的成员。

调解委员会成员有下列情形之一者，当事人有权以口头或者书面的形式提出申请，要求其回避：（1）调解委员会成员是劳动争议的当事人或者是劳动争议当事人的近亲属；（2）调解委员会成员与劳动争议有利害关系；（3）调解委员会成员与当事人有其他关系，可能会影响公正地调解。

调解委员会对回避申请应当及时作出决定，并以口头或者书面的形式通知当事人。调解委员会委员的回避由调解委员会主任决定；调解委员会主任的回避，由调解委员会成员集体研究决定；调解委员会活动的经费由用人单位承担。

四、劳动争议基层调解的一般程序

（一）申请调解

1. 申请调解

申请调解是指劳动争议的当事人以口头或书面的形式，向劳动争议调解委员会提出调解的请求。申请调解是启动劳动争议基层调解程序的必经步骤。我国法律、法规并没有赋予劳动争议调解委员会强制调解权，因此，只有在双方当事人请求调解的情况下，才能启动劳动争议的基层调解。

2. 提交证据

证据是支持劳动争议当事人主张的佐证材料，当事人提供的证据材料越充分、越有力，越容易获得支持。例如，《中华人民共和国劳动争议调解仲裁法》规定，发生劳动争议后，当事人对自己提出的主张，有责任提供证据。与劳动争议有关的证据属于用人单位掌握管理的，用人单位应当提供；用人单位不提供的，应当承担不利后果。

3. 劳动争议基层调解的时效

当事人应当自知道或者应当知道其权利被侵害之日起 30 日内，以书面或者口头的形式向劳动争议基层调解委员会提出申请，填写劳动争议调解申请书。超过 30 日的劳动争议调解时效，劳动争议调解委员会不予调解。调解委员会自接到调解申请后，应当征询对方当事人的意见；对方当事人不愿意调解的，应该做好笔录，并在 3 日内以书面的形式通知申请人。

（二）受理

受理是指劳动争议调解委员会依法决定审查并决定接受申请的过程。例如，我国《企业劳动争议调解委员会组织及工作规则》规定，调解委员会应当在收到申请后进行受理审查，并于 4 日内作出受理或不受理申请的决定。如果不予受理，应当向申请人说明理由，并告知应当向何处申诉。劳动争议基层调解委员会受理阶段的工作主要有以下几个方面。

1. 申请调解的事由是否属于劳动争议

如果申请调解的事由不属于劳动争议范围的，劳动争议调解委员会不予受理。

2. 调解申请人是否合格

调解申请人必须是与劳动争议有直接利害关系的人，如果调解申请人与劳动争议没有直接的利害关系，则不能成为劳动争议调解的申请人。

3. 申请调解的内容是否明确

当事人申请的内容是否指明权利侵害人，是否有充分的事实证明自己的权利确实已经受到了侵害。如果证据不足，则劳动争议调解委员会不予受理。

4. 调解的请求是否明确

当事人的调解请求是否明确、具体，直接影响当事人的主张是否得到劳动争议调解机构的支持。因此，劳动争议调解机构在收到调解申请书后，应当直接审查当事人申请调解的请求是否明确。

5. 是否经过劳动争议仲裁委员会仲裁或者法院判决

劳动争议经过劳动争议仲裁委员会裁决或者法院判决，发生法律效力的，调解委员会无权作出更改。经过仲裁裁决或者法院判决的劳动争议案件，劳动争议调解委员会不得受理。

（三）查清劳动争议事实

调解委员会受理劳动争议调解申请后，应当及时向当事人和其他有关人员了解情况。调查争议发生的原因、过程、争议的焦点、双方当事人的要求、争议涉及的有关证据，对调查的情况应当做好笔录，由被调查人签字或者盖章。

（四）实施劳动争议调解

实施劳动争议调解的程序，主要有以下七个步骤：

（1）由记录员向会议主持人报告到会人员的情况。

（2）由调解委员会主任宣布调解目的和纪律，宣布调解委员会的组成及当事人应当注意的事项。

（3）听取申请人宣读申请书、申请事项、理由，由对方当事人宣读答辩书和口头陈述。

（4）调解委员会主任宣讲有关法律、法规和政策，出示相关的证据，双方当事人对宣读的事实或证据发表意见。

（5）调解委员会公布核实的情况，在分清是非的基础上，公正地提出调解的意见，并征求双方当事人的意见。

（6）双方当事人对调解委员会的意见发表看法，并在此基础上进行协商。如果双方当事人均表示愿意接受调解建议，可以在此基础上制作调解协议书；如果双方当事人达不成协议，应当制作调解意见书。

（7）调解委员会对各种调解意见及最后达成的协议应该做好记录，并予以保存。

（五）制作劳动争议调解协议书

当事人经过调解达成协议的，劳动争议调解委员会应当制作调解协议书，明确调解协议的内容。调解协议书应当简明扼要、通俗易懂、条款明确，以利于双方当事人执行，避免权利和义务不明确再次引发劳动争议。

（六）制作劳动争议调解意见书

双方当事人经过调解，无法达成协议或者期满调解不成的，劳动争议调解委员会应当制作调解意见书，该意见书是劳动争议调解委员会对劳动争议的结论性意见。调解意见书可以为劳动人事争议仲裁委员会提供参考意见。

（七）调解协议的执行

劳动争议调解书经当事人签收后，立即发生效力，当事人应当自觉履行，劳动争议调解委员会有权劝解、说服当事人履行。如果一方不履行，另一方当事人通常不能申请人民法院强制执行，只能向劳动人事争议仲裁机构申请劳动人事争议仲裁。但是，因支付和拖欠劳动报酬、工伤医疗费、经济补偿或者赔偿金事项达成调解协议的，用人单位在协议约定期限内不履行的，劳动者可以持调解协议书依法向人民法院申请支付令。人民法院应当依法发出支付令。

（八）结案

劳动争议基层调解的时限是，应当自当事人申请调解之日起 15 日内结案；到期未结案的，视为调解不成，当事人可以依法申请劳动人事争议仲裁。

案例 11－2

用人单位可以不为“临时工”缴纳社会保险费吗

2006 年 12 月，李某等 13 人被某商厦招聘为售货员。2014 年 3 月，李某等 13 名职工发现，商厦并没有为他们缴纳基本养老、基本医疗等社会保险费。李某等人要求商厦为其补缴各项社会保险费，商厦领导以双方没有签订劳动合同、李某等人属于临时工为由，拒绝补缴各项社会保险费。李某等人不服，向企业劳动争议调解委员会申请调解。企业劳动争议调解委员会受理此案后，经调解、劝说后，商厦领导同意为李某等 13 名职工补缴自 2006 年 12 月以来的各项社会保险费。

案例分析：企业劳动争议调解委员会对这起劳动争议的调解是比较成功的。

用人单位不为李某等 13 名职工缴纳各项社会保险费的做法，违反了国家法律、法规的有关规定，其强调李某等人属于“临时工”的理由是不成立的。本案例中，李某等人虽未同某商厦签署书面劳动的合同，但是，却形成了事实劳动关系。只要存在事实劳动关系，劳动者的一切权益都应该得到保护。

1989 年 10 月 5 日，国务院发布的第 41 号令明确规定，临时工是指使用期限不超过 1 年的临时性、季节性用工。本案例中，李某等人长期在商厦工作，不属于临时工。针对这一问题，劳动部于 1996 年在《劳动部办公厅对〈关于临时工的用工形式是否存在等问题的请示〉的复函》中明确规定，所有用人单位与职工全面实行劳动合同制度，在用人单位各类职工享有的权利是一样的。

《中华人民共和国劳动法》第一百条规定，用人单位无故不缴纳社会保险费的，由劳动保障行政部门责令其限期缴纳；逾期不缴的，可以加收滞纳金。

本案例中，商厦不为李某等 13 名职工补缴各项社会保险费是违反国家有关政策规定的，用人单位接受企业劳动争议调解委员会的调解意见是明智的。

第四节

劳动人事争议仲裁

一、劳动人事争议仲裁的性质和原则

（一）劳动人事争议仲裁的概念

仲裁中的“仲”即中人，立足于争议当事人之间的第三人；“裁”即公断。劳动人事争议仲裁是指劳动争议仲裁机构对当事人请求解决的劳动争议，依法公断执法的行为，其主要包括对争议事实依法审理、对当事人的责任和义务作出认定，并进行调解和裁决的一系列行为。我国劳动人事争议仲裁机构不仅仲裁企业、个体经济组织等与劳动者之间的劳动争议，而且仲裁机关、事业单位、社会团体与公务员或工作人员之间的人事争议。

（二）劳动人事争议仲裁的特点

1. 劳动人事争议仲裁机构的特定性和独立性

劳动人事争议仲裁委员会具有独立行使劳动人事争议的仲裁权，其享有的仲裁权是法律赋予的，其他任何机构、组织和个人不得加以干涉和分享。

2. 劳动人事争议仲裁由劳动人事争议当事人提出申请

提出劳动人事争议仲裁申请的当事人必须是具有直接利害关系的人，不具有直接利害关系的人不得提出劳动人事争议仲裁申请。

3. 劳动人事争议仲裁申请是当事人自愿提交的

目前，我国实行的是单方自愿的原则。劳动人事争议发生后，一方当事人有权向劳动人事争议仲裁机构提出申请，不需要经过双方当事人同意。

4. 劳动人事争议仲裁是强制仲裁

强制仲裁一般有两种情况：一是当事人必须将发生的争议提交仲裁机构裁决。但是，裁决不具有终局效力。当事人不服裁决的，可以在法定的期限内另行起诉，我国的劳动人事争议仲裁就属于这种情况。二是当事人必须依法将劳动争议提交仲裁机构裁决，裁决具有最终效力，当事人不得就该争议再向法院提起诉讼。

5. 劳动争议仲裁的法律效力

一些国家的劳动争议仲裁为终局仲裁，其裁决自作出之日起就发生法律效力。我国的劳动人事争议仲裁，除法定终局裁决外，不具有最终解决争议的法律效力，也不能由仲裁机构强制执行。

（三）劳动人事争议仲裁的性质

劳动人事争议仲裁机构具有准司法性和行政性。

1. 劳动人事争议仲裁机构的准司法性

劳动人事争议仲裁机构的准司法性是指劳动人事争议仲裁机构的设置、职责、权限、组织活动的原则和管理方式等，具有与司法机关类似的特点。劳动人事争议仲裁机构具有不受行政机关、事业单位、社会团体和个人干涉的法律地位，生效的裁决书和调解书具有一定的法律效力。但是，如果当事人一方拒不执行生效的裁决书，仲裁委员会无权强制当事人执行。劳动人事争议仲裁是介于劳动人事争议基层调解与劳动人事争议诉讼之间的解决方式。

2. 劳动人事争议仲裁机构的行政性

劳动人事争议仲裁的机构设在劳动行政主管部门的劳动人事争议仲裁处，其组成人员大多来自劳动行政主管部门和政府指定部门，并负责仲裁机构的日常事务，劳动人事争议仲裁机构具有浓厚的行政色彩。但是，劳动人事争议仲裁机构对当事人和其他人员不具有行政强制权和行政命令权。当事人对裁决结果不服的，可以向人民法院起诉。但是，不能以劳动人事争议仲裁机构为被告。

（四）劳动人事争议仲裁的原则

1. 独立办案的原则

劳动人事争议仲裁委员会处理劳动争议案件具有独立性，其行使权力不受其他任何组织、单位和个人的干涉。

2. 一次裁决原则

劳动人事争议仲裁委员会受理劳动争议案件，实行一次裁决的制度。当事人对裁决结果不服的，可以在法定的期限内提起诉讼，不能向上一级劳动人事争议仲裁委员会或者其他机关申请复议或者再行仲裁。

3. 回避原则

劳动人事争议仲裁委员会成员及其有关人员，遇有法律规定的情形，不参加劳动争议案件的审理和裁决。例如，《中华人民共和国劳动争议调解仲裁法》规定，劳动人事争议仲裁委员会成员有下列情形之一的，应该回避：（1）仲裁委员会成员是本案当事人或者是争议当事人、代理人的近亲属；（2）仲裁委员会成员与本案有利害关系；（3）与本案当事人、代理人有其他关系，可能影响公正裁决的；（4）私自会见当事人、代理人或者接受当事人、代理人的请客送礼的。

4. 为当事人保密原则

劳动人事争议仲裁委员会及其工作人员对劳动争议案件涉及的秘密和个人隐私应当保密。对于泄露秘密和个人隐私的，由所在单位或者上级机关予以行政处理；是劳动人事争议仲裁员的，仲裁委员会应当予以解聘；构成犯罪的，依法追究刑事责任。

5. 举证原则

我国劳动人事争议仲裁实行“谁主张、谁举证”的原则，即劳动争议当事人对自己提出的主张，须承担举证责任。如果不能提出证据证明自己的主张，仲裁委员会就不予受理。例如，《中华人民共和国劳动争议调解仲裁法》规定，与劳动争议有关的证据属于用人单位掌握管理的，用人单位应当提供；用人单位不提供的，应当承担不利后果。

二、劳动人事争议仲裁机构

（一）劳动人事争议仲裁委员会

劳动人事争议仲裁委员会是依法设立的，经政府授权依法独立仲裁处理劳动争议案件的机构，下面分别介绍劳动人事争议仲裁委员会设立的原则、组成、职责和仲裁管辖。

1. 劳动人事争议仲裁委员会设立的规则

政府设立劳动人事争议仲裁委员会主要遵循以下原则。

（1）政府按照统筹规划、合理布局和适用需要的原则设立劳动人事争议仲裁委员会。例如，在经济较发达的地区，用人单位和劳动者数量较多，发生的劳动争议案件也较多，设立的劳动人事争议仲裁委员会就多。

（2）省、自治区政府可以决定在市、县设立劳动人事争议仲裁委员会；直辖市政府可以决定在区、县设立劳动人事争议仲裁委员会。

（3）直辖市、设区的市也可以设立一个或者若干劳动人事争议仲裁委员会。

（4）劳动人事争议仲裁委员会不按行政区划层层设立。各级仲裁委员会之间不存在行政隶属关系，各自独立仲裁本行政区域内发生的劳动争议案件，各自向同级政府负责并报告工作，省级劳动保障行政部门对本行政区域的劳动人事争议仲裁工作进行指导。

2. 劳动人事争议仲裁委员会的组成

劳动人事争议仲裁委员会由劳动保障行政部门代表、同级工会代表、用人单位代表组成。主任由劳动保障行政部门代表担任，设 1 人；副主任 1—2 人，委员若干人，副主任由仲裁委员会协商产生。仲裁委员会的组成人数必须是单数，仲裁委员会实行少数服从多数的原则。至于每方代表的具体人数，则由三方协商确定，其组成不符合规定的，由同级政府予以调整，其委员的确定或者变更，必须报同级人民政府批准。

3. 劳动争议仲裁委员会的职责

（1）聘任、解聘专职或者兼职仲裁员。劳动人事争议仲裁委员会有聘任、解聘仲裁员的权力，被聘任为仲裁员，劳动人事争议仲裁委员会会颁发“劳动仲裁员执行公务证”和“劳动仲裁员”胸卡。在聘期内，如果仲裁员因故不能履行职责，劳动人事争议仲裁委员会应当解聘仲裁员。

（2）依法受理劳动争议案件。受理劳动争议案例是劳动人事争议仲裁委员会对属于本仲裁委员会管辖范围内劳动争议案件的受理，是劳动人事争议仲裁委员会的一个工作环节。

（3）讨论重大、疑难的劳动争议案件，仲裁委员会应该为没有法定代理人的无民事行为能力和限制民事行为能力的职工或死亡职工指定代理人①。

（4）依法审理劳动争议案件。审理劳动争议案件是劳动人事争议仲裁委员会的主要工作职责，其工作目的是公平公正地审理劳动争议案件。

（5）做好案卷管理和保密工作，各级仲裁委员会办事机构要建立严格的案卷借阅、查阅制度，归还时要严格审查，确保案卷的完整。

（6）对仲裁活动实行监督。劳动人事争议仲裁委员会实行集体领导，在召开会议、决定有关事项时，应当有三分之二以上的委员参加，并按照少数服从多数的原则作出决定。

（二）劳动争议仲裁庭

仲裁庭是劳动人事争议仲裁委员会处理劳动争议案件的基本组织形式。劳动人事争议仲裁委员会处理劳动争议案件实行仲裁庭制度，即按照“一案一庭”的原则组成仲裁庭，受理劳动争议案件。仲裁庭的组织形式可以分为独任制和合议制两种。

---

① 劳动争议的代理人主要包括以下三类：（1）法定代理人。法定代理人是基于一定的亲属关系发生的或者无人行使亲权的情况下，监护制度赋予监护人的权限。法定代理人是由法律直接规定的，在行使代理权时，不需要出具授权委托书。（2）指定代理人。指定代理人是指由劳动仲裁委员为无民事行为能力当事人指定的、代为参加劳动争议仲裁的人。（3）委托代理人。委托代理人是指受当事人、法定代理人委托，代为参加仲裁活动的人。委托他人参加仲裁活动，必须向仲裁委员会提交有委托人签名或者盖章的委托书，委托书应该明确委托事项和权限。委托代理人的人数由法律法规规定，一方当事人委托的代理人不得超过 2 名。

1. 独任制

独任制是由劳动人事争议仲裁委员会指定1名仲裁员独任审理仲裁，适用于事实清楚、案情简单、法律适用明确的劳动争议案件。

2. 合议制

合议制是由劳动人事争议仲裁委员会指定3名或者3名以上单数仲裁员共同审理劳动争议案件。除了简单劳动争议案件适合独任制外，其他劳动争议案件均应实行合议制。合议制仲裁庭又分为普通合议仲裁庭和特别合议仲裁庭两种。职工方当事人在30人以上的劳动争议案件，应当组成特别合议仲裁庭。

（三）劳动人事争议仲裁员

劳动人事争议仲裁员是由劳动人事争议仲裁委员会依法聘任的，可以成为仲裁庭组成人员的职员。

1. 劳动人事争议仲裁员的类型

劳动人事争议仲裁员分为专职仲裁员和兼职仲裁员两种。

（1）专职仲裁员。专职仲裁员是指劳动人事争议仲裁委员会从劳动保障行政部门内部从事劳动争议处理工作、具备资格条件中聘任的人员。

（2）兼职仲裁员。兼职仲裁员是指劳动人事争议仲裁委员会从具有资格条件的劳动部门行政工作人员、工会工作人员、人力资源管理部门工作人员、专家、学者、律师中聘任的人员。兼职仲裁员从事劳动争议仲裁活动，应当征得所在单位同意，所在单位应当予以支持。劳动人事争议仲裁委员会应当设立仲裁员名册。

2. 劳动人事争议仲裁员的资格条件

劳动人事争议仲裁员应当公平、正派并符合下列条件之一：（1）曾任审判员的；（2）从事法律研究、教学工作并具有中级以上职称的；（3）具有法律知识、从事人力资源管理或者工会等专业工作满5年的；（4）律师执业满3年的。经省级以上劳动保障行政部门考核认定，具备上述各项条件的，才赋予仲裁员资格。

3. 劳动人事争议仲裁员的职责

（1）接受劳动人事争议仲裁委员会办事机构交办的劳动争议案件，参加仲裁庭。

（2）进行调查取证，有权以调阅文件或者档案、询问证人、现场勘查、技术鉴定等方式向当事人及有关单位、人员进行调查。

（3）依据劳动法律、法规提出处理劳动争议案件的方案。

（4）对劳动争议当事人双方进行调解工作，促使其达成调解协议。

（5）审查申诉人的撤诉申请。

（6）参加仲裁庭合议，对案件提出裁决意见。

（7）案件处理终结时，填报《结案审批表》。

（8）及时做好调解、仲裁的文书工作及案卷的整理归档工作。

（9）宣传劳动法规和政策。

（10）对案件涉及的秘密和个人隐私应当保密。

三、劳动争议仲裁管辖

劳动争议仲裁管辖是指确定劳动人事争议仲裁机构受理劳动争议案件的权限和范围，即各级或者同级劳动人事争议仲裁机构受理劳动争议案件在职权范围上的具体分工。它向当事人表明，劳动争议案件发生后，应当向哪一级或者哪一个劳动人事争议仲裁委员会申请仲裁。确定劳动争议的仲裁管辖，有利于当事人依法申诉，也有利于劳动人事争议仲裁委员会依法行使职责。下面以我国劳动争议的仲裁管辖为例，说明劳动争议仲裁管辖的种类。

（一）地域管辖

地域管辖也称横向管辖，是指在劳动人事争议仲裁机关的组织系统内，横向上确定同级仲裁机关之间受理案件的权限和分工。地域管辖主要包括以下三类。

1. 一般地域管辖

一般地域管辖是指劳动争议案件由其发生地的劳动人事争议仲裁委员会管辖。《中华人民共和国劳动争议调解仲裁法》规定，劳动争议仲裁委员会负责管辖本区域内发生的劳动争议。

2. 特殊地域管辖

特殊地域管辖是指某种劳动争议案件依其特定标准由某仲裁委员会管辖。《中华人民共和国劳动争议调解仲裁法》规定，劳动争议由劳动合同履行地或者用人单位所在地的劳动人事争议仲裁委员会管辖。双方当事人分别向劳动合同履行地和用人单位所在地的劳动人事争议仲裁委员会申请仲裁的，由劳动合同履行地的劳动人事争议仲裁委员会管辖。发生劳动争议的用人单位与劳动者不在同一个仲裁委员会管辖区域内，由劳动者工资所在地的仲裁委员会管辖。

3. 专属地域管辖

专属地域管辖是指法定的某政府机关经立法授权，依法确定某种劳动争议案件专属某地劳动人事争议仲裁委员会管辖。例如，我国公民与国外（境外）企业签订的劳动（工作）合同履行地在我国境内的，因履行该合同发生劳动争议的，由合同履行地劳动人事争议仲裁委员会受理。

（二）级别管辖

级别管辖也称纵向管辖，是指在劳动人事争议仲裁机关的组织系统内，纵向上确定上、下级仲裁机关受理仲裁案件的管理权限划分。设区的市仲裁委员会和市辖区的仲裁委员会受理案件的范围，由省、自治区人民政府规定。一般来说，省级仲裁委员会和设区的市仲裁委员会负责处理外商投资企业发生的劳动争议案件或者在全省、全市有重大影响的劳动争议案件。

（三）移送管辖

移送管辖是指劳动人事争议仲裁委员会受理劳动争议案件后，发现案件不属于本劳动人事争议仲裁委员会管辖，将案件移送给有管辖权的劳动人事争议仲裁机构。《中华人民共和国劳动争议调解仲裁法》规定，仲裁委员会发现受理案件不属于本委员会管辖时，应当移送有管辖权的仲裁委员会；县级仲裁委员会认为有必要的，可将集体劳动争议报请（地、州、盟）劳动争议仲裁委员会处理。接受移送的仲裁委员会对接受的移送案件不得再自行移送。如果认为自己对接受的移送案件确无管辖权，可以报告劳动保障行政部门决定是否由它管辖。

（四）指定管辖

指定管辖是指由于辖区权不明确或者其他原因导致两个劳动人事争议仲裁委员会发生争议时，由他们共同的上级机关指定下级某劳动人事争议仲裁委员会行使管辖权。《中华人民共和国劳动争议调解仲裁法》规定，仲裁委员会之间因管辖权发生争议，由双方协商解决，协商不成时，由共同的上级劳动保障行政部门指定管辖。

案例 11－3

劳动争议的仲裁管辖

2003 年 5 月，李某进公司时，同在上海的公司签订了劳动合同。劳动合同约定，李某在北京工作，主要负责本公司在北京的销售工作。公司每月将工资存入李某在上海的银行卡里，社会保险缴费等按照政府的有关政策办理，并约定如果发生劳动争议，应在上海进行劳动争议仲裁。2005 年 6 月，李某因公司未付加班工资，同公司发生争议。2005 年 7 月，李某向北京市劳动争议仲裁委员会申诉，北京市劳动争议仲裁委员会受理了李某的案件。北京市劳动争议仲裁委员会是否有权受理此案？

案例分析：北京市劳动争议仲裁委员会无权受理此案。

《中华人民共和国企业劳动争议处理条例》第十七条规定，仲裁地域管辖的一般原则是，县、市、直辖区仲裁委员会负责本行政区域内发生的劳动争议。第十八条规定，仲裁地域管辖的特殊原则是，发生劳动争议的企业与职工不在同一个仲裁委员会管辖区域的，由职工当事人工资关系所在地仲裁委员会处理。按照一般原则，北京市劳动争议仲裁委员会有管辖权；但是，按照特殊原则，则上海市劳动争议仲裁委员会有管辖权。按照特别法优于一般法的原则，北京市劳动争议仲裁委员会无权受理。①

案例 11－4

工伤保险的管辖权

2010 年 10 月，农民工张某然在天津坚实建筑工程有限公司工作，该公司的注册地在天津，经营地在北京市丰台区，公司在注册地与经营地均未为张某然办理参加社会保险的手续。2011 年 3 月 3 日，张某然在工作中遭遇意外事故，由于没有签订劳动合同，申请工伤时丰台区工伤科口头告知张某然，先行申请仲裁确定劳动关系。2011 年 7 月 17 日，张某然到北京市丰台区劳动人事争议仲裁委员会申请确定劳动关系。经过近 8 个月的等待，北京市丰台区劳动人事争议仲裁委员会于 2012 年 3 月 19 日作出裁决，确认张某然与天津坚实建筑工程有限公司存在劳动关系，并裁决天津坚实建筑工程有限公司于 10 日内与张某然签订劳动合同。

在北京市丰台区劳动人事争议仲裁委员会确定劳动关系后，张某然向丰台区人力资源和社会保障局工伤科申请工伤认定。一开始，工伤科工作人员说，在外省注册的公司不能在北京申请工伤认定。经过沟通后，工伤科的工作人员通知张某然，补正企业营业执照或者工商证明。经过多次交涉，工伤科认为，工伤认定不属于丰台区管辖。北京市丰台区人力资源和社会保障局工伤科的做法是否正确？

案例分析：丰台区人力资源和社会保障局工伤科的做法是不正确的。北京市丰台区人力资源和社会保障局具有管辖权。2004 年 6 月 1 日，劳动和社会保障局发布的

① 本案如果发生在 2008 年 5 月 1 日《中华人民共和国劳动争议调解仲裁法》开始实施后，北京市劳动争议仲裁委员会就具有管辖权。《中华人民共和国劳动争议调解仲裁法》第二十一条规定，劳动争议由劳动合同履行地或者用人单位所在地的劳动争议仲裁委员会管辖。双方当事人分别向劳动合同履行地和用人单位所在地的劳动争议仲裁委员会申请仲裁的，由劳动合同履行地的劳动争议仲裁委员会管辖。

《关于农民工工伤保险有关问题的通知》规定，用人单位注册地与生产经营地不在同一统筹地区的，原则上在注册地参加工伤保险。未在注册地参加工伤保险的，在生产经营地参加工伤保险。农民工受到事故伤害或职业病后，在参保地进行工伤认定、劳动能力鉴定，并按参保地的规定依法享受工伤保险待遇。用人单位在注册地和生产经营地均未参加工伤保险的，农民工受到事故伤害或者患职业病后，在生产经营地进行工伤认定、劳动能力鉴定，并按生产经营地的规定依法由用人单位支付工伤保险待遇。

根据以上规定，北京市丰台区人力资源和社会保障局应该认定张某然为工伤，并要求用人单位给予相应的待遇。

四、劳动争议仲裁时效

劳动争议仲裁时效是指劳动者和用人单位在法定期限内不向劳动人事争议仲裁机构申请仲裁，而丧失请求劳动人事争议仲裁机构保护、实现其权利的时间界限。

（一）劳动争议仲裁时效期间

劳动争议仲裁时效期间是指当事人知道或者应当知道其权利被侵害之日到法定申诉期限的最后一日终止。劳动争议发生之日是指侵权行为开始的时间，是指当事人知道被侵权或者应该知道其被侵权的时间。例如，《中华人民共和国劳动争议调解仲裁法》规定，提出申诉要求的一方应当自劳动争议发生之日起 1 年内向劳动争议仲裁委员会提出书面申请。劳动关系存续期间，因拖欠劳动报酬发生争议的，劳动者申请仲裁不受仲裁时效期间规定的限制，但是，劳动关系终止的，应当自劳动关系终止之日起 1 年内提出。

（二）劳动争议仲裁时效完成的后果

劳动争议仲裁时效完成的后果是指当事人在仲裁时效期限已经届满、仍未向劳动人事争议仲裁委员会提出要求仲裁的法律后果。超过仲裁时效期间，当事人就会丧失胜诉权，劳动人事争议仲裁委员会就会拒绝受理。对于超过仲裁时效的仲裁申请，劳动人事争议仲裁委员会可以作出不予受理的书面裁决、决定或者通知，当事人不服而依法向法院起诉的，法院应当受理；对于确实已经超过仲裁时效期间的，依法驳回其诉讼请求。

（三）劳动争议仲裁时效的中断、中止

劳动争议仲裁时效中断是指一方当事人因向对方当事人主张权利，或者向有关部门请

求权利救济，或者对方当事人同意履行义务而中断。例如，《中华人民共和国劳动争议调解仲裁法》规定，从中断时起，仲裁时效期间重新计算。

劳动争议仲裁时效中止是指因不可抗力或者其他正当理由，当事人不能在规定的仲裁时效期间申请仲裁的，仲裁时效中止。例如，《中华人民共和国劳动争议调解仲裁法》规定，从中止时效的原因消除之日起，仲裁时效期间继续计算。

案例 11－5

我国劳动争议仲裁时效的逐步完善

王某林，1994 年 8 月到某实业公司工作。1997 年 11 月，王某林调到某学校工作。王某林在办理调转手续时得知，某实业公司没有为他缴纳基本养老保险费，便同公司交涉。在公司领导承诺补缴的情况下，王某林将在实业公司以前的基本养老保险关系转入学校。2003 年 8 月 14 日，学校通知王某林，某实业公司并没有为他补缴 39 个月的基本养老保险费。2003 年 9 月 8 日，王某林向当地劳动争议仲裁委员会递交了仲裁申请。不料，某实业公司已经于 1999 年 10 月被吊销营业执照。劳动争议仲裁委员会受理此案后，依法裁决某实业公司的主管单位某证券业务部为其缴纳 1994 年 9 月—1997 年 11 月的基本养老保险费。

某证券业务部不服，向法院提起诉讼。法院审理后认为，王某林于 1997 年 11 月调入学校之时，已将 1994 年 8 月以前的基本养老保险关系转入该校，当时就已经知道某实业公司没有为其缴纳基本养老保险费。王某林于 2003 年 9 月 8 日才向劳动争议仲裁委员会提交仲裁申请，已经超过了法律规定的申请仲裁时效。据此，法院撤销了劳动争议仲裁委员会的裁决。

案例分析：本案例分歧的焦点是发生劳动争议时间。劳动争议仲裁委员会认为，产生争议的时间是学校通知王某林某实业公司并未补缴基本养老保险费的时间；而法院则认为，产生争议的时间是王某林发现某实业公司未给他办理基本养老保险的时间。

《中华人民共和国劳动法》第八十二条规定，提出仲裁要求的一方应当自劳动争议发生之日起 60 日内向劳动争议仲裁委员会提出书面申请。《劳动部关于贯彻执行〈中华人民共和国劳动法〉若干问题的意见》第八十五条规定，劳动争议发生之日是指当事人知道或者应当知道权利被侵害之日。

劳动争议仲裁委员会认为，王某林 1997 年调离某实业公司时，公司领导承诺为其补缴基本养老保险费，王某林认为，公司领导会兑现当初的承诺。直到 2003 年 8 月，王某林接到学校的书面通知，才知道某实业公司没有兑现承诺，仲裁时效应当从 2003

年8月算起。王某林于2003年9月向劳动争议仲裁委员会提出仲裁申请，显然没有超出法律规定的仲裁时效。然而，法院却认为，劳动争议发生之日是王某林发现某实业公司未为他办理基本养老保险之日。由于对劳动争议发生日期的理解不同，导致两种截然相反的判决结果。

《中华人民共和国劳动法》规定，劳动争议仲裁时效为60天的目的是，提高仲裁机构的工作效率，劳动争议事件的及时解决，有助于保护劳动者的权益。但是，在案件的实际审理中，仲裁时效的设置也会对保护劳动者的权益产生不利影响。一般来说，劳动者是弱势群体，与用人单位所掌握的社会资源、法律信息极度不对称，大部分劳动者对自己依据《中华人民共和国劳动法》应当享有的权利一无所知，仲裁时效的规定客观上会造成对劳动者权益保护的不力。

为了进一步完善劳动法律法规，保护当事人的合法权益，《中华人民共和国劳动争议调解仲裁法》对劳动争议仲裁时效的期间、仲裁时效的中断和中止作出了更加具体的规定。《中华人民共和国劳动争议调解仲裁法》规定，劳动争议申请仲裁的时效期间为一年。前款规定的仲裁时效，因当事人一方向对方当事人主张权利，或者向有关部门请求权利救济，或者对方当事人同意履行义务而中断。从中断时起，仲裁时效期间重新计算。因不可抗力或者有其他正当理由，当事人不能在规定的仲裁时效期间申请仲裁的，仲裁时效中止。从中止仲裁时效的原因消除之日起，仲裁时效期间继续计算。但是，劳动关系存续期间因拖欠劳动报酬发生争议的，劳动者申请仲裁不受本条第一款规定的仲裁时效期间的限制；但劳动关系终止的，应当自劳动关系终止之日起一年内提出。这些具体的规定，有利于保护劳动者的合法权益，也有利于劳动法律法规的完善。

五、劳动争议仲裁程序

（一）申诉

劳动争议发生后，不愿自行协商解决或者协商不成的，不愿申请调解或者调解不成的，当事人均可在仲裁时效期间内，向有管辖权的劳动人事争议仲裁委员会提出解决劳动争议的书面申请。例如，《中华人民共和国劳动争议调解仲裁法》规定，申请劳动争议仲裁，应当提交申请材料，并按照被申请人数提交副本。委托他人代理参加仲裁的，还需要提交授权委托书。劳动争议仲裁申请书，应当载明下列事项：（1）劳动者的姓名、性别、年龄、职业、工作单位和住所，用人单位的名称、住所和法定代表人或者主要负责人的姓名、职务；（2）仲裁请求和所根据的事实、理由；（3）证据和证据来源、证人姓名和住所。书写仲裁申请确有困难的，可以口头申请，由劳动人事争议仲裁委员会记入笔录，并告知对方当事人。

（二）受理

劳动人事争议仲裁委员会办事机构收到申请后，应当进行以下五个方面的调查：

（1）申诉人是否与本案有直接利害关系。如果没有直接利害关系，不能成为劳动争议案件的申诉人。

（2）申请仲裁的争议是否属于劳动争议。如果不属于劳动争议案件，劳动人事争议仲裁委员会不予受理。

（3）劳动争议是否属于本仲裁委员会管辖。如果不属于本仲裁委员会管辖范围，劳动人事争议仲裁委员会不予受理

（4）申请书及有关材料是否齐备并符合要求。对于申请材料不齐备和有关情况不明确的，应指导申请人补正；主要证据不齐的，要求申请人补正。例如，《中华人民共和国劳动争议调解仲裁法》规定，劳动争议仲裁委员会收到仲裁申请之日起五日内，认为符合受理条件的，应当受理，并通知申请人；认为不符合受理条件的，应当书面通知申请人不予受理，并说明理由。

（5）申请时间是否符合申请仲裁的时效规定。对劳动人事争议仲裁委员会不予受理或者逾期未作出决定的，申请人可以就该劳动人事争议事项向人民法院提起诉讼。劳动争议仲裁委员会受理仲裁申请后，应当在五日内将仲裁申请书副本送达被申请人。经过调查，劳动人事争议仲裁委员会认为不在受理范围的，不予受理。例如，我国政府发布的《劳动人事争议仲裁办案规则》规定，符合下列情形之一，申请人基于同一事实、理由和仲裁请求又申请仲裁的，仲裁委员会不予受理：（1）仲裁委员会已经依法出具不予受理通知书的；（2）案件已在仲裁、诉讼过程中或者调解书、裁决书、判决书已经发生法律效力的。

案例 11－6

受理案件通知书

×劳动争议仲裁委员会受理案件通知书

×劳仲案字（　　）第×号

×××：

你于×年×月×日送来的申诉书已收悉。根据《中华人民共和国劳动争议调解仲

裁法》的规定，经本委员会审查，申诉书中所提及的劳动争议符合受理的条件，本委员会决定受理。现将有关事项通知如下：

一、请你（或单位）在送达回执上签收本通知。

二、请填写法定代表人（或主要负责人）身份证明书。如委托代理人，请填写授权委托书，并于×年×月×日前提交本委员会。

三、请于×年×月×日前向本委员会补充提供下列证明材料。

×劳动争议仲裁委员会

×年×月×日

案例 11－7

不受理案件通知书

×劳动争议仲裁委员会不受理案件通知书

×劳仲案字（　　）第×号

×××：

你于×年×月×日送来的申诉书已收悉。经本委员会审查，不符合受理案件的条件。本委员会决定不予受理。主要理由如下：

……

特此通知

×劳动争议仲裁委员会

×年×月×日

（三）答辩

答辩是被诉方的一种权利，被诉方可以在答辩中表明自己的意见和主张，有助于查清事实真相，依法公正地解决劳动争议案件。例如，《中华人民共和国劳动争议调解仲裁法》规定，被申请人收到仲裁申请书副本后，应当在 10 日内向劳动争议仲裁委员会提交答辩书。劳动争议仲裁委员会收到答辩书后，应当在 5 日内将答辩书副本送达申请人。被申请人未提交答辩书的，不影响仲裁程序的进行。

案例 11－8

应诉通知书

×劳动争议仲裁委员会应诉通知书

×劳仲案字（　　）第×号

×××：

本委员会决定受理××与你（或单位）的劳动争议一案，现依据《中华人民共和国劳动争议调解仲裁法》的规定，将有关事项通知如下：

一、请在本通知的送达回执上签字。

二、在收到申诉书副本 10 日内，向本委员会提交答辩书和有关证据，不按时提交答辩书或者不提交答辩书，不影响案件的审理。

三、被诉人系企业的，需要填写法定代表人（或主要负责人）身份证明书；如委托代理人的，需要填写授权委托书，并于×年×月×日前提交本委员会。

×劳动争议仲裁委员会

×年×月×日

附：申诉人申诉书副本一份；法人身份证明书；授权委托书一份。

（四）仲裁前准备

劳动人事争议仲裁委员会受理劳动争议案件后，应当做好以下准备。

1. 组成仲裁庭

劳动人事争议仲裁委员会决定受理劳动争议案件，应当自立案之日起 5 日内组成仲裁庭。仲裁庭处理劳动争议案件，实行一案一庭制。

2. 拟定处理方案

在仲裁庭开庭前，仲裁员应当认真审阅申诉书、答辩状、调查、搜集证据，查明争议事实，拟定处理劳动争议案件的方案。

3. 通知当事人开庭时间

仲裁庭应当于开庭前 5 日书面通知争议双方当事人开庭的时间和地点。当事人有正当理由的，可以在开庭前 3 日请求延期开庭。是否可以延期，由劳动人事争议仲裁委员会决定。

（五）开庭

劳动争议仲裁通常公开进行，但是当事人协议不公开进行或者涉及国家秘密、商业秘密和个人隐私的除外。劳动争议仲裁庭开庭后，应当先行调解或询问当事人是否需要调解。当事人经调解，达成协议的，应当制作调解书。双方当事人经调解达不成协议，调解书送达前当事人反悔，或者当事人拒绝签收调解书的，均为调解不成。调解不成，应当由仲裁庭仲裁，及时裁决。仲裁庭审理劳动争议案件，通常按照以下步骤进行。

1. 申诉人宣读申诉书

申诉人应当在申诉书中阐明申诉理由、侵权事实和请求仲裁庭依法维护的权利。

2. 被诉人答辩

被诉人应当针对申诉人的申诉理由、侵权事实和请求维护的权利作出答辩，阐明自己对事实的看法，提出自己的请求。

3. 质证、询问证人、询问鉴定结果

（1）质证。质证是指在劳动人事争议仲裁员的主持下，一方当事人对另一方当事人提供的证据发表意见。对于一方当事人提交的证据，对方当事人可以表示认同，也可以表示不认同。当事人阐述对证据的意见和看法，可以为仲裁员判断案情提供参考，但是这并不影响仲裁员对案情事实的认定。

（2）询问证人。对于证人提供证言的，证人应当亲自出庭，接受仲裁庭的询问。如果证人仅提供书面证言，开庭不出庭的，其证言不能作为审理劳动争议案件的依据。

（3）询问鉴定结果。对于当事人提供的鉴定结果，仲裁员有权向出具鉴定结论的单位询问或者向当事人询问，以便查明事实真相。

（4）中止审理。对于案情比较复杂的劳动争议案件，或者提供证据不充分的，仲裁庭可以中止审理；待查明事实后，再择日开庭审理。

4. 辩论

一方当事人及其代理人可以就对方当事人及其代理人提出的理由、证据，提问或者发表意见，允许当事人及其代理人相互辩论。

5. 最后陈述

在最后陈述阶段，仲裁庭应当允许当事人发表最终意见。

6. 宣布裁决结果

对于事实清楚、案情简单的劳动争议案件，仲裁庭可以当庭宣布裁决结果。

7. 开庭笔录

在仲裁庭开庭期间，记录员应当将开庭情况进行详细地记录。如果当事人、证人及其他仲裁参加人认为记录无误的，应当签名、盖章；如果当事人、证人及其他仲裁参加人认为，记录对自己的陈述有遗漏或者差错的，有权请求修改，并在修改后的记录上签名、盖章；当事人或者其他仲裁参加人拒绝在庭审记录上签名或者盖章的，仲裁庭应当记明情况附卷。

（六）劳动争议案件的特殊处理

在审理劳动争议案件的过程中，仲裁委员会可以对以下几种情况作出特殊处理。

1. 对当事人的撤诉申请进行审查

仲裁庭作出裁决前，申诉人撤诉的，仲裁庭审查后，是否同意撤诉应当在7日内作出决定。申诉人撤诉后，再次提起申诉的，仍然可以受理。撤诉处理和缺席裁决，必须符合下列条件：（1）撤诉处理针对的只能是劳动争议申诉人，缺席裁决的对象只能是被申诉人；（2）申诉人和被申诉人必须已经接到了书面开庭通知；如果没有接到书面开庭通知书，不能按撤诉处理或者缺席裁决；（3）申诉人无正当理由不到庭的，按照撤诉处理；如果被诉人不到庭，可以缺席裁决。

2. 执行劳动人事争议仲裁委员会的决定

仲裁庭对重大或者疑难劳动争议案件的处理，可以提交劳动人事争议仲裁委员会讨论决定；仲裁委员会作出决定后，仲裁庭必须执行。劳动人事争议仲裁委员会对确属下列紧急情形之一的，可以采用部分裁决的形式裁决：（1）企业无故拖欠、扣罚或停发工资超过3个月；（2）职工因工负伤，企业不支付急需的医疗费；（3）职工患病的，在规定的医疗期限内，企业不支付急需的医疗费的。部分裁决一经作出，立即生效，并开始执行。如果用人单位不执行，职工可以向人民法院申请强制执行；用人单位不服部分裁决的，不得单独就部分裁决向法院起诉，但是可以向原劳动仲裁委员会申请复议一次。申请复议期间，不停止部分裁决的执行。劳动人事争议仲裁委员会应该在接到复议申请之日起7日内作出决定。复议申请应当自部分裁决送达之日起15日内提出，超过15日的，当事人不得再申请复议。如果当事人不服终结裁决的，可以按照有关规定向人民法院起诉。如果部分裁决正确的，通知驳回当事人的申请；部分裁决不当的，撤销该部分裁决；已经执行的，职工应当返还用人单位先行支付的工资、医疗费；对于拒不返还的，可以依照《中华人民共和国民事诉讼法》的有关规定处理。

3. 劳动争议案件的延期审理

仲裁庭处理劳动争议，应当自受理仲裁申请之日起45日内结束。案情复杂，需要延期的，经报劳动人事争议仲裁委员会主任批准，可以适当延期，并书面通知当事人。但是，延长期限不得超过15日。逾期未作出仲裁裁决的，当事人可以就该劳动争议案件向人民法院提起诉讼。结案时，仲裁庭应当填写《仲裁结案审批表》报仲裁委员会主任审批；仲裁委员会认为有必要，也可以提交委员会审批。

（七）制作仲裁文书

仲裁文书是劳动人事争议仲裁委员会按照法律规定的仲裁程序，处理劳动争议案件时制作的具有法律效力的文书。劳动人事争议仲裁委员会制作的仲裁文书主要有调解书和裁决书两种。

1. 调解书

调解书是劳动争议双方当事人经仲裁庭调解，达成协议的法律文书。调解书应当写明仲裁请求和当事人协议的结果；调解书由仲裁员签名，加盖劳动人事争议仲裁委员会印章，送达当事人。调解书经双方当事人签收后，即发生法律效力。

2. 裁决书

裁决书是劳动争议案件经过仲裁庭审理，依法作出裁决结果的法律文书。裁决书应当写明仲裁请求、争议事实、裁决理由、裁决结果和裁决日期；裁决书由仲裁员签名，加盖劳动人事争议仲裁委员会印章。对于当庭裁决的劳动争议案件，应当在 7 日内发送裁决书；定期另庭裁决的劳动争议案件，当庭发给裁决书。

案例 11－9

劳动争议调解书

×劳动人事争议仲裁委员会调解书

×劳仲案字（　　）第×号

申诉人：

委托代理人：

被诉人：

委托代理人：

申诉事由及请求情况：

调解达成协议的内容：

申诉人（签字）：　　被诉人（签字）：　　仲裁员（签字）：

×劳动人事争议仲裁委员会

×年×月×日

附：三份，各执一份

案例 11－10

劳动争议裁决书

×劳动人事争议仲裁委员会裁决书

×劳仲案字（　　）第×号

申诉人：

委托代理人：

被诉人：

委托代理人：

申诉事由及请求情况：

裁决结果：

费用负担：

不服裁决，向人民法院起诉的日期：

首席仲裁员：

仲裁员：

×劳动人事争议仲裁委员会

×年×月×日

附：三份，各执一份。

（八）仲裁文书的送达

仲裁文书的送达是指劳动人事争议仲裁机构采取一定的方式将其制作的仲裁文书及时送达当事人的法律行为。例如，《中华人民共和国劳动争议调解仲裁法》规定，当事人对仲裁裁决不服的，自收到裁决书之日起 15 日内，可以向人民法院起诉。仲裁文书的送达方式主要有以下五种。

1. 直接送达

直接送达是指劳动人事争议仲裁机关将应当送达的仲裁文书直接交给受送达人的一种方式。

2. 留置送达

留置送达是指在受送达人拒绝签收仲裁文书的情况下，由仲裁人员将仲裁文书留置在受送达人住所地的强制性送达方式。采取留置送达方式时，可以邀请受送达人所在单位的同事到场作证，并在送达回执上记录拒收的主要原因和日期。受送达人因为拒收，期满未向人民法院起诉的，不得再向人民法院提起诉讼。

3. 委托送达

委托送达是指劳动人事争议仲裁机关采取直接送达方式有困难时，可以将需要送达的仲裁文书委托给其他仲裁机关或者有关组织代为送达的一种方式。

4. 邮寄送达

邮寄送达是指在劳动人事争议仲裁机关采取直接送达有困难时，将需要送达的仲裁文书通过邮局挂号邮寄给受送达人的送达方式。邮寄送达以挂号回执上注明的收件日期为送达日期。一般来说，邮寄送达需要受送达人直接签收。

5. 公告送达

受送达人下落不明，或者用本规定的其他方式无法送达仲裁文书的，以公开宣告的方式送达诉讼文书，经过法律法规规定的一段时间，即为送达。未采取其他送达方式，直接采取公告送达方式的，则公告送达无效。

（九）裁决的效力

1. 终局裁决

对于劳动争议仲裁的终局裁决，可以从以下两个方面进行理解：

（1）终局裁决的范围。一般来说，当事人对劳动争议仲裁结果不服的，可以向人民法院提起诉讼。但是，在特殊的情况下，劳动争议仲裁的裁决结果为终局裁决。例如，《中华人民共和国劳动争议调解仲裁法》规定，下列劳动争议，除本法另有规定外，仲裁裁决为终局裁决，裁决书自作出之日起发生法律效力：①追索劳动报酬、工伤医疗费、经济补偿或者赔偿金，不超过当地月最低工资标准十二个月金额的争议；②因执行国家的劳动标准在工作时间、休息休假、社会保险等方面发生的争议。

（2）终局裁决生效的条件。劳动者未因终局裁决而起诉、用人单位未依法申请撤销终局裁决的，裁决书自作出之日起就发生法律效力。例如，《中华人民共和国劳动争议调解仲裁法》规定，劳动者对终局裁决不服的，可以自收到仲裁裁决书之日起 15 日内向人民法院提起诉讼。用人单位有证据证明终局裁决有下列情形之一，可以自收到仲裁裁决书之日起 30 日内向劳动争议仲裁委员会所在地的中级人民法院申请撤销裁决：①适用法律、法规确有错误的；②劳动争议仲裁委员会无管辖权的；③违反法定程序的；④裁决所根据的证据是伪造的；⑤对方当事人隐瞒了足以影响公正裁决的证据的；⑥仲裁员在仲裁该案时有索贿受贿、徇私舞弊、枉法裁决行为的。人民法院经组成合议庭审查核实裁决有前款规定情形之一的，应当裁定撤销。仲裁裁决被人民法院裁定撤销的，当事人可以自收到裁定书之日起 15 日内就该劳动争议事项向人民法院提起诉讼。

2. 其他裁决

（1）裁决书的生效。当事人对拖欠、执行劳动标准争议以外的其他劳动争议案件的仲裁裁决不服的，可以自收到仲裁裁决书之日起 15 日内向法院提起诉讼；期满不起诉的，裁决书就发生法律效力。

（2）调解书的生效。调解书自送达之日起发生法律效力。对于生效的调解书和裁决书，当事人必须执行。《中华人民共和国劳动争议调解仲裁法》规定，对于生效的调解书和仲裁裁决书，应当依照规定的期限履行。当事人逾期不履行的，另一方当事人可以依照民事诉讼法的有关规定向人民法院申请强制执行。在执行中，被申请执行人能够提出证明仲裁裁决有法律规定的违法情形之一的，经人民法院组成合议庭审查核实后，可以裁定不予执行。根据《最高人民法院关于审理劳动争议案件适用法律若干问题的解释（一）》的规定，人民法院对于发生法律效力的裁决书、调解书不予执行的，主要有以下五种情况：①裁定的事项不属于劳动争议仲裁范围，或者劳动争议仲裁机构无权仲裁的；②适用法律有错误的；③仲裁员仲裁该案时，有徇私舞弊、枉法裁决行为的；④人民法院认定执行该劳动人事争议仲裁裁决违反社会公共利益的。人民法院在不予执行的裁定书中，应当告知当事人在收到裁定书之次日起 30 日内，可以就该劳动争议事项向人民法院提起诉讼。

案例 11－11

劳动争议仲裁机构是否可以成为被告

叶某，某公司职工。2006 年 5 月，叶某与用人单位发生劳动争议，向当地劳动争议仲裁委员会提出仲裁申请。仲裁裁决作出后，叶某认为仲裁委员会有意偏袒用人单位，对自己不公正，于是向人民法院提起诉讼，将劳动争议仲裁委员会列为被告，但人民法院却以主体不适格为由，不接受叶某的起诉。叶某非常气愤，认为劳动争议仲裁委员会与法院有关系，是“官官相护”。劳动争议仲裁机构是否可以成为被告？

案例分析：劳动争议仲裁委员会不能成为被告。

《最高人民法院关于审理劳动争议案件诉讼当事人问题的批复》规定：劳动争议当事人不服劳动争议仲裁委员会的仲裁裁决，向人民法院起诉，争议的双方仍然是企业和职工。双方当事人在适用法律上和诉讼地位上是平等的。此类案件不是行政案件。人民法院在审理时，应当以争议的双方为诉讼当事人，不应当把劳动争议仲裁委员会列为被告或第三人。当事人向人民法院起诉的目的是解决劳动争议。但是，劳动争议涉及的只是劳动者和用人单位，而且劳动争议案件也不是行政诉讼，所以，不能将劳动争议仲裁委员会列为被告。

本案例中，叶某若对上述法律文件有所了解，就会明白应当以劳动争议的对方当事人作为诉讼当事人提起诉讼。

第五节

劳动争议诉讼

劳动争议诉讼是劳动争议处理的最后一个阶段，是对劳动争议仲裁的监督。

一、劳动争议诉讼的概念和特点

（一）劳动争议诉讼的概念

诉讼是指人民法院依据劳动法律法规审理劳动争议案件的活动，是人民法院通过司法程序解决劳动争议案件的有效手段。

劳动争议诉讼是指劳动争议双方当事人不服劳动人事争议仲裁委员会的裁决，在法定的期限内，依法向人民法院起诉，人民法院按照法律规定的程序审理和解决劳动争议案件的活动。

（二）劳动争议诉讼的主要特征

1. 劳动争议诉讼的目的是解决劳动争议案件

劳动争议诉讼的最终目的是依法解决劳动争议案件，劳动争议诉讼是对劳动争议仲裁的重新审理，是对劳动争议仲裁的监督。

2. 劳动争议诉讼的当事人必须是劳动争议仲裁的当事人

当事人选择劳动争议诉讼的原因是劳动争议没有得到解决。劳动争议诉讼的当事人必须是劳动争议仲裁的双方当事人，不能变换为其他主体。

3. 劳动争议诉讼的当事人必须是不服仲裁裁决的当事人

劳动争议诉讼必须是经劳动争议仲裁委员会裁决后，当事人不服仲裁裁决结论而提起的诉讼。劳动争议仲裁是劳动争议诉讼必须经历的处理劳动争议案件的方式，法院通常不受理未经过劳动人事争议仲裁委员会裁决的劳动争议案件。

（三）人民法院介入劳动争议案件的情形

（1）经劳动人事争议仲裁委员会裁决，当事人一方或者双方对裁决不服的，自收到仲裁裁决书之日起 15 日内向人民法院起诉。

（2）女职工的劳动保护权益受到侵害，发生劳动争议时，可以直接向人民法院起诉。

（3）一方当事人不执行已经生效的仲裁裁决，另一方当事人要求人民法院强制执行。

（4）劳动争议仲裁机构以超过仲裁时效为理由，作出不予受理结论的，当事人有权在收到不予受理通知书或规定之日起 15 日内起诉。

二、劳动争议诉讼的程序

劳动争议诉讼实行二审终审制，下面分别介绍审理的程序。

（一）第一审程序

1. 起诉

起诉是指公民、法人或其他组织认为自己的或依法由自己管理、支配的合法劳动权益受到侵害或与他人发生了劳动争议，以自己的名义向人民法院提起诉讼，请求人民法院通过审判予以法律保护的诉讼行为。

当事人向人民法院起诉，必须符合法定的起诉条件，主要包括以下六个方面：

（1）起诉人必须是劳动争议的直接利害关系人。不具有直接利害关系的人，不能成为劳动争议诉讼的起诉人。

（2）必须有明确的被告。起诉书必须指明是谁侵害了自己的合法权益，或者与谁发生了劳动争议。

（3）必须是经过劳动争议仲裁委员会仲裁后，不服仲裁裁决的。如果双方当事人均不服劳动人事争议仲裁委员会作出的同一仲裁裁决，均向同一人民法院起诉的，先起诉的一方当事人为原告，另一方当事人为被告，对于双方的诉讼请求，人民法院应当一并作出审理。

（4）必须有具体的诉讼请求。在诉讼请求中，如果当事人向人民法院请求的事项超过了仲裁请求的事项，而该事项又是与劳动权利义务有关的，人民法院应当将其并入审理。当事人可以向人民法院提出以下几个方面的诉讼请求：①给付请求。请求人民法院认定原告的请求权，责令被告履行义务。例如，给付工资、缴纳社会保险费等。②确认请求。请求人民法院确认原告与被告之间存在或不存在某种实体法律关系。例如，确认劳动合同无效、撤销用人单位作出的开除、除名、辞退等决定。③变更请求。请求人民法院改变或消灭与当事人之间原有的劳动法律关系。例如，改变劳动合同的内容，解除劳动合同或劳动关系等。

（5）必须有事实和理由。当事人提出的诉讼请求要有事实依据，向人民法院说明劳动争议是如何发生的、争议的内容等。另外，当事人还应当向人民法院提供能够证明劳动争议案情的一切材料。

（6）必须是在法律规定的时效期限内提起诉讼。当事人对仲裁结果不服的，应自收到劳动人事争议仲裁裁决书之日起 15 日内向人民法院起诉，超过期限的，一般不予受理。由于不可抗力或者有其他正当理由造成逾期的，当事人能够提供证据证明的，要予以说明。

案例 11－12

劳动争议诉讼的起诉书

起诉书

原告姓名：________，性别：________，年龄：________，民族：________，住址：________，邮编：________，工作单位：________________，电话：__________。

被告姓名：________，性别：________，年龄：________，民族：________，住址：________，邮编：________，工作单位：________________，电话：__________。

案由：__________________________________。

诉讼请求（写明请求的目的和要求）：______________________________。

起诉事实及理由（简要写明原被告争议的内容，发生纠纷的时间、地点、原因，并阐明起诉的理由和根据）：____。

此致

某法院

原告（签名）：

×年×月×日

2. 受理

受理是指人民法院审查当事人的起诉书后，认为符合法定条件，决定立案审理。对于劳动人事争议仲裁委员会不予受理的劳动争议，当事人到人民法院起诉的，人民法院针对不同的情况作出处理。

（1）劳动人事争议仲裁委员会以当事人申请仲裁的事项不属于劳动争议为由，作出不予受理的书面决定或者通知，当事人不服，依法向人民法院起诉的，法院应该予以受理。对于属于劳动争议的案件，应该受理；不属于劳动争议案件，属于人民法院主管的其他案件，也应当依法受理。

（2）劳动人事争议仲裁委员会以当事人的仲裁申请超过期限为由，作出不予受理的书面裁决或通知，当事人不服，依法向人民法院起诉的，人民法院应当受理。对于确已超过仲裁申请时效期间，又无不可抗力或者其他正当理由的，依法驳回其诉讼请求。

（3）劳动人事争议仲裁委员会以申请仲裁的主体不适格为由，作出不予受理的书面决定或者通知，当事人不服，依法向人民法院起诉的，经审查，确属主体不适格的，裁定不予受理或者驳回起诉。

3. 开庭审理

根据案件的复杂程度，可以决定适用普通程序或简易程序审理。简易程序适用于证据确凿、侵权事实比较清楚的劳动人事争议案例；普通程序适用于案情复杂、需要进一步核实证据的劳动人事争议案件。劳动争议案件按照普通程序审理的，审理时限为 6 个月；如果有特殊情况需要延长的，经人民法院院长批准，可以延长 6 个月；还需要延长的，需要报请上级人民法院批准。劳动人事争议案件按照简易程序审理的，审理时限为 3 个月；如果有特殊情况需要延长的，经本院院长批准，可以延长 1 个月。

4. 制作判决书

法院一审审理终结后，对一审判决不服的，当事人可以在 15 日内向上一级人民法院提起上诉。在法定的上诉期内对一审判决未提出上诉，法定上诉期满，该判决就发生法律效力。

（二）第二审程序

1. 第二审程序的概念

第二审程序是指上级人民法院根据当事人的上诉，对下一级人民法院未发生法律效力的判决进行审理的程序。人民法院进行第二审审理，依法组成合议庭进行审理，审理时限为 3 个月。经二审审理所作出的判决是最终裁决，自判决书送达之日起就发生法律效力，当事人必须履行，不能再行上诉，即实行两审终审制。如果诉讼一审由最高人民法院判决，则最高人民法院的判决为最终判决。人民法院的判决发生效力后两年内，当事人只能依审判监督程序向人民法院申请再审，但是是否再审由人民法院决定。

2. 第二审程序的特点

（1）审级不同。一审程序是劳动争议案件在一审法院审理的程序，二审程序是案件在上诉法院审理的程序。

（2）审判程序的任务不同。一审法院对劳动争议案件的审理，是对劳动人事争议仲裁委员会工作的监督，二审程序是对一审法院审理结果的监督。

（3）适用的程序不同。一审程序可以适用普通程序，也可以适用简易程序，通常根据案情处理的难易程度确定。二审程序只能适用于简易程序。

（4）裁判的效力不同。对一审法院判决不服的，当事人可以在15日内向上一级法院提起上诉。二审法院的判决则不再允许当事人上诉，判决书宣布（或送达）后即发生法律效力。

3. 二审法院处理的程序

二审法院经过对案件的审理和合议庭的评议，可以分别作出以下处理：

（1）原判决认定事实清楚，适用法律正确，判决驳回上诉，维持原判决。

（2）原判决适用法律错误的，依法改判。

（3）原判决认定事实错误，或者原判决认定事实不清、证据不足，裁定撤销原判决，发回原审人民法院重审或者查清事实后改判。

（4）原判决违反法定的程序，可能影响案件正确判决，裁定撤销原判决，发回原审人民法院重审。人民法院对已经判决的上诉案件，应该在二审立案之日起3个月内审结。如果有特殊情况，需要延长的，由本院院长批准。人民法院审理的上诉案件，应该在二审立案之日起30日内作出终审裁定。

三、判决书的执行

（一）执行的概念

执行又称强制执行，是指人民法院的执行组织依照法律规定的程序，运用法律的强制力量，依法采取强制措施，强制负有义务的当事人履行已经生效的判决、裁定所规定义务的活动。

当事人申请执行时，应该提交书面申请，说明申请执行的事项和理由，并提供作为执行依据的法律文书和被执行人可供执行的经济、行为能力等状况，经人民法院审查受理后，方可开始执行程序。

（二）执行的特点

1. 执行主体是法定的

人民法院是执行工作的领导者和组织者，具体的工作由执行员负责，书记员协助，重大执行活动还应该有警察参加。

2. 执行程序是独立的程序

审判程序是为了审理当事人之间的劳动争议，确定双方的权利和义务；而执行程序则是促使法律文书中已经生效的权利和义务得以实现，执行程序是独立于审判程序的。

3. 执行程序不是劳动争议诉讼的必经阶段

执行程序是从当事人提交申请开始的。如果当事人不提交强制执行申请书，法院不予执行。申请执行必须有执行的依据，即要求申请执行人提供已经生效的法律文书，如人民法院作出的已经生效的判决书。

4. 执行必须在法定的期限内提出

如果当事人在法定的期限内没有行使自己的权利，法律就不再予以保护，当事人就不能再向人民法院申请强制执行。《中华人民共和国民事诉讼法》规定，双方或者一方当事人是公民的，为 1 年；双方当事人是法人或者其他组织的，为 6 个月。劳动争议双方当事人一方是职工个人，另一方是作为单位的企业、事业单位、国家机关或者其他组织的，双方申请执行的期限是 1 年，这是当事人请求维护权利的有效期限。申请执行的期限从法律文书规定的履行期限的最后一日起计算；法律文书规定分期履行的，从规定的每次履行期限的最后一日起计算。

（三）执行的方式

人民法院强制执行的方式主要有以下两种。

1. 直接执行

直接执行是指已经发生法律效力的仲裁裁决书、调解书或人民法院判决书、裁定书、调解书由有执行管辖权的人民法院执行组织予以执行。

2. 委托执行

委托执行是指有管辖权的人民法院遇到特殊情况，依法将应由自己执行的案件，送交有关的人民法院代为执行。我国政府于 2012 年修订的《中华人民共和国民事诉讼法》第二百二十九条规定："被执行人或者被执行的财产在外地的，可以委托当地人民法院代为执行。受委托人民法院收到委托函件后，必须在 15 日内开始执行，不得拒绝。执行完毕后，应当将执行结果及时函复委托人民法院；在 30 日内如果未执行完毕，也应当将执行情况函告委托人民法院。受委托人民法院自收到委托函件之日起 15 日内不执行的，委托人民法院可以请求受委托人民法院的上级人民法院指令受委托人民法院执行。"

（四）执行的意义

1. 执行法律文书的意图

强制执行可以依靠法律的强制力保证劳动争议调解书、裁决书、判决书、裁定书中确定的权利义务得以实现。如果只有审理程序，而缺乏执行程序，劳动争议案件就得不到有效的解决，当事人的合法权益就无法得到维护。

2. 贯彻执行法律、法规和部门规章

强制执行可以保证法律、法规和部门规章在具体的劳动争议案件中得到贯彻执行。强制执行保证了劳动法律法规在具体的劳动争议案件中得以实施，依法维护了当事人的合法权益。

3. 进行生动的法律教育

强制执行可以对全社会进行生动的法治教育，可以教育公民遵纪守法，可以监督用人单位依法维护劳动者法定、约定的权利，可以避免劳动争议案件的发生。

（五）执行的措施

人民法院的执行措施主要有以下四种。

1. 冻结或者划拨被申请执行人应履行义务部分的存款

通过银行或者信用合作社查询被申请执行人的存款情况，冻结或者划拨被申请执行人应该履行义务部分的存款。人民法院不能冻结被申请执行人银行账户内政府指明用途的专项资金。冻结的最长期限为6个月。人民法院查询被申请执行人的存款情况，应当出具公函并附生效的法律文书。如果人民法院决定冻结、划拨存款的，应当就此作出裁定，并发出协助执行通知书，银行、信用社和其他储蓄业务单位必须依照文书办理。

2. 扣留或提取被申请执行人应当履行义务的部分收入

我国政府于2012年修订的《中华人民共和国民事诉讼法》第二百四十三条规定，被执行人未按执行通知履行法律文书确定的义务，人民法院有权扣留、提取被执行人应当履行义务部分的收入。但是，应当保留被执行人及其扶养家属的生活必需费用。人民法院扣留、提取收入时，应当作出裁定，并发出协助执行通知书，被执行人所在单位、银行、信用合作社和其他有储蓄业务的单位必须办理。

3. 强制执行法律文书指定的行为

法律文书生效后，如果负有义务的当事人没有正当理由拒不履行法律文书中指定的义务的，人民法院可以强制执行。对于法律文书中指定的特殊行为，人民法院可以委托有关单位或其他人代为完成，一切费用由被执行人负担。有些行为不便强制执行的，又不能由他人代为完成的，裁定被申请人赔偿对方当事人的损失。不宜赔偿的，人民法院可以依照《中华人民共和国民事诉讼法》第一百零二条的规定，根据情节轻重和后果严重程度，对被申请执行人处以罚款、拘留；构成犯罪的，依法追究刑事责任。

4. 强制支付迟延履行利息或迟延履行金

我国政府于2012年修订的《中华人民共和国民事诉讼法》第二百五十三条规定，被执行人未按判决、裁定和其他法律文书指定的期间履行给付金钱义务的，应当加倍支付延迟履行期间的债务利息。被执行人未按判决、裁定和其他法律文书指定的期间履行其他义务的，应当支付迟延履行金。

案例 11－13

公司应该怎么办

某中德合资企业成立后，企业高薪聘请了几名德国高级技术人员。为了改变这种状况，2010 年初，公司决定选派陆某等 5 名中方工程师到德国参加技术培训。临行前，公司与陆某等人签订了出国培训协议。协议规定，自培训结束之日起 5 年内，陆某等人不得擅自离开公司到其他单位工作；否则，应当向公司赔偿此次培训的费用。赔偿比例为，工作不满 1 年，赔偿全部培训费用；工作每满 1 年，递减 20%。陆某等人在德国学习期间，公司支付培训费每人 6.3 万元。培训结束前夕，陆某等人结识了到德国访问的某电子公司的赵厂长。赵厂长发现陆某是难得的人才并表示，等陆某回国后，公司将高薪聘用陆某，陆某答应了赵厂长的请求。陆某等人回国后，接替了德国专家的工作岗位，为公司节约了大量的成本。2013 年 1 月，陆某向公司提出辞职，要求调到某电子公司工作；某中德合资企业则认为，陆某应当履行培训协议，5 年后才能调走，因此拒绝了他的要求。可是，陆某调走的主意已定，于是向公司递交了一份书面辞职报告，从此不再到公司上班，去了某电子公司。公司领导对陆某的行为非常气愤，向劳动人事争议仲裁委员会提出了仲裁申请，要求陆某赔偿出国培训费。仲裁委员会审理后裁决，责令陆某于裁决生效后 10 日内向公司支付 6.3 万元的培训费。裁决作出后，陆某在法定的期限内未向法院起诉，也未在规定的时间内自觉履行裁决，并对前来要求他支付培训费的公司领导扬言："要钱没有，要命一条。"面对陆某的这种态度，某中德合资公司该怎么办？

案例分析：某中德合资公司应该向法院申请强制执行。

劳动人事争议仲裁委员会的裁决作出后，若双方当事人均未在法定期限内向人民法院提起诉讼，仲裁裁决就发生法律效力。仲裁裁决法律效力主要表现在，义务人不自觉履行生效的裁决书所确定的义务时，权利人有权申请人民法院强制执行。对此，《中华人民共和国劳动争议调解仲裁法》和《中华人民共和国民事诉讼法》中分别有明确的规定，当事人对已经发生法律效力的调解书和裁决书，应当依照规定的期限履行，一方当事人逾期不履行的，另一方当事人可以申请人民法院强制执行。对依法设立的仲裁机构的裁决，一方当事人不履行的，对方当事人可以向有管辖权的人民法院申请强制执行。接受申请的人民法院应当执行。对于劳动争议仲裁委员会作出的仲裁裁决，义务人不履行时，当事人可以申请由人民法院强制执行。

本案例中，陆某在裁决书规定的期限内不履行向公司支付培训费6.3万元的义务，公司可以向人民法院申请强制执行。人民法院在接到公司的强制执行申请后，可以先给陆某指定履行的期限，促使其自动履行义务。如果陆某逾期不履行，人民法院可以采取如下措施：扣留、提取陆某的个人储蓄存款；查封、扣押、冻结、拍卖、变卖陆某的个人财产；从陆某每月获得的工资中扣除。

案例11－14

企业可以随意扣发职工工资吗

孔某，某公司职工。2001年9月，孔某与公司签订了为期5年的劳动合同。按照劳动合同的约定，公司每月支付的工资不低于800元；否则，孔某可以通知公司解除劳动合同。2003年1月，公司根据孔某的职称确定其工资为每月1400元。但是，公司同时又规定，每月扣发工资的40%作为年终效益工资。从2003年1—6月，公司共扣发孔某工资3360元。2003年7月，孔某向公司借款4000元。2003年9月，公司以孔某7月、8月和9月的工资抵扣借款，尚欠孔某当月工资200元。2003年10月15日，孔某书面通知公司解除劳动合同。2003年10月18日，孔某离开了公司。2003年10月24日，孔某向当地劳动争议仲裁委员会申请仲裁，要求解除劳动合同，并要求公司支付尚未发放的全部工资。当地劳动争议仲裁委员会认为，孔某自动辞职，违反劳动合同的约定，其申请劳动争议仲裁的请求不予支持。孔某不服，于2004年3月向当地法院提起诉讼。法院认为，双方订立的劳动合同合法有效，双方应当按照劳动合同的约定履行各自的权利和义务。公司不按月支付孔某工资，违反了劳动合同的约定，应该承担赔偿责任。据此判决，双方于2001年9月订立的劳动合同终止履行，公司支付孔某被扣的工资3360元，支付孔某的工资损失888元。公司不服，提起上诉。在上诉书中，公司辩称，劳动合同已于2003年10月解除，其年终效益考核应该在2003年底进行，公司对孔某的考核不符合公司管理的有关规定，不应该发给孔某年终效益工资。当地中级人民法院经审理后认为，公司与孔某签订的劳动合同中并未约定效益工资的内容，因此，在劳动合同履行期间，公司应该按月足额支付孔某工资。2003年1—6月，公司以扣发效益工资的名义，拖欠孔某工资的做法是没有法律依据的。法院二审判决，维持原判，二审受理费由某公司负担。

案例分析：企业应该支付拖欠孔某的工资。

《中华人民共和国劳动法》第五十条规定，工资应当以货币形式按月支付给劳动者本人，不得克扣或者无故拖欠劳动者的工资；第四十七条规定，用人单位根据本单位的生产经营特点和经济效益，依法自主确定本单位的工资分配方式和工资水平。

本案例中，劳动关系双方当事人争议的焦点是企业扣发40%的效益工资是否符合国家法律、法规的规定。目前，国家对企业扣发效益工资是否合法，没有明确的法律政策规定，这也是导致劳动争议仲裁委员会同法院判决的结果截然不同的主要原因。由此，当地劳动争议仲裁委员会认为，企业扣发效益工资是合法的，孔某违反企业的管理制度，其仲裁请求不予支持。当地法院则认为，企业以年终效益工资为由，扣发孔某的部分工资，违反了劳动合同的约定。孔某向企业提出借款时，企业从其工资中扣款，是合理的，但是，不应该欠发孔某的工资200元，这一切都使孔某有了提出解除劳动合同的理由，最终导致企业在诉讼之中败诉。

2008年1月1日，《中华人民共和国劳动合同法》开始实施后，禁止了用人单位各种随意扣发工资的行为。

复习思考题

1. 劳动争议的特点有哪些？
2. 权利争议和利益争议的区别有哪些？
3. 在我国，引发劳动争议的主要原因有哪些？
4. 劳动争议与一般民事纠纷的区别有哪些？
5. 我国处理劳动争议的机构有哪些？
6. 劳动争议处理的原则有哪些？
7. 处理劳动争议的法律依据有哪些？
8. 法律法规适用冲突的调整原则有哪些？
9. 我国处理劳动争议的方式有哪些？
10. 劳动争议基层调解的特点有哪些？
11. 劳动争议基层调解的一般程序有哪些？
12. 劳动争议仲裁的特点有哪些？
13. 劳动争议仲裁的原则有哪些？
14. 劳动人事争议仲裁委员会的职责有哪些？

15. 劳动争议仲裁员的职责有哪些？

16. 劳动争议仲裁管辖的种类有哪些？

17. 劳动争议仲裁的程序有哪些？

18. 劳动争议诉讼的特点有哪些？

19. 劳动争议诉讼二审程序的特点主要有哪些？

20. 强制执行的方式主要有哪些？

第十二章　劳动监督

在劳动关系中，用人单位处于管理的主导地位，劳动者处于被管理的从属地位。政府依法赋予监督主体进行劳动监督的权力，可以促进用人单位遵守法律、法规和部门规章，依法维护劳动者的合法权益。本章主要介绍劳动监督的概念、特点、劳动监督体系、监督方式和劳动保障监察等方面的内容。劳动监督是维持稳定劳动关系的重要监督机制，是学习劳动关系理论需要了解的内容之一。

第一节

劳动监督和劳动监督体系

一、劳动监督的概念

劳动监督又称劳动法监督，是指法定监督主体为保护劳动者的合法权益，依法对用人单位和劳动服务主体遵守劳动法律、法规和部门规章的情况，实行检查、督促、处罚等一系列监督活动的总称。在各项监督措施中，检查的地位和作用特别重要。因而，在立法或者实践中通常将劳动监督称为劳动监督检查和劳动检查。对于劳动监督的概念，可以从以下四个方面进行理解。

（一）劳动监督主体的监督权受法律保护

劳动监督的主体是依法享有劳动监督权的行政机关、工会和劳动者个人，其行使监督权是受到法律、法规和部门规章保护的。在各类监督主体中，劳动行政监督和工作监督的作用更加重要。

（二）劳动监督的对象是用人单位的行为

劳动监督的对象是用人单位的行为和劳动服务主体的行为，监督其是否履行法律、法规和部门规章规定的义务，是否为劳动者提供安全卫生的工作场所，是否合理地支付劳动者报酬，是否提供劳动者应当享有的社会保险、福利待遇等。

（三）劳动监督的目的是保护劳动者的合法权益

劳动监督的目的是依法保护劳动者的合法权益，即督促用人单位依照法律、法规和部门规章的要求，依法保护劳动者的合法权益，避免侵害劳动者权益的案件发生。

（四）劳动监督的方式是进行检查

在监督主体行使权力的过程中，主要表现为劳动监督主体对用人单位的遵纪守法行为进行检查。如果发现用人单位有违反劳动法律、法规和部门规章的行为，及时进行制止和纠正，并依法追究违法行为人的法律责任。

二、劳动监督的作用

劳动监督作为一项行政管理方式，在依法维护劳动者合法权益方面具有特殊的作用，劳动监督的作用主要表现在以下四个方面。

（一）保护劳动者的身体健康

劳动监督管理部门对危害劳动者身体健康、容易发生工伤事故的施工实施重点监督和检查，可以依法保护劳动者的身体健康，预防危害劳动者身体健康的工伤事故发生，有利于维护社会的稳定。

（二）保障劳动关系的正常运行

如果说，我国劳动法律、法规和部门规章规定了劳动关系运行的原则和运行方式的话，那么劳动监督则是保障劳动关系正常运行的行政管理方式。一旦用人单位出现违反法律、法规和部门规章的行为，具有监督权力的机构就会发挥应有的作用，以约束用人单位的行为。

（三）维护劳动者的合法权益

劳动监督制度的实施，维护了劳动者的合法权益。例如，我国劳动法律、法规和部门规章规定了劳动者和用人单位发生劳动争议的处理机制，但是，这些机制的启动是以劳动者依法申请劳动争议调解、劳动争议仲裁和劳动争议诉讼为起点的。如果劳动者明知自己的合法权益受到侵害，但是害怕因为维权被用人单位解雇而不敢依法维护自己的权益的话，其合法权益依然得不到维护。劳动监督可以及时发现劳动关系运行中的各种问题，并依法维护劳动者的合法权益。

（四）增强用人单位树立依法用工的观念

劳动监督作为一种守法监督形式，是劳动关系立法建设的重要方面，可以督促用人单位增强法治观念，依法用工，依法保护劳动者的合法权益。

三、劳动监督体系

劳动监督体系是指构成劳动监督的各组成部分的总和。例如，《中华人民共和国劳动法》规定，县级以上各级人民政府劳动保障行政部门依法对用人单位遵守劳动法律、法规的情况进行监督检查，对违反劳动法律、法规和部门规章的行为有权制止，并责令其改正；县级以上各级人民政府有关管理部门在各自职责范围内对用人单位遵守劳动法律、法规和部门规章的情况进行监督；各级工会依法维护劳动者的合法权益，对用人单位遵守劳动法律、法规和部门规章的情况进行监督；任何组织和个人对于违反劳动法律、法规和部门规章行为有权检举和控告。这些规定说明，我国劳动监督是由行政监督、工会监督和群众监督相结合构成的监督体系。其中，行政监督包括劳动保障行政部门的监督和相关行政管理部门的监督。在各种监督方式中，劳动保障行政部门的监督属于国家监督，是最基本、最有效的监督，其他劳动监督方式都是劳动行政监督的辅助方式。从这个角度来说，加强劳动监督实际上就是加强劳动行政监督。

第二节

劳动保障监察

在劳动监督体系中，劳动保障行政部门的监督处于主导地位，其在保护劳动者合法权益方面起着主导作用。

一、劳动保障监察的概念和特点

劳动保障行政部门监督又称为劳动保障监察[①]，是指依法授权的机关代表政府对用人单位遵守劳动法的情况依法进行检查、纠正、处罚等一系列监督活动的总称。劳动保障行政部门的监督具有以下四个特点。

（一）强制性

劳动保障行政部门依法实施监察是法律、法规和部门规章授权的，其监察用人单位遵守劳动法律法规的情况必须严格依法实施，不得超越权限。劳动保障行政部门的监督具有强制性，被监察单位不得以协议或者其他任何方式抵制或者规避劳动保障监察部门的执法活动。

（二）行政性

劳动保障监察属于行政执法和行政监督的范畴，是行使行政权力的具体行政行为，劳动保障监察必须依照行政执法程序进行。如果说，劳动争议处理是以劳动争议当事人请求处理争议为前提的，而劳动保障监察则属于劳动保障行政部门的主动监察，即使劳动者不申诉，如果劳动保障行政部门发现具有侵权行为，也会及时予以处理。用人单位对劳动保障监察决定不服的，可以依法提起行政复议或者行政诉讼。但是，在行政复议和行政诉讼的过程中，劳动保障监察决定通常不中止执行。

（三）专项性

劳动保障行政部门的监察是针对用人单位遵守劳动法律、法规和部门规章的情况进行的专项监察，其他监察则不属于劳动保障监察的范畴。例如，对产品质量的监察，就不属于劳动保障监察。劳动者和用人单位由于对劳动合同内容理解不同而引起的争议，也不属于劳动保障监察的范畴。

（四）全面性

劳动保障行政部门的监察体现在用人单位管理劳动者的各个方面，其监察具有全面性

① 在国外，劳动保障监察又称劳工检查。

的特征，主要表现在以下三个方面：

（1）监察用人单位执行劳动法律、法规和部门规章的情况。

（2）监察劳动关系运行的各个环节，促使用人单位遵守劳动法律、法规和部门规章。

（3）用人单位不论隶属于何种部门或者行业，都应当受到劳动保障行政部门的监察。

二、劳动保障监察的方式

劳动保障监察的方式是多种多样的，可以按照不同的标准进行分类。

（一）专门机构监察和专任人员监察

按照监察的主体划分，劳动保障监察可以分为专门机构监察和专任人员监察。

1. 专门机构监察

专门机构监察是指法律法规授权的机构对用人单位实行的劳动保障监察。通常，各国政府在劳动保障行政部门内部设置劳动保障监察机构，专门行使监察权。目前，我国政府在劳动保障行政部门内部设置了专门行使劳动保障监察权的劳动保障监察机构。

2. 专任人员监察

专任人员监察是指劳动保障行政部门依法任命的专职或者兼职劳动保障监察员进行的劳动保障监察活动。例如，我国县级以上各级劳动保障行政部门根据需要任命专职劳动保障监察员或兼职劳动保障监察员，主要从事劳动保障监察工作。

（二）自行监察和委托监察

按照监察的方式划分，劳动保障监察可以分为自行监察和委托监察。

1. 自行监察

自行监察是指劳动保障监察机构和劳动保障监察人员在法律法规规定的职权范围内亲自对用人单位进行劳动保障监察的活动。在我国，自行监察是劳动保障监察的主要形式。

2. 委托监察

委托监察是指劳动保障监察机构和劳动保障监察人员将其职责范围内的监察事务，依法委托给特定机构和人员代为实施的行为。例如，某些领域的劳动保障监察需要具有相关的专业知识和职业经验，在劳动保障监察机构和监察人员不具备相关知识和经验的情况下，可以采取委托监察的方式。在我国，委托监察是自行监察的辅助形式。

（三）综合监察和专项监察

按照监察的内容划分，劳动保障监察可以分为综合监察和专项监察。

1. 综合监察

综合监察是指劳动保障监察机构和劳动保障监察人员在法律法规规定的职权范围内进行的多项监察活动。在世界各国的劳动保障监察体系中，大多设置了具有综合监察职能的劳动保障监察机构和劳动保障监察人员。目前，我国劳动保障行政部门进行的劳动保障监察大多属于综合监察。

2. 专项监察

专项监察是指劳动保障监察机构和劳动保障监察人员将技术性、专业性较强的监察项目单列，分别设立专门的机构，按照规定的职责行使监察权的行为。在我国，设有矿山安全监察、锅炉压力容器安全监察等专项监察，并设立专门机构行使监察权。一般来说，专项监察弥补了综合监察的不足，对于完善劳动保障监察制度具有积极的作用。

（四）普通监察和特殊监察

按照监察的方式划分，劳动保障监察可以分为普通监察和特殊监察。

1. 普通监察

普通监察是指以国民经济部门为监察范围进行的劳动保障监察活动。普通监察一般由劳动保障行政部门设置的劳动保障监察机构和劳动保障监察员行使监察权。在劳动保障监察中，普通监察是普遍采用的方式。

2. 特殊监察

特殊监察通常是指对国防军工企业实施的劳动保障监察活动。由于国防军工企业、国防军事机密和高科技等方面的原因，许多国家都对国防军工企业实施特殊监察。采取特殊监察方式，可以适应特殊企业的需要，保障劳动保障监察范围的全面性。

三、劳动保障监察的职权和管辖

劳动保障监察机构和劳动保障监察人员在监察过程中主要有以下职权。

（一）劳动保障监察的职权

1. 检查权

检查权是指劳动保障监察机构和劳动保障监察人员具有对用人单位执行劳动法律、法规和部门规章情况进行检查的权利，检查权是劳动保障监察机构和监察人员行使权力的基本方面。例如，我国劳动保障监察机构和劳动保障监察人员有权根据工作的需要，随时进入用人单位进行检查。在必要时，可以向用人单位和劳动者下达《劳动保障监察询问通知书》《劳动保障监察指令书》，并要求其在收到该通知书或指令书之日起 10 日内据实向劳动保障监察机构作出书面答复。在监察现场，劳动保障监察人员有勘察现场、查阅、复制被检查单位有关材料的权力，有询问有关人员的权力。

2. 审查认证权

审查认证权是指劳动保障监察机构和劳动保障监察人员依法审查用人单位生产经营资格，并对相关生产、指挥、操作人员进行审查和认证的权利。例如，我国劳动保护监察法规规定，劳动保护监察机构的审查认证权主要包括以下五个方面：（1）劳动保障监察机构有权对用人单位的劳动安全卫生条件、生产指挥和特种设备操作等人员，进行考核、考试、审查、鉴定，并有对其中的合格者颁发许可证、合格证、操作证等资格证件的权力；（2）劳动保障监察机构具有对劳动安全卫生设施建设项目的可行性论证报告、预评价报告和设计审批的权力；（3）劳动保障监察机构具有对劳动安全卫生设备、劳动防护用品的设计进行审查和审批的权力；（4）劳动保障监察机构具有对劳动安全卫生设施的设计单位、施工单位进行认证的权力；（5）劳动保障监察机构具有对劳动安全卫生设备、劳动防护用品的设计单位、制造单位、经营单位资格进行认证的权力。

3. 处置权

处置权也称为指令制止权或者责令纠正权，是指劳动保障监察机构和劳动保障监察人员有责令用人单位停止生产经营或者停止侵权行为的权力。例如，我国劳动保护监察法规规定，劳动保护监察机构对事故隐患，特别是重大隐患有权命令企业限期整改；对违章现象有权纠正和制止，遇有紧急、严重不安全、不卫生的情况，或企业在接到《劳动保障监察意见通知书》后，无故不采取补救措施或不停止违章行为，有权采取责令停止机器运转、封闭矿井、组织和支持个人撤离现场等措施。

4. 处罚权

处罚权是指劳动保障监察机构和劳动保障监察人员有处罚违法违规用人单位的权力。一般来说，各国法律法规均赋予劳动保障监察机构和劳动保障监察人员对违法的用人单位进行处罚的权力。例如，我国劳动保障监察法规规定，劳动保障监察机构和劳动保障监察人员可以依法对违法的用人单位分别给予警告、通报批评、罚款、吊销许可证、责令停产停业整顿等方面的处罚；对触犯其他行政法规的，有建议行政处罚权；对触犯刑法的，有权建议司法机关依法追究刑事责任；对阻挠、刁难、殴打劳动保障监察人员、妨碍监察公务的，或者不按规定的时间对《劳动保障监察询问通知书》《劳动保障监察指令书》作出答复的，以及不如实反映情况的，劳动保障监察机构有权对责任人员给予行政处罚；对触犯治安管理处罚条例的，有权建议公安机关予以处理。

（二）劳动保障监察的管辖

劳动保障监察的管辖是指劳动保障监察机构和劳动保障监察人员行使权限、职责的范围。一般来说，劳动保障监察的管辖是按照本地区的行政区划划分的，即本级劳动保障监察机构依法监察本行政辖区内的用人单位。例如，我国劳动保障监察机构对用人单位的劳动保障监察，主要采取以下三种管辖方式。

1. 地域管辖

劳动保障监察机构对用人单位的劳动保障监察由用人单位劳动用工所在地的县级或者设区的市级劳动保障行政部门管辖。

2. 级别管辖

上一级劳动保障行政部门根据工作需要，可以调查、处理下一级劳动保障行政部门管辖的案件。省级人民政府可以对劳动保障监察的管辖制定具体的管理办法。

3. 指定管辖

劳动保障行政部门对劳动保障监察管辖发生争议的，可以报请共同的上一级劳动保障行政部门指定管辖。

四、劳动保障监察的内容

劳动保障监察的内容是指劳动保障行政部门行使职责的范围。例如，我国《劳动保障监察条例》规定，劳动保障行政部门对下列事项实施劳动保障监察：（1）用人单位制定本单位劳动保障规章制度的情况；（2）用人单位与劳动者订立劳动合同的情况；（3）用人单位遵守禁止使用童工规定的情况；（4）用人单位遵守女职工和未成年工特殊劳动保护规定的情况；（5）用人单位遵守工作时间和休息休假规定的情况；（6）用人单位支付劳动者工资和执行最低工资标准的情况；（7）用人单位参加各项社会保险和缴纳社会保险费的情况；（8）职业介绍机构、职业技能培训机构和职业技能考核鉴定机构遵守国家有关职业介绍、职业技能培训和职业技能考核鉴定等方面规定的情况；（9）法律、法规规定的其他劳动保障监察事项。

五、劳动保障监察的程序

劳动保障监察的程序由于监察的方式不同而有所差别。我国法律法规规定的劳动保障监察程序有普通劳动保障监察程序和劳动保护监察程序、不立案监察程序和立案监察程序之分，下面分别介绍这几种监察程序。

（一）不立案监察程序

不立案监察程序是指劳动保障监察人员尚未发现用人单位有违法行为而不立案，仅对用人单位进行例行检查和不定期检查。不立案监察因现场检查和书面查询而采取不同的劳动保障监察程序。

1. 现场检查程序

（1）检查前告知。在进行检查前，劳动保障监察人员应当向用人单位告知检查的目的、内容、要求和方法等。

（2）检查时的工作规则。①在进行检查时，应当由2名以上劳动保障监察人员共同进行，这样可以防止用人单位销毁证据，同时避免出现劳动保障监察人员无法说清具体情况的问题；②劳动保障监察人员进入被检查单位或者被检查场所时，应当出示劳动保障监察证件，佩戴劳动保障监察员标志，并说明身份。在检查的过程中，劳动保障监察人员应当遵守用人单位的规章制度；③在检查的过程中，劳动保障监察人员应当了解用人单位遵守劳动法律法规的情况，并巡视劳动场所，及时发现生产安全隐患；④劳动保障监察人员进行现场检查时，应当有详细的笔录，笔录应当由劳动保障监察人员和用人单位法人代表（或其代理人）签名或者盖章；用人单位法人代表拒不签名或者盖章的，应当注明其拒签的主要原因；⑤劳动保障监察人员在检查中发现的一般性问题可以不立案处理，但是应当详细地记录检查结果，并提出整改的建议。

（3）检查后的规则。检查后，劳动保障监察人员应当整理有关用人单位情况的档案材料，以供日后查阅。劳动保障监察人员对检查中发现的重要问题，应当及时向劳动保障监察机构汇报，并建议立案调查。

2. 书面查询程序

劳动保障监察机构认为必要时，可以向用人单位发出《劳动保障监察询问通知书》。用人单位应当在收到通知书之日起10日内向劳动保障监察机构作出书面答复。

（二）立案监察程序

1. 受理与立案

劳动者对用人单位违反劳动保障法律法规、侵害其合法权益的行为，有权向劳动保障监察机构投诉，劳动保障监察机构在接到投诉书后，应当依据不同的情形，分别予以处理。

（1）受理并立案。对于符合下列条件的投诉，劳动保障监察机构应当自接到投诉书之日起5个工作日内依法受理，并于受理之日立案查处：①在2年内发生的违反劳动保障法律、法规和部门规章的行为；②有明确的被投诉单位，并且投诉人合法权益受到侵害是由于被投诉单位违反劳动法律、法规和部门规章造成的；③属于劳动保障监察机构职权范围内并由其管辖的投诉案件。如果投诉案件不属于劳动保障监察的范围，劳动保障监察机构应当在接到投诉书之日起5日内作出不予受理的决定，并书面通知投诉人。如果投诉案件属于劳动保障监察机构管辖范围的，应当告知投诉人补正相关的投诉材料。如果投诉案件不属于劳动保障监察机构管辖范围内的，应当告知投诉人向有管辖权的劳动保障监察机构投诉。

（2）告知其他处理方式。有下列情形之一的投诉，应当告知投诉人依照劳动争议处理程序或者劳动争议诉讼程序办理：①应当通过劳动争议处理程序解决的案件；②已经按照劳动争议处理程序申请调解、仲裁的案件；③已经提起劳动争议诉讼的案件。

此外，劳动保障监察机构还可以通过日常巡视检查、书面审查、举报等方式及时发现用人单位有违反劳动保障法律、法规和部门规章的行为，需要进行调查处理的，应当及时立案查处。劳动保障监察机构决定立案后，应当填写立案审批表，报劳动保障监察机构负责人审查批准，批准之日即为立案之日。

2. 回避

劳动保障监察人员在实施劳动保障监察的过程中，有下列情形之一的，应当回避：（1）本人是用人单位法定代表人或者主要责任人的近亲属；（2）本人或其近亲属与承办查处的案件事项具有直接的利害关系；（3）因其他原因可能影响案件的公正处理。

如果当事人认为，劳动保障监察人员应当依法回避的，有权向劳动保障行政部门提出要求其回避的书面申请。劳动保障监察机构作出回避决定，应当在收到申请书之日起2个工作日内作出，并告知申请人。在回避决定作出之前，劳动保障监察人员不得停止对案件的调查处理。劳动保障监察人员的回避，由劳动保障监察机构负责人决定；劳动保障监察机构负责人的回避，由劳动保障行政部门负责人决定。

3. 调查和检查

劳动保障监察机构实施劳动保障监察的过程中，有权采取下列措施：

（1）进入用人单位的劳动场所进行检查；

（2）针对调查、检查的事项询问有关人员；

（3）要求用人单位提供与劳动调查、检查有关的文件资料，必要时，可以发出《劳动保障监察询问通知书》；

（4）采取记录、录像、录音、照相和复制等方式搜集有关情况的资料，为作出相关处罚提供依据；

（5）对事实确凿的，劳动保障监察员可以当场进行处理；

（6）劳动保障监察机构可以委托会计师事务所对用人单位工资支付、缴纳社会保险费的情况进行审计；

（7）法律法规规定的可以由劳动保障监察机构采取的其他调查、监察措施。

4. 案件处理

劳动保障监察人员经过调查取证，应当提出初步的处理建议，并填写案件处理报批表。对违反劳动保障法律、法规和部门规章的行为作出行政处罚或者处理决定之前，应当告知用人单位，听取其陈述或者申辩；法律法规规定应当依法听证的，应当告知用人单位有权依法要求组织听证；用人单位要求听证的，应当组织听证。例如，我国《劳动保障监察条例》规定，劳动保障行政部门对违反劳动法律、法规或者规章行为的调查，应当自立案之日起60个工作日内完成；对情况复杂的，经劳动保障行政部门负责人批准，可以延长30个工作日。劳动保障监察机构对违反劳动保障法律、法规和部门规章的行为，根据调查、检查的结果，可以作出如下处理：（1）对依法应当受到行政处罚的，依法作出行政处罚的决定；（2）对应当改正未改正的，依法责令改正或者作出相应的行政处理决定；（3）对情节轻微，且已经改正的，撤销立案；（4）发现违法案件不属于劳动保障监察范围的，应当及时移交有关部门处理；（5）对涉嫌犯罪的，应当依法移送司法机关处理。劳动保障行政部门作出行政处罚或者行政处理决定时，应当告知用人单位依法享有申请行政复议或者提起行政诉讼的权利。

5. 经济处罚

劳动保障监察机构在对违法违规案件进行处理的同时，可以给予违法违规的用人单位一定的经济处罚，使其承担相应的法律责任。

（1）违反女职工、未成年工特殊保护的处罚。例如，我国《劳动保障监察条例》规定，用人单位有下列行为之一的，由劳动保障行政部门责令改正，并按照受侵害的劳动者每人1000元以上5000元以下的标准计算，处以罚款：①安排女职工从事矿山井下劳动、国家规定的第四级体力劳动强度的劳动或者其他禁忌从事的劳动的；②安排女职工在经期从事高处、低温、冷水作业或者国家规定的第三级体力劳动强度的劳动的；③安排女职工在怀孕期间从事国家规定的第三级体力劳动强度的劳动或者孕期禁忌从事的劳动的；④安排怀孕7个月以上的女职工夜班劳动或者延长其工作时间的；⑤女职工生育享受产假少于90天的；⑥安排女职工在哺乳未满1周岁的婴儿期间从事国家规定的第三级体力劳动强度的劳动或者哺乳期禁忌从事的其他劳动，以及延长其工作时间或者安排其夜班劳动的；⑦安排未成年工从事矿山井下、有毒有害、国家规定的第四级体力劳动强度的劳动或者其他禁忌从事的劳动的；⑧未对未成年工定期进行健康检查的。

（2）不依法订立劳动合同的处罚。用人单位与劳动者建立劳动关系不依法订立劳动合同的，由劳动保障行政部门责令改正；逾期不改正的，对用人单位进行经济处罚。例如，《中华人民共和国劳动合同法》规定，用人单位自用工之日起超过 1 个月不满 1 年未与劳动者订立书面合同的，应当向劳动者每月支付二倍工资。用人单位违反本法规定的，不与劳动者签订无固定期劳动合同的，自应当订立无固定期限劳动合同之日起向劳动者每月支付二倍的工资。

（3）违反工作时间规定的处罚。用人单位违反劳动保障法律、法规或者规章延长劳动者工作时间的，由劳动保障行政部门给予警告，责令限期改正，并按照受侵害的劳动者每人 100 元以上 500 元以下的标准计算，处以罚款。

（4）违反支付工资报酬和经济补偿金规定的处罚。用人单位有下列行为之一的，由劳动保障行政部门分别责令限期支付劳动者的工资报酬、劳动者工资低于当地最低工资标准的差额或者解除劳动合同的经济补偿；逾期不支付的，责令用人单位按照应付金额 50% 以上 1 倍以下的标准计算，向劳动者加付赔偿金：①克扣或者无故拖欠劳动者工资报酬的；②支付劳动者的工资低于当地最低工资标准的；③解除劳动合同未依法给予劳动者经济补偿的。

（5）违反社会保险费缴纳规定的处罚。用人单位向社会保险经办机构申报应缴纳的社会保险费数额时，瞒报工资总额或者职工人数的，由劳动保障行政部门责令改正，并处瞒报工资数额 1 倍以上 3 倍以下的罚款。骗取社会保险待遇或者骗取社会保险基金支出的，由劳动保障行政部门责令退还，并处骗取金额 1 倍以上 3 倍以下的罚款；构成犯罪的，依法追究刑事责任。

（6）违反职业介绍、职业技能培训和职业技能考核鉴定规定的处罚。职业介绍机构、职业技能培训机构或者职业技能考核鉴定机构违反国家有关职业介绍、职业技能培训或者职业技能考核鉴定的规定的，由劳动保障行政部门责令改正，没收违法所得，并处 1 万元以上 5 万元以下的罚款；情节严重的，吊销许可证。未经劳动保障行政部门许可，从事职业介绍、职业技能培训或者职业技能考核鉴定的组织或者个人，由劳动保障行政部门、工商行政管理部门依照国家有关无照经营查处取缔的规定查处取缔。

（7）违反工会管理规定的处罚。用人单位违反《中华人民共和国工会法》，有下列行为之一的，由劳动保障行政部门责令改正：①阻挠劳动者依法参加和组织工会，或者阻挠上级工会帮助、指导劳动者筹建工会的；②无正当理由调动依法履行职责的工会工作人员的工作岗位，进行打击报复的；③劳动者因参加工会活动而被解除劳动合同的；④工会工作人员因依法履行职责被解除劳动合同的。有下列行为之一的，由劳动保障行政部门责令改正；对有第①项、第②项或者第③项规定的行为的，处 2000 元以上 2 万元以下的罚款：

①无理抗拒、阻挠劳动保障行政部门依照《劳动保障监察条例》的规定实施劳动保障监察的；②不按照劳动保障行政部门的要求报送书面材料，隐瞒事实真相，出具伪证或者隐匿、毁灭证据的；③经劳动保障行政部门责令改正拒不改正，或者拒不履行劳动保障行政部门的行政处理决定的；④打击报复举报人、投诉人的。

（三）劳动保护监察程序

劳动保护行政监察程序具有较强的专业性。例如，矿山安全卫生监察、锅炉压力容器等特种设备的安全检查、建设项目劳动安全卫生监察等专项检查的程序各有特殊的规定。一般来说，劳动保护监察程序主要包括以下四个环节。

1. 监察准备

在劳动保护监察准备阶段，需要进行的工作主要有以下五项：

（1）挑选和培训检查人员。在劳动保护监督前，应当挑选、培训监察人员，以适应专业化作业的要求。

（2）制定劳动保障监察计划。在劳动保护监察前，应当做好检查计划，以免遗漏需要监察的地方或工序，以保证劳动者的健康和安全。

（3）查阅有关劳动卫生法规和劳动标准。在劳动保护监察前，应当查阅政府有关劳动安全卫生法规的规定和劳动标准，以检查用人单位的生产经营是否符合政府规定的标准。

（4）了解被检查用人单位的工艺流程图、工艺条件、操作规程和生产安全要点，以适应劳动监察的需要。

（5）准备必要的检测工具、仪器、表格。在劳动保护监察前，准备必要的检测工具、仪器、摄像仪器等，以方便检测用人单位的工作环境和生产工艺。

2. 实施检查

实施检查阶段的主要工作任务是，依据检查表和检查提纲，查清被检查单位是否遵守劳动保障法律、法规，及时发现和掌握用人单位的违法违规事实，并作出相应的结论。劳动保障监察人员的检查方式主要包括立案检查和不立案检查，事前检查、事中检查和事后检查，现场检查、样品检查和书面检查等。

3. 纠正违章行为

纠正违章行为是指劳动保障监察机构纠正用人单位违反劳动保护法规、劳动标准、社会保险法规等方面的行为。

（1）在物质条件方面。如果发现建筑物、构筑物、设备、设施、工具、仪器、原材料等存在缺陷、隐患和危害，可以要求用人单位及时解决，并发出《劳动保障监察意见通知书》。必要时，可以采取停工、停产等强制措施。

（2）在管理方面。如果发现操作规程、生产技术管理、规章制度、劳动组织、人员素质和安全管理等方面存在缺陷和问题，劳动保障监察人员可以根据违章性质，提出意见，并责令其限期整改，并检查用人单位整改的结果。

4. 实施处罚

针对用人单位的违章行为，劳动保障监察机构可以作出以下处罚；

（1）对违章单位作出行政处罚的决定；

（2）对违章责任人作出行政处分的决定；

（3）对构成犯罪的，移交司法机关追究刑事责任。

案例 12－1

旅行社应该支付加班工资吗

杨某，某旅行社导游。某日，她在同朋友聚会时了解到，在法定休假日安排劳动者工作的，需要支付300%的工资报酬。杨某便要求旅行社支付其在节假日期间的加班工资，但旅行社拒绝支付杨某加班工资。杨某向当地劳动保障监察大队提出申诉，当地劳动保障监察大队接到投诉后，立即组织人员进行调查。经过调查了解后，劳动保障监察大队认为，旅行社对员工实行不定时工作制度，旅行社的行为没有违反我国劳动法律、法规，可以不支付杨某加班工资。

案例分析：劳动保障监察大队裁定，旅行社不应该支付杨某加班工资的做法是正确的。

《中华人民共和国劳动法》和国家有关法规、政策规定，我国实行以标准工作时间制度为主，其他工时制度和休息制度为辅的工时制度。目前，我国现行的标准工作时间制度是根据《中华人民共和国劳动法》以及1995年5月1日施行的《国务院关于修改〈国务院关于职工工作时间的规定〉的决定》的有关规定确定的。劳动者每日工作时间为8小时，每周工作时间为40小时，最长不超过44小时。同时，《中华人民共和国劳动法》规定，用人单位不能实行上述标准工作时间制度时，经劳动保障行政部门批准后，可以实行其他工时制度和休息办法。不定时工作制就是其他工作和休息办法的一种形式。

劳动部《关于企业实行不定时工作制和综合计算工时制的审批办法》规定，对符合下列条件之一的企业职工，可以实行不定时工作制：（1）企业中的高级管理人员、外勤人员、推销人员、部分值班人员和其他因工作无法按标准工作时间衡量的职工；（2）企业中的长途运输人员、出租汽车司机和铁路、港口、仓库的部分装卸人员以及因工作性质特殊，需要机动作业的职工；（3）其他因生产特点、工作特殊需要或者职责范围的关系，适合实行不定时工作制的职工。

本案例中，旅行社是劳动保障行政部门批准的可以实行不定时工作制的单位，实行不定时工作制的单位可以不支付职工加班工资。可见，旅行社不应该支付杨某加班工资。

案例 12－2

企业支付的工资可以低于最低工资标准吗

2013 年 9 月，刘某到北京某公司打工，公司承诺每月发给刘某工资 1000 元。2014 年 3 月，刘某向当地劳动保障监察机构举报，公司支付给自己的工资低于当地最低工资标准。当地劳动保障监察人员在调查情况后，责令公司将最低工资标准向本单位全体员工公示，并由公司补发所有打工人员低于最低工资标准的工资差额部分。刘某获得了低于最低工资标准差额的补偿。

案例分析：公司支付给员工的工资低于当地最低工资标准的做法是错误的，劳动保障监察人员作出的处罚也是合理合法的。

最低工资是某国家或者地区通过法律规定的劳动者工资水平的下限，规定用人单位支付给劳动者的工资不得低于当地最低工资标准。

《中华人民共和国劳动法》第四十八条规定，国家实行最低工资制度。用人单位支付给劳动者的工资不得低于当地最低工资标准。同时，根据劳动和社会保障部发布的《企业最低工资规定》的规定，最低工资是指劳动者在法定工作时间内提供了正常劳动的前提下，其所在企业应支付的最低劳动报酬。最低工资应以法定货币的方式按时支付，最低工资标准一般采取月最低工资标准和小时最低工资标准的形式。实行计件工资或者提成工资等工资形式的用人单位，在确定科学合理的劳动定额基础上，其支付给劳动者的工资不得低于相应的最低工资标准。最低工资标准不包括延长工作时间的工资，不包括中班、夜班、高温、低温、井下、有毒有害等特殊工作环境、条件下的津贴，法律、法规和政府规定的劳动者福利待遇等。

《中华人民共和国劳动法》第九十一条规定，用人单位克扣或者无故拖欠劳动者工资的，拒不支付劳动者延长工作时间工资报酬的，低于当地最低工资标准支付劳动者工资的，由劳动保障行政部门责令其支付劳动者的工资报酬、经济补偿，并可以责令支付赔偿金。用人单位违反本规定的，由劳动保障行政部门责令限期改正。在劳动者提供正常劳动的情况下，用人单位支付给劳动者的工资在剔除政府规定的项目后，不得低于当地最低工资标准。企业违反有关法规、政策的规定，仍然低于当地最低工资标准支付工资的，由劳动保障行政部门责令其限期补发所欠劳动者的工资，并可责令其按所欠工资的1—5倍支付劳动者赔偿金。

根据北京市2013年1月至2014年4月1日前公布的最低工资标准为每月1400元。2013年公司应该支付给刘某的低于最低工资标准的差额部分为：（1400－1000）×4＝1600元；2014年公司应该支付给刘某的低于最低工资标准的差额部分为：（1400－1000）×3＝1200元。这样，刘某可以获得低于最低工资标准的差额2800元。此外，公司还应该支付刘某2800元的1—5倍的赔偿金。

案例12－3

用人单位瞒报缴费工资总额、缴费人数的，要受到怎样的处罚

2006年3月，北京市劳动和社会保障局公布，过去4年对9680户次缴费单位进行的专项审计显示，64.54%的被审计单位存在漏逃社会保险费问题。根据北京市劳动和社会保障局的有关人员介绍，缴费单位漏缴、少缴社会保险费的方法主要是在缴费人数和缴费基数上做手脚，有的单位只给部分职工申报社会保险缴费，而以各种理由不给季节工、外地城镇职工、农民工缴纳社会保险费，逃避缴费义务；有的单位不按职工实际发生的工资收入申报缴费工资基数，奖金、过节费等补助没有列入缴费工资总额，致使社会保险缴费大量流失。其中，不按照职工人数缴费的单位占22%，不按照职工工资总额缴费的单位占78%。针对这一状况，劳动保障行政部门将采取怎样的处罚措施？

案例分析：违法用人单位要受到瞒报工资数额的1—3倍的罚款。

社会保险制度是政府依靠法律强制实施的制度，用人单位、职工依法缴纳社会保险费是用人单位和职工应尽的义务。职工工资额、职工缴费人数是用人单位缴纳社会保险费的依据。

用人单位缴费额＝职工平均工资额×缴费职工人数×缴费率

＝企业职工工资总额×缴费率

通过以上公式可以看出，用人单位瞒报工资额或者缴费职工人数，就可以少缴纳社会保险费；但是，瞒报工资总额或者少报缴费职工人数，要受到政府有关监管部门的处罚。

根据国家统计局发布的《关于工资总额组成的规定》第三条，工资是指各单位在一定时期内直接支付给本单位职工的劳动报酬总额，工资总额由下列六部分组成：

（1）计时工资。计时工资是指按计时工资标准（包括地区生活费补贴）和工作时间支付给个人的劳动报酬，主要包括对已做工作按计时工资标准支付的工资；实行结构工资制的单位支付给职工的基础工资和职务（岗位）工资；新参加工作职工的见习工资（学徒的生活费）；运动员体育津贴。（2）计件工资。计件工资是指对已做工作按计件单价支付的劳动报酬，主要包括实行超额累进计件、直接无限计件、限额计件、超定额计件等工资制，按劳动保障部门或主管部门批准的定额和计件单价支付给个人的工资；按工作任务包干办法支付给个人的工资；按营业额提成或利润提成办法支付给个人的工资。（3）奖金。奖金是指支付给职工的超额劳动报酬和增收节支的劳动报酬，主要包括生产奖；节约奖；劳动竞赛奖；机关、事业单位的奖励工资；其他奖金。（4）津贴和补贴。津贴和补贴是指为了补偿职工特殊或额外的劳动消耗和因其他特殊原因支付给职工的津贴，以及为了保证职工工资水平不受物价影响支付给职工的物价补贴。（5）加班加点工资。加班加点工资是指按规定支付的加班工资和加点工资。（6）特殊情况下支付的工资。特殊情况下支付的工资包括根据法律、法规和部门规章的规定，因病、工伤、产假、计划生育假、婚丧假、事假、探亲假、定期休假、停工学习、执行国家或社会义务等原因按计时工资标准或计时工资标准的一定比例支付的工资；附加工资、保留工资。第十一条规定，下列各项不列入工资总额的范围：（1）根据国务院发布的有关规定颁发的创造发明奖、自然科学奖、科学技术进步奖和支付的合理化建议和技术改进奖以及支付给运动员、教练员的奖金；（2）有关劳动保险和职工福利方面的各项费用；（3）有关离休、退休、退职人员待遇的各项支出；（4）劳动保护的各项支出；（5）稿费、讲课费及其他专门工作报酬；（6）出差伙食费、误餐补助、调动工作的差旅费和安家费；（7）对自带工具、牲畜企业工作职工所支付的工具、牲畜等补偿费用；（8）实行租赁经营单位的承租人的风险性补偿收入；（9）对购买本企业股票和债券的职工所支付的股息（包括股息分红）和利息；（10）劳动合同制职工解除劳动合同时由企业支付的医疗补助费、生活补助费等；（11）因录用临时工而在工资以外向提供劳动力单位支付的手续费或管理费；（12）支付给家庭工人的加工费和按加工订货办法支付给承包单位的发包费用；（13）支付给参加企业劳动的在校学生的补贴；（14）计划生育独生子女补贴。

根据国务院于1995年发布的《关于深化企业职工养老保险制度改革的通知》（国发〔1995〕6号）的规定，职工本人上一年度月平均工资为个人缴费工资基数。月平均工资应按国家统计局规定列入工资总额统计的项目计算，其中包括工资、奖金、津贴、补贴等收入。月平均工资超过当地职工平均工资200%或300%以上的部分，不计入个人缴费工资基数；低于当地职工平均工资60%的，按60%计入。

2004年，国务院发布的《劳动保障监察条例》第二十七条规定，用人单位向社会保险经办机构申报应缴纳的社会保险费时，瞒报工资总额或者瞒报缴费职工人数的，由劳动保障行政部门责令其改正，并处以瞒报工资数额1倍以上3倍以下的罚款。

第三节
相关行政部门的监督

在劳动监督体系中，相关行政部门的监督可以起到积极配合劳动保障行政部门监督的作用，其监督也是必要的。

一、相关行政部门监督的必要性

相关行政部门通常是用人单位的主管部门，相关行政部门监督的必要性主要有以下三个方面。

（一）劳动保障监察工作的实施需要其他行政部门的配合

用人单位的有些违法行为，不仅违反了劳动法律、法规，也违反了其他行政部门的法律法规，需要其他行政部门的配合处理。其他行政部门的积极配合，可以起到促进劳动法律法规施行、执行的作用。

（二）劳动保障行政部门的作用力度有限

违反劳动法律法规的行政处罚措施中，有些处罚措施只能由劳动保障行政部门以外的其他行政部门实施。例如，某单位隶属于某行政管理部门，其行政管理部门的处罚措施更有效，其行政管理部门可以撤销相关责任人的领导职务，而劳动保障行政部门则不具有这样的权力。又如，吊销经营单位营业执照的权力由工商行政部门管理、治安管理处罚的权力由公安部门行使、工程施工的监督权力由建设部负责管理等，这也就决定了相关管理部门应当配合劳动保障行政部门做好劳动监督的工作。

（三）相关行政部门的监督更有效

为了保障劳动法律法规的全面实施，应当由相关行政管理部门在各自的职责范围内，对劳动法律法规的遵守、执行情况实施监督，相关行政管理部门的监督比劳动保障行政部门的监督更有效。

二、相关行政部门监督的方式

（一）依法独立开展劳动监督活动

在行政管理部门的要求下，用人单位能够遵守劳动法律法规、完善劳动纪律和劳动规章制度。这主要是因为，如果不完成行政管理部门的工作任务，用人单位工作业绩的评价就会受到影响，相关行政管理部门的监督对劳动监督工作的开展起了积极的促进作用。

（二）依法处理劳动投诉案件

在劳动保障行政部门、其他行政部门和工会组织的建议下，相关行政管理部门依法处理劳动投诉案件，可以起到督促用人单位依法用工的作用。

（三）会同劳动保障行政部门实施劳动监督活动

在相关行政部门和劳动保障行政部门相互合作的情况下，对用人单位遵守劳动法律法规的情况进行监督，这种监督方式更有利于劳动法律法规的贯彻实施。

三、相关行政部门监督的内容

（一）用人单位管理部门的监督

相关行政部门应当将监督用人单位遵守法律、法规和部门规章的情况作为劳动监督的重点，依法保护劳动者的合法权益。例如，煤炭企业的行政管理部门——煤炭部、煤炭局应当依法监督用人单位的劳动用工行为，监督用人单位提供的生产、工作环境是否安全，是否存在重大的安全隐患，是否配备了齐全的劳动保护设施，是否建立职工井下作业的记录制度等，相关行政部门的监督可以起到督促用人单位遵守劳动法律、法规和部门规章的作用。

（二）工商、公安、卫生等专项执法部门的监督

工商、公安、卫生等专项执法部门的监督也会起到督促用人单位遵守劳动法律、法规和部门规章的作用。例如，《中华人民共和国安全生产法》规定，国务院负责安全生产监督管理的部门依照本法对全国安全生产工作实施综合监督管理，县级以上各级政府负责安全生产监督管理的部门依照本法对本行政区域内安全生产工作的情况实施综合的监督管理；国务院有关部门依照本法和其他有关法律、行政法规的规定在各自的职责范围内对有关的安全生产工作实施监督管理，县级以上地方各级人民政府有关部门依照本法和其他有关法律、行政法规的规定，在各自的职责范围内对有关的安全生产工作实施监督管理。又如，《中华人民共和国职业病防治法》规定，国务院卫生行政部门统一负责全国职业病的监督管理工作，国务院有关部门在各自的职责范围内负责职业病防治的有关监督管理工作；县级以上地方政府卫生行政部门负责本行政区域内职业病防治的监督管理工作，县级以上地方政府卫生行政部门在各自的职责范围内负责职业病防治的有关监督管理工作。县级以上地方政府卫生行政部门依照职业病防治法律、法规、国家职业卫生标准和卫生要求，依照职责划分，对职业病防治工作及职业病危害检测、评价活动进行监督检查。在其他相关部门执行《中华人民共和国安全生产法》和《中华人民共和国职业病防治法》的过程中，也会起到督促用人单位遵章守法的积极作用。

第四节

工会监督

监督用人单位遵守劳动法律、法规和部门规章的情况，是《劳动法》《工会法》赋予工会的职责之一。行政监督只有在工会监督的配合下，才能全面、有效地保护劳动者的利益。

一、工会监督的概念和特点

工会监督是指工会组织在法律、法规授权范围内对用人单位遵守劳动法律、法规和部门规章情况进行的监督。例如，我国《劳动保障监察条例》规定，各级工会依法维护劳动者的合法权益，对用人单位遵守劳动保障法律、法规或者规章的情况进行监督。工会监督

具有以下三个特点。

（一）工会监督属于社会监督

如果说，劳动保障行政部门的监督、相关行政部门的监督属于行政监督的话，工会监督则属于社会监督。

（二）工会监督是有组织的社会监督

工会的社会监督不是松散的社会监督，而是有组织的社会监督。工会通常具有全国统一、遍及各个用人单位的网络组织体系，其监督代表全体劳动者的利益，工会监督是一项重要的社会监督。

（三）工会监督的方式是提出建议

如果说，行政监督具有行政处罚权和强制执行权的话，工会监督则不具有这些权力，工会只能针对用人单位违反劳动法律、法规和部门规章的行为提出意见、建议和改正错误的要求。

二、工会监督的方式

工会监督分为普通劳动监督和劳动保护监督两种方式。

（一）普通劳动监督

普通劳动监督是指各级工会对用人单位遵守劳动保护法以外法律、法规的情况所进行的监督，其监督的内容主要包括以下四个方面：（1）用人单位遵守招聘、就业、劳动合同、工作时间、休息时间、休息休假和劳动报酬等方面的情况；（2）用人单位遵守职业培训、职业技能考核等方面的情况；（3）用人单位遵守劳动保障、福利待遇等方面的情况；（4）用人单位履行集体合同等方面的情况。

（二）劳动安全保护监督

劳动安全保护监督是指工会对用人单位遵守劳动保护法的情况所进行的专项监督，其监督的内容主要包括以下三个方面：（1）劳动作业场所安全的监督；（2）劳动作业场所卫生的监督；（3）劳动者劳动保护的监督等。

三、工会监督机构

工会监督机构是工会设立的、依法履行劳动监督职能的机构。在我国，县级以上工会领导机关、基层工会和职工代表大会都设立工会劳动法律监督委员会（以下简称“监督委员会”）。其中，县级以上监督委员会由工会内部相关部门负责。各级监督委员会受同级工会委员会领导，并接受上级监督委员会的业务指导；职工代表大会设立的监督委员会对职工代表大会负责。

各级工会还可以设立工会劳动法律监督员（以下简称“监督员”），由监督员负责劳动法律、法规和部门规章执行情况的监督工作。监督员必须熟悉劳动法律、法规和部门规章，热心为群众说话办事，奉公守法，清正廉洁。县级以上监督委员会成员为本级工会的监督员。县级以上工会可以聘请社会有关人士担任兼职监督员；县级以上监督员由上一级工会培训、考核，并颁发全国总工会统一印制的《工会劳动法律监督员证书》。

四、工会的劳动监督职权

（一）调查权

工会设立的劳动法律监督委员会有根据劳动者申诉、举报对用人单位遵守劳动法律、法规和部门规章的情况进行调查的权力，工会调查的目的是了解事实的真相，为纠正错误提供事实依据。

（二）参与监督权

工会监督权是指工作组织依据法律、法规和部门规章的规定对涉及职工切身利益的问题进行监督的权力。工会有权派出代表参与国家机关对用人单位遵守劳动法律、法规和部门规章情况的监督活动或者实行联合监督。例如，我国《劳动保障监察条例》规定，劳动保障行政部门在劳动保障监督工作中应当听取工会组织的意见和建议。我国县级以上工会参加人大、政协组织的劳动监督，须经组织者同意。

（三）要求改正权

如果工会监督员发现用人单位有违反劳动法律、法规和部门规章的行为，有权向用人单位提出意见，并要求其改正。

（四）要求查处权

工会对用人单位违反劳动法律、法规和部门规章的行为，有权要求有查处权的国家机关依法进行查处，依法维护劳动者的合法权益。

（五）提供法律救助权

工会有权支持劳动者对用人单位违反劳动法律、法规和部门规章的行为向国家机关举报、控告，工会有权申请劳动争议仲裁或者提起诉讼。

（六）舆论监督权

工会有权借助合法的舆论工具，监督用人单位遵守劳动法律、法规和部门规章的情况，以督促用人单位遵守劳动法律、法规和部门规章的规定。

五、工会监督的程序

（一）普通劳动监督的程序

1. 现场检查

监督员对用人单位进行检查时，不应少于 2 人。用人单位应当提供工作上的便利，协助监督员了解情况，查阅资料。

2. 如实记录

在现场进行调查时，监督员应当将调查结果如实地记录。记录由用人单位有关人员阅读后，由监督员和用人单位有关人员共同签名、盖章，用人单位有关人员拒绝签名、盖章的，应当在记录上注明。

3. 提出整改建议

在调查的过程中，如果监督员发现用人单位有违反劳动法律、法规和部门规章的行为，应当向用人单位指出，并及时提出整改建议。

4. 及时上报

如果监督员在调查的过程中发现用人单位存在严重违反劳动法律、法规和部门规章的行为，应当向上级工会或者劳动保障行政部门报告，并要求迅速查处。各级监督员应当将工作情况、违法案件处理结果、统计资料向上级监督委员会或者劳动保障行政部门报告。

（二）劳动保护监督的程序

工会劳动保护监督是专项监督，其监督具有特殊的程序和职责。下面以我国劳动保护监督为例，说明劳动保护监督的程序和职责。我国劳动保护监督主要包括以下三个层次。

1. 工会领导机关的劳动保护监督

市级以上工会领导机关（即总工会）劳动保护部门配备的劳动保护监督检查员，分别由全国总工会和省级总工会任命。工会领导机关劳动保护部门和监督员的职责主要包括以下五个方面：

（1）宣传党和国家劳动保护法律、法规和部门规章，会同有关部门研究制定劳动保护法律、法规和部门规章，并监督其实施。

（2）监督检查新建、扩建、改建及重大技术改造相关的劳动保护设施，严格按照“三同时”的规定①实行。

（3）监督检查劳动保护措施经费的提取、使用和劳动保护措施计划的执行情况，检查用人单位的劳动保护设施，发现问题，提出口头或者书面的建议，督促用人单位限期解决。

（4）发现违章指挥、强令工人冒险作业，或者在生产过程中发现明显重大隐患和职业危害、危及职工安全和将造成国家财产损失时，有权向用人单位行政部门或者在场指挥人员提出停产解决的建议；如果建议无效，应当支持和组织职工拒绝操作，撤离危险现场。

（5）监督检查职工工伤事故报告和处理制度的实施情况，查明事故原因和责任，总结经验教训，采取防范措施。对于造成伤亡事故和财产损失的责任者，应当要求有关部门查处，必要时有权向司法机关提起诉讼。

2. 基层（车间）工会的劳动保护监督

300 人以上的基层工会和 500 人以上的车间工会，应当设立劳动保护监督检查委员会，不足此数的基层工会和车间工会，设立劳动保护监督检查委员。劳动保护监督检查委员会和劳动保护监督检查委员均在同级工会委员会领导下和上级工会劳动保护部门指导下工作。劳动保护监督检查委员会成员通过民主协商产生，经同级工会委员会批准。劳动保护监督检查委员应当由具有较高安全卫生技术知识、热心劳动保护工作的职工担任。劳动保护监督检查委员会和委员的职责主要有以下十个方面：

（1）向职工宣传劳动保护的法律法规，宣传用人单位的安全卫生管理制度，进行遵章

① “三同时”规定是指生产经营单位在新建、扩建、改建项目和技术改造项目中的环境保护设施、执业健康与安全设施，必须与主体工程同时设计、同时施工、同时验收投入生产和使用。

守法教育和劳动保护科学知识的教育。

（2）监督检查劳动保护措施、计划和经费的落实情况，搜集、整理用人单位有关劳动安全卫生保护的意见、问题和要求，并提交职工代表大会讨论。

（3）监督检查扩建、改建和技术改造工程项目的劳动保护设施，严格遵守“三同时”的规定。

（4）经常检查劳动保护设施的状况，发现问题，立即报告，并督促有关部门及时解决。

（5）督促和协助用人单位行政部门在推行经济责任制的同时，落实安全生产责任制，要求把实行安全生产责任制的情况作为评比、计分和计酬的重要条件。

（6）督促用人单位行政部门按照政府的有关规定发放劳动保护用品。

（7）监督用人单位行政部门遵守法律法规对于工作时间和休息时间的规定，制止损害职工安全和健康的加班、加点。

（8）会同女工工作委员会做好女职工的劳动保护工作，监督和协助用人单位行政管理部门遵守女职工保护的特别规定，切实保护女职工的合法权益。

（9）参加职工工伤事故和职业伤害的调查处理，协助查明事故原因，总结经验教训；工会有权代表伤亡职工及其家属对事故的主要责任人提出控告，依法维护伤亡职工及其家属的合法权益。

（10）发现违章指挥、强令工人冒险作业，或者在生产过程中发现明显重大隐患和职业危害、危及职工安全、将造成国家财产损失时，有权向用人单位行政部门或者在场指挥人员提出停产解决的建议；如果建议无效，应当支持和组织职工拒绝操作，撤离危险现场。

3. 工作小组的劳动保护监督

工作小组的劳动保护检查员，从技术水平高、热心劳动保护工作、勇于坚持原则的职工中民主选举产生，在工会小组长的领导下开展工作，其职责主要有以下七个方面：

（1）组织本组职工学习劳动保护法律法规、用人单位的安全卫生管理制度和安全卫生技术知识等，提高职工的安全卫生保护意识。

（2）协助班小组长对本组职工进行安全生产教育，以便及时发现生产、工作中的安全卫生隐患。

（3）经常检查各种生产设施的安全装置和防尘防毒状况，如果发现问题，应当及时向班组长报告。

（4）协助班小组长和有关部门检查有毒有害、易燃易爆等危险品的运输、保管和使用，发现问题督促用人单位及时解决。

（5）发生伤亡或中毒事故，立即报告，参加抢救，协助班组长分析原因，采取措施。

（6）督促班组长及时领取、发放劳动卫生防护用品，并指导工人正确地使用。

（7）协助班组长做好女职工的四期保护，确保女职工的身体健康。

第五节

群众监督

在劳动监督体系中，群众监督是行政监督和工会监督的必要补充，可以发挥劳动者的积极作用。

一、群众监督的概念

群众监督是指劳动者对用人单位遵守劳动法律、法规和部门规章的情况进行监督。劳动者既是生产过程中工作者，也是劳动监督的主体。法律法规赋予劳动者监督的权利，可以保障劳动者的权益及时得到维护。群众监督是民主监督的一种重要形式，群众监督是人民主权原则、基本人权原则和法制原则的体现。

二、群众监督的特点

（一）群众监督具有分散性

相对于行政监督来说，群众监督具有分散性，其监督主体分散于每一位劳动者个人和每一个群众性的组织。群众监督与工会监督一样，都属于社会监督。但是，群众监督缺乏组织性，具有分散性的特点。

（二）群众监督具有广泛性

相对于行政监督来说，群众监督具有广泛性，其监督广泛分布于各个行业、各类用人单位、劳动生产和经营活动的方方面面。

（三）群众监督形式具有特定性

相对于行政监督来说，群众监督具有特定性，即群众监督的方式仅限于建议、检举和控告，具体采取何种形式，可以由劳动者自主选择。劳动者的建议、检举和控告既可以采取口头的形式，也可以采取书面的形式。

（四）群众监督具有不定期性

相对于行政监督来说，群众监督具有不定期、非正规等方面的特点，群众监督则随时发生，具有较强的不定期性。

三、群众监督方式

群众监督方式是指劳动者监督用人单位遵守劳动法律、法规和部门规章的方式。例如，《中华人民共和国劳动合同法》规定，用人单位管理人员违章指挥，强令冒险作业时，劳动者可以不服从其指挥或命令，并有权拒绝执行。劳动者拒绝执行用人单位管理人员违章指挥、强令冒险作业行为的，不构成违反劳动合同行为。劳动者对危害生命安全和身体健康的劳动条件，有权对用人单位提出批评、检举和控告。从这一规定可以看出，群众监督方式主要有以下三种。

（一）提出建议和批评

劳动者是生产、经营第一线的工作者，生产过程中出现的问题，劳动者最先察觉和感知，劳动者提出的建议和批评对于减少用人单位的风险事故，提高劳动生产率具有积极的作用。因此，法律法规赋予劳动者提出建议和批评的权利。

（二）检举

针对用人单位违反劳动法律法规的行为，劳动者具有举报检举的权利。依法赋予劳动者检举的权利，可以督促用人单位遵守劳动法律法规的规定，提供安全、卫生的生产工作环境，及劳动者需要的福利待遇和劳动保护。例如，我国《劳动保障监察条例》规定，任何组织或者个人对用人单位违反劳动法律、法规和规章的行为，有权向劳动保障行政部门举报。劳动保障行政部门应当为举报人保密；政府对举报属实，为查处重大违反劳动保障法律、法规或者部门规章的行为提供主要线索和证据的举报人，给予奖励。

（三）控告

针对用人单位违反劳动法律、法规和部门规章的行为，劳动者具有控告的权利。例如，我国《劳动保障监察条例》规定，劳动者认为，用人单位侵犯其合法权益的，有权向劳动保障行政部门投诉。用人单位违反法律、法规和规章的规定，拖欠或者未足额支付劳动报酬，或者拖欠工伤医疗费、经济补偿金或赔偿金的，劳动者可以向劳动保障行政部门投诉。

复习思考题

1. 如何理解劳动监督的概念？
2. 劳动监督的作用有哪些？
3. 我国劳动监督体系的构成有哪些？
4. 劳动行政监督的特点有哪些？
5. 劳动保障监察的职责有哪些？
6. 立案劳动保障监察的程序有哪些？
7. 劳动保护监察的程序有哪些？
8. 相关行政部门进行劳动监督的方式有哪些？
9. 工会劳动监督的职权有哪些？
10. 我国工会的劳动保护监督职权有哪些？
11. 群众劳动监督的特点有哪些？

主要参考文献

1. 贾俊玲：《劳动法与社会保障法》，中国劳动社会保障出版社 2005 年版。

2. 邱小平：《劳动关系》，中国劳动社会保障出版社 2004 年版。

3. 林嘉：《英国劳动法和社会保障法的产生和发展》，中国劳动和社会保障法律网，2006 年 11 月 12 日。

4. 杨燕绥：《新劳动法概论》，清华大学出版社 2004 年版。

5. 王全兴、官斌：《劳动法学》（第二版），高等教育出版社 2008 年版。

6. 关怀：《劳动法学》，法律出版社 1996 年版。

7. 刘钧：《社会保障案例评析》，中国劳动保障出版社 2007 年版。

8. 张玉瑞：《商业秘密法学》，中国法制出版社 1999 年版。

9. 徐小洪：《冲突与协调——当代中国私营企业的劳资关系研究》，中国劳动保障出版社 2004 年版。

10. 史太璞：《我国工会法研究》，商务出版社 1943 年版。

11. 刘钧：《社会保障理论与实务（第 3 版）》，清华大学出版社 2012 年版。

12. ［美］R. 韦恩·蒙迪、［美］罗伯特 M. 诺埃：《人力资源管理（第六版）》，经济科学出版社 1998 年版。

13. ［美］丹尼尔·奎因·米尔斯：《劳工与雇主（第五版）》，机械工业出版社 1998 年版。

14. ［英］沃克：《牛津法律大辞典》，邓正来等译，光明日报出版社 1998 年版。

15. ［英］埃里森·邦、［英］马纳·撒夫：《劳动法基础》（英文 2 版），武汉大学出版社 2004 年版。